一体化视域下刑事法理论新发展

董玉庭 著

NEW DEVELOPMENT
OF CRIMINAL LAW THEORY FROM THE
PERSPECTIVE OF INTEGRATION

人民出版社

目　录

第一章　刑事法理论的语境及其实践价值

第一节　三种语境下的犯罪概念

一、擅变的词汇：犯罪概念的语境考察

犯罪之概念被使用的频率非常高，被频频使用的犯罪概念，其语义往往是游离不定的。在某种特定的场合，必须结合上下文的具体语言环境方有可能确定本次使用的犯罪概念指称的到底是什么。为了使我们讨论问题生动形象，现对几种犯罪概念的语境进行考察。

语境1：某市纪律检查委员会召开全市处级以上领导干部反腐倡廉大会。市委书记在本次大会上作了重要讲话，在讲话中市委书记特别提到了一组统计数字，根据统计该市2003年财政总收入约为1个亿，但各单位用于公款吃喝旅游消费总额达1200万元。面对如此巨大的公款消费，市委书记最后总结说：对于这被吃掉玩掉的老百姓的血汗钱，所有参与吃喝玩乐的人，特别是领导干部都是在犯罪，而且是很严重的犯罪。

语境2：某区法院召开审判委员会会议，本次会议的议题是讨论区检察院指控王某贪污案。在办案法官向各位审判委员会委员汇报基本案情及审理过程后，各位委员对王某是否犯有贪污罪进行了认真的讨论，最后审委会经过表决形成决议：王某的行为已经构成犯罪，检察院对王某的贪污罪指控予以支持。

语境 3：某报纸报道了一起受贿案，报道详细陈述了犯罪嫌疑人李某受贿的事实，并称此案已侦查终结，近期将起诉至人民法院。但文中最后还加上记者的评价，记者认为，李某犯罪是其长期生活腐化堕落，不加强个人修养导致的，并希望社会有关人员引以为鉴。某大学法学院的教授在给研究生上课时对这一报道提出了批评。批评指出，在法院没有对李某作出生效判决之前，李某只是涉嫌犯罪而非真正犯罪，在法院判决之前，媒体虽然可以客观报道案件事实，但是绝不能把侦查或审理中的案件等同于法院作出生效判决之后的案件加以评价。只要法院没有生效的有罪判决，一个人不论有多大的犯罪嫌疑，都不能把他看成犯罪的人，更不能把未决犯当成罪犯加以评价。因此，记者对李某的评价是错误的，至少在时间上是错误的，此评价应该等到法院判决之后。

通过以上三个具体使用犯罪概念的语境的描述，完全印证了语义分析哲学的一句箴言："词没有固定不变的含义，它的含义取决于在具体语境中上一文（语脉——Linguistic Context）对它的具体委托是什么。"在语境 1 中，市委书记所谈的犯罪与语境 2 中审委会讨论的犯罪显然具有不同的含义。在审委会上讨论的犯罪必须以刑法为判断依据，一旦审委会作出犯罪成立的决议，那么刑事责任就会伴随着行为人（通常表现为刑罚处罚）。因此，在审委会上讨论和使用犯罪这一概念时，不但要以刑法为依据，而且还要明确提出是依据刑法的哪一条甚至是哪一款哪一项。在语境 2 中审委会对王某犯罪问题的讨论，显然是依据刑法第 382 条、第 383 条规定的贪污罪来进行的，参与讨论的各位审判委员会委员对此应该是不言而喻的。但是，在语境 1 中，市委书记使用犯罪概念时，显然不是依据刑法更不是依据刑法中的某一条款作出的判断，这一点语境 1 和语境 2 存在着重大的不同。语境 1 中的市委书记对各单位领导用公款大吃大喝或用公款旅游数额特别巨大的事实作出属于犯罪之判断，此时的犯罪的含义无非是指这种大吃大喝和公款旅游行为具有较为严重的社会危害性，应该加以谴责或制裁，至于这种大吃大喝和公款旅游行为在刑法上有无规定或怎样规定，无论是说者（市委书记）还是听者（各单位领导）都未加深思熟虑。因此，语境1中的犯罪就不太可能像语境2中的犯罪那样立刻附随刑事责任。语境3中的犯罪概念与语境1和语境2中的犯罪概念均存在不同。在教授对记者的批评中其实已经大致概括出了此种语境下犯罪概念的基本内容。与前两种语境相比，语境3既不像语境1那样强调行为的社会危害性和应受谴责性，也不像语境2那样关注刑法条文的具体规定内容，语境3中的犯罪概念突出强调的是程序性因素。也就是说，只有人民法院已经作出生效的有罪判决的行为才是此种语境下的犯罪。

上文描述的三种具体语境其实代表了三种学科语境。语境1中的犯罪概念是犯罪学语境中的犯罪。语境2中的犯罪概念是刑法学语境中的犯罪。语境3中的犯罪概念是刑事诉讼法学语境中的犯罪。通过三个具体语境事例的描述，虽然有可能了解三个学科语境中犯罪概念的大致含义，但这远远不够，有必要对此进行深层次的学术意义上的研究。无论在犯罪学语境、刑法学语境或刑事诉讼法语境中，犯罪概念均为该学科的基石性范畴。其理应具有相对稳定的相对明确的基本语义，如果这三个学科之间连犯罪这样的基石范畴的语义边界都不能清晰地加以厘定，这势必会影响到犯罪学、刑法学及刑事诉讼法学的发展。在日常生活语言环境中，犯罪概念的使用者也许并不十分清楚自己对犯罪概念究竟是在哪个学科意义上使用的。即使使用者立足某一学科使用犯罪概念，他也未必会完全遵守犯罪概念在这一学科中的基本语义。"因为在典型的语境和基础语义之外，词也时常被加以扩展使用，而在这里，并不存在一个语言政府代表来负责批准和禁止这种扩展，即使是最具权威性的词典和语言学家也不能划出一条固定不变的扩展使用的最后界限。"[1] 虽然不能要求（也没有必要要求）每

---

[1]　郑成良：《法律之内的正义》，法律出版社2002年版，第33页。

个使用犯罪概念的人都必须熟悉该概念在三个不同学科中基本语义的差别，但是却有足够的理由要求在学术研究（特别是犯罪学、刑法学、刑事诉讼法学的研究）中，每一个参与学术研究和学术讨论的主体都必须具有范畴意识，都必须清楚三种不同学科语境下犯罪概念的语义差别，否则就会因为语境导致的语义差别造成不必要的争论。例如，刑法第 310 条第 1 款规定："明知是犯罪的人而为其提供隐藏处所、财物，帮助其逃匿或者作假证明包庇的，处三年以下有期徒刑、拘役或者管制；情节严重的，处三年以上十年以下有期徒刑。"对这里使用的犯罪概念应作出何种解释？理论界对此存有一定的争论，回答这个问题之前恐怕首先要确认此时的犯罪是哪种学科语境下的犯罪概念。应该说三个学科（犯罪学、刑法学、刑事诉讼法学）都不缺少对犯罪概念的研究，因为犯罪概念是这三个学科理论建构的逻辑起点，每个学科都必须认真对待并清晰界定这个概念。但是现在缺乏的是三种以上学科语境下犯罪概念的相互比较，此种比较的缺乏可能会使三个学科各自为政，忽略一些问题。因此对犯罪概念在三个学科语境下的比较分析将成为本书最基本的分析进路，在比较分析的过程中，不但要对三个学科语境下的犯罪概念进行实然的描述，更要进行一定的应然的评价。

二、刑法学语境：罪刑法定原则确定的边界

在刑法理论中，犯罪概念的定义有三种类型：其一，犯罪的形式概念。该意义上的犯罪概念仅从犯罪的法律特点给犯罪下定义，不关注法律为什么将其行为规定为犯罪，认为犯罪是违反刑事法律应当受到刑罚处罚的行为。其二，犯罪的实质概念。该意义上的犯罪概念不强调犯罪的法律特征，而关注犯罪的本质，强调法律将某行为规定为犯罪的理由或根据。其三，犯罪的混合概念。该意义上的犯罪概念综合形式与实质犯罪的含

义，既关注犯罪的法律特征，又强调犯罪的本质特征。① 中国刑法理论通说对犯罪概念采混合说，并认为犯罪概念有三个基本特征：首先，犯罪是危害社会的行为，具有一定的社会危害性。其次，犯罪是触犯刑事法律的行为，具有刑事违法性。最后，犯罪是应受刑罚处罚的行为，具有应受刑罚惩罚性。本书认为，如果广义理解刑法学，其范围较为广泛，至少包含刑事立法学和刑事司法学。刑法典未规定的行为的入罪问题及刑法典中规定的犯罪行为的出罪问题显然是刑事立法学研究的核心。刑事立法学对这些问题的研究显然要关注规定某一行为为犯罪的理由。因此，犯罪的实质概念是刑事立法学中必采的立场。但刑事立法学研究的是前刑法的问题，前刑法问题的本质并非刑法自身的问题，应归属于犯罪学领域为佳。所以，狭义的刑法学应是对刑法自身司法适用的研究即刑事司法学（主要指刑法解释学）。若站在刑事司法的立场狭义理解刑法学，那么刑法学语境中的犯罪概念必须采形式定义，这是罪刑法定原则的必然要求。在确立罪刑法定原则的刑法体系中，任何一个行为，无论在本质上其具有多大的社会危害，只要没有被立法规定为犯罪，只要不符合刑法中规定的某个罪名的成立要件，此行为就不能称之为刑法上的犯罪。若允许司法者离开刑法直接考量社会危害性进而入罪，那么罪刑法定原则必将虚无，刑法人权保障功能也将荡然无存。同时，刑法中规定的某个罪名，无论其社会危害性多么微小，甚至随社会的发展，有时这个罪名的社会危害性已不存在，立法应作出罪化处理，但只要刑法未被立法者修改，这种本质上没有社会危害性的行为仍多属于刑法意义上的犯罪。换言之，在刑事司法活动中，不允许司法者站在立法者的立场离开刑法审视某个行为的社会危害性，如果允许司法者以某个刑法中规定的犯罪不再具有实质意义的社会危害性，进

---

① 高铭暄、马克昌：《刑法学》，北京大学出版社、高等教育出版社 2002 年版，第 42—45 页。

而否定犯罪成立，那么刑事法治必将不存。

当然，在司法实践中，特别是在刑事责任量定阶段也要考量社会危害性的大小，但这种考量必须以刑法规定犯罪的成立标准为依据，在犯罪成立标准的问题上必须坚持法定。例如刑法规定盗窃 1000 元人民币构成盗窃罪，司法者当然可以考量盗窃 5000 元的危害性，也可以考量盗窃穷人或富人的社会危害性，但司法者不能考量盗窃 1000 元有无社会危害性，或者盗窃 1000 元是否达到刑事犯罪的社会危害程度。完全可以这样认为，刑法规定某种犯罪的成立标罪，其社会危害性是可以推定出来的，即司法者可以推定立法者已经考量了某个罪的社会危害性问题，即使立法者考量错了，该错误也要由立法者自己纠正。因此，在刑法（刑事司法）语境中讨论犯罪概念，当然必须时时刻刻以刑法之规定为前提，离开刑法规定就没有刑法上的犯罪。在刑法语境中，犯罪的边界完全由刑法划定。当然这一边界是否完全清晰精确呢？答案恐怕也是否定的，犯罪构成要件有时存在较大的解释余地，特别是我国 1997 年刑法典第 13 条的规定，使罪的成立标准有时更为模糊，但无论怎么模糊，此认定过程仍然在法定的范畴之内。所以，刑法学语境中的犯罪概念应以形式定义为佳，实质定义有可能破坏罪刑法定确定的犯罪边界。

三、犯罪学语境：弹性边界的犯罪概念

犯罪学在争取学科独立的过程中，始终在努力寻求科学的犯罪概念的定义，因为对犯罪准确恰当的界定是犯罪学作为独立学科的前提。① 众所周知，刑法学的主要研究对象是犯罪（除犯罪之外，还包括刑事责任和刑

---

① 从一般意义上讲，独立学科的存在前提首先是其研究对象的独立性，如果一个学科的研究对象不独立，该研究对象已经完全成为另一学科的研究对象，则这两个学科之中必然有一个没有独立存在的意义。

罚），换句话说，犯罪是刑法学的主要研究对象，这已经是不可动摇的结论。犯罪学显然也是以犯罪为研究对象，那么犯罪学的第一要务就是要界定清楚犯罪学中的犯罪与刑法学中的犯罪应该是怎样一种关系？对此问题的回答存在三种主要观点：

（1）犯罪学中的犯罪等同于刑法学中的犯罪（等同说）。这种观点把刑法学的犯罪概念直接移植到犯罪学中，在移植过程中犯罪的内涵外延均未加改变。①"不论是有'犯罪学'，还是仅仅有'犯罪科学'，刑法与人类认识的这一新领域的关系是十分紧密的。没有刑法科学的帮助，犯罪学就不可能得到发展，因为犯罪学家不可能归结出一个有关犯罪的'犯罪学概念'，只能采用法律上有关犯罪的概念，所以为犯罪学提供'犯罪定义'的始终是刑法。"②把犯罪学中的犯罪等同于刑法学中的犯罪，其实质就在于确认犯罪学对犯罪的研究不能超越刑法规定的界限，犯罪学研究的危害社会的犯罪行为必须在刑法上已经构成犯罪。此种观点在犯罪学界并未有太大的市场，但在刑法学界几乎成为通说。

当然等同论也并非绝对等同，因为尽管等同说认为犯罪学中的犯罪与刑法学中的犯罪是同一事物，但等同说同时也认为，在犯罪学视野中犯罪是一种社会现象，在刑法学视野中犯罪是一种行为。"可以像刑法学那样，把犯罪确定在'个人行为'范围内，也可以确定在'社会现象'范围内。'犯罪是个人行为'和'犯罪是社会现象'，虽然有密切联系，个人行为是社会现象的构成因素，社会现象是由个人行为所构成，但社会现象不是个人行为的简单相加。两个命题性质截然不同，会带来截然不同的研究过程和

---

① ［德］汉斯·约阿丙姆·施耐德：《犯罪学》，吴鑫涛、马君玉译，中国人民公安大学出版社 1990 年版，第 75—76 页；刘灿璞：《当代犯罪学》，群众出版社 1986 年版，第 12 页；肖扬：《中国新刑法学》，中国人民公安大学出版社 1998 年版，第 3 页。

② ［法］卡斯东·斯特法尼等：《法国刑法总论精义》，罗杰珍译，中国政法大学出版社 1998 年版，第 55 页。

结果。""犯罪学不应当把犯罪概念外延确定为'个人行为',而应确定为'社会现象'。"① 换句话说,刑法学认为,犯罪是一种行为,其关注的是犯罪的法律属性,犯罪学认为同样的犯罪是一种社会现象,其关注的是犯罪的社会属性。"作为刑法学的研究对象,犯罪是一种法律现象,是法律所规定的犯罪。而作为犯罪学的研究对象,犯罪是一种社会现象,是社会上客观存在的犯罪。"② 其实,把犯罪学中的犯罪视为社会现象是一种通说,无论是否坚持等同说都不妨碍此观点的通说地位。

(2)犯罪学中的犯罪包容刑法学中的犯罪(包容说)。这种观点认为,犯罪学中的犯罪与刑法学中的犯罪一样,都必须以刑法的规定为依据,在这一点上两者是相同的。但是犯罪学的犯罪又可以超越刑法规定的范围,某些一般违法行为和不良行为虽不是刑法中的犯罪,但却可以成为犯罪学中的犯罪。"犯罪学上的犯罪概念,是以刑法作为依据,但它却不局限于刑法的规定,它还包括其他法律文件所规定的违法行为以及有可能发展成为违法犯罪的不良行为。就这种意义而言,犯罪学上的犯罪概念是广义的犯罪概念。"③ 包容说一般都认为犯罪学中的犯罪是指严重危害社会的应受制裁的行为。④ 在这样的定义表述中,犯罪学中的犯罪显然是完全包容了刑法学中的犯罪,刑法学中的犯罪只不过是犯罪学中的犯罪的一部分。因为,"应受制裁"显然包容刑罚制裁(刑法学中的犯罪)和刑罚之外的制裁(行政制裁、经济制裁、道德制裁等)。在刑罚制裁的范围内,犯罪学中的犯罪与刑法学中的犯罪等于竞合关系,所有刑法学中的犯罪同时也是犯罪学中的犯罪。在刑罚制裁的范围之外的那些严重危害社会之行为,虽

---

① 王牧:《学科建设与犯罪学的完善》,《犯罪学论丛》2005年第589期。

② 陈兴良:《刑事一体化视野中的犯罪学研究》,《中国法学》1999年第6期。

③ 康树华:《犯罪学》,群众出版社1998年版,第43页;类似的观点还可见王牧:《犯罪学》,吉林大学出版社1992年版,第43页。

④ 储槐植、许章润:《犯罪学》,法律出版社1997年版,第2页。

然不是刑法学中的犯罪，但却仍然是犯罪学中的犯罪。"严重的社会危害性这一点两者相同，它反映了犯罪的最本质特征即犯罪本质。没有严重的社会危害性既不是刑法学上的犯罪，也不是犯罪学上的犯罪。应受制裁，既包括刑罚处罚也包括非刑罚处罚，非刑罚处罚的含义既指不是刑事制裁也指现行刑法虽未规定处罚但通过修改刑法应当规定为刑罚处罚，'应受制裁'在外延上宽于'刑罚处罚'，二者有部分重合。"[①] 包容说的实质在于承认刑法学中的犯罪是犯罪学中的犯罪的最重要的组成部分，犯罪学中的犯罪定义原则上应以刑法学中的犯罪为限，但同时允许犯罪学可以把其犯罪概念的外延扩展到刑事违法性之外。"犯罪学不仅仅是以研究作为规范的犯罪为目标的，因而其研究总是超越刑法的具体规定。总之，刑法学决定犯罪学的犯罪概念，犯罪学不可能存在完全脱离刑法之外的犯罪概念，但犯罪学又不拘泥于刑法学的犯罪概念。"[②] 包容说目前已成为通说，不但被犯罪学界学者普遍接受，而且刑法学界也基本接受这种观点。

（3）犯罪学中的犯罪与刑法学中的犯罪是一种交叉关系（交叉说）。这种观点认为，犯罪学中的犯罪概念和刑法学中的犯罪概念，都需要与两个学科的研究目的相适应，犯罪学中的犯罪与刑法学中的犯罪的内涵与外延既不能等同，也不能相互包容，而是存在一种相互交叉关系。犯罪学中的犯罪概念与刑事违法性无直接关系，严重的社会危害性是犯罪学中的犯罪内涵的唯一要素。[③] 因此，交叉说认为，犯罪学上的犯罪包括绝大多数刑法上的犯罪和刑法上没有规定为犯罪的其他严重危害社会的行为（主要指准犯罪和待犯罪化的犯罪）。

在对上述三种观点作出评价之前，有必要对犯罪学和刑法学的学科

---

① 储槐植、许章润：《犯罪学》，法律出版社 1997 年版，第 2 页。

② 陈兴良：《犯罪概念的形式化与实质化辩正》，《法律科学》1999 年第 6 期。

③ 刘广三：《犯罪学上的犯罪概念》，《法学研究》1998 年第 2 期；白建军：《犯罪学原理》，现代出版社 1992 年版，第 93 页。

背景略作考察。刑法学的核心任务是解决定罪量刑问题，即对客观发生的行为事实进行刑法的评价，评价的标准是刑法典和其他的刑事法规（单行刑法和附属刑法），除刑法之外任何标准都不能成为定罪量刑的基准。相反，犯罪学并不关心刑法上的定罪量刑问题，犯罪学学科任务是寻找犯罪行为发展的客观规律，进而实现最大限度地犯罪预防。例如，面对甲杀死乙这样一个刑事案例，刑法学研究的是甲的行为是否成立犯罪，成立何种犯罪，此种犯罪的形态如何，以及对甲应处以什么样的刑罚。为了完成这些任务，就必须对甲涉嫌罪名的构成条件进行分析，其中包括甲的行为在客观方面是杀人行为抑或伤害行为，在主观方面是故意抑或过失，甲的年龄是否已达到负刑事责任的年龄，甲的精神状况是否正常，甲的行为有无违法阻却事由，等等。对于这个案件，犯罪学并不关心刑法学研究的这些问题，犯罪学关心的是甲为什么要杀死乙，是因为情杀还是为财而杀人，还是因为其他别的什么原因？而且犯罪学的研究并不止于本案，犯罪学还要透过本案去试图找寻一般问题的答案。假如本案为情杀，那么犯罪学就要进一步研究情杀行为产生的一般性机制，并对情杀行为的一般规律作出一定的判断。同时，犯罪学还要分析为了不使类似的行为再次发生，国家、社会、个人应采取什么样的对策。总而言之，面对同样的一个事物，刑法学和犯罪学看到的是完全不同的两个事物，原因就在于两个学科根本任务的不同。在刑法学研究的视野中，关注的当然是犯罪的法律特征，在犯罪学中"所谓犯罪现象：是指在一定时空中表征，状述和反映犯罪原因并被犯罪原因所决定，进而为预防犯罪提供依据的有关犯罪和犯罪人的非刑法条文形态的诸经验事实的总括"。① 此种定义清楚地表明了犯罪学中的犯罪是为预防犯罪服务的，它强调犯罪现象是非刑法条文形态的诸经验事实的总括，是因为刑法条文形态中的经验事实是刑法学中犯罪的内容。

---

① 储槐植、许章润：《犯罪学》，法律出版社 1997 年版，第 60 页。

因此，即使假设刑法学中的犯罪与犯罪学中的犯罪所指称事物的范围是一致的，即假设犯罪学中的犯罪以刑法的规定为限，那么两个学科中的犯罪概念的真正内容也会有重大的不同。更何况这种假设是不成立的。诚然，从犯罪学发生史来看，最早的犯罪无疑是从研究刑法中的犯罪的产生和发展规律开始的，并在此基础上试图预防刑法中的犯罪的发生。犯罪学这个学科中"犯罪"的词源显然是来自于刑法中的犯罪概念，完全可以作出这样的判断，没有刑法中的犯罪，就没有犯罪学的产生。但是随着犯罪学的不断发展，犯罪学中犯罪概念的范围也就超越了刑法中犯罪概念的限制，为什么犯罪学中的犯罪一定要扩展到刑法的界限之外呢？原因同样在于犯罪学的学科任务使然。对于刑法中规定的犯罪行为和刑法中没有规定的但有较严重社会危害性的行为，两者在刑法意义上差别巨大，存在着质的不同，此为罪与非罪的差别，直接涉及是否承担刑事责任。但是相对于犯罪学来讲，刑法中规定的犯罪行为与刑法中没有规定但有较严重社会危害性的行为之间并无本质上的差别，应予等同对待。因为，无论刑法是否规定一种危害社会行为构成犯罪，此种危害社会的行为的产生和发展规律都不会有实质的改变，刑法规定一种行为构成某种罪只会改变此种行为的法律特性。例如，刑法中规定的盗窃罪的成立标准是秘密窃取价值 1000 元人民币以上的财物，那么窃取 1000 元以上（含本数）财物即成立盗窃罪，窃取 999 元的财物就不成立盗窃罪。只差 1 元钱就导致两个盗窃行为的法律性质存在天壤之别。但这种差别却无法改变两种行为的发生机制，也就是说，无论盗窃 1000 元抑或 2000 元还是盗窃 10 元或 20 元，其行为的发生机制不会有实质的改变，这些行为均可能反映出此类行为的发生发展规律，因此对于把寻求危害行为发生发展规律作为最高学科任务的犯罪学来说理应把这些行为视为同一性质的行为，无论刑法是否把这些行为规定为犯罪。再例如，对于故意伤害行为，如果伤害后果达到轻伤，刑法规定构成故意伤害罪；如果伤害后果只达到轻微伤，则不构成故意伤害罪，这是刑法对此行为的评价标准。但是，轻伤与轻微伤之间的点滴差别当然不会影响故意伤害行为的发生机制，即使是达到重伤后果，其发生机制可能与轻伤、轻微伤时的发生机制大同小异。因此，在犯罪学的视野中，为了研究刑法中的犯罪的发生发展规律，就必须把理论视角扩展到与刑法中的犯罪相类似的其他一般危害社会的行为上来，因为不研究这种一般的危害社会行为的发生机制，就极有可能影响到刑法中规定的犯罪的发生机制的研究效果。在犯罪学中把刑法中的犯罪和刑法以外其他一般危害社会的行为都统称为犯罪应该说有利于完成犯罪学的任务，哪怕是精神病人实施的危害社会的行为，在犯罪学中也会等同于正常人的行为来对待，原因就在于精神病人危害行为的发生机制可能与正常人行为的发生机制相同。"那些不属于法定犯罪的其他严重违法和越轨行为的发生原因和心理机制与法律意义上的犯罪行为不存在质的区别，从病源学上讲，精神病及变态人格的发生与法律意义上的犯罪行为的发生可能具有文化背景上的同源性。"①

从犯罪学和刑法学两个学科的学科任务角度分析，前文关于这两个学科犯罪概念之关系的三种学说中第一种等同说及第二种包容说恐怕是不恰当的。原因很简单，等同说的错误是忽略了犯罪学中使用的犯罪概念并非以现行刑法为其界限依据，很多非刑法中的犯罪却仍属于犯罪学中的犯罪已成常识，等同说用现行刑法界定犯罪学中犯罪概念之边界、缺陷明显。包容说的错误主要是忽略了非犯罪化问题。非犯罪化是指现行刑法中规定的某种犯罪行为，由于此种行为已经不具有严重的社会危害性，用非刑法的方法完全可以实现规制，通过刑法修改把此种犯罪行为排除在刑法典之外。当现行刑法中出现需要非犯罪化的罪名时，该罪名的犯罪学考察排除其社会危害性，此时该罪名在犯罪学中已不再是犯罪了。但是只要立法没有修改刑法典，则该罪名显然仍为刑法意义上的

---

① 储槐植、许章润：《犯罪学》，法律出版社 1997 年版，第 106 页。

犯罪。非犯罪化是刑法发展中的常规现象，此现象的存在充分说明了刑法中的犯罪未必一定是犯罪学中的犯罪。包容说认为，刑法中的犯罪被犯罪学中的犯罪所包容是不恰当的。综上可知，刑法中的犯罪概念与犯罪学中的犯罪概念既不等同也不包容。两种语境下的犯罪概念各有各的边界，从外延上看，只能是一种交叉关系。犯罪学中的犯罪概念的边界是弹性的、不确定的，此边界是由社会危害性来划定的。我们认为，社会危害性的概念其本质是实质违法概念，对社会危害性的有无及大小的判断在实质违法理论中素有争论，主要存在行为无价值论和结果无价值论或法益侵害论和规范违反论之争，① 同样一个行为，在行为无价值论者看来是有社会危害性的，在结果无价值论者看来可能就没有社会危害性或危害性较小。社会危害性判断上的争议必然带来犯罪学语境中犯罪概念的边界具有较大弹性。正因为社会危害性导致犯罪概念边界不确定，有学者主张将社会危害性逐出刑法学领域。② 我们姑且不去谈刑法学应否逐出社会危害性概念，至少犯罪学应以社会危害性为基石范畴，犯罪概念边界的不确定恰恰是犯罪学学科使命所必需。

四、刑诉法学语境：无罪推定原则确立的语义场

在刑事诉讼程序语境中，无罪推定原则尽管还未规定在我国刑事诉讼法中，但此原则已然成为刑事活动的非实证的帝王条款，并已得到普遍的服从。在无罪推定原则的约束下，任何人未经法院生效判决不得视为有罪。因此，在刑诉法学的程序语境中，犯罪概念只有在定罪程序完全走完才能成立，当定罪程序还未完全走完时，即使客观上有足够的证据证明行

---

① 陈兴良：《社会危害性理论：一个反思性检讨》，《法学研究》2000 年第 1 期。

② 陈兴良：《社会危害性理论：一个反思性检讨》，《法学研究》2000 年第 8 期。

为人犯罪成立或完全相信行为人有罪，都不能把行为人按罪犯来对待，在刑事诉讼程序中把未走完程序的行为人称为犯罪嫌疑人就是最好的说明。一旦认定犯罪的程序已经走完，生效判决已经出现，犯罪即被确认，即便刑事司法的正确率无法达到百分之百，被司法程序确认的犯罪也有可能错误，但是只要司法纠错程序没有启动，确认的犯罪必须被推定为正确，这是司法公信力的必然要求，更是法治秩序的必然要求。因此，刑事诉讼法学语境中的犯罪概念强调的是司法程序的意义，忽略程序就无法理解刑事诉讼法学语境中的犯罪。刑事诉讼法学语境中的程序犯罪概念与前文讨论的刑法学语境中实体犯罪概念存在重大不同，对于刑事诉讼法学语境中的犯罪概念至关重要的程序问题，对于刑法学语境中的实体犯罪概念可能并不重要。

由于这种语境上的差别，在犯罪概念的使用中应注意语境的转化，既不要在刑法学语境中误用刑事诉讼法学语境中的犯罪概念，也不要在刑事诉讼法学语境中误用刑法学语境中的犯罪概念。犯罪概念的使用在两种语境中的变化突出体现在以下几种情况：其一，在刑事司法活动中，司法工作人员有时既要认为犯罪存在，又要视犯罪不存在。认为犯罪存在才能对犯罪进行追诉；视犯罪不存在，才能确保行为人的各项诉权，进而保护行为人的人权。这种看似矛盾的思维其实是正常的，认为犯罪存在是因为用刑法衡量了行为，此时的犯罪是指刑法学语境；视犯罪不存在是因为认定程序未最终完成，此时的犯罪是指刑事诉讼法学语境。其二，在刑事司法运作过程中，如遇被告人死亡，则司法程序被迫终止。此时刑事诉讼法学意义上的犯罪并未认定，被告人犯罪行为的法律后果又将如何处理呢？例如赃款赃物如何处理？我们认为，此时刑事诉讼法学意义上的犯罪未认定，并不意味着刑法学意义上的犯罪也一并否定，更不意味着被告人因此就成了无罪的无辜者。司法机关可以根据已查明的刑法意义上的犯罪对赃款赃物进行司法处理。其三，在包庇罪等罪名中，由于条款中出现了明知是"犯罪"的人这样的表述，此时的"犯罪"应该是指刑法意义上的犯罪，而非以刑事诉讼法意义上的犯罪为必要。因此，如果行为人已明确知道他人犯罪的实体内容，包庇罪自然成立，即使行为人对他人犯罪的实体内容并不明知或并不完全明知，但只要行为人知道司法机关已经在对他人进行了刑事追诉，也可以推定行为人明知他人犯罪，这不仅因为司法机关是可以信赖的，更重要的是不如此推定，司法机关的正常活动将无法完成。最后，当认定犯罪的司法程序未完成时，虽然刑法意义上的犯罪已经存在，但是对于行为人的某些评价，如果必须依赖刑诉法意义上的犯罪被确认，那么这种信赖的犯罪不能用刑法意义上的犯罪取而代之，本书开篇时的语境 3 就是最好的例子。

第二节　理论通说、学术前沿与司法实践

理论与实践相结合是人类知识增长的理想模式，也是理论家和实践家永恒的追求。但是在实然层面，理论与实践相结合却经常只能在一定程度上实现。有的时候这种程度可能还不高，比如说刑法的理论与实践。

一、前沿理论与司法实践的关系：一个只能相对精确的描述

刑法学一直以来就是一个比较成熟的、也比较活跃的学科，每年都有大量的理论著作和论文问世。如果从理论与实践相结合的视角观察，除了直接研究个案法律适用的成果之外，尚存大量的远离司法实践的理论前沿。这些前沿成果对刑法理论的发展贡献巨大，某些是开辟当下通说未涉及的领域，某些是对通说的否定或发展。但是，刑法的理论前沿与刑事司法的前沿却并未形成完全对应关系，这种不对应的关系或者表

现为理论前沿问题不出自真实的司法实践，或表现为没有为真实的司法实践提供在实践者看来可接受的答案。最终导致的结果就是刑法理论前沿文章越来越多、越来越深奥，对刑事司法前沿的指导作用却未必水涨船高。如果刑法理论前沿预设的读者群并非只限于学者，也应该包括法官、检察官和律师，如果刑法理论前沿的目标并非仅仅在于理论发展，也应该对刑事办案一线具有参考作用，那么当下的现状就应该反思。另外，还有一个更有意思的现象也应该引起关注，那就是尽管刑法理论前沿远离了刑事司法实践的前沿，但是刑事司法实践活动似乎也没有受到太大的影响。从全国刑事案件的错案率来看，我国刑事案件错案率是很低的。被发现并纠正的错案又大多是事实认定方面出了问题（需要程序法理论解决），而非法律适用出现错误。假设远离理论前沿的司法实践错误频出，那么在逻辑上就很可能是缺乏前沿理论指导的结果。现在的问题是这种假设并没有成立。从刑法前沿理论与司法实践的关系角度分析，刑事司法实践的平稳发展逻辑上只有两种可能：其一，这种平稳发展的结果是因为刑法前沿理论与司法实践已经高度结合，平稳正是前沿理论指导的结果；其二，刑法前沿理论与司法实践不能高度结合，但是刑事司法实践自有解决的办法。从各种理论前沿研讨会参加的人员看，虽然偶尔也能看到法官、检察官、律师的身影，但是基本上是极少数。再从法官、检察官、律师群体研读、借鉴最新前沿理论的比例看，虽没有精确的统计数字，但是从直观现象上观察，即使有也不会占多数。应该可以作出一个判断，司法实践平稳发展是因为前沿理论与司法实践已经结合得很好的可能性不大，即第一种可能性不大。显然第二种可能性更符合实际，即刑事司法实践即使一定程度上离开前沿理论的指导，也一定存在解决办法。刑法理论前沿与刑事司法实践没有高度结合，但是却都能繁荣和稳定发展，其原因是什么呢？

二、何以如此：互不需要的机制使然

缺少前沿理论指导的刑事司法实践是否能持久地稳定发展？对刑事司法前沿问题缺少直接回应的刑法理论前沿能否持久繁荣？这两个问题的答案当然都是否定的，后文会有专门讨论。如果我们认同前沿理论与司法实践距离过远终究是一种双输的局面，那么当下看起来双赢的局面其实只是表面现象而已，在表象的背后只有两种可能：第一，当下的双赢局面不会持久；第二，当下的双赢并非真正的双赢，还应该有一个更高层面的双赢状态，即理论本应更繁荣，实践本应更加高水平。无论当下是哪种可能性，都亟须弄清楚刑法理论前沿与刑事司法实践为什么会渐行渐远而不是殊途同归呢？本书认为主要有两个原因：其一，学术评价机制让刑法前沿理论与司法实践有了渐行渐远的可能性。刑法理论与刑法实践即使不是孪生兄弟，也应该属于亲兄弟，因为两者都是解决犯罪与刑罚的问题。尽管如此，刑法理论（特别是前沿理论）与司法实践由于社会分工领域的不同，仍然会存在些许差别。同样是解决犯罪与刑罚的问题，理论（家）与实践（家）在具有相同属性的基础上，其关注点还是会各有侧重：理论关注创新，实践关注妥当。理论关注论证过程，实践关注论证结果。理论关注体系构建，实践关注解决问题。理论关注与其他学科的关系，实践关注先例总结。理论关注学术规范，实践关注工作要求。理论关注深刻，实践关注实用。正是因为理论与实践关注的侧重点不同，最终导致了求创新、求体系、求深刻的完全有别于实践的学术评价机制出现。这种学术评价机制与每一个理论研究者切身利益直接相关，促使理论研究者容易忽略实践的看法，同时又容易重视其他学术同行的意见。所以，尽管刑法学者与法官、检察官、律师同属法律人范畴，但是学者似乎更在意学者。换句话说，学者生产出来的前沿理论产品，其预期的消费者可能主要是学者，因为其他学者的引用、反馈、评价对学术产品的生产者而言意义最为重大，其职称评定、学术头衔甚至职务升迁等与此关系紧密。至于这些产品对法官、检察官、律师在具体办案中的指导、参考作用是大还是小、是多还是少，就成了不好量化甚至是看不见、摸不着的东西。所以，基于功利主义的考虑，学者也一定会更加重视学者的意见，学者有学者的"江湖"，学者所创造的学术前沿理论有意无意地忽略了司法实践也就具有了现实的可能性。其二，刑法理论的通说让司法实践远离理论前沿具有了可能性。如果司法实践离开刑法前沿理论寸步难行，根本无法保证法律适用的正确性，那么现实的需要也会把司法实践与前沿理论逼到紧密结合的道路上去。但是现实的情况却并非如此。刑事司法实践对刑法理论的需求有两个层面：其一，对刑法通说的需求。司法实践对通说的需求达到了须臾不能离开的程度，没有刑法理论通说的指导，根本就无法进行司法实践。通说意义上的刑法理论是司法实践对与错的基本参照系，离开通说，刑事司法行为不但对错难分，甚至根本就无法进行操作。因此，通说层面的刑法理论与刑事司法实践基本上达到了一一对应的关系，甚至是融为一体的你中有我、我中有你的关系。通说与法律条文共同构成了司法活动中的法律体系。通说尽管也是一种理论形态，但是当它成为实证法律条文的基本解释原理时，通说就会不知不觉地成为法律的构成要素之一。例如，当法官把刑法规定的盗窃解释为"秘密窃取"时，其真实的思维过程一定是：刑法条文（盗窃）＋刑法理论通说（盗窃必须具有秘密性）＝司法实践中的法律（秘密窃取）。所以，在刑法理论通说层面很难找到理论与实践的精准界限。司法实践对通说的需求达到了没有通说就没有司法实践的程度。当然反过来，如果没有司法实践的普遍认同，一种理论又何以有资格成为通说呢？如果在通说层面上理解刑法中的理论与实践相结合，敢断言两者结合的程度近乎完美。其二，司法实践对刑法前沿理论的需求。虽然刑法通说可以解决司法实践中绝大多数的问题，但是却解决不了所有的问题。在刑事司法实践中，偶然但一定会出现通说无法解决的疑难问题（也可称不典型问题或模糊问题），例如许霆案。此时司法实践就亟须刑法的前沿理论对这类疑难问题作出回应。正如国家不幸、诗家幸一样，疑难问题的出现对司法实践来讲可能不会受欢迎，但是对前沿理论来讲却是大幸。因为疑难的司法问题往往正是刑法新知识的增长点，刑法的前沿理论应该在此时产生。因此，司法实践对前沿理论的需求大多集中在疑难的或不典型的案件中。但是有两个因素决定了尽管在出现疑难案件时需要前沿理论，但并没有达到像需要通说那样没有不行的程度：一个因素就是，与通常案件相比，疑难案件出现的比例非常之低；另一个因素就是，一旦出现这种疑难案件，即使没有前沿理论加以回应，司法中的实践智慧也有解决办法。司法实践的智慧就是刑法通说的基本精神＋过往司法经验的总结。有了这两个方面的储备，司法实践对通说无法解决的疑难问题会创造出自己的"前沿方案"，尽管这种"前沿方案"未必能融入刑法理论的知识体系中，也未必能得到关注体系构建、关注学术规范的理论体系的认可。但是这种针对解决疑难问题的前沿方案都有较强的实践理性成分，一般都能使司法活动的基本原则得到很好的贯彻，进而使司法活动仍然能在理性层面上得到论证。司法的确定性与正确性、司法的法律效果与社会效果基本上能得到保障。所以，本来司法中就很少能够碰到通说难以解决的疑难问题，再加上一旦碰到这种疑难问题，司法实践又有一种类似于"以不变应万变"的智慧，那么理应在疑难问题上作出回应的刑法前沿理论，在司法实践看来就不是雪中送炭，充其量是锦上添花。把刑法理论通说与刑法前沿理论相对比，司法对两者的现实需求不可同日而语。法官、检察官、律师有时可能会说理论没有什么大用，其实此时的"理论"应该特指前沿理论，而非通说。换句话说，司法实践对刑法理论的现实需求，在前沿领域是可讨论的，而在通说领域是无须讨论的。综上所述，刑法前沿理论与司法实践没能高度结合，其主要原因就是两者之间谁离开谁日子似乎都能过。

三、距离没有产生美：一个双输的后果

由于通说与司法实践高度结合的缘故，使得刑法前沿理论与司法实践尽管存在一定的距离，但各自仍然能够相安无事地稳定发展。但是此种状态不论是对理论还是对实践均不是双赢，相反可以说是一种双输。

相对于通说而言，理论前沿从形式上主要包括三种类型：①填补空白型。此类知识之所以成为前沿是因为创造或填补了通说中所没有的内容。②推翻旧说型。此类知识是因为推翻了通说中的旧知识而成为前沿。③改进旧说型。此类知识的前沿性在于把通说改造得更好。前沿理论的源泉也主要来自三个领域：①刑法学之外的人类知识。主要包括法学其他学科以及哲学、社会学、心理学、经济学甚至也包括自然科学的知识向刑法理论的扩张。②刑法理论体系自身外延的扩展。刑法理论是一个逻辑体系，自身就存在不断创作新知识的能力，刑法理论中某些高位阶的基本原则通过逻辑推理就会产生很多前沿性的新知识。③司法实践中的新问题。无论是由于立法出了新问题，抑或由于司法出了新问题，刑法学都会在这些领域创作前沿新知识。从刑法前沿理论的类型和源泉来看，刑法前沿理论在逻辑上不完全出自司法实践，而且事实上也的确有一部分前沿理论不来自司法实践。但有一点必须强调，也许刑法理论（通说＋前沿）可以不来自司法实践，但是创造理论的目的必须为了实践，不为实践的刑法理论充其量只是智力的展示而已。如果前沿理论不来自司法实践，那么其对实践的影响就只能是间接的。这里所谓间接就是指只有当前沿理论有能力逐步转化为理论通说时，才能对司法实践产生影响。因此，刑法前沿理论与司法实践的距离过大，刑法前沿理论对司法实践的作用就会出现间接性，这种间接性对刑法理论发展和司法实践均非利好。对于刑法理论发展而言，这种间接性会导致三个负效应：①刑法理论失去了最重要的增长点。刑法理论的确可以在司法实践之外获得发展，但是无论如何司法实践中的知识增

长点最多，来自真实司法实践中的问题为刑法理论发展开创了最重要的机会，前沿理论一旦不关注司法实践就等于失去了主要的知识增长点。②前沿理论失去成长为通说的机会。前沿理论被司法实践的认同是成为通说的关键性因素之一，前沿理论不关注司法实践，司法实践也就不会关注前沿。如此，即使最有价值的前沿理论，也会因为司法实践的忽视而更有可能失去成为通说的机会，这对刑法理论的发展而言无疑是个损失。③前沿理论有可能失去尽快接受检验的机会。前沿理论诞生后必须也应该接受来自各方面的检验，以证明理论的生命力。其中，来自司法实践的检验是最迅速也最重要的检验。对于刑法前沿理论而言，司法实践的认同当然是一个好机会，因为会促进前沿理论成长为通说。司法实践的反对其实也是个好机会，因为这种反对有利于前沿理论的进一步完善。一旦司法实践忽略前沿理论，那么前沿理论将失去宝贵的反对声音。对于司法实践而言，这种间接性也会导致三个负效应：①司法实践需要的前沿理论会减少。司法实践不关注前沿理论，司法实践亟须的前沿理论就会减少，这就好像消费者不爱吃辣的，厂家就不会生产辣的产品一样。缺少可选择前沿理论指导的司法实践就像没有产品可选择的消费者一样。②司法实践可能失去正确理论指导的机会。司法实践不关注前沿理论的态势一旦形成，就会使司法实践可能错失良机，即使存在能恰当解决疑难问题的前沿理论，也会失之交臂。③司法实践可能会形成轻视理论的经验主义。刑法理论既有通说也有前沿，两者缺一不可。没有前沿理论的带动，理论何以向前发展呢？并且通说也不过就是多数人的共识性认识而已，也未必就是绝对正确的。即使今天的通说正确，明天也未必还正确。司法实践一旦形成忽视前沿理论的倾向，就会把通说当成刑法理论的全部，甚至当成圣经。而缺乏前沿理论的通说极有可能使通说失去理论应有的功能，变成僵化的教条，终将会无法适应生动的、永无止境的司法实践。远离前沿理论的司法实践一旦在通说中找不到理性的答案，势必会越来越依赖于经验主义。长此以往就可能形成刑法理论无用论，而轻视理论指导对司法无疑是有害的。其实，不仅通说解决不了的问题需要前沿理论，即使当下通说完全可以解决的现实问题，也不应拒绝最新的前沿理论，因为那里可能有更好的答案。如果认为通说能解决的问题就不必关注前沿理论，就等于是有了拖拉机这种交通工具就拒绝坐飞机。

四、双赢的基础：刑法知识的生产与消费关系再认识

理论与实践的结合没有最好，只有更好。如何让刑法理论（主要指前沿理论）与司法实践实现双赢是理论家（主要指学者）和实践家（主要指法官、检察官、律师）共同的愿望，甚至可以说每天都在努力着。

追求刑法理论与司法实践的结合，其本质是追求刑法前沿理论与实践相结合，因为在通说层面理论和实践已结合得比较完美，结合不完美的是前沿理论与实践。想要克服前沿理论与司法实践双输的局面，必须首先分析通说与实践之间为什么能高度结合。在刑法通说层面，如果把理论看成是产品（知识产品），那么通说理论的生产者和消费者是一种你中有我、我中有你的关系。也就是说，虽然通说的生产者主要是理论家，但也包括实践家。通说的消费者包括理论家，但主要是实践家。虽然互为生产者和消费者，但理论家生产通说、消费通说对理论与实践结合关系不大，但实践家消费通说就意义重大，应该说实践家成为通说的消费者和生产者是通说理论与实践高度结合的根本原因。当然，实践家成为通说的消费者是最重要的，因为实践家只有在消费通说中才能检验并完善通说，进而也成为通说产品的生产者之一。与通说相比，当下前沿理论产品像通说一样被理论家消费，与通说存在重大差别的是实践家并不注重消费前沿理论。因此，前沿理论要想达到通说的境界，最重要的问题就是让实践家成为前沿理论的主要消费者。如何才能让实践家消费前沿理论呢？本书认为既然知

识也是产品就应尊重市场规律：①理论家要有预设消费者的意识。除学者之外，必须把实践家预设为前沿理论的读者群，此种意识在创造前沿理论时必须坚持，就像厂家生产产品时必须想到要把产品卖给谁。②理论家要了解实践消费者的品位。理论家很容易了解学者的消费品位，但却不容易了解实践的口味，要了解实践口味必须关注实践中的真问题。如果从假想或虚构案例出发创造前沿理论，往往会因为假想之前已有答案而不符合实践的口味。就像厂家生产不出消费者喜欢的口味，产品自然就卖不出去。③现状改变要从理论家开始。要想让产品有市场，一定是厂家先生产出消费者喜欢的产品。不可能先有购买，后有好产品。如果认为理论家是前沿理论的主要生产者，那么要想让实践消费前沿理论，改变必须从学者开始，学者不能期望改变从实践开始，正像厂家不可能逼着消费者适应产品一样。

最后，理论家如何才能有这样的改变呢？最重要的一条就是改变对前沿理论的评价机制。除了理论家对前沿理论的消费是一个考量因素之外，实践家对前沿理论的消费也应纳入评价体系中。至于具体如何设计新的评价机制，就是另外一个课题了。

第二章　刑法总论争议性问题的新表述

第一节　以行为本质区分"注意"与"拟制"

伴随着刑法学理论的日趋成熟，刑法解释学对刑法条文的分析也走向了精细化。从区分注意性规定和法律拟制性规定的视角对刑法条文进行理论解析就是这种精细化的表现之一。刑法解释学视域下的划分：通说观点解读何谓刑法的注意性规定？何谓刑法的拟制性规定？当下比较权威的观点认为，注意性规定是指在刑法已作基本规定的前提下，提示司法人员注意，以免司法人员忽略的规定；拟制性规定是指刑法将原本不符合某一条文的行为规定为按该条文处理。需要强调的是，这种观点的意义并不在于对注意性规定和拟制性规定分别进行了定义，而在于其赋予了区分注意性和拟制性两种规定的刑法解释学功能。通说观点认为，将刑法中的某种规定视为注意性规定或拟制性规定，会导致适用条件的不同，并因此形成不同的理解结论。例如，对于刑法第 267 条第 2 款规定的"携带凶器抢夺"，根据该观点，如果认为这种规定是注意性规定，则必须按照第 263 条规定的抢劫罪构成要件对"携带凶器抢夺"作出解释；如果认为这种规定属于拟制性规定，则必须根据"携带凶器抢夺"的客观含义作出解释。

刑法中的某一条文到底是注意性规定还是拟制性规定的判断，对该条文的解释结论是否真的存在影响呢？当下比较权威的观点对此作出了肯定的回答，认为区分注意性规定和拟制性规定是刑法分则解释学的重要课题，并进而提出一系列区分两种规定的解释学标准。正因为如此，笔者认为有理由把这种观点对两种立法模式的分类理解为解释学视域下的划分。无论是注意性规定或是拟制性规定，原本不过是立法者基于某种目的而选择的立法技术而已。一个条文是注意性规定还是拟制性规定，在立法时就应该是明确的。为什么通说却认为需要解释学来确定？如果确实需要刑法解释学来确定，那么立法时立法者对注意或拟制的选择是有意还是无意的呢？这些问题通说并没有涉及。本书认为，即使允许在解释学视域下划分注意和拟制，恐怕也要首先回答两个问题：为什么注意性规定或拟制性规定不是由立法者决定的？在刑法解释中，通过刑法解释来确定注意性规定或拟制性规定是否存在循环论证的可能？因此，对立法技术与刑法解释之间关系的讨论有必要进一步展开。

一、与解释无关的立法技术：英雄不问出处

本书认为，在解释学视域下解读注意和拟制的关系的确存在循环论证的嫌疑。根据通说：为了确定某一条文是注意性规定还是拟制性规定，首先就要对这一条文的含义作出解释，其次还要对有关该条文的基本规定的含义作出解释，两个解释结论相比较之后确定该条文是注意性规定或是拟制性规定。注意或拟制确定之后，再继续根据注意或拟制的不同对这一条文进行解释。例如，首先要对"携带凶器抢夺"的含义作出解释，然后再对第263条抢劫罪的含义作出解释，如果不作出这两种解释，就不可能知道"携带凶器抢夺"与第263条之间是注意关系或是拟制关系。确定两者是拟制关系之后，再根据拟制的特点对"携带凶器抢夺"作出解释。显然，通说对这种条文的解释进入了一个循环，注意性和拟制性的判断既是一个终点又是一个起点。也就是说，"携带凶器抢夺"到底是注意性规定还是拟制性规定，取决于对本条规定的解释，此时注意或拟制是解释的终点。同时，对"携带凶器抢夺"应如何解释又取决于

这条规定是注意性规定还是拟制性规定，这时注意或拟制又是解释的起点。这就产生了一个问题，那就是在注意或拟制的判断确定之前和之后，两种对"携带凶器抢夺"的解释又是什么关系呢？如果拟制（或注意）确定之后对"携带凶器抢夺"的解释不同于确定之前的解释，那么确定之前的解释就可能是错误的。如果确定之前的解释可能是错误的，那么据此错误解释，对注意或拟制的判断也可能是错误的。如果注意或拟制的判断可能是错误的，那么判断之后对"携带凶器抢夺"的进一步解释也可能是错误的。按这个逻辑，法律条文的解释就是一个无解的死循环。为什么会出现这种困境，原因就在于对法律条文解释的终点不能再作为同一法条的解释起点。笔者认为解决通说的困境恐怕应注意两点：其一，注意或拟制不应该由刑法解释学决定；其二，即使由刑法解释学决定注意或拟制，那么注意和拟制的结论必须是最终的结论，不能再作为解释同一法条的逻辑起点。

众所周知，现代社会的刑事立法是一项高度理性的活动，每一个条文都是深思熟虑的结果。法律条文的产生一般要经过两个方面的考量：其一，目的考量。每一个法条的制定都是目的追求的结果。其二，技术考量。立法目的转化为法律条文是一个复杂的过程，需要立法技术支持。刑法中的注意性规定和拟制性规定同样是一种立法技术。尽管对于立法来讲，目的考量和技术考量同样重要，但是对于一个生效的客观法律条文来讲，立法技术并不影响法条解释。例如，刑法第 267 条第 2 款规定，如果不考虑立法技术，完全可以用"携带凶器抢夺"这句话替代刑法第 263 条中的第一句话（即以暴力、胁迫或者其他方法抢劫公私财物的），并保留刑法第 263 条其余内容的方式表述。语言表述等价替代后的法条显然是一个独立的法律条文，替换前后两种表述的法条含义完全等价，唯一的区别就是采取了不同的表述方式。因此，"依照……规定定罪处罚"的立法表述决定了第 267 条第 2 款是一个独立的法条，与其等价

替代的全文表述的法条一样，不依附其他任何法条。对刑法第 267 条第
2 款的解释，就是把"携带凶器抢夺"当成独立法条所作的解释。当然，
刑法解释具有体系性，刑法中的所有条文都是第 267 条第 2 款的解释环
境，包括第 263 条。反过来讲，第 267 条第 2 款也是第 263 条的解释环境，
第 267 条第 2 款与所有条文的立法地位都是一样的，包括与第 263 条地
位平等。立法者如何认识"携带凶器抢夺"与第 263 条第一句话之间的
关系（注意或拟制）不会影响第 267 条第 2 款的独立性。解释者如何认
识两者的关系，也不会影响第 267 条第 2 款的独立性，更不会影响对这
一条文的解释结论，因为关系在结论之后。

二、区分注意与拟制的意义：指导加批判

区分注意与拟制的理论，对于刑事立法意义重大。其一，对立法者而
言，注意与拟制的区分对刑事立法具有指导功能，有利于提高刑法体系的
逻辑性和简洁性。其二，对刑法解释者而言，注意和拟制的区分对刑事立
法具有批判功能，有利于发现当下刑法仍需完善之处。

本书认为，对注意性规定与拟制性规定的区分包括实质和形式两个
方面的内容。对于注意性规定，从实质的标准上看，适合采用注意性规
定的情形是：该规定与所引用的条文在行为本质上具有同一性。例如，所
引用条文 A（抢劫罪）的具体行为方式包括 A1（暴力）+A2（胁迫）+A3
（其他方法），需要规定的行为方式是 A4（携带凶器抢夺）。当 A4 属于
A1 或 A2 或 A3 时，A4 可以采取注意性规定，而且此时的注意性规定是
典型的。当 A4 不属于 A1 或 A2 或 A3 时，只要 A4 与 A1 或 A2 或 A3 的
行为本质相同，则对 A4 也可以采取注意性规定，此时的注意性规定是
不典型的。典型的注意性规定之后，即规定了 A4 之后，A 的范围仍然是
A1+A2+A3。不典型的注意性规定之后，即规定了 A4 之后，A 的范围就

是 A1+A2+A3+A4。从形式标准看注意性规定，凡是立法条文表述为"依照……规定定罪处罚"的，均属于注意性规定。对于拟制性规定的实质标准，本书认为，需要规定的内容与所引用的内容如果在事物本质上只有相似性而没有同一性，则可以采取拟制性规定。如果事物本质相同，则不适合拟制，只适合注意。如果事物本质不相同也不相似，则既不适合注意也不适合拟制。拟制性规定的形式标准是条文中出现"以……论"或"以……论处"的表述方式。因为在语言逻辑上，"A 以 B 论处"是表达 A 与 B 在事物本质上的相似不相同关系（拟制关系）的典型表述。例如，刑法第66 条、第 451 条第 2 款、第 267 条第 2 款等均为拟制性规定。

对于立法者来讲，实质标准和形式标准应该是统一的。但对于解释者来讲，实质标准和形式标准则有时能统一，有时则不能统一。也就是说，解释者通过形式标准识别，通过实质标准批判。在刑法解释学视域下，通过"依照……规定定罪处罚"和"以……论"识别出注意性规定或拟制性规定之后，即使解释者认为不符合实质性标准，也不能否定注意和拟制，只能批判立法缺乏科学性。必须注意，立法科学性问题十分重要，采取注意性或拟制性规定在一定程度上表现了刑法对行为本质的态度。事物本质相同采用注意性规定，事物本质相似但不同采用拟制性规定，就不会误导普通人对行为类型的理解。如果刑事立法不遵守这个实质标准，不但影响刑法的评价功能，也影响刑法的行为指引功能。促进立法科学性不但是立法者的责任，也是刑法解释者的义务。注意与拟制的实质区分标准就是解释者批判立法科学性的理论基础。

第二节　共同过失犯罪中前置责任的刑法学解释

在刑法总论中，过失行为构成犯罪除主体外还要具备三个基本条件：

存在过失行为，有危害结果，过失行为与危害结果之间存在刑法上的因果关系。这种过失犯罪的基本原理不仅是刑法分则中过失罪名具体认定的解释依据，甚至是过失犯罪刑事立法的理论基础。也就是说，对于刑法分则规定的过失行为来讲，只有三个条件完全齐备，过失犯罪才能成立。但是，用这一基本原理审视共同过失行为，在共同过失犯罪认定中是否存在例外呢？

一、司法解释引发的理论争议：过失犯罪构成要件是否另起炉灶

根据我国刑法第 25 条第 2 款的规定："二人以上共同过失犯罪，不以共同犯罪论处；应当负刑事责任的，按照他们所犯的罪分别处罚。"从这一规定看，即使两个人以上存在共同过失行为，其每个人是否成立犯罪也必须按单独过失犯罪的入罪标准加以衡量，即必须存在过失行为、危害结果及两者之间的因果关系。"考察是否成立过失的结果犯，首先需要讨论的问题是，行为人的举止是否已引发了结果。"[1] 但是，对于交通肇事行为而言，其成立犯罪的标准似乎与过失行为入罪的基本原理略有不同，至少在表述上存在差异。根据 2000 年最高人民法院通过的《关于审理交通肇事刑事案件具体应用法律若干问题的解释》（以下简称《解释》）规定，交通肇事罪的成立需首先分清事故责任，负事故全部或主要或同等责任的肇事者才有可能构成犯罪。《解释》中没有提及因果关系问题，似乎用事故责任划分取代了因果关系，假如不认为《解释》在交通肇事罪成立条件上另起炉灶，那么，有三个问题必须给予全面的回答：其一，前置的事故责任的法律属性是什么？由于在司法解释中，事故责任是在刑事责任确定之

---

① [德] 乌尔斯·金德霍伊泽尔：《刑法总论教科书》，蔡桂生译，北京大学出版社 2015 年版，第 329 页。

前明确下来的一种责任，所以，本书将这种刑事责任之前的事故责任称之为前置责任。作为过失犯罪，追究交通肇事行为的刑事责任只要具备过失行为、危害结果及两者之间的因果关系即可，为什么司法解释根本未提及因果关系问题，相反，划分事故责任成了该罪刑事责任追究的必备要件。这种前置责任的法律属性到底是什么，为什么在其他类型的过失犯罪的规定中（如过失致人死亡罪）却见不到这种前置责任的设定呢？其二，前置责任如何划分。明确了前置责任的法律属性之后，就有必要站在前置责任基本属性的立场审视当下道路交通事故责任划分的合理性。其三，前置责任与过失犯罪的因果关系之间到底是一种什么样的关系？既然司法解释把前置责任作为犯罪成立的条件之一，那么，就必须进一步追问这种前置责任与因果关系之间到底是一种什么样的关系。因为这不仅关系司法解释是否具有合理性的问题，甚至可能会关系过失犯罪通说理论是否已被修正的问题。有观点认为，"这实际上是修改了现行刑法第 133 条有关交通肇事罪的成立条件"[①]。如果前置责任中包含了因果关系判断，那么，交通肇事罪的成立标准就未另起炉灶，但是，如果前置责任与因果关系的判断无关，那么，司法解释就很可能离开了过失犯罪的一般原理，重构了交通肇事罪的成立标准。只有把司法解释创造的这个前置责任与因果关系作对比性的分析，才有可能在过失犯罪理论中找到前置责任的存在空间。所以，对前置责任与因果关系之间关系的追问是刑法理论无法回避的问题。

二、前置责任与注意义务：规范上的等价关系

交通事故责任中的责任是法律责任吗？假如是法律责任，也绝对不

[①] 黎宏：《论交通肇事罪的若干问题——以最高人民法院有关司法解释为中心》，《法律科学》2003 年第 4 期。

会是民事法律责任和刑事法律责任，最有可能的只能是行政法律责任。有
人也许认为，因为事故责任划分是公安机关作出的，应属于行政法律责
任。其实事故责任并非法律上的责任。法律责任是行为人违反法律法规后
应承担的不利后果，其实质是"法律上的否定评价和谴责"。① 交通事故
的责任划分虽然与法律上的不利后果（民事赔偿、行政处罚、刑事处罚）
密切相关，但其本身并非法律后果。也就是说，事故责任有责任之名，无
法律责任之实。而且，这里的"责任"只是交通管理部门根据交通运输管
理法规认定的责任，"与刑法上所讲的责任并不是同一层次上的概念。在
确定交通肇事罪是否成立时，对于行为人是否负有责任，必须从刑法上进
行责任的实质判断，这种判断要严格依照犯罪的构成要件进行，而不是直
接采纳交通管理部门的事故认定结论"。② 应该注意的是，明确事故责任
不是什么并不重要，重要的是事故责任到底是什么？法学理论对事故责任
属性的研究少，但对事故责任的物质载体（交通事故认定书）的性质有较
多的研究。有观点认为，"交通事故责任认定属于行政确认行为"③。交通
事故认定书是作出事故认定这一行政确认行为所形成的重要法律文书，是
处理道路交通事故、实施行政处罚、进行刑事追诉的重要书证，属于公文
书证。本书赞同这种观点，但是，这种观点并未回答事故责任的属性是什
么。关于事故责任的属性，当下公安机关有比较权威的理论表述：当事人
的责任是指公安交通管理部门在查明道路交通事故原因后，所确定的当事
人行为以及过错程度对事故所起的作用的定性定量关系。定性是指当事人
的行为以及过错是否与事故有作用有联系。定量是指在当事人的行为以及

---

① 张文显：《法理学》（第三版），高等教育出版社、北京大学出版社 2007 年版，
第 170 页。

② 陈兴良、周光权：《刑法学的现代展开》，中国人民大学出版社 2006 年版，第
461 页。

③ 王良顺：《交通事故责任与交通肇事罪的认定》，《甘肃政法学院学报》2009 年
第 11 期。

过错与事故有作用有联系的前提下，确定作用的大小、联系的大小。换句话说，事故责任就是当事人的行为对事故作用程度的表述。这种观点接触到了前置责任的属性，是用过失行为对结果所起的作用来定义事故责任。必须要进一步追问，对结果所起的作用又是什么呢？不言而喻，这种作用是一种客观的事实，是过失行为对危害结果发生的贡献量。如果过失行为仅仅是一种事实的存在，那么，用对结果的客观作用及其大小来定义事故责任就已经找到事故责任的基本属性了。

但是，过失行为不仅仅是事实，更是一种规范的存在。"由于违反注意义务实现刑法规定的构成要件，且违反义务没有认识到会发生构成要件结果，或者虽然想到会发生构成要件结果，但违反义务地相信，此等结果将不会发生，行为人的行为是过失行为。"①换言之，在规范层面上，过失行为的本质是对注意义务的违反，包括结果预见义务违反和结果回避义务违反。"亦即，行为人原本能够预见行为的结果，但因为疏忽而没有预见，进而实施了行为导致结果发生；如果谨慎行事预见了结果，就不会实施该行为，进而避免结果发生；或者是，行为人在预见了结果的前提下，原本应当认真地对待自己将要实施的行为和所预见的结果，但没有认真对待，导致了结果的发生。"②对于过失行为而言，规范层面上的注意义务的大小与事实层面行为对结果发生的作用（贡献量）之间会形成一一对应的关系，即行为对结果的作用越大，则行为的注意义务就越大。当对结果的作用是100%，则注意义务也是100%；当对结果的作用为0，则注意义务也为0。也就是说，是事实层面过失行为对结果贡献的作用大小决定了规范层面过失行为注意义务的大小。所以，如果在事实层面把事故责任定义成行为对结果的作用，那么，在规范层面事故责任所表达的就一定是过失

---

① ［德］耶塞克、魏根特：《德国刑法教科书》，徐久生译，中国法制出版社2001年版，第675—676页。

② 张明楷：《刑法学》（第五版），法律出版社2016年版，第287页。

行为的注意义务，即在规范层面上事故责任与注意义务两者等价。

三、事故责任的划分：应以什么为参照系

事故责任的属性是理论问题，但事故责任的划分是个实践问题。面对公安机关划分事故责任的具体实践活动，很多人甚至认为对此问题无须理论关注了。事实真的如此吗？当下道路交通事故的责任划分能在理论上进行充分的论证吗？通常情况下，事故责任分为五类：全部责任（以下简称"全责"），主要责任，同等责任，次要责任，无责任。道路交通事故发生后，公安机关在查清事故成因的基础上，根据行为对结果的作用大小，给每个事故参与方在五种类型中选择其中一种作为其应当承担的事故责任。在五种类型中，尽管每一种的判断都是经验理性，但全责和无责任的确定一般是比较精确的，是一种相对确定性的判断。而另外三种类型一般是非精确的，是一种经验上的不确定性判断。所以，值得深入分析的是主要责任、次要责任和同等责任到底是如何划分出来的。目前的通说对事故责任的确认坚持两个基本原则（以 A、B 双方肇事为例）：其一，事故责任大小是交通事故的双方参与者相互比较的结果，即 A 方大 B 方就小，A 方小 B 方就大，此消彼长。其二，肇事双方参与者的事故责任之和就是对结果的全部责任，即 100％责任。这两个基本原则隐含了一个逻辑前提，那就是不直接按每一个过失行为对结果的作用大小来判断事故责任，而是把另一方作为参照系进行大小的比较，进而得出双方事故责任或一大一小或同等。这个逻辑可能会有瑕疵：首先，在性质不同的违规行为对结果发生所起的作用之间进行大小之比较过于模糊，缺乏分析论证的可能性。其次，即使可以比较，也只能得出谁比谁大，而不能得出大到什么程度，小到什么程度。其三，当有意外因素介入交通肇事时，双方（参与者）的事故责任之和就不再是全部责任（100％责任），此时双方责任的比较就会变

得无意义。因此，肇事双方互为参照系的对比式的责任划分有局限性，而且有无法适用的理论死角。本书提倡以全责为参照系进行责任划分。事故责任的本质是过失行为的注意义务，事故责任与注意义务是一种等价关系。对事故责任的划分，其实质就是共同过失行为人之间注意义务大小的判断。A和B发生交通事故后，如果B行为完全合法，又没有意外因素介入，那么，A的违法行为将负事故全部责任，即A承担完全的注意义务，B无事故责任，即完全不承担注意义务。一旦B的行为也违反了交通法规，则A因为B的违法而使注意义务有所下降，B因为A的违法也使注意义务有所下降，各自的注意义务下降多少是由对方的违法行为决定的。对于A和B而言，在共同过失行为中各自注意义务下降的多少、大小，其参照系是各自全责状态，即全部注意义务，而非以对方下降后的注意义务作参照。当A和B双方交通违法行为共同造成危害结果时，对A事故责任的判断在逻辑上存在三种可能性：第一，假设A的不法行为不存在时，结果仍然100%发生，则A的事故责任为无责。第二，假设A的不法行为不存在时，结果100%不存在，则A的事故责任为全责。第三，假设A的不法行为不存在时，结果仍有可能存在。当假设A的不法行为不存在时，结果仍有可能发生，那么，一定是B的不法行为对结果的发生做出贡献。B的不法行为导致A的注意义务从全部走向部分。只有第三种情况需要研究B的不法行为导致A的注意义务到底下降了多少。A的注意义务下降与假设A的违法行为不存在时结果仍然出现的风险概率有直接的关系。如果合法行为在一定概率上仍然导致结果发生，那么，这种概率内的结果风险就不是A的注意义务。A的注意义务与假设A的不法行为不存在（合法行为）时结果仍然发生的风险概率成反比，即合法行为也会出现结果的可能性越高，则注意义务越低。当A的不法行为不存在时，结果仍出现的概率超过50%时，则注意义务减少过半，A负次要责任。当该概率在50%以下时，则注意义务减少未过半，A负事故主要责任。对 B 的事故责任的判断与 A 的判断过程相同。任何一个具体概率都是以极限值（100%）为参照系的，都是在 100% 基础上的下降。所以，当假设的合法行为导致结果出现的风险概率（对应具体注意义务）达不到极限值（对应结果 100% 不出现的全责状态）时，既然极限值是风险概率的参照系，那么，就意味着全责是具体注意义务的参照系。

本书提倡的事故责任划分进路主要依赖于合法行为的假设（违法行为不存在假设）这个分析工具，有了这个工具才使全责作为参照系成为可能，才使从注意义务的视角划分事故责任成为可能。与通说相比，也许对于主要责任和次要责任的判断结论而言，不同的分析进路也不会有太大的区别，因为无论是通说中过失行为对结果的作用大小，或者是合法行为假设引起结果的概率大小，都是一种经验上的判断，判断结论也会大体相当。本书提倡的分析进路与通说相比在结论上最大的差别是取消同等责任。同等责任是 A 与 B 对结果作用之比较的结果，如果在方法论上取消了这种比较，那么，同等责任概念就不可能存在，所以，本书认为，事故责任只有全责、主要责任、次要责任和无责任四种类型，通说中的同等责任或者应该是主要责任，或者应该是次要责任。

四、从前置责任到因果关系：风险升高的归责

司法解释规定构成交通肇事罪的事故责任最低是同等责任，也就是说，次要责任的一方不成立犯罪。但事故责任划分的通说理论认为任何程度的事故责任都是以存在刑法上的因果关系为前提的，次要责任也不例外。如果把通说和司法解释放在一起，一个理论的悖论就出现了，即完全具备过失行为、损害结果及因果关系的次要责任承担者不构成过失犯罪。如果还承认过失犯罪成立的基本原理，那么，次要责任不成立犯罪和次要责任的行为与结果存在因果关系这两个结论之间无论如何都需要进一步诠释。

前文已经提及，任何共同过失的交通事故的责任确定，逻辑上只存在全责、无责任和部分责任（主要和次要）三种可能。毫无疑问，全责承担者与结果之间存在因果关系，无责者与结果之间没有因果关系。把全责和无责任与因果关系相对应比较好理解，刑法中的因果关系只有有和无的区别，而没有程度上的差别。全责和无责任与因果关系的有无相对应，至少在形式上是能够吻合的，但部分责任与因果关系又是如何对应的呢？如果用 1 来代表全责，用 0 来代表无责，那么，部分责任其实就是 0 到 1 之间的程度反映，主要责任反映的是 0.5 以上，次要责任反映的是 0.5 以下。部分责任的程度性特点是否意味着与全责相比会存在 70% 或 80% 的因果关系呢？

因果关系是实行行为与结果之间的客观联系，"作为客观现象间引起与被引起的关系，它是客观存在的，并不以人们主观是否认识到为前提"[①]。实行行为的本质是能够产生危害结果的风险，结果的出现是此风险的现实化。如果仅仅从结果已经出现的事后角度回溯行为，似乎这个结果应该或者是 A 行为导致的，或者不是 A 行为导致的。但在客观世界中，任何一个结果的出现都是许多因素共同作用的结果，一般情况下不可能仅由一个行为单独导致。所谓的刑法上的因果关系只不过是在众多与结果有关因素中的选择而已。"刑法中的因果关系和自然的因果关系不同，是为将所发生的结果作为构成要件结果而将其归于实行行为的要件，其机能在于，将社会一般观念上偶然发生的结果从刑法的评价中撇开，以限定犯罪的成立范围和进行适当的处罚"[②]，与结果有关的因素是客观的，而选择是规范的，所以，因果关系是在客观事实基础上的一种规范的选择，"是以

---

① 高铭暄、马克昌：《刑法学》（第三版），北京大学出版社、高等教育出版社 2007 年版，第 87 页。

② ［日］大谷实：《刑法总论》（新版第 2 版），黎宏译，中国人民大学出版社 2008 年版，第 193 页。

存在条件关系为基础，进一步规范性地限定客观归责范围"①。换言之，从规范的意义理解因果关系，因果关系的判断实际上是对行为可归责性的判断。对行为可归责性的判断应该从行为本身开始，而不应该从结果开始。如果仅仅从结果角度回溯选择行为，则容易出现所有因素的平等化，进而导致选择的不可能。当从行为看结果时，不同行为在客观上对结果出现所产生的风险是不一样的，无论结果是否真的出现，这种风险都是客观存在的。

交通肇事事故责任的划分以假设违法行为不存在时结果出现的可能性为基础，这种可能性的相反方向就是判断违法行为对于结果产生风险的基础，这种方法判断的事故责任与违法行为对结果出现产生的风险恰恰是正比例关系。交通肇事罪的无责者的行为对结果的出现是零风险，次要责任对结果的出现是不足 50% 的风险，主要责任对结果的出现是高于（含等于）50% 的风险。全责者对结果的出现是 100% 的风险。行为对结果出现的风险是自然科学意义上的概率问题，从零风险到 100% 风险是个连续的过程，所谓的零风险和 100% 风险其实是类似于数学上的极限概念，是一个可以无限靠近但永远无法完全达到的值。零风险可能仅指 0.0001 的风险，100% 的风险可能仅指 99.99% 的风险，因为在自然科学上完全肯定零风险和 100% 风险几乎是不可能的。所以，承认全责时行为与结果之间存在因果关系，其规范本质是违法行为造成结果的风险特别大时可归责，无责任时行为对结果的无因果关系，其规范本质是违法行为造成结果的风险特别小时不可归责。在违法行为造成结果的连续升高的风险中选择哪个点承认归责，即承认行为与结果的因果关系当然是一个政策问题。任何社会对过失行为都有一定的容忍度，不能因为对结果有极其微小的风险就对行

---

① ［日］西田典之：《日本刑法总论》（第二版），王昭武、刘明祥译，法律出版社 2013 年版，第 78 页。

为归责，否则，社会的发展就会受到阻碍。"从一般人的视角，在有结果发生的畏惧感，行为本身存在或可能存在抽象的危险的场合里，虽然要求行为人负采取与之对应的结果回避措施的义务，但在此行为的抽象危险是包含在被允许的范围之内的场合，我们就必须忍受这样的危险了。"①因此，只要过失行为产生的风险超过 0 即可归责，即肯定因果关系并不可取。另外，也不能等到过失行为产生结果的风险已经达到 100% 时才归责，即承认因果关系，因为严格意义上可能没有一个过失行为对结果出现的风险能在概率上真的达到 100%，只有 100% 风险的过失行为才能归责，可能导致无法追究任何过失行为的责任。既然是在连续风险升高中做出选择，选择哪个点在规范上才是合理的呢？本书认为，当过失行为产生结果的风险达到 50% 以上时就应该对结果的出现归责，即承认因果关系，而过失行为产生结果的风险不足 50% 时就不应该对结果的出现归责，即不承认因果关系。这在规范上应该是一种合理的选择，即发生结果的风险不低于不发生结果的可能时即可归责。所以，在交通肇事的责任划分中，承担次要责任的行为与结果之间没有因果关系，不应成立过失犯罪。当下司法解释原则上具有合理性。在德国学者罗克辛看来，只要过失行为对结果的风险从 0 向上有所升高就可以承认归责，但本书认为这种风险升高只有达到一定程度时才可以承认归责，通过风险升高对因果关系的判断是刑事归责的过程，或者说这是对刑法因果关系的判断，至于次要责任是否存在民法上的因果关系应另当别论。

综上所述，因果关系判断的前提事实即结果风险的概率当然存在程度的问题，但归责意义上因果关系判断的结论只存在有和没有的区别，不存在程度不同的因果关系。也就是说，交通事故责任划分有程度的问题，但

---

① ［日］西田典之:《日本刑法总论》(第二版)，王昭武、刘明祥译，法律出版社 2013 年版，第 78 页。

因果关系判断的结论只在主要责任和全责时才能肯定。需要补充的是，本书观点与相当因果关系理论是一致的，通过前置责任对交通肇事罪因果关系的分析就是相当因果关系理论在过失犯罪领域的运用。

第三节　人工智能与刑法发展关系论

一、问题的提出：都是计算机技术惹的祸

计算机技术是 20 世纪最伟大的发明之一。自从 1946 年第一台计算机 ENIAC 问世以来，计算机技术的每一次进步都实质性地改变着人类社会的生产和生活，从某种意义上讲计算机技术的出现让人类社会有机会彻底告别了传统，迅速走进了新的纪元。

因为拥有无与伦比的数值计算能力、逻辑运算能力、记忆存储能力及自动化数据处理能力，计算机技术衍生出来的一些新产品的确有别于传统意义上的产品，甚至可以说人类社会此前创造的任何一种工具可能都无法与这些计算机技术创造出来的工具相比拟。人类社会为了生产生活更加方便不断创造新的工具，工具的更新意味着时代的变迁。社会学对时代的每一次划分，都会与一些标志性的工具被创造出来有着千丝万缕的关系。汽车的发明把人类带进了汽车时代，飞机的发明把人类带进了飞行的时代。汽车和飞机的发明均具有划时代的意义，两者对人类社会进步推动力巨大。但与互联网的发明相比，汽车和飞机的发明可能就稍逊风骚了。

汽车、飞机的出现虽然极大地提高了生产生活效率，但是此类工具的出现并未导致社会存在状态发生根本性转变，个体与个体之间、个体与社会之间、人与自然之间的关系并没有因为汽车、飞机的发明而发生实质性

的改变。如果把汽车、飞机产生之前的社会形态称之为传统，那么汽车、飞机产生之后的社会也可以归类于扩张的传统类型。诞生于计算机技术的互联网与此前的任何一种工具都没有可比性，其不但前所未有地创造出网络虚拟世界，而且在现实世界中也前所未有地创造出人类交往的网络新模式。换句话说，在汽车时代没有汽车，人们可以生存，但是在网络时代，离开互联网可能会让你寸步难行。随着互联网的无孔不入，当每个社会交往行为都直接或间接与网络捆绑在一起的时候，我们不得不承认该与传统社会说再见了，也不得不说互联网已经改变了世界。当计算机技术创造的产品仅仅是用来算术的计算器时，可能还很少有人注意到计算器与珠算盘有什么大的区别。但是当人们躺在沙发上网购的时候，当离开了网络就无法购买机票的时候，当与陌生人网聊的时候，计算机技术能够创造出与传统工具具有重大区别的新型工具的可能性，就已经被人们深信不疑了，因为互联网就是最好的证明。但是值得注意的是，尽管网络有着区别于传统工具的神奇性，但在与人的关系上，无论互联网与汽车、飞机等传统工具有多么大的差别，都不能否认互联网也是一种工具意义的存在，在人类使用工具的事物本质上，网络与汽车、飞机并无不同，尽管网络对社会的影响是汽车这样的传统工具无法比拟的。无论网络多么神奇，也是人的工具，无论人多么离不开互联网，人也是主体。到目前为止，在这一点上未曾有过改变，那就是基于计算机技术创造的所有产品都没有超出人类工具的范畴，尽管其中一些产品已经明显有别于传统的工具。计算机技术有没有可能创造出更加神奇的产品呢？计算机人工智能领域的开发和利用，给人们提供了无限的想象空间。人工智能是计算机技术的一个分支，英文缩写为"AI"，是研究用于扩展模拟人的智能的技术科学。人工智能的目标产品是以与人类智能相似的方式进行反应的智能机器，代表性产品是机器人。人工智能的研究与开发也有相当长的一段历史了，一直以来未引起人们的特别关注，但是当围棋世界冠军李世石以 1∶4 输给人工智能 Alpha

Go 时，人们似乎看到了人工智能挑战了人的智能。当中国香港汉森机器技术公司开发的机器人索菲亚获得沙特阿拉伯公民身份时，法律人似乎看到了人工智能对法律秩序，特别是对刑法秩序形成了挑战。

对于智能机器人战胜围棋世界冠军的问题不值得过分关注，此类比拼也谈不上对人类智能形成挑战，因为人类创造的工具一定要在某一个或几个方面超过人类本身，否则创造这样的工具又有什么用呢？例如，人创造的汽车，一定是因为汽车比人跑得快，比人扛得多。在人工智能机器人产生之前，计算机技术创造的任何一种工具，都有人类所不及的长处。人类的最强大脑也比不过电子计算机的运算速度，记忆力超群的人脑也不可能超过电脑硬盘的存储记忆功能。智能机器人战胜围棋冠军无须大惊小怪，如果说此类战胜构成对人类智能的挑战，那么这种挑战早就开始了，而且这种挑战的意义也不会超过电脑硬盘对人脑的挑战。与此相反，人工智能机器人被授予公民身份确实对当下法律秩序构成了极大的挑战。人类社会的法律秩序如何能容得下对机器人的规范？索菲亚的横空出世本身并不是什么大的问题，只是计算机技术发展的产物而已。但公民身份的获得，如果真的是其成为法律主体的前奏，那么刑法理论对此事保持多么高的警惕都不过分。人工智能机器人索菲亚公民身份的获得，意味着机器人成为刑事责任的主体在逻辑上具有了可能性，完全可以说从公民身份到法律主体，再从法律主体到刑事责任主体恐怕只有一步之遥。当下刑法理论对人工智能机器人能否成为刑事责任主体主要有肯定说、否定说和折中说三种观点。肯定说认为：当人工智能技术发展到更高阶段时，智能机器人就很可能超越程序设计的范围，进而具有辨识能力和控制能力，并按自主意识实施犯罪行为，因此完全有可能成为犯罪主体。① 否定说认为："机器人

---

① 参见刘宪权：《人工智能时代刑事责任与刑罚体系的重构》，《政治与法律》2018 年第 3 期。

无论以何种方式承担责任，最终的承担者都是人，这使得他的法律人格显得多余和毫无必要。"① 折中说则否定当下而肯定未来，折中说认为在当下应当坚持自然人为中心，人工智能不能成为刑事责任主体，但在强人工智能时代，人工智能就可以成为适格的刑事责任主体。② 肯定说所持的观点（即人工智能有一天可以成为刑法规制的对象，可以成为刑事责任主体）是一个真实的命题吗？如果有一天刑法真的让人工智能机器人成为犯罪主体，那么规制人工智能的刑法还是我们现在所谈的刑法吗？当下的"刑法是处罚人的法律"，③ 无论人工智能的能力多么高超，意志多么自由，但毕竟不是人，试图用规制人的刑法去规制非人在逻辑上是有悖论的，肯定说真的能够做到逻辑自洽吗？严格意义上讲，否定说是不需要过多论证的，因为当下刑法不能规制人工智能是完全符合逻辑的。在否定说看来，即使人工智能达到甚至超过了人的智识，只要另起炉灶对人工智能实施管控就可以了，这个新的炉灶是否叫刑法又有什么重要呢？肯定说则完全不同，肯定说是在悖论中寻找逻辑自洽性，其论证难度可想而知。如果不能实现充分论证，肯定说不但不能实现对人工智能的规制，而且还会彻底摧毁当下刑法体系。如果肯定说不能论证清楚，这不仅仅是肯定说不成立的问题，甚至都不能完全排除"人工智能的刑法规制"这句话是一个伪命题。试想假如科学证明这个世界上真的有鬼，而鬼的智力超过人且实施危害社会的行为，肯定说也会主张用刑法去规制鬼吗？就连肯定说自己恐怕也会说"用刑法去规制鬼"是个伪命题，因此肯定说有义务证明"用刑法规制人工智能"和"用刑法规制鬼"之间存在本质差别，否则，用"刑法规制

---

① 郑戈：《人工智能与法律的未来》，《探索与争鸣》2017 年第 10 期，第 78—84 页。

② 参见王肃之：《人工智能犯罪的理论与立法问题初探》，《大连理工大学学报（社会科学版）》2018 年第 4 期。

③ ［日］西原春夫：《刑法的根基与哲学》，顾肖荣等译，中国法制出版社 2017 年版，第 2 页。

人工智能"就非常有可能也是一个伪命题。

二、刑法的成长规律：社会变迁与刑法发展之辩证

今天之刑法是在漫长的历史长河中一步一步走过来的，在刑法历史演进的过程中，不断有新的东西被吸纳，也不断有旧的东西被抛弃。只要社会发展不停息，刑法的改变就不会停止。应该说刑法一直在改变，也将永远在改变。刑法发展到今天已成为一种体系性的存在，一部刑法典已完全不能涵盖刑法的全部。不但刑法的原则、规则是刑法的组成部分，而且刑法的理念、精神甚至是刑法之外的关于刑法的知识也是广义刑法体系的范畴。社会的变化、新事物的出现一般都会引起刑法体系上的反应。

有些新事物的出现刑法只需在个别规则层面作出调整即可应对，这种变化对刑法体系来讲，既不伤筋也不动骨，就像人有时候胖几斤有时候瘦几斤一样。而有些事物的出现就不仅是规则层面增减、调整就能解决问题，可能需要刑法作出重大的改变，甚至是颠覆性的改变。改变后的刑法与改变前的刑法相比已不可同日而语，即使"刑法"这个语言表述不变，但新刑法也会名不符实（与过去刑法相比）。试想一下，2019 年的刑法学家与古希腊、古罗马或欧洲中世纪的刑法学家脑海当中的刑法是一回事吗？如果刑法个别规则条文发生改变相当于一个人胖了几斤，那么颠覆性的改变就相当于人的基因发生了突变。人工智能这个新事物的出现到底会引起刑法体系怎么样的变化呢？要回答这个问题就有必要梳理一下刑法的成长规律。

刑法的变化方式其实质就是刑法的成长（增长）方式，刑法成长的基本类型主要有三种：量变型成长、质变型成长和突变型成长。

（一）量变型成长

刑法是规制严重危害社会行为的法律，是社会治理的重要调节器，社

会的变化最终在刑法上一定会有所体现。社会的发展变化是永恒的、是绝对的。有时这种变化表现得比较缓慢，有时则表现得比较剧烈。例如，从历史长河的视角观察社会的变化，经过了漫长的农业文明之后，很多国家逐步迎来了工业社会。工业社会发展到一定阶段，又开启了后工业社会即信息社会的模式。如果从历史视角观察刑法之变化，那么不同社会形态所对应的刑法自然存在巨大的差异，在农业社会的刑法与工业社会的刑法、农业社会的刑法与后工业社会的刑法、工业社会的刑法与后工业社会的刑法之间进行比较，稍有常识的人很容易就发现刑法从沧海变成了桑田。其变化之大有时会让人难以想象后工业社会的刑法真的是从农业社会发展过来的，在后工业社会的刑法中，甚至寻找农业社会刑法的痕迹都不是一件很容易的事。时间跨度越大，观察刑法的变化就越容易，因为刑法所调整的社会关系发生巨变的机会会随时间跨度的增大而成正比例关系。必须注意，不但以历史为维度可以观察到刑法的变化或成长，以短时间为维度观察，即使社会没有发生飞跃式的事件，刑法也会随社会按部就班的发展而一步一步从小到大、从少到多、从简单到复杂。这种对应没有发生巨变的社会发展的刑法改变可归纳为量变型的刑法成长模式。刑法的量变型成长一般包含三种情形。

其一，犯罪圈的变大或变小。即使在相对稳定的社会形态中，犯罪圈的大小也会处于不断的变化之中。所谓犯罪圈，简单地说就是指刑法打击的行为类型的范围。以我国刑法为例，从 1979 年刑法到 1997 年刑法，再从 1997 年刑法到一个一个刑法修正案的不断出台，犯罪圈的变化清晰可见。决定犯罪圈大小的基本依据是社会危害性，而某一行为类型是否具有需要刑法干预的社会危害性却是一个综合的判断，这种判断受社会经济、政治、文化、伦理、科学技术、治安形势等方方面面因素的影响，有时一个看似与刑法无直接关系甚至是毫不搭界的因素发生了变化，百转千回之后就很可能促进或阻碍刑法的发展。因此，从严格意义上讲，社会上没有任何一个因素是绝对与刑法无关联的。这些影响刑法发展的社会因素之剧烈变化可能具有一定偶然性，但是任何一个因素的缓慢、渐进式的量变却是绝对的。一个行为在过去是一个严重危害社会的行为，但是随着社会上某种因素的变化，其危害性可能已经荡然无存了。例如，1979 年刑法中的投机倒把罪，到了 1997 年已经被经济因素的变化否定了。一个行为过去可能不具有严重的社会危害性，但是随着社会某种因素的变化其社会危害性可能已经达到了刑法干预的程度。例如，未造成损害后果的醉酒驾驶机动车的行为，在《刑法修正案（八）》中也被社会形势因素从犯罪圈外推进了犯罪圈里。只要刑法的犯罪圈处于不断变动中，就说明刑法的量变型成长一直在继续中。

其二，刑事处罚的增或者减。刑法由两个基础性的要素组成，即犯罪与刑罚。犯罪圈的变化是犯罪与社会发展之间关系的互动，对每个犯罪行为处以何种刑罚，同样是刑法不可或缺的部分。对行为的危害性判断包括两个方面：一个方面是行为社会危害性是否达到了需要刑法调整的程度，一旦达到了这个临界点，该行为就应该由刑法加以调整，这属于犯罪圈的变化问题。另一个方面是对于进入犯罪圈的犯罪行为，到底该用什么样的刑罚加以处罚，也始终与该行为的社会危害性判断直接相关。一旦社会中的各种因素导致对某一行为的社会危害性的判断发生变化，即使不影响犯罪圈的变化，也会影响该犯罪行为刑事处罚种类和程度的变化。例如，从我国刑法死刑罪名的不断减少就可以很清楚地看出刑事处罚领域刑法的变化（量变成长）轨迹。当然，刑事处罚的增减变化并不完全体现在对某一犯罪行为规定的法定刑的调整。刑法是一个体系，不但刑法典在体系中，而且刑事政策、刑法解释甚至是法学通说理论都成为刑法体系的有机组成部分。有时法定刑可能并没有发生改变，但是由于刑事政策或司法解释受社会各种因素的影响而发生了改变，那么在法定刑不变的情况下，对某一种犯罪行为的裁量刑也会发生增或者减的改变，这种改变也包含在刑法的量变型成长过程中。

其三，刑法之内的知识增长。犯罪圈的变化及刑事处罚的增减既可以是刑法之内的因素引起的，也可能是刑法之外的因素引起的。当然，刑法之外的因素也要通过刑法体系自身的过滤才能成为刑法成长的依据。例如，死刑罪名的减少其根本动因一般并不是直接来自刑法自身的论证，而是来自社会政治、伦理等观念的转变。当社会对死刑的接受度发生转变之后，刑法之内的知识体系必须要回应和消化这种社会观念的变化，之后才能有刑法条文上的改变。除此之外，单纯的刑法之内的知识也可能引起刑法量变型的成长，这主要是指刑事立法技术和刑事司法技术不断变化而引起的刑法体系的变化。刑事立法技术和刑事司法技术一般可归结为刑法之内的知识系统，即使社会变化不大或基于同样的社会状态，不同的刑法知识也会有立法技术或司法技术上的不同选择。因此，当刑法之内的知识不断出现新的增长时，即使被规范的对象没有太多变化，也不妨碍立法条文一步一步走向更加精细化，即使立法条文没有变化，刑法知识的增长也极有可能使司法解释的水平和能力不断提高。刑法之内的知识体系自身就有不断增长的趋势，这种增长不仅来自刑法之外因素的促使，哪怕没有外部因素的影响，刑法自身的知识系统也会随人们认识能力的提升而不断走向更加体系化，走向更加具有逻辑自洽性。在刑法之内知识的不断增长中，刑法条文的文字使用可能变得更加规范，刑法条文之间的冲突可能变得越来越少，刑法的规范漏洞也会在不断增长的解释学知识中得以克服。当然，如果社会需求不出现剧烈变化，刑法之内知识的增长一般也不会出现剧烈改变。但是只要刑法之内知识的增长不停止，那么至少量变型的刑法成长也就不会停止。

（二）质变型成长

量变的积累会引起质变是一个基本的哲学规律，这一规律在刑法成长过程中同样起作用。刑法成长过程中量变一直都在，但是质变却未必一直都有。在刑法的量变过程中，变化是局部的，变化前和变化后刑法的面相没有根本的改变。刑法的质变是指事关刑法全局的根本性改变，一旦质变完成将直接影响到刑法的品格。刑法量变积累到什么程度或者在什么样的条件下才可能出现质的变化呢？汽车的出现虽然引起了过失犯罪领域的诸多变化，但是这种变化虽然重大，却也是局部的。相对于传统社会形态，风险社会形态的出现让很多人认为刑法的质变来到了。但是传统社会也有风险，社会学对传统社会与风险社会的区分是相对的，从低风险到高风险再到超高风险本就是一个连续的过程，刑法对这种变化自然会作出反应，但是这种反应本书认为仍属于量变的过程，并没有引起刑法质的改变。换句话说，风险社会的刑法应对办法并没有造成刑法基本价值理念的根本改变。例如责任主义没有因风险社会的到来而改变，主客观相统一的定罪原则不能因风险社会的到来而改变，形成于传统社会的罪刑法定原则更不能因社会的高风险而打折扣。什么样的刑法改变属于质变型的刑法成长呢？这很可能是一个仁者见仁智者见智的问题，因为质变的标准具有一定的模糊性，拥有不同知识背景或价值观的人很可能对同一种改变是否属于根本性改变持完全不同的意见。一般来讲，刑法基本原则层面的改变大多属于质的变化，当然这里所讲的刑法基本原则未必全都明文规定在刑法条文中。刑法的质变型成长一般有两种情形。

1. 刑法中明文规定的质变

这种情况主要是指刑法典中基本原则的变化情况。刑法典中明文规定的基本原则发生变化，一般都象征着刑法整体发生了改变或刑法理念发生了一些根本的变化，这与个别的局部的量变存在重大不同。以1997年刑法的变化为例，废除刑事类推，确定罪刑法定就是比较典型的刑法质变成长情形。

从刑法典的条文表述看，废除类推和确立罪刑法定也不过是多了几个字少了几个字而已，但是刑法理念在此间已发生翻天覆地的变化，这种理念的改变包括：（1）刑法的使命从打击犯罪走向了保护人权。在刑事类推时代，刑法打击犯罪的倾向非常明显，人权保护的使命基本被湮灭在打击犯罪的浪潮中。罪刑法定的确立意味着超越刑法的惩恶扬善将不被允许。罪刑法定之后的刑法可能有时打击恶行不再那么迅速有效，但是人权保障水平将大幅度提升。（2）刑事立法权对刑事司法权走向了更加有效的制约。类推适用制度的存在等于是刑事立法权向刑事司法权下达了一个无边界的授权，授权在刑事司法实践中自由发现罪恶行为并以刑罚加以惩处。这种授权后的司法权几乎不再受到立法权的制约，而罪刑法定原则相当于立法权从刑事司法手中收回了这种授权，罪刑法定之后凡是立法没有允许的定罪处罚活动都将被禁止。法治社会中立法必须对司法进行有效制约的法治原则在刑事司法领域因罪刑法定之确立而得以实现。（3）刑法从扩张走向了内敛。类推制度使刑法具有了扩张的品格，类推制度下的刑法边界是不清楚的，只要发现现实中存在严重危害社会的恶行，刑法即可把边界扩张到那里。罪刑法定之后刑法边界清楚了，即使在边界之外有非常严重的恶行，刑法也不能自动把边界扩张，如果真的需要刑法惩处此类行为，也需要完成刑法的修改。（4）刑法从政策导向走向了法律导向。在类推时代刑法受政策影响的程度非常大，甚至可以说有时当政策与刑法发生一定冲突时，政策具有了优先于刑法的地位。但是在罪刑法定时代，政策对刑法虽然也会有影响，但是却不再具有优先于刑法的地位。（5）刑法语言从粗疏走向了明确。罪刑法定就是要根据法律的意志来决定对行为的评价。如果立法语言过于粗疏，就很可能会给司法者留下过大的解释空间。对立法语言的解释空间过大，罪刑法定就极有可能变成毫无意义的空洞的语言游戏，这就等于是否定了罪刑法定。所以罪刑法定不但要在总则中明确表述，更重要的是此原则的确立直接改变了刑事立法的技术规范。罪刑法定之后的刑事立法风格会与类推时代迥然有别。综上所述，如果把刑法比喻成一座大楼，罪刑法定不但改变了建造大楼的风格，也改变了大楼的功能，甚至改变了建造大楼的一砖一瓦。

2. 刑法中没有明文规定的质变

在 1997 年刑法中，除了前文讨论的罪刑法定原则之外，还明文规定了刑法面前人人平等原则及罪责刑相适应原则，这些基本原则的变化体现了刑法质变的状况。需要注意的是，刑法的质变未必全都有刑法的明文规定，有些非明文规定的刑法基本原则也体现了刑法的质变型成长。例如，刑法中未明文规定主客观相统一的定罪原则，但是主客观相统一定罪原则的出现却标志着刑法走向了新的时代。在主客观相统一的定罪原则确定下来之前，刑法中既存在过主观归罪的情况，也存在过客观归罪的情形。从主客观相统一的角度评价一个行为与单纯考量主观恶性评价行为相比不可同日而语，与单纯从客观危害结果评价行为相比也不可比拟。主客观相统一原则的确立，确实使刑法跃上了一个新的台阶。即使没有刑法的明文规定，当主客观相统一的定罪原则在刑事立法及刑事司法中取得主导地位的那一天，就是刑法发生质变的那一天。再例如，罪责自负原则也没有刑法的明文规定，但是，罪责自负原则是对此前刑法株连的否定，罪责自负原则确立后，刑法从定罪到量刑均发生根本性改变。因此，刑法的质变型成长指的是一种体系性变化，无论有无明文规定，刑法均可能存在质变的可能性。

（三）突变型成长

如果严格从类型学上划分，刑法的突变型成长应包含在质变型成长的范畴之内，因为突变也是质变的一种，质变是突变的上位概念。但是，如果对刑法质变型成长内部做进一步的类型划分，再梳理出突变型成长类型就显得有必要。在生物学上"突变"一词一般与"基因"一词关联使用，基因突变是最常见的关联词汇。本书借鉴"突变"一词来概括刑法的一种成长类型就是要借基因突变来隐喻刑法质变的程度，即当刑法出现突变型成长时，就相当于刑法的基因发生了改变。当下刑法的基因是什么？本书认为当下刑法的基因是对"人"的行为的规范和调整。刑法就是用一种公共认可的必要的恶去惩罚人的错误行为。刑法惩罚的主体是人，惩罚的对象也是人，这是刑法规定性，是刑法的基因。在"人"与"非人"的变化问题上，前文所列的刑法的任何一种改变均不能与此相提并论，包括罪刑法定这样的质变。假如在当下刑法语境中让刑法去规范一只咬死人的金毛狗，那么这种改变对刑法来讲，就不是一般的质变，而是一种刑法基因意义上的突变。在刑法发展的历史上曾经有过突变的情形。受"泛灵论"或"多神论"思维的影响，人类确实曾经认为人与动物甚至植物之间并不存在本质差别，人与动物都具有主体性。当你看到萨达卡特·卡德里在《不公正的审判》一书中描述的橡皮虫因为大肆侵害葡萄园而受审，老鼠因为破坏大麦而受审，猪因为致人伤害而受审，动物因与人类发生性关系而受审时，① 你能想象那时的刑法与当下的刑法还有多少相似之处呢？美国法学家格雷曾经归纳人类历史上的法律主体类型，其中可以看出刑法的确曾存在另外一种基因。格雷认为人类历史上存在六种法律主体：（1）正常生物人；（2）非正常生物人（痴呆者）；（3）超自然人（神、上帝、天使）；（4）动物；（5）无生命物（可移动的轮船）；（6）法人（公司）。② 对照超自然人、动物、轮船都能成为法律主体的刑法，我们可以得出一个基本的判断：历史上的刑法一定是经历了突变式的增长才变成今天的样子。在人类的思想史中，人本主义的思想理念的诞生为刑法的"基因"突变创造了条件，当"泛灵论""多神论"等被抛进了人类思想的历史痕迹时，动物、植物、没

---

① 参见［英］萨达卡特·卡德里：《不公正的审判》，杨雄译，华东师范大学出版社 2017 年版，第 155 页。

② 参见［美］约翰·齐普曼·格雷：《法律主体》，龙卫球译，《清华法学》2002年第 1 期。

有生命的轮船就再也无法走进刑法体系中了。如果人们开始坚信"一切法都来自人的本性"①"人之异于动物就是因为他有思维"②，那么刑法突变的条件就成熟了。应该说刑法突变与刑法的其他质变一样，也是人类社会发展的产物，尽管这种突变可能与某个具体事件直接相连。当下的刑法与历史上的刑法相比，单从人这个维度来看，显然是突变后的刑法了。其他的刑法质变（例如罪刑法定原则的出现）与动物被排除在刑法体系之外相比确实不能称之为刑法突变。如果把可以规范动物的刑法比作是水，那么只能规范人的刑法就是汽油，两者之间根本没有相似性，因为基因不同了。如果把允许类推的刑法比作汽油，那么罪刑法定的刑法就是豆油，虽然豆油和汽油也的确有天壤之差别，但是从基因上看，豆油和汽油并没有突变。因此，刑法的突变是任何一种一般质变所不能比拟的刑法成长类型。行文至此，我们可以看出刑法的成长既包括量变过程，也包括质变过程，同时又不排除突变的可能性，这是刑法来源于社会，又调整于社会的成长规律。如果以刑法成长的视角来审视人工智能的兴起，那么人工智能将会引起刑法什么样的改变呢？是量变、是质变还是突变？

三、以刑法成长为视角的观察：人工智能的过去、现在和将来

作为法律人无论你喜欢不喜欢人工智能，也不论你如何评价人工智能，它都扑面而来了。纵观人工智能的前世今生，作为社会发展到一定阶段的产物，其应该也必然成为刑法的成长环境，当下刑法体系之内容也一定会留下人工智能的影子。不仅如此，只要人工智能不断发展下去，刑法也将永远无法超越人工智能为刑法创造的生存环境。

---

① ［德］魏德士：《法理学》，丁晓春译，法律出版社 2005 年版，第 201 页。

② ［德］黑格尔：《法哲学原理》，范阳等译，商务印书馆 1961 年版，第 10—12 页。

（一）计算机技术（人工智能的过去）引起的刑法量变

人工智能是计算机技术走向成熟的产物，是计算机技术的一个分支，没有计算机技术就不可能有人工智能。探讨计算机技术发明以来对刑法成长的影响相当于探讨与人工智能有关的刑法历史。从计算机技术诞生的那一天开始，与该技术相关的刑法量变过程就开始了。其一，计算机技术不断影响犯罪圈的变化。就连传统意义上的工具更新都会直接影响刑法调整领域的扩展，更何况前所未有的计算机技术创造的工具。以计算机技术为基础创造的各种工具，不断使刑法加入新的元素。这些工具包括计算机信息系统，也包括互联网络。新工具的产生必然使危害社会行为的类型出现增长。这些新的行为类型既包括计算机成了新的犯罪对象，也包括计算机成了新的犯罪工具。例如，非法侵入计算机信息系统罪和破坏计算机信息系统罪等罪名在计算机产生之前是无法想象的，因为对象不存在。再例如，利用互联网的诈骗行为，在计算机产生之前同样不可想象，因为手段和工具不存在。只要涉及计算机相关的恶行没有办法在传统犯罪中通过扩张的刑法解释来实现调整，那么刑法的犯罪圈不断扩张的量变就不会停止。其二，计算机技术使传统犯罪的危害性发生变化。很多传统的犯罪类型既可以使用传统手段实施，也可以借助计算机技术实施。一旦计算机技术与传统行为实现嫁接，则传统行为的社会危害就会发生变化。其三，计算机技术促进刑法新知识的产生。随着计算机技术应用面越来越广泛，新的问题层出不穷，不但需要司法实践给予回应，更需要刑法理论把计算机技术这个元素"安装"到刑法理论体系中去。因此，有关计算机犯罪、网络犯罪等成果日渐成为刑法新的知识增长点，当下对人工智能刑法问题的广泛关注，其实就是计算机技术促进刑法量变的表现而已。

（二）当下人工智能与刑法成长之互动

人工智能已然成为计算机技术最重要的分支领域。应该说当下人工智能与刑法成长之间的互动关系，虽不能涵盖或取代计算机技术与刑法成长之间的关系，但让人工智能来代表计算机技术却完全具有合理性。当下人工智能与过往的计算机技术一样正持续促进刑法的量变。在计算机技术领域一般将人工智能分为三个阶段或三个发展水平：第一，弱人工智能。弱人工智能是指能解决特定领域问题的人工智能。第二，强人工智能。强人工智能是指能胜任所有的人类工作的人工智能。第三，超人工智能。超人工智能是指在众多的普遍认知领域超过人类头脑的人工智能。① 当下的计算机技术还仅处于弱人工智能时代，这是首先需要明确的基本判断。弱人工智能虽然也持续促进刑法量变，但是这种量变与此前的计算机技术导致的刑法量变并没有本质的不同。换句话说，在弱人工智能时代，人工智能对刑法的影响只能处于量变状态，到目前为止还看不出存在任何引起刑法质变的现实可能性。如果有一天人工智能真的到强人工智能时代，恐怕强人工智能对刑法的影响就不仅是量变了，引发刑法质变也不是不可能。也许正是因为未来可能会出现强人工智能甚至还可能会出现超人工智能，所以很多人对人工智能相关刑法问题的探讨自觉或不自觉地淡化了当下弱人工智能的属性。在弱人工智能时代，强人工智能特别是超人工智能的想象成分非常大，如果不对弱、强、超人工智能语境进行明确，那么就很可能把想象的东西当真实，把抽象的可能性当成现实的可能性，甚至把科幻小说情节当成实践命题。如果在讨论弱人工智能促进刑法量变问题时偷换概念，把强人工智能甚至是超人工智能的问题夹带进来，很可能造成语境上的混乱。正因为如此，有学者明确指出必须注意人工智能的语境。"在风险社会背景下分析人工智能的技术风险，最终还是为了回归到刑法视域下讨论究竟哪些可能的风险才是具有刑法规范意义上的风险和危害。当且只

---

① 参见［英］尼克·波斯特洛姆：《超级智能：路径、危险性与我们的战略》，张体伟、张玉青译，中信出版社 2015 年版，第 63 页。

有当这些风险现实造成的损害或具有造成损害的现实紧迫性，人工智能的刑法风险才正式拉开帷幕。"① 就连霍金也强调人工智能的强、弱语境不能乱。"人工智能的威胁分短期和长期两种。短期包括自动驾驶、智能性自主武器以及隐私问题，长期担忧主要是人工智能系统失控带来的风险，如人工智能系统可能不听人类指挥。"② 因此，讨论当下人工智能与刑法成长的互动其实就是把讨论的语境限制在弱人工智能时代。目前，两个领域的人工智能对刑法量变促进值得关注，因为这两个领域的刑法量变已经不仅是理论探讨，更重要的是存在需要刑法回应的现实命题。这两个领域一个是汽车自动驾驶，另一个是人工智能机器人致人死伤。1981 年日本就曾发生过第一例机器人致人死亡案件。2016 年美国佛罗里达州发生自动驾驶汽车致人死亡案。目前虽然不能说这类问题很普遍，但也绝不是什么十分罕见的现象。无论这些案件的发生是否普遍，只要现实中发生一例就足以导致刑法的量变了。当下为什么还没有出现刑法质变的可能性呢？也许是因为这些案件发生的频率还太低，也许是弱人工智能对社会的影响还未全面展开，当下弱人工智能导致刑法出现质变的可能性还很小。即使永远到不了强人工智能时代，但是只要弱人工智能不断发展，弱人工智能导致的社会危害不断从个别现象到普遍现象，到那时如果当下刑法体系确实无法解决弱人工智能创造的新问题，仍然不排除刑法出现质变的可能性。例如，当自动驾驶汽车满大街都是的时候，在过失犯罪领域就有可能出现颠覆传统的质变。所以并不是说只有出现强人工智能才会导致刑法质变，在弱人工智能时代也存在发生刑法质变的可能性。只不过到目前为止，弱人工智能引起刑法质变的可能性还十分抽象。

---

① 高铭暄、王红：《互联网＋人工智能全新时代的刑事风险与犯罪类型化分析》，《暨南大学学报（社会科学版）》2018 年第 9 期。

② 参见霍金：《人工智能的崛起可能是人类文明的终结》，2018 年 11 月 20 日，https：//baijiahao.baidu.com/s?id=1565824128572303 & wfr=spider & for=pc。

（三）"奇点"之后的人工智能与刑法成长之关系

冯·诺依曼教授提出的奇点概念对于人工智能领域来讲具有划时代的意义，所谓奇点就是指人类创造的人工智能全面达到甚至超过人类自身智识的那个时刻。奇点之前的人工智能无论多么高级，多么能力超强，都不能超越人类工具的范畴。但是奇点之后，人类就没有能力再让人工智能成为自己的工具，相反人工智能很可能把人类当成它的工具，换句话说奇点过后的人工智能将超越工具主义的存在。按人工智能领域的通常观点，弱人工智能之后又区分为强人工智能和超人工智能两个阶段，但是对于探讨人工智能与刑法成长关系来讲，奇点概念更为重要，不需要区分奇点到底是发生在强人工智能阶段还是发生在超人工智能阶段。奇点之前的人工智能即便可以概括成强人工智能，这种强人工智能与当下的弱人工智能之间区别也是相对的，低于人类智识水平的强人工智能与刑法成长的关系和当下弱人工智能与刑法成长的关系相比并无本质区别。一旦奇点到来，此后的人工智能到底会对刑法的成长产生什么样的影响的确是难以从弱人工智能中推导出来，有必要进行独立的分析。因此，对于本书的主题来讲，奇点概念的方法论意义重大。而弱人工智能、强人工智能及超人工智能在计算机技术领域是如何厘清的反倒不必纠结。

强调奇点概念的方法论意义重大不等于承认真的有奇点或不等于承认奇点真的能够到来。关于奇点存在两种完全不同的矛盾观点，有人乐观地把奇点的具体时间都确定下来。"我们把奇点的日期设置为极具深刻性和分裂性的转变时间 2045 年。非生物智能在这一年将会十亿倍于今天所有人类的智慧。"① 也有人悲观地把奇点出现比喻成炼金术士的命运。"为了避免炼金术士的命运，现在应该想一想我们处在哪里。在把时间和资金花

---

① ［美］雷·库兹韦尔：《奇点临近》，李庆诚、董振华等译，机械工业出版社 2011 年版，第 80 页。

费在信息加工上之前，应该想一想，人类主体原型和已有的程序是否表明计算机语言适合分析人的行为：把人类理智全部分解成离散的、确定的，与上下文环境无关元素的规则来支配运算，是可能的吗？逼近人工智能的这一目标究竟是不是可能的呢？两者的答案是一个：不可能。"①"奇点理论最坏的影响无疑是它逐渐成为既不研究历史和哲学，也不学习科学，甚至连计算机科学都不曾涉猎的高科技怪人的宗教信仰。"② 也许是因为太缺少计算机技术方面的知识了，也许是这个问题有太多的猜测成分，必须承认作为法律人的确无法对人工智能奇点能否到来以及什么时候到来这样的问题进行预测，甚至无法对奇点能否到来的肯定说与否定说进行有价值的评判。所以，关于奇点问题能否到来以及什么时候到来这样的问题只能留给人工智能方面的科学家或者只能留给科幻小说作家。本书对未来的人工智能与刑法成长之关系这个问题的研究只能以一个假设为前提，即假设有一天人工智能的奇点真的能到来，即人类真的能创造出智识水平等于甚至超过人类自身的新的物种。为什么必须做这样的假设？因为如果假设奇点永远不能到来，那么未来人工智能对刑法成长的促进关系这个问题一大部分就被消解了。所以即使客观上奇点永远不能到来，即使作者本人坚信奇点永远不能到来，那也必须假设奇点能够到来作为此问题讨论的逻辑起点。有了这个假设才能有基于刑法理论对未来人工智能的相关思考，有了这个逻辑起点才能有相关领域刑法知识的想象中的增长。但是因为这个假设根本没有成为现实的可能性，所以与其他理论略有不同的是基于这个假设而增长的刑法知识可能永远没有实践检验的机会。站在奇点能够到来这个假设视角下，有两个问题是当下刑法体系必须要面对的。

---

① ［法］休伯特·德雷福斯：《计算机不能做什么：人工智能的极限》，宁春岩译，生活·读书·新知三联书店 1986 年版，第 310 页。

② ［美］皮埃罗·斯加鲁菲：《智能的本质：人工智能与机器人领域的 64 个大问题》，任莉、张建宇译，人民邮电出版社 2017 年版，第 4 页。

1. 人类是否需要阻止奇点的到来？

在体育精神上永远追求更快、更高、更强，但是法律禁止运动员使用兴奋剂。在科学精神上永远追求探索未知，但是法律禁止人为改动婴儿基因。这是因为在法律精神上永远追求保护人类根本利益。具有社会危害性的更快、更高、更强，具有社会危害性的探索未知，均不能得到法律的认可。科学无禁区必须与科研有规范相结合才是完整的表述。也许在一名研究人工智能的科学家看来，如果能在他手上实现奇点的到来，这将是他最大的荣耀，但是在刑法学家看来却未必赞成给他开庆功会。创造出相当或高于人类智识水平的人工智能机器人这样的行为是否具有社会危害性呢？本书给出的答案是肯定的。任何时期对社会危害性问题的判断都必须以当时的社会物质和精神条件作为基本的前见和背景，离开当时的思维参照系谈论社会危害性问题一定会陷入不可知论。当下对人类创造超级人工智能机器人的社会危害性的判断，也当然得以现存的生活秩序为参照系。对一个根本不存在但又必须假设它存在的事物进行社会危害性属性的分析实在是太难了，这个过程与其说是分析，倒不如说是一个头脑中的思想假想实验。

人类的进化历史表明，到目前为止人类这个物种只有和比自己智识水平低的其他物种打交道的经验，而没有和与自己智识水平相同或高于自己智识水平的物种交往的机会。也许某个宗教人士会坚信自己熟悉上帝或神，但是这种宗教意识不会改变人类的客观历史，宗教人士相信有上帝或神与上帝就住在你家隔壁的客观交往完全不是一回事。在与低于人类智识水平的物种交往过程中，人类社会一步一步地建立了地球秩序和交往规范，这种秩序与规范的字里行间都写满了一句话，那就是一切以人类为中心。在一切以人类为中心的地球秩序中，相对于其他物种，人类其实在扮演上帝的角色。如果忽然有一天超级人工智能机器人降临人间，地球上的人类命运将面临怎样的变化呢？假如超级人工智能机器人的智识水平与人类智识水平相当，那么人类可能陷于永无宁日的竞争冲突之中。假如超级人工智能机器人的智识水平超过人类的智识水平，那么人类将可能要面临成为对方奴隶的悲惨命运。当然也不能完全排除超级人工智能机器人带着和平和友善来到人间，因为他们的到来使人类的生活变得更加美好。超级人工智能机器人虽为人类所创造，但是作为智识水平不低于人类的独立自主的物种，人类不是他们，他们也不是人类，人类不知他们是怎么想，他们却有可能知道人类怎么想。当超级人工智能机器人降临人间，当地球上再也不是单一的以人类为中心，那么在逻辑上这种超级人工智能机器人可能会带来七种变化：（1）超级人工智能机器人完全以人类为中心，是人类最好的帮手，仅仅作为一种更加高级的工具存在。（2）超级人工智能机器人完全把人类当成敌人，杀死、杀光人类是它的一个重要任务。（3）超级人工智能机器人与人类处于竞争关系，并且在竞争中处于优势地位。（4）超级人工智能机器人与人类处于竞争关系，并且在竞争中处于劣势。（5）超级人工智能机器人与人类处于竞争关系，并且与人类竞争力量势均力敌。（6）超级人工智能机器人与人类不竞争，和平相处，对人类没有帮助。（7）超级人工智能机器人与人类不竞争，和平共处，对人类有所帮助。这七种可能性中除了（1）和（7）可能给人类带来福音之外，其余五种都将会给人类带来灾难，包括第（6）种情形，因为即使能与人类和平共处，也会消耗掉一部分地球资源，这对于人类来讲同样是灾难。面对超级人工智能机器人降临后的七种可能性，站在当下社会背景下该如何评判创造这种超级人工智能机器人的社会危害性呢？可能有人因为存在着（1）和（7）可能性而认为人类应该容许冒此风险，这种富有冒险精神的人完全忽略了其余五种风险的存在。因为纯属思想假设，根本没有任何依据来判断这七种可能性哪一个更高一些哪一个更低一些，所以只能认为风险可能性是平均分配的。试想一下，如果有一个真实的案件摆在刑法学家面前：一个人正试图打开一个密码箱，这个密码箱一旦打开，有 2/7 的机会有利于社会，有 5/7 的机会危害社会，甚至会造成人类毁灭。对此风险这个人是明知或者应知的，刑法是否应该禁止他打开这个密码箱呢？本书认为任何一个容许的风险理论也不会同意或认可他有权利打开此密码箱。超级人工智能机器人的奇点就是这个密码箱。这个密码箱与潘多拉的盒子极其相似，如果说两者有区别，这个区别就是打开潘多拉的盒子，百分之百出来的是魔鬼，而创造出超级人工智能机器人有 5/7 的机会出来的是魔鬼。只要人类社会还没有到走投无路的时候，只要人类社会的秩序还没有崩溃，就要防止打开这个装着有 5/7 机会是魔鬼的潘多拉盒子。除非能够确定不打开盒子人类有超过 5/7 的机会毁灭，那时可以冒险一试。所以假如真的有奇点存在，人类社会的法律也应该想方设法阻止奇点的到来。"即便是机器人可以进行一定程度的自我进化，这也并不意味着人对这种进化的方向和速度失去可控性。假如机器人可以进化到成为一个拥有生命意识、自我生存欲求和发展的目标能力的新型物种，我们就必须及时阻止这种事态，绝对禁止这种可能提出权利要求的失控物对人类利益造成威胁与损害。这是我们触及与机器人相关的伦理道德问题时的核心关切之所在。"① 当然，奇点能够到来是基于假设，需要法律特别是需要刑法阻止奇点到来就更是假设中的假设。而实际情况是奇点不可能到来。"担心人们开发出来的人工智能太强大，这起码在几百年之内都是错误的想法。我想这种担心源自一种局部看问题的基础性错误，与建造一个有自我意志的智能机器人的浩大工程和巨大复杂程度相比，人工智能某些单个领域最近取得的成就简直就是九牛一毛！"② 不论人们梦想多么奇特，但现实总归不是梦想。"还有一个更大胆的想法，就是彻底抛弃有机的部分，希望打造出完全无机的生命。……在有机化合物的世界徘徊 40 亿年之后，生命将

---

① 甘绍平：《机器人怎么可能拥有权利》，《伦理学研究》2017 年第 3 期。

② ［英］卡鲁姆·蔡斯：《人工智能革命：超级智能时代的人类命运》，张尧然译，机械工业出版社 2017 年版，第 95 页。

打破藩篱，进入一片无垠的无机领域，变成我们在最疯狂的梦想中都未曾设想的样子。毕竟不管我们的梦想多么疯狂，也还是逃不脱有机化学的限制。"①

换句话说，讨论奇点到来问题必须要假设，而讨论奇点不会到来问题无须假设，这是一个可以相信的事实，可以推导出来的一个未来事实。这就好像如果在当下讨论未来地球上的外星人是必须以假设为前提的，相反在当下讨论未来地球上没有外星人是无须假设一样。所以本书尽管认为刑法有义务阻止奇点的到来，但是这个义务却不是一个真实的义务，只是一个想象中的义务。在人工智能领域的科学家创造超级机器人（如果与生物工程相结合可能例外）的过程中完全可以无禁区，刑法完全可以不去阻止，只需保持正常的刑法量变和质变就可以了。

2. 奇点到来后还有刑法吗？

这里讨论奇点过后的刑法成长问题其实就是回到了本书第一部分探讨的人工智能能否成为刑事责任主体的领域。因此，本书不但要假设奇点能够到来，而且还要假设奇点到来之后人类与超级人工智能机器人的微观交往模式。前文提到的超级人工智能机器人的出现，在逻辑上可能给人类带来的七种变化是从宏观视角做出的预判，为了讨论刑法在超级人工智能机器人的影响下如何成长，还必须假设这种超级机器人能够像人类个体一样生活在我们中间，还时不时像人类个体一样干了一件具有社会危害性的行为。试想一下，如果不做这样的微观假设，当下刑法体系如何才能与那时超级人工智能机器人搭上关系呢？为了让两者有关系就必须假设超级人工智能机器人表面上与我们人类个体一样。

在奇点发生之前的弱人工智能时代，人工智能机器人只是一种工具主

---

① ［以色列］尤瓦尔·赫拉利：《未来简史》，林俊宏译，中信出版集团 2017 年版，第 40 页。

义的存在，其对刑法成长的影响也不过就是一种特殊工具对刑法的影响而已。弱人工智能时代的刑法成长大多是刑法量变，发展到一定程度也可能引起刑法质变。到了超级人工智能时代，由于超级人工智能机器人的智识水平等于或高于人类本身了，有的人就认为对这样的智能机器人仅仅作为工具对待就不合适了，因此才有了把人工智能机器人作为犯罪主体来对待的肯定说观点。但是必须提醒肯定说，一旦把超级人工智能机器人规定为刑事责任主体，并试图像规范人一样规范人工智能机器人，这种变化所带来的刑法成长就绝不是量变或质变那么简单，而是带来了刑法的突变，突变之后的刑法还能不能再称之为刑法就要打上问号。当下刑法是规范人类的法律，成长于自然人世界的刑法规范体系真的能够容纳下超级人工智能机器人作为刑事责任主体吗？在自然人世界中成长起来的刑法体系，其中刑事责任能力、刑事责任年龄、犯罪主观认识因素、犯罪意志因素、故意、过失、正当防卫、紧急避险等几乎所有的刑法语言系统都建立在自然人这块基石之上，如果用这些刑法语言去描述自然人之外的另一物种无论如何是不能想象的。换句话说，当下刑法的制度、规则、概念都内含了自然人的 DNA，离开了自然人这个基本参照系，刑法语言的规范意义都将荡然无存。一条超过人类智识的金毛狗，即使咬死 1 万人，也不会被送上刑事法庭审判，就是因为当下的刑法管不了人之外的物种的事。一旦出现了这种聪明过人的金毛狗，人类社会一定会想尽办法寻找对策，没有对策人类就得把地球主宰的位置让出来。军人想的对策很可能是消灭这条狗，科学家想的对策很可能是改良这条狗的基因，让狗与人友好合作。刑法学家想的对策很可能是把这条狗送上法庭，让这条狗承担刑事责任。这些假想的对策，我不知道哪个最靠谱，但我知道把狗送上法庭最不靠谱，因为当下刑法体系一旦走出自然人的边界，就是一种刑法的突变，其现有体系大厦就会土崩瓦解，即便对自然人之外的物种实施管控仍保留刑法之名，但是包括管控其他物种的刑法与单纯规范自然人的刑法已然不可同日而语。历史上的刑法曾经把神、动物等作为规范的对象，当这些对象从刑法领域被排除之后，刑法完成了一次突变，变成了只规范自然人的刑法。肯定说把超级人工智能机器人规定为刑事责任主体很可能是认为此时的人工智能与自然人已无差别。但是即便超级人工智能机器人的智识水平达到甚至超过自然人，也没有任何证据证明他们与自然人有可能一模一样。把自然人之外的另一物种上升为刑事责任主体实质上是完成了刑法的突变型成长。历史上的刑法突变是刑法的巨大进步，但是把人工智能机器人规定为刑事责任主体引起的刑法突变，却是一个巨大的退步。因为当下的刑法体系对突变后的规范对象即人工智能机器人完全是无能为力的。如果当下的刑法体系是关公，那么人工智能机器人就是秦琼，关公怎么能战秦琼呢？肯定说在当下刑法语境下把人工智能机器人规定为刑事责任主体所引起的刑法突变和把神、动物等再次规定为刑事责任主体所引起的刑法突变是一样的。如果我们不承认后者的合理性就不能承认前者的合理性。如果非要选择借超级人工智能机器人的机会实现刑法突变，非要选择让突变后的刑法实现对自然人和人工智能机器人两个主体的规制，那么也必须对突变后的刑法进行系统的改造，否则刑法的体系性将会丧失，逻辑自洽性也会归零。即使到那个时候人类有能力让突变后的刑法实现全新的体系性，就像有能力把水和汽油彻底溶解在一起一样，那么突变后升级版的刑法与突变前刑法即当下刑法相比也是两个不同的事物了。

因此，如果看不到人工智能机器人可能引起刑法突变的问题，仅在当下语境中谈"人工智能的刑法规制"，其实是一个伪命题。如果只处于弱人工智能时代，人工智能是人类的工具，此时不可能谈到对人工智能的刑法规制，只能谈到对人工智能背后的人的规制，就像不可能谈到对汽车的刑法规制一样。如果已处于超级人工智能时代，能规范人工智能机器人的刑法已经是实现了突变后升级版刑法，而非当下语境中的刑法。所以，在当下语境中谈人工智能的刑法规制无论是相对弱人工智能还是相对超人工智能，都一定是一个伪命题，是不可能存在的活动。有人把超级人工智能机器人与法人相类比，进而认为当下刑法能像容纳法人一样容得下超级人工智能。"人工智能实体在人类活动中所占的份额越来越大，法人也一样。犯罪已经由人工智能实体或通过它们犯下，人工智能实体没有灵魂，有些人工智能实体既没有身体，也没有灵魂。因此，法人与人工智能实体间的刑事责任理念没有实质的差异。"① 这种观点实际上还是要在当下刑法语境中实现对超级人工智能的规制。本书认为，法人犯罪主体的出现只引起了刑法的量变。法人犯罪主体出现后，刑法的基本范畴几乎没有受到太大的影响，所以法人成为犯罪主体的事实对刑法的成长来讲连质变都算不上，更谈不上突变。如果法人与超级人工智能机器人是同一种事物，那么此种观点真的就能成立了，但是很可惜，法人与超级人工智能机器人完全不是一类事物。法人是法律拟制的产物，没有法律的拟制，法人的任何一种行为均可以还原为自然人之行为。而人工智能机器人却是实实在在的事物，有没有法律的拟制均为客观的事物。换句话说，法人是法律之子，而人工智能是自然之子，两者存在事物本质上的差异。"机器人与法人的类比问题在于，法人和机器人之间存在本质差异，在法律拟制的背后法人有实际的自然人，而完全独立的超级人工智能机器人则没有。"② 正是因为法人与人工智能机器人的本质差异，把两者都规定为刑事责任的主体一定会导致一个引起了刑法量变，而另一个则引起了刑法突变。

实际上，如果有一天人类社会真的面对超级人工智能机器人并需要实施管控的时候，有两条路径可供选择：其一，扩张当下刑法的边界，让突变后的刑法完成对超级人工智能机器人的管控。其二，抛开当下刑法体

---

① Gabriel Hallevy, "Virtual Criminal Responsibility", *Original Law Review*, 2010（6）, p.27.

② Ignatius Michael Ingles, "Regulating Religious Robots: Free Exercise and RFA in the Time of Superintel Ligent Artificial Intelligence", *Georgetown Law Journal*, 2017（105）, pp.516–517.

系，另起炉灶实现对超级人工智能机器人的管控。如果选择了前者，当下刑法就实现了突变型成长，但也就意味着当下刑法体系的终结。如果选择了后者，当下刑法没有实现突变型成长，但也就意味着当下刑法仍然活着。

四、延伸思考：人工智能对刑法的真正挑战在哪里？

近几年来，刑法学界对人工智能问题的关注度较高，普遍认为人工智能是个高科技的新鲜事物，对刑法学的诸多领域产生了影响。所以，从刑法学视角对此问题的研究，往往会提到"人工智能对刑法的挑战"或"刑法如何应对人工智能"等命题。其实这里边的"挑战"和"应对"是个广义概念，只要人工智能引起了刑法的变化均被包含在这两个概念中。把人工智能引起了刑法的量变型成长理解成是对刑法的挑战固然没有错，但是真正能够称得上对刑法构成挑战的恐怕应该是可能引起刑法突变型成长的情形。

超级人工智能机器人的出现会引起刑法突变，但是这种突变是思维中想象构建的，并不能真正对当下刑法形成挑战。人工智能发展到今天仍然处于弱人工智能时代，尽管弱人工智能已经引起了刑法的诸多反应，但也仅仅都是量变型的成长，看不出与其他工具被创造出来时对刑法产生的影响有什么本质上的区别。完全存在于人们想象空间中的超级人工智能机器人确实能给刑法学人形成头脑风暴，但是这种想象之中的事物无法对实践产生影响，更不能形成空中楼阁式的刑法突变。面对越来越先进的人工智能，刑法只要发挥其体系的容纳功能即可实现其使命，这本是刑法量变成长的基本方式。当然，随着人工智能技术的不断改进以及在人类生活中的不断普及，慢慢也可能会迎来刑法的质变型成长。但是，只要奇点的到来连抽象的可能性都没有，就完全没必要把想象中的挑战当成现实挑战来思考对策。

本书认为，真正有可能对当下刑法形成挑战或导致刑法突变型成长的是试图利用人工智能技术对人类自身进行改造。其实，生物工程领域一直都存在着对刑法形成巨大挑战的可能性，到目前为止，人工智能对刑法的挑战远不及生物工程，"基因编辑婴儿事件"的出现就是一个例证。此事件对刑法伦理基础的挑战恐怕不是目前人工智能对刑法的影响所能比拟的，人工智能动的是刑法的局部，基因编辑动的是刑法的根基。一旦人工智能与生物工程相结合，这种结合能够把人类自身改造成什么样子很难准确估计出来。"预测新科技对交通、通信、能源等领域的影响已经是十分困难，而要用科技升级人类则可以说是一项完全不同寻常的挑战。因为这有可能改变人类的心灵和欲望，而我们以今天的心灵和欲望，当然无法理解其对未来的影响。"① 当下刑法的基因是对自然人的规范，在人工智能的浪潮中刑法仍然没有突变就是因为自然人仍然没有变。"几千年来，科学、技术、社会和政治一直在发生着巨变，但有一件事情始终未变，就是人类本身。现在人类拥有的工具和体制已经和《圣经》时代大有差异，但人类心灵的深层结构仍然相同。"② 人类不怕超级人工智能机器人站在自己的对面，却对人类自身的改造感到担忧，一旦人工智能技术与生物工程技术完美结合并致力于对人类自身的改造时，作为当下刑法基因的自然人就可能慢慢消失了。"并不会忽然出现一群反抗的机器人，使智人遭到灭绝，反而可能是智人将自己一步一步地升级进化，在这个过程中持续地与机器人和计算机融合。直到某天我们的后代回顾这段历史，才赫然发现自己已经不再是那个曾经写下圣经，建起长城或会因为卓别林的滑稽动作而发笑的动物了。"③ 自然人如果在人工智能和生物工程技术的发展中变了物种，这

---

① ［以色列］尤瓦尔·赫拉利：《未来简史》，林俊宏译，中信出版集团 2017 年版，第 40 页。

② ［以色列］尤瓦尔·赫拉利：《未来简史》，林俊宏译，中信出版集团 2017 年版，第 41 页。

③ ［以色列］尤瓦尔·赫拉利：《未来简史》，林俊宏译，中信出版集团 2017 年版，第 43 页。

种改变当然是对当下刑法形成的最大挑战。与创造超级人工智能机器人的想象相比，通过人工智能和生物工程改造人类本身具有极大的现实可能性。这种现实的可能性使当下刑法面临的挑战变得实实在在。从刑法的成长历史来看，迄今为止还没有任何一种新事物的出现使刑法面临的挑战能够达到像人类自身被科学技术改造对刑法提出的挑战那样大。这种挑战不仅表现在当下刑法要重新审视人类自然进化的伦理边界到底在哪里，而且还表现在当下刑法如何在保护伦理和保护科技进步之间实现平衡。当下刑法应如何应对这种巨大的挑战呢？这当然已经是另外一个话题了。本书认为，在人类文明还没有打算放弃自己这个物种的规定性之前，刑法必须对有可能改造人类自身的科学技术发展保持足够的警惕，特别是对人工智能与生物工程相结合的领域更要高度关注。不但需要加强对人类自身改造问题的刑法学研究，更要在司法实践中关注刑法的量变成长内容，确保刑法的成长与人类文明的发展同步。

第四节　从客观因果流程到刑法因果关系

从一般意义上讲，哲学既是世界观，也是方法论。刑事司法既然是一种人类实践活动，理应接受哲学的指导，刑法因果关系理论体系的构建也不可能离开哲学因果关系理念的支配，所以刑法理论通说大都认为现代刑法因果关系是建立在哲学因果关系理论基础之上的，是科学的因果观在刑法中的反映。[①] 回答因果关系之谜事关人类认识世界的根本问题，因果关系也向来都是哲学视域中极其重要的范畴。对于何为因果关系，休谟、康

[①]　参见陈兴良：《刑法哲学》（修订三版），中国政法大学出版社 2004 年版，第 76 页。

德做了大体相当的表述。休谟认为："每一个事物都必然有一个原因。"康德认为："每一种变化必有其原因。"① 唯物辩证法认为：客观世界中到处都存在着引起与被引起的普遍关系，并把这种引起与被引起的关系称为因果关系。② 从形式上看，这些表述没有本质上的区别，但是随着自然科学特别是物理学的发展，不同的因果关系观念精彩纷呈。与牛顿经典力学、能量守恒定律等相对应，出现了决定论因果观，这种因果观认为，因果联系是必然的，同样原因必然产生同样结果；与量子力学的发展相对应，又出现了概率因果观，这种因果观认为，因果关系具有不确定性，应该被理解成可预言性；与控制论的发展相对应，随后又出现了系统因果观，这种因果观认为，因果系统是由原因、因果中介和结果三个要素构成。③

因果关系问题是人类经验知识的根基，不仅事关我们所感知到的一切事物，更事关对超越当下经验的事物的判断。"唯一能够推测到我们感官以外并把我们看不见、触不着的存在和对象报告于我们的就是因果关系。"④ 因此，哲学因果观实际上反映的是人类对世界的认知水平，任何人类经验层面的活动都不可能也不应该离开哲学因果观，刑法因果关系的研究更是如此。但是，本书认为，哲学的研究不能代替法学的研究，从哲学因果观演绎推理刑法因果关系并不是一个可取的研究进路。刑法因果关系理论体系的构建还应立足于司法实践，因为共性代替不了个性，普遍代替不了特殊，任何哲学因果观都无法替代司法的现实与需求。"在判断刑事责任时，我们在事实上并没有遵循日常生活中的因果关系概念。我们对原

---

① 转引自张志林：《再论休谟因果问题的重新发现及解决》，《哲学研究》1999 年第 9 期。

② 参见刘冠军：《论恩格斯因果系统转化思想》，《烟台师范学院学报》1999 年第 4 期。

③ 参见熊立文：《因果观种种》，《哲学动态》1988 年第 11 期。

④ ［英］休谟：《人性论》上册，商务印书馆 1983 年版，第 90 页。

因的感觉和分析都是由关于刑法本质的道德假设形成的。"①在刑事司法实践中验证哲学因果观、丰富哲学因果观才应该是更加可取的研究路径。因此本书的研究从刑法的条件说开始。

一、并非鸡肋的条件关系：刑法因果关系理论的起点

因果关系不仅是重要的哲学命题，更是重要的刑法学课题。尽管并不是所有犯罪（行为犯除外）都需要判断因果关系，但这并不影响因果关系理论在刑法学中的核心地位。众说纷纭的刑法因果关系理论虽然有利于刑法知识的增长，但也在一定程度上增加了司法实践的不确定性。因此，有必要系统梳理刑法因果关系理论。

（一）条件说及其局限

实行行为与犯罪结果之间的因果关系是结果犯既遂形态的构成条件。作为犯罪构成条件的因果关系有时非常简单，甚至根本无须作为一个问题进行考量；有时却极其复杂，甚至成为整个案件的争议焦点所在。例如，盗窃行为、抢夺行为的因果关系基本不成为问题，但是择一竞合（没有意思联络的甲乙同时开枪杀丙，且均命中心脏）之故意杀人行为的因果关系判断就不那么简单了。在刑法理论中，对因果关系有无的判断存在若干学说，主要包括条件说、原因说、相当因果关系说、合法则的条件说、重要性说等。在众多因果关系理论中，条件说的地位最为特殊。条件说认为，实行行为与犯罪结果之间存在着"非 A 则非 B"的条件关系时，A 就是 B 的原因。"此说主张在行为与结果之间，如果存在逻辑上必然的条件关系，

---

① ［美］乔治·P.弗莱彻：《刑法的基本概念》，蔡爱惠、陈巧燕、江溯译，中国政法大学出版社 2004 年版，第 90 页。

即'如无前者，即无后者'的关系，则存在刑法的因果关系。"① 目前条件说在理论界仍然很有市场，仍然占据着德国刑法因果关系理论的通说地位，甚至在美国《模范刑法典》中直接用"如果没有该先在行为发生，就不会有结果发生"这样的条件关系来定义因果关系。

第一，条件说是因果关系理论的基础。与其他因果关系理论相比，条件说是其他学说的基础，没有"非 A 则非 B"的条件关系，其他任何的因果关系理论都将失去判断的起点。即使是回避了因果关系这种表述的客观归责理论也没有完全抛弃条件说，罗克辛的客观归责理论就是以条件说确定的因果范围为基本前提。同时，客观归责理论在是否实现了"不被允许的危险"的判断上，有时也离不开对条件关系的考量。

第二，条件说是其他学说批判的对象。在条件说之外的因果关系理论看来，条件说或者是不当扩张了因果关系，或者是不当限缩了因果关系，因此条件说在刑法学界一直饱受其他因果关系理论的批判。"条件公式并非定义因果关系，而仅仅只是提供了一个不确定的标准，用以检验因果关系是否存在。"②"该公式没有直接运用因果联系，而是逻辑地以它为前提，因为只有当人们知道，在原因和结果之间存在原因上的联系，才能说，没有这一原因，该结果也不会发生。如果原因的作用方式未被知晓'不能设想'、也不能教会人们认识该作用方式是有影响还是没有影响。"③"假定排除法这种观点只能适用于已实际存在的因果法则，而不能借此发现因果法则。也就是说，'虽是因果法则的适用公式，但并不是因

---

① 参见陈兴良：《刑法哲学》（修订三版），中国政法大学出版社 2004 年版，第 84 页。

② ［德］埃里克·希尔根多夫：《德国刑法学：从传统到现代》，江溯、黄笑岩等译，北京大学出版社 2015 年版，第 265 页。

③ ［德］汉斯·海因里希·耶塞克、托马斯·魏根特：《德国刑法教科书》，徐久生译，中国法制出版社 2001 年版，第 343 页。

果法则的发现公式'。"① 应该说其他因果关系理论对条件说的修正主要体现在限制条件说对因果关系的扩张，但又不局限于此。有时其他因果关系理论也承认没有条件关系的因果关系存在。前文提及的择一竞合的杀人行为就属于不满足"非 A 则非 B"的条件关系的情形，因为没有甲的行为，丙的死亡结果也会出现，没有乙的行为，丙的死亡结果同样会出现。但是，整体考察说的因果关系理论认为，此种情形否认条件关系，进而认定行为人都只承担未遂责任是不妥当的，应该承认甲、乙的行为与丙的死亡结果之间均存在因果关系。因此，完全可以作出一个判断，除条件说之外，其他因果关系理论的本质都是对条件说的修正。

（二）条件说与其他理论存在分歧的场域

应该说在多数情况下，条件说和其他因果关系理论对因果关系的判断结论是一致的，例如像盗窃罪、抢夺罪等这种实行行为与犯罪结果具有单一的密接简单关系时的因果关系判断，无论采取哪种因果关系理论，所得出的结论与条件说的结论一般不会存在差别。也许正因为如此，一直饱受修正和批判的条件说仍有理论市场，仍能与如此多的因果关系理论处于并存的状态。但是当实行行为与犯罪结果之间出现非单一或非密接的复杂关系时，条件说与其他因果关系理论对某行为与结果之间是否存在刑法因果关系的判断就可能出现争议。

第一，存在理论分歧的场域。所谓实行行为与犯罪结果之间的非单一关系是指，实行行为与一个或多个其他因素同时且共同发生作用导致结果发生。所谓实行行为与犯罪结果之间的非密接关系是指，实行行为完成后又存在一个或多个其他因素共同作用下导致结果发生。两者之间的区别

---

① ［日］西田典之：《日本刑法总论》（第 2 版），王昭武、刘明祥译，法律出版社 2013 年版，第 78—79 页。

是：前者实行行为与其他因素同时发生，后者实行行为与其他因素的发生存在时间上的先后顺序。行为与结果之间非单一或非密接关系的存在直接拷问各种因果关系理论的合理性，也直接拷问其他因果关系理论对条件说修正的合理性。当然，当实行行为与犯罪结果之间的关系既非单一又非密接时，条件说被其他因果关系理论修正的可能性最大，对这种修正的合理性拷问也最大。

第二，其他因果关系理论在批判中增长。必须注意，在非单一或非密接的复杂关系中，一直饱受批判的条件说仍然屹立在因果关系理论中，绝不仅仅是因为条件说在单一密接的简单关系中对因果关系的判断与其他理论的结论相同。相反，无论各种因果关系理论在什么情况下修正条件说，也无论对条件说的修正内容是多还是少，都不能否定条件说在刑法因果关系理论体系中的独特地位。从某种意义上讲，没有对条件说的修正或批判就没有其他因果关系理论，这才是条件说永远批不倒的真正原因。因此，对刑法因果关系的理论梳理及评价应该也必须从对条件说的解析开始。

二、从因果流程到条件关系：两种不同的客观事实

条件说把逻辑关系中的必要条件看成了刑法上的原因。条件说的判断公式是：如果没有 A 就没有 B，那么 A 就是 B 的原因。从表面上看，此种判断公式简单明了，易于操作，但从实质上看，条件说的判断绝不简单。条件说可能存在的问题主要有两点：其一，条件说把必要条件看成刑法中的原因是否恰当，这也正是其他因果关系理论批判条件说的焦点所在；其二，"没有 A 就没有 B"这种必要条件如何才能作出判断。

（一）因果流程的事物属性

事实清楚是认定犯罪的前提。事实主要包括主观事实和客观事实，按

刑法理论的通说，行为、结果及两者的因果关系属于犯罪事实的客观方面的内容。尽管在客观事实中刑法理论把行为、结果及两者因果关系并列表述，但是并不能因此推导出因果关系与行为、结果在事物属性上完全相同。行为与结果之间的因果关系和行为、结果相比，在事物属性上是否存在重大差别呢？行为和结果是可以而且必须用证据证明的客观事实，如果不能用证据排除合理怀疑地证明行为或结果，那么行为和结果就会存在事实不清的问题。假设因果关系与行为和结果在事物属性上相同，那么在逻辑上，因果关系也应该存在事实不清的可能性。为什么在司法实践中很少见到因证据不足而导致因果关系事实不清的刑事案件？这可能跟因果关系的事物属性的理论有关系。

第一，需要证据证明的因果流程。行为与结果之间首先存在自然科学意义上的客观联系，即行为通过什么样的路径、以什么样的方式对结果的发生具体起什么样的作用。本书用因果流程来表述这种客观联系。这种客观的因果流程与行为和结果的事物属性完全相同，是需要用证据证明的客观事实。因果流程是唯一的，要用证据证明的，与因果关系的各种理论无关，无论何种因果关系都不能改变因果流程。刑法上的因果关系是指犯罪行为与结果之间引起与被引起的关系。从逻辑上讲，这种引起与被引起关系的判断只能在行为与结果之间的因果流程这个客观事实基础上进行，别无他途。因为离开具体的因果流程，根本无法对引起和被引起关系作出判断。在具体的刑事案件中，被证据证明的行为与结果之间客观事实意义上的因果流程无非有两种情形：其一，因果流程被证明到事实清楚；其二，因果流程无法被证明到事实清楚。如果因果流程是一种事实，那么因果关系就是在这种事实基础上的一种评价，即把某一种因果流程评价为引起与被引起的关系。条件说把"非 A 则非 B"对应的这种因果流程评价为因果关系，其合理性暂且不论，当下首先应当讨论清楚的是，作为事实的因果流程被证明到什么程度才能作出"非 A 则非 B"的判断呢？"非 A 则非

B"必须成长于事实清楚的土壤里；如果事实意义上的因果流程并不清楚，那么"非 A 则非 B"的判断根本无从得出。

第二，因果流程的证明影响事物之间的关系。更进一步讲，行为与结果之间除"非 A 则非 B"这种条件关系之外，还可能存在其他的关系，这些关系的判断与行为和结果之间的因果流程是否被证明清楚是什么样的对应关系。用证据证明的因果流程存在清楚与不清楚之分，而行为（A）与结果（B）的发生之间的关系在逻辑上存在三种可能性：其一，没有 A 就没有 B；其二，没有 A 肯定有 B；其三，没有 A 也可能有 B。这三种可能性的判断与客观因果流程是否清楚存在一定的对应关系：没有 A 就没有 B 的关系判断对应 A 到 B 的因果流程必须是清楚的；没有 A 也可能有 B 的关系判断对应 A 到 B 的因果流程肯定是不清楚的；没有 A 肯定有 B 的关系判断比较复杂，其对应 A 到 B 的因果流程，或者清楚，或者不清楚。如果从 A 到 B 的因果流程清楚，那么当且仅当 A 对 B 在客观上不起任何作用时，A 与 B 的关系就是没有 A 肯定有 B；如果 A 到 B 的因果流程不清楚，即 A 对 B 的产生在客观上到底起什么作用不清楚，那么即使 A 的贡献为 0，也不影响 B 的产生时，A 与 B 的关系也是没有 A 肯定有 B。所以，"没有 A 就没有 B"这样的条件关系判断的前提必须是从 A 到 B 的因果流程已经被证明清楚。如果从 A 到 B 的因果流程还有不清楚之处，则只有可能得出"没有 A 也可能有 B"或"没有 A 肯定有 B"这样的关系判断，而不能得出"没有 A 就没有 B"这样的判断。在逻辑顺序上，条件关系的判断一定在因果流程之后，尽管在客观现实中很多时候因果流程的证明与条件关系的判断可能一体化完成。

（二）条件关系的判断及其性质

如果因果流程是一种与行为和结果属性相同的客观事实，那么在此基础上，"非 A 则非 B"的条件关系又将如何做出判断以及其性质有何特别之处？

第一，条件关系的判断。从 A 到 B 的因果流程完全清楚时，A 对 B 的发生或者起作用，或者不起作用（可用 0 表示），如果 A 对 B 的作用不为 0，那么无论作用大小，A 与 B 之间的关系都是一种"无 A 则无 B"的关系。因为在一个具体的因果流程中，所有的结果都与流程结为一体，而非单纯的可以超越流程的结果。例如，因心脏病死亡和因刀伤死亡是两种不同的结果，尽管都是死亡。换句话说，犯罪构成要件中的结果一定是与具体因果流程结合在一起的结果，而非离开因果流程的抽象结果。否则 100 岁自然死亡与刀伤死亡就成了一个结果。因此，犯罪结果 = 具体因果流程 + 抽象结果状态。如果在理论上认同因果流程与犯罪结果密不可分，那么每一个具体因果流程下的犯罪结果都将不再是一个抽象的状态，而是状态与因果流程的结合。一旦 A 对结果 B 的作用不为 0，那么假设没有 A 的因果流程，无论如何都不可能与有 A 的现实因果流程完全相同。如果承认有 A 时的结果，B 包含具体因果流程，那么即使假设没有 A 也能得出与 B 相同的结果状态，也会因为抽象结果状态之前的具体因果流程的不同而使最终的犯罪结果有所不同，进而成就没有 A 就没有 B（有 A 时的具体因果流程 + B 的抽象结果状态）的条件关系。此中道理概括地说，就是因为犯罪结果 B 包含了有 A 的具体因果流程，在没有 A 的假设因果流程中出现的犯罪结果，无论是否与 B 的抽象结果状态相同，都不可能是结果 B，A 与 B 之间当然就是"没有 A 就没有 B"的关系了。

第二，条件关系的性质。尽管条件关系也是一种事实，但是与因果流程这样的客观事实相比，仍然存在若干不同之处。其一，从 A 到 B 的因果流程是一种具体事实，是需要证据加以证明的事实，而条件关系虽然也是一种客观事实，但却是超越具体事实的抽象存在。因果流程与条件关系类似于苹果落地与万有引力，苹果落地是具体事实，而万有引力是一种客观规律。因此，因果流程是具体事实，而条件关系是客观法则。其二，具体因果流程中，A 对 B 所起的作用存在有无的问题，也存在大小的问题，这需要依赖自然科学上的经验法则做出判断。按休谟经验主义的理解，经验法则来源于先前事物之间恒常关系的归纳推理。从无数个先前具体事物之间的客观联系到经验法则的获取，依赖于人类的思维习惯。"一个物象和其恒常的伴随之间在我们的思想中或想象中有一种习惯性的联系。"[1]当 A 到 B 的流程清楚时，通过人类思维中已知的经验法则，A 对 B 所起的作用大小即可作出判断。而在此基础上的条件关系却只存在有无的问题，而不存在大小的问题。换句话说，A 对 B 的作用有大小，而 A 与 B 的条件关系无大小，无论有多少个 A，只要在因果流程中 A 对 B 的作用不为 0，无论每个 A 的作用大小如何，在条件关系的判断上都是平等的。例如，甲乙两个人各刺丙一刀，丙流血过多死亡。甲刺的刀伤较重，流血 1000cc，乙刺的刀伤较轻，流血 100cc，只要乙的刀伤对丙的死亡起了作用，则甲、乙都与丙存在无差别的条件关系。

综上所述，A 与 B 之间"非 A 则非 B"的条件关系是一种客观事实，但与 A 到 B 之间的因果流程这样的事实又有较大差别，A 与 B 之间条件关系的肯定取决于两点：其一，A 与 B 之间的因果流程必须被证明，并且不存在合理怀疑；其二，在经验法则上，A 对 B 的产生所起的作用不为 0。此两者缺一不可，否则"非 A 则非 B"的条件关系无法确定。

三、刑法因果关系的本质：一种规范性的事实

刑法中的因果关系是犯罪行为与危害结果之间引起与被引起的关系，是结果犯成立犯罪既遂的必要条件。从语义上分析，"引起"与"被引起"首先必须是一种客观上的联系，如果行为与结果之间在客观上没有任何联

---

[1]　[英] 休谟：《人类理解研究》，商务印书馆 1982 年版，第 72 页。

系，那么两者之间肯定不会是一种引起与被引起的关系。"非 A 则非 B"的条件关系显然是一种适格的客观联系，需要进一步判断的是这种条件关系能否作为引起与被引起的因果关系看待，对这个问题的回答涉及刑法因果关系的本质问题。

（一）本质层面的归因与归责

第一，归责是因果关系的存在价值。刑法因果关系的存在意义在于对结果的归责。无论是否把因果关系定义成引起与被引起的关系，或是其他某种表述，这都不重要，重要的是表述背后的本质。因果关系之所以被选为结果犯既遂时的犯罪构成要素，一定是因为因果关系具有对犯罪结果进行刑法归责的评价功能，否则因果关系就没有资格成为犯罪构成要素。也就是说，一旦行为与结果之间存在因果关系，那么在刑法上就必须把危害结果看成是行为人通过犯罪行为对社会所作出的负面贡献，即危害结果是行为人的作品，进而把刑法对结果的否定性评价叠加到对犯罪行为的评价中去。因此，当刑法把因果关系作为结果犯既遂的构成要素时，因果关系是一种规范性的选择就已经成为其本质规定性。"对于刑法中的因果关系，仅仅当作一个事实问题来把握难以完成因果关系在犯罪构成中所担当的使命。在事实因果关系的基础上，还应当从刑法角度加以考察，使之真正成为客观归咎的根据。"[1] 至于这种规范性选择所对应的行为与结果之间自然科学意义上的客观联系是何种形态就成了一种现象层面的东西，这种客观联系只是规范性选择的前提而已。"因果关系是以发生某种具体结果作为成立要件的结果犯的客观构成要件之一，是需要从刑法规范的角度加以判断的犯罪构成要件的内容，因此，其有无和表现形式就不纯粹是从物理的、自然科学角度出发的事实判断，而应当是从'应当如何或者不应当如

——————
① 陈兴良：《本体刑法学》，商务印书馆 2001 年版，第 283 页。

何'的规范角度出发的法律判断。"①

第二，归责决定因果关系的选择。因果关系在事物属性上的归责本质决定了行为与结果之间到底是什么样的客观联系才有资格成为刑法上的因果关系。在行为与结果之间，所有可能出现的客观联系中选择能够满足归责要求的那种关系作为因果关系就成了所有刑法理论的出发点和落脚点，即选择哪一种客观联系作为因果关系必须以归责为目标，又必须以归责原则为检验标准，不同的因果关系理论在这个出发点和落脚点上不应该存在差别。但是在结果归责中，应重点考量哪些因素却极有可能存在重大差别。因果关系理论中的原因论、重要性论、相当因果关系理论等无不是在客观联系中选择因果关系，就连条件说其实也是一种规范选择，只不过条件说直接把行为与结果之间客观的条件关系选择为因果关系。从行为到结果的因果流程被证明清楚之后，只要在经验法则上行为对结果的作用不为0，则行为与结果之间的条件关系也就被确认了。一旦行为与结果之间的"非 A 则非 B"的条件关系被肯定，条件说就认为行为与结果之间存在刑法意义上的因果关系。显然，条件说把行为与结果之间的条件关系直接当成了因果关系。条件关系是客观事实，但是把条件关系当成因果关系就是一种规范选择。在这一点上与原因论、重要性论没有不同。从结果归责这个视角看，应该为因果关系的选择设定一个什么样的标准呢？换句话说，在行为到结果的具体因果流程中，选择某种特定的关系作为刑法中的因果关系需要考量什么样的归责因素作为依据，这个问题不回答清楚就无法对各种因果关系理论进行梳理和评价。

（二）结果归责中的非难可能性考量

对于行为犯或结果犯未遂形态而言，刑事责任的承担只需评价行为本

---

① 黎宏：《刑法总论问题思考》，中国人民大学出版社 2007 年版，第 156 页。

身即可，但是对于结果犯罪的既遂形态而言，归责包括对行为的归责和对结果的归责，即刑事责任既要体现出对行为的评价，也要体现出对结果的评价，对行为人的惩罚既要体现行为因素，也要体现结果因素。

第一，行为犯中的非难可能性。刑事责任的根基是非难可能性，也就是追究刑事责任有一个基本的前提，那就是通过责任追究有望抑制或预防同样行为的再次发生，即包括预防行为人本人不再犯，也包括预防社会一般人不实施此类行为。如果因为一个行为而惩罚一个人对于预防此类行为的再次发生没有任何作用，则此种惩罚就毫无必要，此种情况下无刑事责任可追究。"责任的本质是规范可能性。"① 非难可能性是刑事责任大厦的基石，无论是刑事立法还是刑事司法都要经得起非难可能性这个归责原则的检验。不但罪过（故意或过失）、主体年龄、精神状态等责任因素要在非难可能性中找到逻辑起点，而且行为能否在惩罚过程中受到抑制或预防这样的客观要素也必须在非难可能性的检验中成为归责的客观考量因素。如果在刑事立法过程中背离了非难可能性的客观归责因素，把无法期待行为人做出合法行为选择的行为规定为犯罪也属于立法质量存在问题，因为惩罚行为人对抑制此类行为无任何意义。当然，对于当下刑法典中规定的各种犯罪行为都应该推定为通过了非难可能性的检验，也就是惩罚犯罪人对于预防相应犯罪行为的发生是有意义的。通过处罚犯罪行为人，犯罪人再犯本罪和其他人初犯本罪的可能性都会因为惩罚的存在而受到抑制或预防，至少在逻辑上如此。如果在刑事立法中通过了非难可能性的检验或推定为通过了检验，但是在刑事司法中出现非难可能性陡然下降的情形时，在立法修正之前，也只能通过量刑原则的调整来适应刑事责任的升降。

第二，结果犯中的非难可能性。犯罪行为的可抑制性或可预防性作

---

① 张明楷：《外国刑法纲要》（第 2 版），清华大学出版社 2007 年版，第 195 页。

为刑事责任的客观归责要素为我们分析犯罪结果的归责原则提供了理论
进路。在结果犯的既遂形态中，对犯罪行为可抑制性或可预防性这种客
观归责要素的考量不仅涉及行为，而且涉及结果。因为结果的出现增加
对行为人的惩罚量显然是对结果的归责，因果关系选择的依据恰恰离不
开非难可能性这种归责原则。与行为归责一样，对结果的归责也要满足
非难可能性的要求，即通过在惩罚中考量结果因素必须能抑制或预防结
果的再次发生，否则对结果不能归责。必须注意，抑制或预防结果的发
生其实质是预防行为发生，因为在客观因果流程中，行为与结果是一一
对应关系，如果惩罚结果对行为再次发生没有任何影响，那么对结果的
发生也不会有任何影响。所以结果归责考量的不是对结果的抑制或预
防，而是与行为归责一样，考量对行为的抑制或预防。这种考量是结
果犯既遂形态时结果归责的原则，更是行为与结果因果关系选择中的
依据。

综上所述，可以得出一个结论，刑法上的因果关系固然是一种事实，
但是其并非单纯的客观事实。单纯的客观事实是行为与结果之间具体的因
果流程，是通过刑事侦查行为而予确认的客观事实，因果关系是在具体因
果流程确认之后的一种规范选择，是一种规范性事实。"片面强调因果关
系客观性的观点，从根本上忽视了刑法中的因果关系本身在更大程度上是
一个规范的存在的事实：评价主体会基于自身的价值取向或需要来重新构
建或解释这种关系。"[①] 行为与结果之间一定存在一种因果流程，但是行为
与结果之间并不一定都存在因果关系，只有当行为与结果之间的因果流程
达到了处罚结果对预防行为具有可预期的作用，这种因果流程才能被确认
为因果关系。

---

① 劳东燕：《风险分配与刑法归责：因果关系理论的反思》，《政法论坛》2010 年
第 6 期。

四、超越因果流程：刑法解释学中的因果关系

如果我们承认从具体因果流程中选择因果关系是在非难可能性的归责原则支配下进行的，那么通过什么样的要素来判断惩罚可以预防实行行为的再次发生？

（一）行为创造结果的风险架起从事实到规范的桥梁

如果惩罚一个人是为了预防某种结果，那么至少需要行为人有预见自己行为产生结果的可能性。如果行为人没有这种预见可能性，那么事后的惩罚就对行为的预防以及结果的发生丝毫不产生影响，此时不能对行为人归责。具体结果出现之前，行为人何以能预见行为的具体结果？期待行为人能预见结果的唯一客观基础就是行为本身创造的结果发生的风险。这种风险越大，行为人预见结果的可能性就越大，对行为人归责的可能性就越大；反之，这种风险越小，行为人预见结果的可能性越小，对行为人归责的可能性也就越小。也就是说，只有当行为创造结果的风险达到一定程度时，行为人对结果就具有了预见可能性，此种情况下，因为结果的出现而处罚行为人才有了预防行为再次发生的效果，此时的刑事归责才是合乎理性的。从归责可能性、预防可能性、预见可能性再到行为创造具体结果的风险这四个概念的逻辑关系出发，可以清晰地看到对结果的刑事归责需要行为与结果之间是什么样的一种关系。其实事物之间的因果关系本身就应该具有从客观到主观的贯通能力，否则因果关系有什么资格成为刑法追责的依据？"因果关系意味着可预言性。这里的可预言性是说假如全部事先情况都已经知道，那么事件就可以预言出来。"[1] 当且仅当行为创造结果的风险达到一定程度时，行为与结果之间的客观联系才有可能成为刑法上的

---

[1] 参见熊立文：《因果观种种》，《哲学动态》1988年第11期。

因果关系。所以刑法因果关系的判断主要是两个层面的判断：

第一，必须满足"非 A 则非 B"的条件关系。"非 A 则非 B"的条件关系其实就是指因果流程清晰且行为对结果的作用不为 0。行为在客观因果流程中对结果的作用不为 0，表明在自然科学意义上行为引起了结果或结果的出现与行为有关。如果在客观因果流程中行为对结果的作用为 0，即"非 A 则肯定有 B"，则在自然科学意义上行为并没有引起结果，就不存在对结果归责的问题，更无须进一步认定因果关系。只有在自然科学意义上能判断出行为引起了结果，才能进一步判断在刑法上行为是否引起了结果。当然，前文已多次论及，结果并非单纯的结果状态，而是与具体因果流程紧密结合的结果，结果状态相同，但只要造成结果的具体因果流程不同，则属于不同的结果。

第二，行为创造结果的风险必须达到一定程度。对于刑法因果关系的判断而言，客观因果流程中的条件关系仅仅是起点，如果把因果流程与结果状态相结合看成是构成要素中的结果，那么对于结果而言，客观因果流程中所有作用不为 0 的要素均地位平等，都是结果出现不可或缺的，缺少哪怕任何一个微小的要素，即使结果状态仍然出现，但却不是此种因果流程下的结果。因此，客观因果流程中所有对结果作用不为 0 的行为都平等满足"非 A 则非 B"的条件关系，但是作为刑法归责要素的因果关系却不能承认这种平等。与结果的客观联系平等，并不意味着都与结果存在因果关系。只有在对结果客观作用不为 0 的同时，行为本身还满足创造了一定程度的结果发生的风险，这样的行为属性 +"非 A 则非 B"的条件关系，才是归责意义上的刑法因果关系。行为创造结果风险的属性与现实已经发生结果的具体因果流程没有任何关系。行为到结果的具体因果流程中，无论行为、结果还是因果流程都是纯粹的客观事实，无所谓程度问题，也无所谓风险问题。行为创造结果风险是对行为属性的判断，无论现实是否发生了一个真实的因果流程，此种判断都不受任何影响，这种判断仅仅是一种类型上的抽象判断而已。例如,甲将乙打成轻微伤,乙送医院后因医生误诊死亡。从客观因果流程看,没有甲的行为就没有乙的死亡,这已经是百分之百的事实,但是对甲的行为造成乙死亡的客观风险的判断却只能靠抽象考量——轻微伤后误诊死亡的风险大小。此种风险考量与现实中是否真的发生了甲伤乙后误诊死亡的案例无任何关系,真实发生的案例仅仅提供了风险判断的素材而已。

其实,行为创造结果风险的判断已经把归责的规范问题转化为事实领域的问题。也就是说,一旦行为创造结果的客观风险达到一定程度,在规范意义上就应将符合条件关系的结果归责于行为人,行为与结果之间的条件关系就转化为因果关系。行为创造结果的客观风险其本质就是概率问题。从 19 世纪中叶以后,逻辑学家就开始利用概率论研究概率因果关系,认为因果关系具有不确定性。概率这一数学元素介入到因果关系理论中,概率论就与归纳推理、因果关系逐渐一体化了。到了现代,伴随着贝叶斯网络理论和不确定性推理的兴起,概率因果关系理论开始得到了广泛的应用。① 根据刑事归责目的的考量,概率因果关系完全具备在刑事司法中应用的基础。不但行为创造结果风险达到百分之百这样的确定性时(决定论因果观)可确认刑法因果关系,而且风险达到一定程度时也可以确认刑法因果关系。对于刑法归责而言,如何确定"一定程度的风险"的参考标准才是最重要的问题。

(二)刑法因果关系的构成要件属性

作为创造结果的客观风险尽管也是事实,但这种事实与客观因果流程多有不同。客观因果流程主要依赖于证据,但行为创造结果的客观风险很

---

① 参见何向东、王磊:《中西哲学因果关系研究的回顾及其启示》,《哲学研究》2010 年第 2 期。

大程度上依赖经验法则，因此，行为与结果之间只有经过条件关系和行为创造结果风险两个层面的判断，只有把两者叠加到一起，刑法中的因果关系才能最终确认。简单地说，因果关系＝条件关系＋行为创造结果风险达到一定程度。从因果关系的这个判断公式分析，作为犯罪构成要件的因果关系仍有两个问题需要进一步明确：

第一，因果关系存在事实不清问题吗？作为客观事实，因果流程当然可能存在事实不清问题。客观因果流程是因果关系判断的基础，如果因证据问题而导致因果流程查不清楚，那么"非 A 则非 B"的条件关系则无法判断，进而无法确认因果关系。所以，尽管行为创造结果风险的事实一般不会出现事实不清，但是由于因果流程存在事实不清的可能性导致整个因果关系可能存在事实不清。

第二，因果关系具有法定性吗？根据罪刑法定原则，犯罪构成要件必须由刑事法律加以规定。从犯罪的客观方面看，既然行为、结果、行为与结果之间的因果关系是既遂犯的客观方面，那么这些客观要件理应都由法律在个罪中（有时也涉及总则）加以规定。但是在一般情况下，个罪的罪状对具体个罪的行为或具体个罪的结果多有描述，特别是对具体个罪的行为描述得多。相反，在个罪的罪状中对因果关系或者不描述，比如故意伤害罪，或者只做非个罪化的描述。非个罪化的描述一般有三种：第一，"致……"，如过失致人死亡罪；第二，"致使……"，如滥用职权罪；第三，"导致……"，如环境监管失职罪。从语义上看，这三种表述不存在任何区别。也许正因为个罪法条或者不描述因果关系，或者只作无差别的共性表述，导致因果关系的法定性问题长期未受关注，甚至无人讨论。例如，我们经常听到有人谈论把某种行为入罪有违罪刑法定原则，却很少听到有人讨论把某种因果流程认定为因果关系有违罪刑法定。

本书认为，如果承认因果关系是犯罪构成的要件，那么在逻辑上就一定需要法定化，否则就属于有违罪刑法定原则。当然，罪刑法定并不需要每一个犯罪构成要素都有法条的具体语言表述，即使没有语言直接对应，只要在法律解释学上能够从法条表述中合乎逻辑地推导出的要素，也属于罪刑法定的范畴。不同具体罪名尽管无差别地规定因果关系，但是毕竟做到了罪刑法定；有的罪名之所以没有规定因果关系，可能是因为语言习惯导致无须规定，不规定不说明违背罪刑法定。所以，因果关系必须具有法定性，具体案件中行为与结果之间的因果关系必须符合具体罪名中因果关系的标准，否则既遂犯不能成立。实际上，在犯罪认定过程中，当人们讨论行为与结果之间是否存在刑法上的因果关系时，其实质是在讨论当下案件中行为与结果之间的因果关系是否与本罪规定的因果关系具有符合性或该当性。这种忽略法定性的讨论似乎认为行为与结果之间的因果关系可以完全脱离法律的具体规定。必须承认，因果关系的讨论的确具有总论性质，甚至具有哲学性质，但是无论如何，因果关系与具体罪名的法律解释密不可分，只不过对因果关系问题的法律解释有时可能已经深入到了对行为或对结果的讨论中去了，这就导致刑法解释学很少见到对因果关系问题的直接关注。

从本书提倡的因果关系＝条件关系＋行为创造结果风险达到一定程度的公式来看，条件关系与刑法分则解释学无关，但行为创造结果风险应属于刑法分则解释的范畴。如果把条件关系当成已知条件，即已经确认，那么因果关系的判断将集中在行为创造结果风险的讨论上。有时因果关系的判断与行为本身的判断完全重合，有时因果关系的判断与行为本身的判断分道扬镳。

（三）因果关系该当性的判断方法

因果关系何时具有该当性？这个问题其实质就是条件关系＋行为创造结果风险达到一定程度如何适用。因果关系是具体罪名的构成要件之一，既遂犯的成立当然涉及当下案件的因果流程事实是否该当某一罪名因果关系要件。本书认为应区分两种情况讨论：

第一，行为与结果之间系单一密接关系。当行为与结果属于单一密接关系时，行为与结果之间纵向上没有出现第二因素，也没有在横向上出现第二因素。一旦行为与结果之间的条件关系被确认，那么行为与具体罪名构成要件该当性的判断就完全包含因果关系该当性的判断。因为犯罪实行行为的判断不仅要在形式上满足罪状的规定，更要在实质上要求行为存在创造结果的风险。只有在形式上和实质上相统一，实行行为才能确认。在刑法解释学上，实行行为作为行为的类型具有一定的弹性，在弹性限度之内，或者被扩张解释，或者被限缩解释，都被罪刑法定原则所允许。但是所有的解释都必须有一定参考的基点，这个基点就是实行行为的典型状态，无论是扩张解释或是限缩解释，都必须以这个典型状态作为参照系。实行行为典型状态（且行为与结果系单一密接关系）所对应的创造结果的风险程度方法论意义重大。只要这个结果风险不为 0（如果风险为 0 则实行行为不成立），那么这个典型行为所对应的风险程度就是因果关系公式中行为创造结果风险需要达到的那个"一定程度"。

在具体罪名的构成要件中，典型的实行行为及其与结果系单一密接关系时，对应的创造结果的风险程度自然应该是刑法条文的基本规范要求，这种基本规范要求不但是刑事立法的基准，更是刑法解释的基准。无论是对实行行为的扩张解释抑或对行为创造结果风险程度的扩张解释都必须把这个典型状态作参照系，也就是说，不典型的状态一定要以典型的状态作为思维参照，否则就会违背刑法解释学的基本要求，即国民预测可能性（以典型状态为参考的预测）。针对具体案件对实行行为所作的解释在形式上要以典型实行行为作为参考，在实质上要以典型实行行为所对应的结果风险程度作为参考，两者缺一不可。如果仅仅在形式上与实行行为的类型符合，但只要该行为类型创造结果的风险程度与典型行为对应的结果风险程度相差悬殊（不具有相当性），则该行为就不是真正该当本罪的构成要件。当行为与结果之间属于单一密接关系时，实行行为该当性的判断在形式上和实质上是统一的，即只要具体行为在形式上该当某个罪的实行行为，那么具体行为所对应的结果风险也基本会与该罪实行行为所对应的结果风险相当。换句话说，单一密接关系时，实行行为该当时因果关系也该当，当然前提是条件关系要确认。

第二，行为与结果之间系非单一或非密接关系。非单一关系或非密接关系的出现，意味着行为与结果或者在纵向上出现行为之外因素，或者在横向上出现行为之外因素。虽然行为之外因素的出现导致具体因果流程与行为直接到结果的具体因果流程的确存在很大不同，但是两者之间在条件关系的判断上没有区别。在行为与其他因素共同作用结果的因果流程中，没有行为就没有结果的条件关系的判断与行为到结果系单一密接关系时条件关系的判断没有什么两样，因为结果不仅仅指结果状态，还包括结果状态之前的具体因果流程。只要具体因果流程存在差别，哪怕结果状态相同，也是条件关系判断中的不同结果，也同样满足"非 A 则非 B"的条件关系判断。例如，甲开枪杀乙，乙受伤送到医院抢救，抢救过程中由于医生丙的医疗事故，乙死于手术台上。事后查明，即使没有丙的医疗事故，乙也必死无疑。在本案中，甲和丙的行为与乙的死亡结果之间都满足"非 A 则非 B"的条件关系。对于甲的行为来讲，在没有甲就没有乙的判断中，乙包含具体因果流程在内，即包含丙的抢救行为。当然，即使不考量丙参与其中的具体因果流程，也可以得出没有甲就没有乙的条件关系判断。但是对于丙的行为来讲，因为乙死亡之前的具体因果流程包含丙的行为在内，乙的死亡结果既然包括之前的因果流程，那么没有丙就没有乙的条件关系当然也可以确认。

本书认为，刑法因果关系理论长期对结果状态和结果（包含具体因果流程）未作区分，导致一旦出现没有行为也必然有结果状态时，就存在是否有条件关系的纠结。如果不区分结果状态和结果（包含具体因果流程），那么丙的医疗事故就与乙的死亡结果之间连条件关系都不具备，这显然不合适，因为没有丙的行为，乙最终也会死，但绝不是在当下因果流程中死。因此，在行为与结果之间系非单一或非密接时，其"非A则非B"的条件关系的判断与单一密接时的判断没有区别。

虽然在单一密接和非单一或非密接时对条件关系的判断没有什么实质的区别，但是接下来在对行为创造结果的风险判断上两者就存在较大的差别。当行为与结果系单一密接关系时，在条件关系得到确认之后，对实行行为的判断与因果关系的判断（行为创造结果的风险）是一体化的，实行行为的确认，也即因果关系被确认。当行为与结果系非单一或非密接关系时，对实行行为的判断与因果关系的判断是不同一的，相反，是两个不同的判断过程：（1）判断实行行为是否该当。非单一或非密接时，实行行为的判断也包括行为创造结果风险这种实质判断。但该风险的判断必须以单一密接关系时为参照，并且该风险的程度必须与典型实行行为创造的风险程度相当，实行行为才能被确认。例如，前文甲开枪杀乙的案件，就要先判断甲开枪行为是否杀人行为，这种判断与后边送医救治等因果流程无关，只需判断此种开枪行为造成被害人死亡的风险程度是否与典型杀人实行行为直接（单一密接）造成他人死亡的风险程度相当即可。（2）判断实行行为通过具体因果流程造成结果的风险与典型实行行为直接造成结果的风险程度是否相当。在非单一或非密接时，实行行为并非直接造成结果出现，而是通过复杂的具体因果流程造成结果。行为创造结果的风险之所以成为因果关系判断公式的一部分，是因为该风险与行为人对结果的预见可能性这样的责任要素直接相关，进而与预防结果再次发生直接相关，并最终决定因果关系（结果归责）的有无。预防结果的发生显然不是指预防结果状态，而是指预防在具体因果流程下的结果再次发生。因此，决定因果关系存在与否的风险必须是行为通过当下具体因果流程创造结果的风险，离开具体因果流程的任何其他想象中的造成结果状态的风险，都与对结果

（具体因果流程＋结果状态）的预见可能性、预防结果（具体因果流程＋结果状态）的再次发生这样的归责判断（因果关系判断）无任何关系。当犯罪结果的概念中包含具体因果流程时，行为创造结果的风险也一定是特指通过当下具体因果流程创造结果的风险。所以，实行行为通过当下具体因果流程造成结果的风险才是本书因果关系公式中的行为创造结果的风险。既然构成要件要求行为造成结果的风险必须与典型实行行为直接造成结果的风险相当才能确认因果关系，那么当行为与结果系非单一或非密接关系时，行为创造结果的风险判断的本质就是实行行为通过具体因果流程创造结果的风险程度与典型实行行为直接造成结果的风险程度是否具有相当性的判断；如果答案是肯定的，则因果关系被确认，如果答案是否定的，则因果关系不被确认。

五、特殊因果关系的判断：因果关系公式之检验

本书认为，刑法因果关系的判断是一个从事实到规范的过程，也就是从因果流程到因果关系的过程。在事实领域解决条件关系问题，在规范领域解决行为创造结果风险问题。因此，本书提倡刑法因果关系的判断公式（即因果关系＝条件关系＋行为创造结果的风险达到一定程度）应该分两步进行：其一，查明从行为到结果的具体因果流程，只要因果流程能够被证据证明到排除合理怀疑的程度，且行为对结果的作用不为 0，则行为到结果的条件关系就能够被确认；其二，行为通过具体因果流程创造结果的风险与典型实行行为直接创造结果的风险具有相当性。在第二步中共有三个判断项：（1）典型实行行为直接创造结果的风险；（2）实行行为能够被确认；（3）实行行为被确认后，判断本案中的行为通过具体因果流程创造结果的风险与（1）中的风险是否具有相当性。如果两个步骤的判断均得出肯定答案，则行为与结果之间存在刑法上的因果关系。

本书提倡的因果关系的判断公式与其他因果关系理论相比，在绝大多数常规案件中均能得出相同的结论。为了进一步检验因果关系的判断公式是否具有合理性，现对几种特殊情形的因果关系进行分析。本书所得出的结论不但要接受其他因果关系理论的批判，更要接受一般人常识性法感觉的检验。

（一）假定的因果关系

假定的因果关系一般是指，虽然 A 行为导致结果出现，但即使没有 A 行为，构成要件结果也一定会因为其他因素的作用而必然发生。例如，在被害人的父亲在死刑犯被行刑前亲手杀死了死刑犯的案件中，对于被害人父亲的行为与死亡结果之间是否具有刑法因果关系存在肯定说与否定说。否定说认为，没有被害人父亲的行为，死亡结果同样会出现，因为死刑犯也会被执行死刑。所以否定说认为，被害人父亲的行为与死亡结果之间不存在"非 A 则非 B"的条件关系，进而否定因果关系。肯定说则认为，"这种假设的因果流程根本上不会起到任何作用。需要考虑的只是事实上存在的、对于因果地解释结果的发生不可或缺的那些情况"。[①] 根据本书提倡的因果关系公式，在第一步"非 A 则非 B"的条件关系判断中，结果并非单纯的结果状态，而是包含具体因果流程在内的结果。所以没有被害人父亲杀人行为，当然就没有这种因果流程下的杀人犯的死亡结果。也就是说，本案条件关系自然是可以肯定的，同时，在此基础上的行为风险的判断也是肯定的，所以因果关系不容否认。

（二）合义务的择一举动

这个问题的讨论来源于德国的一个案例。按照德国的交通法规，汽车

---

① ［德］乌尔斯·金德霍伊泽尔：《刑法总论教科书》，蔡桂生译，北京大学出版社 2015 年版，第 83 页。

与行人必须保持 1.5 米以上的距离，但行为人甲只保持与行人乙 0.75 米的距离驾驶汽车，造成了乙的死亡。事后查明，乙由于醉酒倒在甲的汽车轮下，被汽车后轮轧死。此案的因果关系存在肯定说与否定说之争。德国法院否认甲的行为与乙的死亡之间的因果关系，"对此决定性的是，如果行为人法律上无责的行为，事件将如何发生？倘若同样的结果也会发生，或者有重要的事实致使法官确信，不能排除同样的结果也会发生，那么被告人所设定的条件关系对于结果的评价而言就没有刑法上的意义。在本案中，行为与结果之间的原因关系是不允许被同意的……"① 罗克辛教授的客观归责理论赞同肯定说，认为甲的行为使发生结果的风险升高，"如果行为人超越了允许性风险，并且现在出现了作为在超车中存在的危险所作用的结果，那么，这个结果作为一种禁止性危险的实现就是可以归责的"②。大塚仁教授从相当因果关系理论的角度也持肯定说，"只是，其结果的发生是由于不可抗力，不能追究甲的刑事责任"③。张明楷教授持肯定说，认为甲的行为合法则地造成了乙的死亡。"第一，如果甲不超车，乙就不会死亡，故存在因果关系。第二，就具体的特定时间地点的死亡而言，甲的行为合法则地造成了乙的死亡。第三，甲原本可以放弃超车，因而存在事实上的结果回避可能性。"④

本书认为，甲的行为是否与乙的死亡具备因果关系可分为两步判断：其一，甲的行为与乙的死亡显然具有条件关系，没有甲的行为就没有这个因果流程下的乙的死亡；其二，本案中甲的行为造成他人死亡的风险与典

① ［德］克劳斯·罗克辛：《德国最高法院判例刑法总论》，何庆仁、蔡桂生译，中国人民大学出版社 2012 年版，第 12 页。
② ［德］克劳斯·罗克辛：《德国刑法学总论》第 1 卷，王世洲译，法律出版社 2005 年版，第 256 页。
③ ［日］大塚仁：《日本刑法概说》（总论第 3 版），冯军译，中国人民大学出版社 2003 年版，第 190 页。
④ 张明楷：《刑法学》（第 5 版），法律出版社 2016 年版，第 187 页。

型交通违章行为造成他人死亡的风险是否具有相当性。典型交通违章行为造成他人死亡风险（构成要件所要求的风险），是指在违规的相对方（交通参与人）无任何违规（司法解释中的无责任）的情形下造成交通参与人死亡结果的风险。这个风险是交通肇事罪因果关系所要求的风险程度。如果甲的行为造成他人死亡的风险程度与这个风险程度具有相当性，则肯定甲的行为与乙的死亡结果之间具有因果关系。如果不具有相当性，则否定因果关系。本案中，虽然醉酒人比没有醉酒的人更容易摔倒，但是这种差别只是相对的。因为骑车技术不好的人比醉酒的人可能更容易摔倒，如果我们认为骑车技术正常的人和骑车技术不好的人具有相当性，那么就必须承认醉酒的人和没有醉酒的人具有相当性，也必须承认对于违规靠近骑车技术不好的人或醉酒的骑车人的行为的结果风险与违规靠近骑车技术正常的人或没有醉酒的骑车人的行为的结果风险之间具有相当性。因此，行为人轧死醉酒人的风险与轧死没有醉酒的人的风险相当，应当肯定因果关系。

从上述分析可以看出，交通参与人（死者）无任何违规其实就是交通肇事罪解释中的无事故责任的情形。造成无责任交通参与人死亡的风险只能与造成次要责任交通参与人死亡的风险相当。只要交通参与人的事故责任达到同等责任以上（主要责任），则造成主要责任交通参与人死亡的风险无论如何不能与造成无责任交通参与人死亡的风险相当。本书提倡的因果关系公式在交通肇事罪中的运用恰恰能解释为什么负全责、主要责任（包括同等责任）的行为人才能承担刑事责任。原因就在于全责和主要责任才能肯定因果关系，次要责任不存在因果关系。

（三）双重因果关系（替代的因果关系或择一竞合的因果关系）

双重因果关系是指，两个以上的行为在没有任何意思联络的情况下单独都能导致结果发生。典型案例：甲、乙分别开枪，同时打中丙的心脏后，丙死亡。对此案例的因果关系存在肯定论与否定论。否定论认为，没有甲或没有乙，丙死亡的结果都会出现，因此甲、乙行为与丙死亡结果都没有因果关系。肯定论（条件关系修正说）认为，"应当对条件关系公式进行修正，即在数个行为导致一个结果的情况下，如果除去一个行为结果将发生，除去全部行为结果将不发生，则全部行为都是结果发生的条件"。[①] 我国台湾地区学者柯耀程教授认为，"所有共同造成结果发生的条件，都是结果的原因，进而在构成要件该当的判断上，所有的原因评价关系都应相同，如经其他构成要件的检视结果，被认定为不法时，则各该当行为都具有相同的不法，则责任也都是一样的"。[②]

根据本书的因果关系公式，本案因果关系判断的核心在第一步，即因果流程是否能查清。如果甲、乙两行为均对丙的死亡结果有作用，即作用不为 0，则无论甲、乙各自的作用大小、比例如何均可不问，甲、乙与丙的死亡结果均有条件关系。也就是说，没有甲，就没有甲起作用的因果流程下丙的死亡结果。但是本案的特殊情况在于，甲、乙两个行为独立都能导致丙死亡，如果没有有效的侦查技术手段，甲、乙均可提出自己对丙死亡的作用为 0 的合理怀疑。只要这种合理怀疑不能被证据排除，则甲、乙两行为与丙之间的因果流程就属于事实不清。因果流程中事实不清就不能进一步判断因果关系，所以本案最终的结论就是因事实不清否定甲、乙与丙死亡的因果关系。一旦事实上的因果流程能够查清时，不排除双重因果关系的肯定答案。

（四）重叠的因果关系（累积的因果关系）

重叠的因果关系是指，两个独立行为单独都不能导致结果发生，但是在没有意思联络的情况下，合并在一起导致结果发生。典型案例：甲、乙

---

① 张明楷：《刑法学》（第 5 版），法律出版社 2016 年版，第 183 页。
② 柯耀程：《刑法构成要件解析》，台湾三民书局 2010 年版，第 174 页。

没有意思联络，分别向丙的水碗中投放不足以致死量的毒药，但是甲、乙行为的叠加达到了致死量，丙喝水后死亡。对于甲、乙行为重叠导致的结果，主流观点认为，甲、乙均与结果之间存在合法则的因果关系。"在这种情况下，由于甲、乙二人的行为分别都对丙的死亡起作用（可谓多因一果），故应肯定存在合法则的因果关系"。①

根据本书提倡的因果关系公式，因果关系必须是实行行为与结果之间的引起与被引起关系。如果行为与实行行为不具有该当性，那么无所谓是否存在因果关系。杀人罪的实行行为的实质标准是指，行为在单一密接情况下具有产生他人死亡的风险。本案中，甲、乙行为之每个人的投毒量均不能致人死亡，这就说明甲、乙投毒行为均不符合杀人罪的实行行为。因此，否定本案中的因果关系是因为缺少实行行为。

（五）疫学因果关系

疫学因果关系一般是指"疫学上所采用的因果的认识方法，某因子与疾病之间的关系，即使不能够从医学、药理学等观点进行详细的法则性的证明，但根据统计的大量观察，认为其间具有高度的盖然性时，就可以肯定存在因果关系"②。虽然疫学因果关系一直在打着概率统计也是科学假设的旗号努力向传统的刑法因果关系理论靠拢，但是疫学因果关系的诞生受功利主义或实用主义的影响较大，其目的是为了对还没有完全弄清楚来龙去脉的公害案件动用刑法手段而已。

从行为到结果的因果流程如果不能在科学原理层面证明清楚，即使行为产生结果的概率很高，也没有已被证明的类型意义。"刑法上的因果关系则必须是'存疑则不罚'，因此，不能因为存在流行病学的因果关系便肯定

---

① 张明楷：《刑法学》（第 5 版），法律出版社 2016 年版，第 183 页。

② ［日］大塚仁：《犯罪论的基本问题》，冯军译，中国政法大学出版社 1993 年版，第 104 页。

存在刑法上的条件关系。"① 只要没有在精准科学范式内弄清行为产生结果的原理，那么无论行为产生结果的概率有多高，其具体因果流程就像被装进了"黑匣子"。只有科学原理被揭示，这个"黑匣子"才能被打开。"换言之，只有确定了自然科学的因果法则之后，才能肯定刑法上的因果关系。"②

在"黑匣子"打开之前，从行为到结果的具体因果流程当然属于没有查清的范畴。根据本书提倡的因果关系判断公式，第一步因果流程不清就无法进一步判断因果关系。对刑法因果关系判断来讲，之所以第一步必须要查清具体因果流程，就是要确定行为对结果的发生所起的作用不为0，因为行为一旦对结果的作用为0，则行为对发生结果的贡献也为0，此时当然不能追究行为人的结果责任。所以，当行为与结果之间的具体因果流程被装进了"黑匣子"时，即只有疫学上的概率联系，那么行为人就具有了主张自己的行为对结果的发生所起的作用有可能为0的机会。只要"黑匣子"不打开，这种主张的合理怀疑就无法排除，因果关系也就自然存疑。其实，如果行为到结果的具体因果流程不清是因为科学原理还不完全清楚，那么不仅因果关系公式的第一步存疑，而且第二步即行为创造结果的风险与典型实行行为创造结果的风险是否相当的判断也就没有了着落。试想，行为如何产生结果的机理都不清楚，又如何能判断行为产生结果的风险有多大？所以本书认为，疫学因果关系并非刑法中的因果关系，如果非要从实用主义角度把此类公害案件按结果犯追究刑事责任，那么只不过就是把事物属性完全不同的两类事物非要说成是一类事物而已。传统刑法因果关系对应刑事责任的个人主义原则，也就是一个人只对自己贡献的危害结果负刑事责任，只要这个结果还有可能不是自己贡献的，那么就必须否定因果关系，进而否定结果责任，这是传统刑法因果关系的事物属性的要求。疫学因果关系恰恰在此进行了突破。

---

① ［日］西田典之：《日本刑法总论》（第2版），王昭武、刘明祥译，法律出版社2013年版，第79页。

② 张明楷：《外国刑法纲要》（第2版），清华大学出版社2007年版，第120页。

一旦突破了一个事物的属性，则必然产生两种不同的事物。

第五节　防卫意图是正当防卫理论的短板

正当防卫是犯罪论的重要组成部分，任何刑法理论的体系性构建都不可能绕开正当防卫。刑法学科对犯罪构成理论有多重视，对正当防卫理论就有多重视。在现代刑事司法实践中，正当防卫绝不是一个少见的现象，打击犯罪的历史有多久，司法面对正当防卫的历史就有多久。成熟的理论再加上长期的实践，正当防卫领域出罪认定的理性水平与犯罪构成要件领域入罪认定的理性水平应该同样是值得信任的。然而近几年来缘于"赵宇案""于欢案"等一系列著名案件的法律适用问题，理论界向正当防卫领域的司法提出了诸多批评意见，有人认为过往的正当防卫认定存在司法异化，亟待纠偏。[①] 在中国裁判文书网的刑事案件类型中，本书将关键词设置为"防卫意图"，搜索到的结果共计215个。通过分析判决结果与裁判理由，可以发现，在涉及正当防卫的判决中，绝大多数行为被认定为防卫过当，其中95%被认定为故意伤害罪，4%被认定为故意杀人罪。在具体个案中，缺乏防卫意图成为否定防卫人防卫行为有效性的重要理由。如果认为正当防卫的认定需要系统纠偏，那么对于其中存在偏差的防卫意图这一正当防卫的主观认定要件，就需要予以足够重视。

一、以于欢案为起点：社会普遍关注引发的制度反思

2016年4月14日16时许，赵荣荣纠集郭彦刚、程学贺、严建军等

---

① 参见王志祥：《论正当防卫制度司法实用的纠偏》，《法学论坛》2019年第6期。

10 余人先后到山东源大工贸有限公司催要高利贷。同日 20 时左右，杜志浩驾车来到该公司，加入催要队伍。在该公司接待室催要欠款的过程中，杜志浩等人对被害人于欢及其母亲苏银霞（债务人）有侮辱言行，特别是对苏银霞有裸露生殖器等猥亵行为。22 时 10 分左右，出警民警了解情况走出该公司接待室后，于欢欲离开接待室时，被杜志浩、程学贺、严建军、郭彦刚阻拦并发生冲突。被告人于欢用接待室内的尖刀将阻拦自己并发生冲突的 4 人捅伤，结果为一死、两重伤、一轻伤。一审法院审理认为，被告人于欢面对众多讨债人的长时间纠缠，不能正确处理冲突，持尖刀捅伤多人，造成一死、两重伤、一轻伤的严重后果。被告人于欢犯故意伤害罪，判处无期徒刑，剥夺政治权利终身。二审法院认为于欢属于制止正在进行的不法侵害，其行为具有防卫性质，但明显超过必要限度，且造成重大损害，构成故意伤害罪，判处有期徒刑 5 年。①

该案在社会上引起了轩然大波，不但社会大众普遍关注对被告人于欢的量刑问题，而且众多刑法学家也对此判决多有质疑，以至于于欢案被媒体披露之后，全国各地处处有"于欢"，仅在百度上搜索"于欢案"竟有近千万条的结果。也许是社会大众对正当防卫比较陌生，所以公众对于欢案的关注并不集中在正当防卫能否认定这个专业问题上，更多质疑的是对被告人于欢的处刑是否过重。刑法学家的关注点大多集中在正当防卫是否成立这个刑法问题的专业判断上。除极少数观点认为于欢案一审判决并无不当之处，②一部分学者不但批评于欢案的一审判决，而且也批判于欢案的二审判决，进而认为于欢案的行为应认定为正当防卫。③也有一部分学者批评于欢案的一审判决，但认同二审判决，认为于欢的行为应认定为防

①　参见山东省聊城市中级人民法院（2016）鲁 15 刑初 33 号刑事附带民事判决书。
②　参见刘晓源：《疑案判决背后的经济学思考》，《法学论坛》2017 年第 5 期。
③　参见周光权：《刑法公开课》，北京大学出版社 2019 年版，第 86 页。

卫过当。①

社会大众关注于欢案比较好理解，这是因为于欢案的事实太过于敏感，被害人的行为不但挑战了于欢的伦理底线，也突破了社会大众伦理秩序的极限。尽管于欢行为造成的后果极其严重，但社会大众对于欢的同情心并没有减弱，当一审法院判处于欢无期徒刑时，社会大众的同情心与于欢被判处重刑之间的强烈反差形成的法直觉，激起了社会大众质疑甚至批判一审判决的道德义务感。因此，全社会对于欢的关注虽不排除媒体因素，但绝不仅仅是因为媒体因素。刑法学者如此关注并质疑于欢案件应该是受到了社会公众普遍关注于欢案的影响，而不完全是基于于欢案对正当防卫理论发展与完善有什么特殊的意义。有的学者对于欢案的理论价值寄予厚望，认为于欢案的理论价值重大，借助于欢案使正当防卫的规定得以激活，也可以通过于欢案对正当防卫制度的司法适用进行纠偏。② 对于欢防卫起因条件以及过当性的分析并非本书论证的重点，防卫意图才是本书论证的核心。也许是受到理论研究的影响，二审判决肯定了不法侵害的紧迫性和防卫行为的过当性，并在此基础上认定于欢的行为属于防卫过当，其罪名为故意伤害罪。

本书认为理论和实践对于欢案的分析缺少了防卫意图这一主观要件，对客观要件的分析不能完全取代主观意图的判断。当于欢的防卫行为在客观上具有过当性被确认之后，于欢主观上对防卫过当问题的认识在逻辑上有三种可能：其一，于欢明确认识到自己的行为明显超过了必要限度；其二，于欢明确认识到自己的行为没有明显超过必要限度；其三，于欢对过当问题只具有模糊的认识，既没有认识到过当，也没有认识到不过当。于欢实施反击行为时主观方面到底是哪一种情形，这是司法必须加以证明的

①　参见赵秉志：《于欢案防卫过当法理问题简析》，《人民法院报》2017 年 6 月24 日。

②　参见王志祥：《论正当防卫制度司法实用的纠偏》，《法学论坛》2019 年第 6 期。

事实。如果能够证明于欢明确认识到反击行为过当，那么这属于"意图上的过当行为"，因没有正当防卫意图就不能认定为防卫过当，这只是故意犯罪，事先的不法侵害行为只能作为被害人的重大过错进而影响对于欢故意犯罪的量刑。如果于欢的主观认识是后两种情形，那么于欢的正当防卫意图才可以肯定，于欢的行为也才能适用我国刑法第 20 条第 2 款的规定，构成防卫过当。从该案的实际情况来看，于欢在极度紧张、气愤、悲伤又无力改变的情绪中，主观上最大的可能是第三种情形，即对过当问题仅有模糊性的认识，这并不影响正当防卫意图的成立，但这是需要审判通过证据加以认定却又恰恰被审判忽略的事实。与此同时，正当防卫意图与故意犯罪是否会在对行为人的主观认定方面产生矛盾显然是一个值得深入探究的问题。

由此可见，正当防卫理论中的防卫意图，不仅关乎行为人的行为能否被认定为正当防卫，也关乎行为人在客观上实施了过当的防卫行为时，应如何评价行为人的主观心态。因此，于欢案所引起的对正当防卫制度的反思，不能忽略对防卫意图这一重要的主观要件的探讨。

二、正当防卫的理论检讨：存在一个容易被忽视的构成要件

（一）有根基的立法

正当防卫是典型的违法阻却事由，在各国刑法典中，一般都有明确规定。我国刑法第 20 条用了三款对正当防卫制度作了表述。第 20 条第 1 款对正当防卫概念及后果作出了规定："为了使国家、公共利益、本人或者他人的人身、财产和其他权利免受正在进行的不法侵害，而采取的制止不法侵害的行为，对不法侵害人造成损害的，属于正当防卫，不负刑事责任。"第 20 条第 2 款对防卫过当作出了规定："正当防卫明显超过必要限度造成重大损害的，应当负刑事责任，但应当减轻或者免除处罚。"第

20 条第 3 款对不属于防卫过当的特殊情形作出了规定："对正在进行行凶、杀人、抢劫、强奸、绑架以及其他严重危及人身安全的暴力犯罪，采取防卫行为，造成不法侵害人伤亡的，不属于防卫过当，不负刑事责任。"在理性层面，任何一项立法都必须要有充分的理由，正当防卫制度也不例外。在刑法理论中，宏观层面违法性阻却的根据主要包括：目的说、社会的相当说及法益衡量说。在目的说看来，为了国家允许的生活目的而实施的适当手段阻却违法。在社会的相当说看来，在历史中形成的社会秩序所允许的行为阻却违法。在法益衡量说看来，行为所保护的利益优于所损害的利益时阻却违法。[1] 针对具体的正当防卫制度，还有观点从自然权利以及法的确证等角度论证违法阻却的理由。自然权利说认为，制止不法侵害是人类自我保护本能延伸出来的权利。法的确证说认为，对不法侵害的反击是为了证明法秩序的存在。[2]

　　每一种违法阻却根据的学说并无严格意义上的对与错，都能在不同视角下对正当防卫制度的立法理由作出或强或弱的解释说明。本书倾向认为法益衡量说为正当防卫制度立法理由提供了更全面、更本质的注释。法益衡量说避免了仅在实证法规定的层面上寻找正当防卫制度的根据。例如，认为正当防卫是一种法定的公民权利解决不了实质意义上的违法阻却问题，制止不法侵害为什么应该是公民的权利的理由才是立法的真正依据，要回答这个为什么，法益衡量说贡献更大。换句话说，如果认为刑事违法的本质是法益侵害，那么在法益衡量中寻找正当防卫制度违法阻却的根据就是最佳的路径选择。我国刑法第 20 条规定的正当防卫制度，从立法理由上看体现了两个方面的法益衡量。其一，我国刑法第 20 条第 1 款、第 3 款关于正当防卫的规定体现了正利益与负利益的衡

---

① 参见张明楷：《刑法学》，法律出版社 2011 年版，第 188—189 页。
② 参见 [日] 大谷实：《刑法讲义总论》，黎宏译，中国人民大学出版社 2008 年版，第 253 页。

量。对权利的不法侵害是负利益，制止不法侵害是正利益；在社会的正利益与负利益之间，刑法旗帜鲜明地选择了正利益，并把造成不法侵害人损害的正利益规定为权利。其二，我国刑法第 20 条第 2 款关于防卫过当的规定既体现了负利益与正利益之间的衡量，也体现了大利益和小利益之间的衡量。防卫过当必须发生在防卫的过程中，体现了正利益与负利益之间的衡量。禁止防卫行为在客观上过当体现了大利益与小利益之间的衡量。我国刑法第 20 条规定的正当防卫制度是立法者在正利益与负利益，以及大利益和小利益之间反复权衡博弈中诞生的。立法中对该正利益与负利益、大利益与小利益之间的衡量结果随条文表述而转化为具体的构成要件，正当防卫制度的司法适用的起点从该条规定的构成要件开始。法益衡量的基本原理告诉我们正当防卫制度是怎么来的，在司法适用过程中，特别是碰到极其疑难复杂的案件时，正当防卫的解释学必须回到法益衡量的坐标系中去寻找支撑。

（二）正当防卫意图理论是个软肋

刑法理论通说认为我国刑法规定的正当防卫的成立条件有五个，其中前提条件、时间条件、对象条件、限制条件可归为客观上的条件，防卫意图（正当防卫意图）可归为主观上的条件。也许是受刑法客观主义的影响，我国刑法理论长期关注四个客观要件，有意或无意地忽略了防卫意图这个主观要件，甚至认为没有必要过多关注防卫意图问题。甚至在通说的五个要件中，防卫意图几乎成了一个中看不中用的摆设。此种理论局面有几种表现。其一，通说理论对正当防卫意图本体的研究大多集中在防卫意图概念的定义上，对防卫意图的具体内容只是简单描述防卫认识以及防卫意志的内涵。在对正当防卫意图本体缺乏研究的同时，通说理论对几种具体的不具备正当防卫意图的行为却给予了一定的关注，这些行为主要包括防卫挑拨、相互斗殴、偶然防卫等。缺乏对正当防卫意图一般命题的关注，但不缺乏对几个具体类型的研究，这就等于忽略了被关注具体类型之外的其他类型的防卫意图问题。其二，正当防卫意图与其他四个客观成立要件相比，其理论研究缺乏活跃度。正当防卫是刑法中的重要制度，理论界对此领域一直高度关注，正当防卫理论也可谓是成果丰富。防卫起因、防卫适时，特别是防卫必要限度问题一直都是刑法理论界经久不息的经典课题，而且时不时地被一些敏感案件炒成热点。与这些客观成立条件相比，对防卫意图的理论关注度一直很低，至少从研究课题的频次上看确实如此。① 更有极端的观点彻底否定了防卫意图这个主观的正当化要素。"不要说则认为只要行为符合正当防卫的客观条件，即使行为人没有防卫意识，其行为客观上也保护了法益免受不法侵害，既然如此，该行为就缺乏违法性的根据，不具有违法性，故不成立犯罪。"② 尽管防卫意图不要说是少数观点，但是防卫意图在正当防卫的成立条件理论中不受重视却是客观事实。

　　本书认为，防卫意图不要说具有重大缺陷，在认定行为人的行为是否成立正当防卫时，仍应将防卫意图作为必不可少的构成要件。首先，防卫意图是刑法规定的正当防卫的成立条件，具有法定性。刑法理论可以批评这种规定的合理性，但不能凭空把"有"解释成"无"。"我国刑法为了使国家、公共利益、本人或者他人的人身、财产和其他权利免受正在进行的不法侵害这一规定体现了正当防卫主观上的防卫意图的必要性。"③ 其次，没有防卫意图的考量会使正当防卫制度失去根基。正当防卫之所以正当就

---

　　① 例如，使用"中国知网"数据库，以"防卫意图"为篇名主题词进行检索可查到论文 12 篇，以"防卫目的"为篇名主题词进行检索可查到论文 3 篇，以"防卫意识"为篇名主题词进行检索可查到论文 9 篇，而以"防卫限度"为篇名主题词进行检索可查到论文 190 篇。

　　② 参见张明楷：《刑法学》，法律出版社 2011 年版，第 197 页。

　　③ 刘艳红主编：《刑法学》（上），北京大学出版社 2016 年版，第 197 页。

是因为其保护的利益为社会正利益。试想一下，如果完全排除制止不法侵害行为的意图，那么制止行为本身不也可能是一种不法侵害了吗？缺少防卫意图的制止行为又有什么理由成为社会的正利益呢？不法侵害之所以成为负利益是指不法侵害的行为本身是社会的负利益，而不是指实施不法侵害的行为人的身体健康因为不法侵害变成了负利益。无论好人和坏人的身体健康，永远都是正利益，制止不法侵害之所以是正利益也是因为意图制止不法侵害的行为，而不是"杀了该杀的人"或"伤了该伤的人"。因此正当防卫的法益衡量指向的是不法侵害与制止不法侵害两个行为之间的平衡，绝不是加害人的健康利益与防卫人的健康利益之间的衡量。如果这一点可以肯定，那么防卫意图将决定行为的性质。以防卫故意伤害为例，作为防卫起因的不法侵害等于客观损害加伤害故意，作为制止不法侵害等于防卫意图加客观损害加伤害故意。如果排除防卫意图，制止不法侵害这个等式的右边就只剩下了客观损害加伤害故意。此时的制止不法侵害（客观损害加伤害故意）与作为防卫起因的不法侵害（客观损害加伤害故意）已无任何区别。主观上的防卫意图与客观上的"制止"行为相对应，排除了主观意图，与之对应的客观"制止"也将不复存在。因此即使离开了实证法的规定，从正当防卫立法理由角度看，不考虑防卫意图就等于失去了违法阻却的根基。认为正当防卫的成立可以不考虑防卫意图的不要说断不可行。"学说中虽然从结果无价值的立场出发，不要求防卫意思的见解（防卫意思不要说）也得以主张，但较多的见解尽管对其内容加以缓和，还是和判例同样将防卫意思作为正当防卫的构成要件（防卫意思必要说）。"①

如果正当防卫的成立真的可以不要防卫意图这个主观条件，只要符合

---

① ［日］山口厚：《刑法总论》，付立庆译，中国人民大学出版社2012年版，第123页。

四个客观条件即可以认定，那么司法操作真的就简单化了。事实上，在司法实践中，并不存在防卫意图不要说与防卫意图必要说的争议。在否定被告人构成正当防卫的刑事判决书中常常会出现"不存在正当防卫所要求的防卫意图，不能成立正当防卫"这种表述。由此说明，我国刑法第 20 条所规定的"为了使国家、公共利益、本人或者他人的人身、财产和其他权利免受正在进行的不法侵害"所彰显出的防卫意图是司法机关认定正当防卫成立的重要条件。然而，目前司法机关在对行为人是否具有防卫意图进行判断时，并非按照确认行为人是否对不法侵害有认识，以及行为人是否具有制止不法侵害的目的这个思路进行的，而是采用排除法确认行为人是否具有防卫意图。具体来说，就是根据客观行为表现判断行为人主观是否具有杀人或伤害的故意，若存在互殴、持械对徒手的反击、提前准备工具等行为则被认为体现出杀人或伤害故意；一旦确定行为人具有杀人、伤害的主观故意，其行为目的就不再是为了制止不法侵害，据此排除其具有防卫意图。① 众所周知，在司法活动中主观要件的认定要比客观要件的认定困难得多，换句话说，认定客观容易，认定主观太难。但是，正当防卫的成立条件不能缺少防卫意图这个主观要件。在上述司法机关对行为人是否具有防卫意图的判断中，可以看出，形式上对行为人主观是否具有防卫意图的判断，在实质上成了对行为人客观行为的判断，由此使得对防卫意图的判断成为"摆设"。换言之，尽管判决书中会出现将缺乏防卫意图作为否定行为人成立正当防卫的理由，但是实质上仍是因为行为人的行为不符合正当防卫成立的客观要件。这一司法实践中的现象值得理论反思。由此，本书将从正当防卫构成要件理论出发，反思并重构防卫意图的认定标准。

---

① 参见董璞玉：《防卫意图司法认定的实证分析》，《四川理工学院学报（社会科学版）》2019 年第 6 期。

三、防卫意图的理论再造：以主客观要件相互关系为视角的分析

（一）主客观二维视角下对防卫意图功能的重新审视

于欢案被聚焦之后，很多学者认为我国司法实践对正当防卫的认定过于严格，进而主张司法应该系统纠偏，或认为我国刑法第 20 条已沦为僵尸条款。纵观司法实践，当反击行为造成不法侵害人重伤或者死亡的严重后果时，认定正当防卫确实比较艰难。我们姑且不去分析正当防卫认定慎之又慎的司法现状是否合理，只分析为什么会造成这种局面。本书认为这与防卫意图的独立价值被忽略有直接的关系。正如前文所述，在司法实践中，如果正当防卫客观上的四个要件均已齐备，同时又不存在正当防卫意图的相反证据，一般都能从四个客观要件的齐备中推定出行为人具有正当防卫的意图。如果客观要件中有一个不满足条件，则更不用考虑防卫意图的问题了。这样的司法现实确实把正当防卫几乎完全安放在客观世界之中。对于正当防卫的认定而言，失去主观参照的纯客观评价易导致对不法侵害与制止不法侵害之间关系的判断简单化。不法侵害有时会造成客观损害结果，但更多的时候则没有造成任何客观损害结果，或损害结果非常微小。相反，进入司法程序的制止不法侵害一般已经造成了重伤害或死亡的重大损害结果。如果不考量制止不法侵害的主观意图，只在客观上对不法侵害与制止不法侵害作对比，就很容易习惯性地否定不法侵害与制止不法侵害之间的相当性。因为制止不法侵害的重大损害结果是现实的、具体的，而没有损害结果的不法侵害存在的仅仅是抽象的危险后果，在具体与抽象、现实与危险之间衡量，感官上的直觉一般会更倾向否定两者之间的社会相当性。这是忽略主观意图所形成的思维习惯。如果能从主客观两个维度考量不法侵害与制止不法侵害之间的关系，情况可能会有所不同。因为防卫意图中包含了对不法侵害行为危险性因素的认识，在不法侵害与制止不法侵害之间做客观对比时加入主观意图的考量，就是对不法侵害行为

的危险性在没有具体结果时也能不被忽略。透过主观意图的认识内容，能够使制止不法侵害行为与不法侵害进行尽可能全面的衡量，而不仅仅局限在结果层面。

当然，防卫意图的功能或者价值绝不仅仅是在正当防卫认定过程中提示没有出现具体损害结果的不法侵害的行为危险性，恰恰相反，正当防卫意图的最大价值在于最终无法认定正当防卫时对行为的评价。如果四个客观要件均已具备，即使防卫意图的独立考量被忽略，依靠从客观推定主观确定正当防卫意图，进而认定正当防卫也不会存在太大的问题。如果四个客观要件并不能完全齐备，那么缺少独立考量防卫意图这一环节将使正当防卫意图的理论功能彻底丧失。换句话说，防卫意图理论的"花瓶"特征在正当防卫成立的情况下危害性小，而在正当防卫不成立的情况下危害性大。例如，在这种"花瓶"式情形下，防卫过当的成立对防卫意图的要求是什么、行为人对制止不法侵害的过当性有明确认识和没有明确认识的两种情形对防卫过当的认定有什么影响等问题就根本不会去关注。因此，正当防卫理论体系的发展理应坚持主客观要件齐头并进原则，任何一个要件出现短板都会影响该理论的功能。防卫意图不仅是正当防卫成立的条件之一，在正当防卫不成立时可能更需要防卫意图的理论来进行分析，忽略主观要件的正当防卫理论相当于关闭了一个发现问题的窗口。

（二）防卫意图理论再造的宏观描摹与微观刻画

1. 防卫意图理论再造的宏观描摹

根据刑法理论通说，"正当防卫意图，是指防卫人对正在进行的不法侵害有明确认识，并希望以防卫手段制止不法侵害，保护合法权益的心理状态"①。当然，也有其他大同小异的概念表述。"防卫意图是指防卫人

① 高铭暄、马克昌：《刑法学》，北京大学出版社 2000 年版，第 132 页。

意识到不法侵害正在进行，为了保护国家、公共利益、本人或者他人的人身、财产和其他权利，而决意制止正在进行的不法侵害的心理状态。"[1] 在定义概念的基础之上，刑法理论通说还把正当防卫意图进一步分解为防卫认识和防卫意志两个方面的内容。防卫的认识因素一般是指对不法侵害正在进行的认识。防卫意志因素一般是指制止不法侵害的决意。[2] 理论上对认识因素的表述基本一致，但是对防卫意志因素的表述不太一致，也有观点把防卫意志因素表述为防卫目的，认为防卫目的是"防卫人以防卫手段制止不法侵害，以保护合法权益的心理愿望"[3]。对于防卫意图的概念，理论上也有防卫意识和防卫意思或防卫目的等替代性表述。应该说，正当防卫主观要件的这些表述之间没有实质性的差别。

通说把正当防卫意图的内容分为认识因素和意志因素，这种分析路径与犯罪故意的分析路径极其相似。本书认为，应将防卫意图理解为对意志因素的表达，即指行为人主观上的制止不法侵害的愿望或追求。把犯罪故意分解成认识因素和意志因素来理解是恰当的，但是把正当防卫意图也分解成认识因素和意志因素就是把简单的问题复杂化。按汉语的语义表达习惯，"意图"一词一般是指内心的愿望或者主观上的追求。例如"他的意图很明显就是想要那本英文原著"，这里的"意图"表达的就是内心的愿望。内心的愿望或主观上的追求显然是一种意志因素，尽管这种意志因素并非仅有形式而无内容的空心状态，内心愿望一定是有具体认识内容在其中的，没有无内容的愿望。然而把这种认识内容看成与意志因素系并列关系，显然存在一定的逻辑问题，因为两者属于包含关系，即意志因素包含

---

① 陈兴良：《刑法适用总论》，中国人民大学出版社 2000 年版，第 292 页。

② 参见张明楷：《刑法学》，法律出版社 2011 年版，第 197 页；刘艳红主编：《刑法学》（上），北京大学出版社 2016 年版，第 198 页；陈兴良：《刑法适用总论》，中国人民大学出版社 2000 年版，第 292 页。

③ 高铭暄、马克昌：《刑法学》，北京大学出版社 2000 年版，第 132 页。

其中的认识内容。例如"想要那本英文原著"是这个意图的整体，尽管"那本英文原著"是意图中的内容，但是不能把意图再分解成"想要"这个意志因素和"那本英文原著"这个认识因素，也就是不能把"想要那本英文原著"分解成"想要"加上"那本英文原著"。同样的道理，正当防卫意图在防卫人的主观方面也是一种意志因素，即防卫人通过暴力手段所要达成的主观心理愿望或者追求。把正当防卫意图这种意志因素再进一步分解成认识因素和意志因素不但没有必要，还会造成一定程度上的逻辑混乱，其结果就是认识因素与意志因素的边界，如制止不法侵害到底是认识因素还是意志因素就很难划清。除此之外，把正当防卫意图的内容区分为认识因素和意志因素也容易使防卫的行为故意与正当防卫意图出现混淆。防卫行为首先表现为一种针对不法侵害人的故意暴力行为（或为伤害行为或为杀人行为），如果没有正当防卫意图，这种伤害或杀人行为，将会被评价为故意伤害罪或故意杀人罪。如果伤害或杀人与正当防卫意图（不存在认识错误）相结合，则伤害行为或杀人行为将有可能被评价为正当防卫行为。换一种方式表述就是，没有认识错误的正当防卫行为，至少包括"正当防卫意图＋伤害（杀人）行为＋伤害（杀人）故意"。根据刑法通说理论，故意的内容分为认识因素和意志因素，前者是针对行为客观要素的认知，后者是针对行为结果的追求或放任。在正当防卫的行为结构中，如果再把正当防卫意图区分为认识因素和意志因素，那么在防卫人的主观世界就有两套认识因素和两套意志因素，排列组合之后会复杂到什么程度可想而知。理论创造出如此复杂的主观认知体系，先不去评价是否符合人的认知习惯，仅就正当防卫意图认定和分析而言也会困难重重。因此，正当防卫意图的结构分析不能人为复杂化，没有必要也不应该对意图再进一步分解为认识因素和意志因素。事实上，正当防卫的意志因素已经包含了认识因素的内容，直接梳理意志因素中的具体内容反倒是更好的分析路径。

2.防卫意图理论再造的微观刻画

正当防卫行为的主观方面由两部分组成：其一，正当防卫的意图；其二，具体防卫行为的故意（伤害故意或杀人故意）。正当防卫意图存在的根本价值是否定行为故意中对社会危害性的认识。因而正当防卫中防卫行为的故意并不是犯罪故意，而仅仅是对客观事实的故意。对正当防卫意图中具体内容的探究，必须回到刑法的规定。正当防卫意图的法定性来源于我国刑法第 20 条第 1 款。根据该款的规定，本书认为正当防卫意图（防卫意图）是指希望通过以反击侵害者为手段，制止正在进行的不法侵害的主观意志。该意图的目标指向是制止正在进行的不法侵害，方法是反击侵害者，目标和手段都是正当防卫意图不可或缺的内容。可以说，正当防卫意图的内容是丰富的，是用特定的手段实现特定目标的具体主观心理追求，这与内容相对稀少的意图有所不同。例如，故意杀人罪中故意的意志因素是追求被害人死亡，至于使用何种方式或者手段并不在意志因素考量的范围之内。日常生活中对"意图"一词的使用也具有这样的特点，例如"我的意图是揍你一顿"与"我的意图是用木棍揍你一顿"，后者意图中的内容显然比前者中的内容丰富得多。

值得注意的是，正当防卫意图是防卫人的心理希望或追求，并不能完全等同于几个主观认识因素的累加。一个基本的逻辑就是，没有这些认识因素肯定没有正当防卫意图，但是有了这些认识因素也并不一定就有正当防卫意图。正当防卫意图是这些认识因素融合而成的内心动机。"必要限度"作为正当防卫成立的客观条件，其本质是反击行为与不法侵害行为强度之比较，防卫人在对必要限度问题取得认识之前，一定会对反击行为本身存在认识，这种对反击行为本身的认识就包含在反击行为的事实故意之中，即伤害或杀人的故意之中。正当防卫意图虽然不要求行为人对"必要限度"这个客观要件有明确认识，但是这不等于不要求行为人对反击行为的客观要素要有认识。对反击行为的认识是更基本的行为要素，缺乏这种认识可能连刑法意义上的"行为"都不存在了，刑法（包括正当防卫，也包括具体罪名）对其也就失去了评价的意义。正当防卫意图的判断，一定不会离开反击行为的故意，即对客观上反击行为的认识。因此，对"不法侵害""正在进行""不法侵害者本人"以及反击行为客观事实的认识构成了正当防卫意图存在的心理环境。防卫人希望通过以反击侵害者为手段制止正在进行的不法侵害的正当意图，一般就在这些认识的基础上产生，除非存在与这种意志因素相反的事实。一旦反向意志的事实出现，即使以上四个认识要素均无争议，也有可能否定正当防卫的意图。例如，相互斗殴就是比较典型的否定防卫意图的情形。传统刑法理论中，互殴意指双方在互侵故意下实施的互相伤害行为。① 关于互殴为何不构成正当防卫，通说认为，主要是由于双方都具有侵害他人的故意，不具有防卫意图。② 互殴是"客观上的互相侵害"加"主观上的伤害故意"，而伤害故意是与防卫意图互相排斥的。③ 有学者通过对指导性案例的分析，总结出以下四个规则：其一，具有斗殴意图的反击行为不能认定为防卫；其二，对不法侵害即时进行的反击行为，不能认定为互殴；其三，具有积极加害意思的反击行为，应当认定为互殴；其四，预先准备工具的反击行为，不能否定行为的防卫性。④

（三）对防卫过当主观心态问题的认定

如果从正当防卫行为主观面和客观面相对应的两个维度看，意图中针

---

① 参见马克昌：《犯罪通论》，武汉大学出版社 1999 年版，第 748 页。

② 参见陈兴良：《规范刑法学》，中国人民大学出版社 2013 年版，第 144 页。

③ 参见贺卫：《正当防卫制度的沉睡与激活》，《国家检察官学院学报》2019 年第4 期。

④ 参见陈兴良：《互殴与防卫的界限》，《法学》2015 年第 6 期。

对"不法侵害""正在进行""不法侵害者本人"的三个具体的意志内容与正当防卫成立的客观要件中的三个条件相互对应，但是客观上"必要限度"要件在正当防卫意图这个主观要件中并没有形成对应关系。也就是说，正当防卫的成立并非主客观方面完全统一。这是罪刑法定的结果，因为在我国刑法第20条第1款中并没有规定防卫人必须对"防卫行为不能明显超过必要限度"这一客观要素有明确的认知，导致该条第2款对"明显超过必要限度"的规定与第1款中对正当防卫意图的内容没有一一对应关系。简单地说，正当防卫意图不需要对反击行为的相当性这一客观事实有明确认识。当然，主观上不需要对反击行为的相当性有明确认识并不是说对相当性问题的认知与正当防卫意图一点关系没有。相对于正当防卫意图成立而言，对反击行为的相当性不能形成反向的明确认知，如果形成了相当性问题的反向认知，则正当防卫意图不成立。何为这种反向认知？它是指防卫人对于自己实施的制止不法侵害的反击行为明显超过不法侵害行为有明确认识。这种反向的明确认识对正当防卫意图影响很大。行为人明确认识到自己的反击行为不存在过当，或行为人对自己的反击行为的过当性只有模糊认识，即对过当或不过当均没有清晰的认识，这两种情形都不能否定正当防卫意图的成立，因为这两种认识与法律规定的正当防卫意图没有关联。然而，一旦行为人在过当性问题上已经有了明确的认识，即明知自己的反击行为明显超过必要限度还故意为之，则行为人（防卫人）的主观意图已经不再是制止不法侵害，至少不再是单纯的制止不法侵害。虽然客观上明显过当的反击行为也能制止不法侵害，但是由于对明显过当的那一部分客观事实的明确认识就使借反击不法侵害之机行故意违法之实的意志得以确认。正当防卫意图中的制止不法认识并非不能与其他意识并存，例如激愤或狂怒意识并不排斥制止不法的正当意图。"防卫意志不会这样被排除，除了抵制对法的侵害这个目的，其他种类的动机（如仇恨、愤怒、狂热或对复仇的努力）也起了作用，只要这些动机并不完全把防卫攻击的目的挤向'幕后'。"① 故意犯罪的动机能把防卫目的挤向幕后，因为制止不法意识与故意违法意识是不能共存的。对反击行为过当性的明确认识所产生的故意违法意识与制止不法侵害的正当防卫意图之间是反对关系，一旦故意违法意识被确定，制止不法的正当意图显然没有逻辑上的存在空间，尽管在客观上这种故意违法的行为的确制止了不法。对客观上制止不法侵害效果的认识与制止不法侵害的正当意图之间不能简单地画上等号，明确的过当认识形成的故意违法动机与制止不法动机的反对关系会把这个等号打碎。因此，从主客观相互对应的角度解析正当防卫意图的构造，可以发现正当防卫成立的四个客观要件中的限度条件最为特殊。行为人对"不法侵害""正在进行""不法侵害者本人"这三个要件的明确认识构成正当防卫意图的成立内容，欠缺任何一个明确认识，正当防卫意图都将不复存在。与此相对应，虽然正当防卫的成立要求客观上制止不法侵害行为不能明显超过必要限度，但是，正当防卫意图不但不要求对"不过当"有明确认识，反而必须要求对防卫行为的"明显过当性"不能有明确认识。如果非要把正当防卫意图与这四个客观成立要件相对应，也可以把"不能明确认识防卫行为明显过当"作为正当防卫意图中的消极组成内容。假如把"没有认识"当成消极内容，那么其他三个客观要件的"明确有认识"就是积极的组成内容。由于我国刑法第 20 条第 1 款没有规定正当防卫意图包括对限度条件的认识，如果在解释论上把"不能明显过当"作为正当防卫意图的内容，那么势必缩小了正当防卫意图的成立范围，因为这会把对限度条件的模糊认识情形排除在正当防卫意图之外，同时，防卫限度的认知问题也不能走向相反的极端，即彻底断绝与正当防卫意图的联系。"认识到不法侵害，在与这种认识相对应的心理状态之上进行反击的话，就具

---

① ［德］克劳斯·罗克辛：《德国刑法总论》，王世洲译，法律出版社 2005 年版，第 416 页。

有防卫意识。"① 这种观点会把高射炮（防卫）打蚊子（不法侵害）也理解成正当防卫意图。明知"蚊子"那么大的侵害根本用不着"高射炮"，也明知明显超过不法侵害限度的那部分内容与故意犯罪无异，把这样的意图归为正当于法无据，于理不合。"以欠缺防卫的意思为理由，能够将'意图上的过当行为'作为积极的加害行为，将其从正当防卫的范围内予以排除。"②

具体到于欢案中对于欢防卫过当行为的性质认定问题，本书认为，在确认于欢具有正当防卫意图的前提下，二审法院将其行为认定为故意伤害罪并不妥当，而应认定为过失犯罪。这涉及一个普遍性的理论问题，即防卫过当能否成立故意犯罪。正当防卫意图是制止不法侵害的正当化意志，这种意志的成立意味着防卫人不能对危害社会的结果有希望或放任的意志，因为这两种意志是反对关系。所谓防卫过当，只是客观上明显超过了必要限度，防卫人主观上必须具有正当防卫意图。防卫人对正当防卫意图支配下的客观过当结果只能是过失心理，否则，一旦防卫人对危害结果有故意就必然与正当防卫意图水火不容。我国刑法第 20 条第 2 款中所规定的"正当防卫明显超过……"其含义特指正当防卫意图支配下的客观过当，不包括意图上的过当行为，就是因为意图上的过当缺乏正当防卫意图。因而意图上的过当是"明确"知道过当，应认定为故意犯罪。我国刑法第 20 条第 2 款规定的防卫过当是不明确知道自己过当而过当，最多认定为过失犯罪（还有可能是意外事件），即行为是故意的但结果是过失的过失犯罪。认定防卫过当可以由故意构成，在刑法理论上根据不足。如果正当防卫的过当被认定为故意犯罪，那么其结果对社会的有益性及法律赋予其

---

① ［日］大谷实：《刑法讲义总论》，黎宏译，中国人民大学出版社 2008 年版，第 262 页。

② ［日］山口厚：《刑法总论》，付立庆译，中国人民大学出版社 2012 年版，第 123 页。

行为的正当性就找不到了，也无从体现了。正当防卫的社会有益性意味着防卫人追求的是社会的合法利益。故意犯罪意味着行为人追求的是非法的危害结果，两者无法在正当防卫行为中兼容。因此，即使二审认定了于欢的正当防卫意图，评价的罪名也应该是过失犯罪（过失致人死亡罪与过失致人重伤罪）。可见，防卫意图在认定行为人是否成立正当防卫以及在防卫过当时确定行为性质具有至关重要的作用。明确防卫意图在正当防卫构成的理论体系中的重要地位，进而明晰正当防卫的认定标准，对于有效改善公民难以真正享受防卫权的现状具有重要意义。

四、结论

不可否认，对行为人是否具有防卫意图进行准确认定并非易事。防卫意图这个主观要件已然成为正当防卫理论中的薄弱环节，司法实践也长期忽视防卫意图的评价功能。然而，根据主客观相一致的原则，正当防卫理论中的防卫意图，对于认定防卫人的行为是否成立正当防卫以及认定防卫过当行为的性质具有重要意义。具体而言，正当防卫理论中的防卫意图，不仅关乎行为人的行为能否被认定为正当防卫，也关乎行为人在客观上实施了过当的防卫行为时应如何评价行为人的主观心态。因此，防卫意图不要说具有重大缺陷，在认定行为人的行为是否成立正当防卫时，仍应将防卫意图作为必不可少的构成要件。应将防卫意图理解为对意志因素的表达，即行为人主观上的制止不法侵害的愿望或追求。当防卫人制止不法侵害的行为明显超过必要限度时若防卫人对此有明确认识，则不成立防卫过当，应以故意犯罪认定；若防卫人对此缺乏明确认识，则成立防卫过当，应以过失犯罪认定。

第三章　刑法分则领域的解释学

第一节　盗窃与抢夺的新界分说之质疑

一、引论：传统行为类型的描述

盗窃罪和抢夺罪是司法实践常见的罪名，刑法理论对这两个罪的研究也比较成熟，尽管盗窃罪或抢夺罪的司法认定经常出现疑难问题，但两个罪的行为类型应该说存在通说，简单表述就是盗窃罪的行为类型是秘密窃取财物行为，抢夺罪的行为类型是公然夺取财物行为。但张明楷教授的一篇题为《盗窃与抢夺的界限》①的文章中明确对盗窃罪及抢夺罪的行为类型的通说理论进行了颠覆性的批判，在批判的基础上提出了两个罪全新的行为类型理论，并且此观点在学术界与实务界也有一定的影响。本书暂且把此观点称为盗窃与抢夺的新界分说。现在需要深入探析的是盗窃与抢夺的新界分说是否真的可以颠覆传统通说？回答这个问题其实就是要回答新界分说对传统通说的批判是否具有足够的合理性。本书的研究进路是在考查通说及新界分说基本内容的基础上，对新界分说的批判性的论据进行合理性解读，进而为通说的存在进行辩护。

盗窃罪惩罚盗窃行为，抢夺罪惩罚抢夺行为，这是毫无疑问的。但是，刑法条文只规定了盗窃和抢夺这两个词语，而对于何谓盗窃行为，何

---

① 参见张明楷：《盗窃与抢夺的界限》，《法学家》2006 年第 2 期。

谓抢夺行为，刑法并没有规定，因此盗窃行为及抢夺行为的行为类型只能依赖刑法解释论。刑法解释论的通说认为：盗窃是指秘密窃取公私财物的行为。抢夺是指公然夺取公私财物的行为。[①] 秘密窃取的行为类型包括主客观两个方面的基本要素。从客观要素上看，秘密窃取的行为类型是指三个方面的内容：（1）破坏被盗财物的占有关系；（2）形成一个新的财物占有关系（行为人自己占有或第三人占有）；（3）财物转移占有的过程对于财物的原占有人来说是未被知晓的。从主观要素上看，秘密窃取的行为类型包括的主观要素与客观要素是对应的，即：（1）行为人要认识到所要盗窃的财物正被人占有；（2）行为人要认识到自己的行为能够破坏财物的原占有关系进而形成新的自己或第三人的占有关系；（3）行为人要认识到破坏原财物占有形成新的财物占有的过程未被财物占有人知晓。抢夺的行为类型与盗窃行为相比，在客观要素上，抢夺行为要求原财物占有人知晓财物的占有转移。在主观上行为人要认识到自己破坏他人财物占有关系形成新的财物占有关系是被财物占有人知晓的。从行为类型上进行比较，秘密窃取行为与抢夺行为最重要的差别是前者取财具有秘密性，后者取财具有公开性。至于秘密性与公开性在具体案件中指称何意，下文的分析中会有更多涉及。

二、新界分说对通说的批判及本书对通说的辩护

新界分说是在彻底批判传统通说的基础上提出来的。新界分说对传统通说的批判并非仅停留在宏观上，而是深入细致到行为微观领域，对司法实践中涉及盗窃和抢夺两罪认定问题，按通说的解释结论，新界分

[①]　参见高铭暄、马克昌主编：《刑法学》（下编），中国法制出版社1999年版，第897、910页。

说均提出有力的批判,这些针对具体问题的批判使传统通说看起来变得支离破碎。比照新界分说的观点,本书认为主要的批判集中在以下几个方面:①

(1)客观上没有秘密性的取财行为,按通说均认定盗窃罪,新界分说因此认为盗窃行为并不要求客观上具有秘密性。例如,行为人自认为被害人没有发现自己的窃取行为,而客观上被害人已经发现行为人的窃取行为,只是被害人未加阻拦。对于此种情况,传统通说的确认为构成盗窃罪,新界分说认为对于客观上已无秘密性的取财行为,认定盗窃罪,说明盗窃行为并无秘密性的要求。本书认为,通说认为盗窃罪是指秘密窃取公私财物的行为,此秘密窃取绝非仅从行为的客观面加以考察和判断,在客观上无任何秘密可言的取财行为,从主客观相统一的层面上考察,完全可能评价为秘密窃取行为。

(2)通说认为"秘密"是指行为人自认为没有被所有人、保管人发现,如果行为人已经明知被被害人发觉,公然将财物取走,不构成本罪,而应认定为抢夺罪。②对于通说的这种意见,新界分说认为混淆了主观要素与客观要素的区别。"因为通说都是在犯罪客观要素中论述盗窃罪必须表现为秘密窃取,但同时认为,只要行为人主观上自认为没有被所有人、占有人发觉即可,不必客观上具有秘密性。既然如此,就应当在盗窃罪的客观要件中承认盗窃行为可以具有公开性,在盗窃罪的主观要件中要求行为人认识到自己在秘密窃取。但许多教科书混淆了主观要素与客观要素。"③本书认为通说并没有混淆主观要素与客观要素之关系。前文已述,盗窃之秘密窃取行为中的秘密性并非指行为客观面上是否秘密,而是对实行行为

---

① 参见张明楷:《盗窃与抢夺的界限》,《法学家》2006年第2期。
② 参见赵秉志著:《刑法新教程》,中国人民大学出版社2001年版,第670页。
③ 高铭暄、马克昌主编:《刑法学》(下编),中国法制出版社1999年版,第897、910页。

主客观要素整体上的评价和判断。尽管在教科书中秘密窃取行为的论述是在犯罪客观要件中进行，这是理论体系的构造导致的。实行行为本身是主客观的统一体，但是理论为了研究的深入和论述上的便利，必须把主客观统一的行为分解成主观面和客观面并分别进行论述。这是所有科学研究常用的方法。在对实行行为的客观面论述的过程中，实行行为的客观面与完整的行为本身，容易发生含义转变的情况，这不仅只在盗窃罪中存在这样的问题，在很多犯罪实行行为的研究中都有类似的问题。也就是说，刑法中行为的概念是多义的，有时行为指称主客观要素统一后的完整的实行行为，而有时行为指称的仅仅是实行行为的客观面。行为概念之含义的确定往往要结合上下文由具体的语境才能确定。此种情况在刑法中比较常见。例如"正当防卫行为明显超过必要限度……"此处正当防卫的含义是什么？按逻辑，正当防卫必须是没有超过必要限度的，超过必要限度的就不是正当防卫，那么这句话中的正当防卫指称的是什么呢？显然此处的正当防卫的含义有别于一般意义上的正当防卫。再如刑法中如果两个罪故意行为与过失行为在客观要求上相同，很多都采取这样的规定方式，即先规定故意犯罪，再规定"过失犯前款罪……"（如刑法第115条），前款罪中的行为显然包含主观要素在内，过失犯前款罪中的行为显然排除了主观要素。此处的前款罪显然也仅仅指前款罪中行为的客观要素，而非前款罪中主客观统一后的行为。语言是一种约定俗成的交流工具，语言的使用不能过分地强调逻辑，否则语言交流可能会非常麻烦。如果为了强调逻辑性，必须把行为的客观要素与完整的主客观统一后的行为概念完全分开，这可能会导致表述上的不精练。例如"张三构成偷税罪，因为其主观有偷税的故意，客观上有偷税行为"这样一句话就要表达成"……客观上有偷税行为的客观要素"。因此，盗窃罪通说在犯罪客观要件中论述盗窃罪必须表现为秘密窃取，此处的秘密窃取仅指秘密窃取中的客观要素，而非盗窃罪中作为实行行为整体的秘密窃取。作为盗窃罪实行行为的秘密窃取只能是主客观要素的统一，既不是单纯的客观要素，也不是单纯的主观要素。

犯罪实行行为的行为类型应包含主观要素，刑法理论对此有一个认识转变的过程。贝林早期的构成要件理论认为决定行为类型的要素都是中性无色的纯客观要素，主观要素都放在责任里面加以考量。后期随构成要件理论的不断发展，主观要素对行为类型的影响被逐步发现。构成要件决定的行为类型不仅仅是自然科学意义上的行为描述，更应该是违法类型，甚至应该是责任类型。如果认为实行行为的行为类型承载了判断违法、责任的功能，那么构成行为类型的要素必然是主观要素与客观要素的统一。新界分说从通说认定的盗窃罪中发现有一些行为在客观面考察无秘密性，进而认为盗窃的秘密窃取行为不要求客观上具有秘密性。新界分说的这种判断值得商榷。秘密窃取的判断是主客观相统一意义上的考量结果，当谈论秘密窃取行为时，显然包含窃取行为的主观要素在内，甚至是以主观要素的存在为前提。抛开主观要素的考量去谈论任何一种实行行为类型都是不可能的，秘密窃取当然也不例外。因此，新界分说单纯考量某些盗窃行为的客观要素是没有实际意义的，这种考量根本得不出盗窃行为是否需要秘密性，因为盗窃行为的秘密本身就不是指客观上的秘密。行为人取财时，在客观要素层面上是公开还是秘密？在多大范围上公开还是秘密？是相对于财物占有人公开或秘密，还是相对于公众公开或秘密？如果结合主观要素进行考量就是有意义的，如果不结合主观要素考量就是无意义的。单纯考量取财时客观面的公开与秘密对于盗窃罪与抢夺罪的判断无意义，正像单纯考量客观要素对于故意杀人和过失致人死亡的判断无意义是一样的。

（3）通说认为"应根据行为人主观上对自己取得财物行为方式的认识来判断，如果行为人自认为自己夺取财物是在财物主人明知的状态下进行的，即使事实上财物主人并不知道行为人的取财行为仍构成抢夺罪。……如果行为人自认为采取主人不知道的秘密方式取走财物，即使主人事实上已发觉，也仍构成盗窃罪。"① 对此新界分说批判认为：这种观点颠倒了犯罪认定从客观到主观的顺序，抹杀了盗窃与抢夺客观行为的区别，不符合主观要件与客观要件的关系。本书认为认定犯罪应从客观到主观的顺序进行作为一个总的原则是成立的，但是并非在所有犯罪中都机械地坚持这一原则。对于绝大多数犯罪来讲，罪与罪的行为类型的差别主要体现在行为的客观要素上，或者说主要通过客观要素来区分不同罪的行为类型。例如盗窃罪与杀人罪的行为类型之间的差别当然主要是由客观要素决定的，甚至不考虑两个罪的主观要素，把盗窃罪与杀人罪的行为区别开完全是可能的。但是有些犯罪之间行为类型的客观要素几乎完全相同，单纯对客观要素的考量根本无法区分两个罪的行为差别，例如故意杀人罪与过失致人死亡罪之间在某些时候，两罪的客观要素完全相同，仅考量客观要素对于两罪之区分几乎没有意义，"有关剥夺他人生命的行为，在日本现行刑法中，区分有故意杀人罪和过失致人死亡罪两个罪名。二者从现象上观察，表现形式和结果都是一样的，无法加以区别。只能从行为人的主观意思来加以考虑"②。司法中一旦涉及这两个罪的关系确定时，从客观到主观的认定顺序就没有必要坚持，机械地坚持这种顺序对这两个罪的区分无任何意义。或者说对于故意杀人罪的认定坚持从客观到主观的认定顺序目的不是为了区分与过失致人死亡罪的关系，而是为了区分与其他罪名的关系。如果司法认定故意杀人罪仅为了区分与过失致人死亡罪的差别，那么直接考量主观要素是最佳的进路选择。犯罪行为的行为类型是主客观要素的统一，从主客观要素上综合考量，每个罪的行为类型都是独一无二的。但如果单从客观要素上考量，当然就会出现两个罪客观要素完全相同的情形，特别是当犯罪行为处于未完成形态时。相同的客观要素与不同的主观要素结合形

---

① 董玉庭：《盗窃罪研究》，中国检察出版社 2002 年版，第 124、125 页。
② 黎宏：《日本刑法精义》，中国检察出版社 2004 年版，第 70—71 页。

成不同的犯罪行为类型在刑法中虽不常见，但的确存在。过失致人死亡罪与故意杀人罪是一例，抢夺与盗窃又是一例。抢夺行为与盗窃行为的客观方面不是必须完全一致，但是可以完全一致。两者之间的行为类型的差别当然主要在于主观要素的不同。新界分说把客观要素决定行为类型的一般原则机械套用在抢夺与盗窃罪行为类型的区别上，其实际上是没有注意到此类犯罪行为类型的特殊性。其实除了此罪与彼罪的行为类型在客观要素上存在相同性之外，在罪与非罪上也有类似情形。

（4）通说认为：有些时候，行为人主观上对自己行为的性质的认识是不确定的，即行为人并没有判断出财物主人对其夺取财物行为是否知觉，此种情况应根据客观情形加以认定，把实际的客观情形推定为行为人的主观认识内容。① 新界分说认为通说观点自相矛盾。"为什么当行为人自认为其取得行为具有秘密性时，就认定为盗窃，而不考虑客观行为是否秘密？为什么当行为人不考虑自己的行为是否被他人发觉时，却又要以客观行为是否秘密为标准区分盗窃与抢夺？"② 本书认为通说并不是自相矛盾的。犯罪行为类型与行为的具体司法认定并非完全一致。盗窃罪的行为类型是主观上行为人认识到自己取财时被害人未知觉，客观上被害人确实未知觉。但是在司法认定时，有时行为人的主观要素是不容易认定的，或者行为人的主观认识本身就是不确定的。此时主观要素的认定就必须利用推定的方法完成。此种方法是一种常见司法认定方法，在其他犯罪主观方面认定时也经常被使用。例如：如果过失致人死亡与间接故意杀人之间主观要素无法直接分清，或者行为人主观要素是什么其自己也真不清楚，司法对此种情形的主观要素的认定当然也只能从客观要素进行推定。至于推定的结论是合理或不合理可能存在争议，但是这种推定的

---

① 参见董玉庭：《盗窃罪研究》，中国检察出版社 2002 年版，第 124、125 页。
② 高铭暄、马克昌主编：《刑法学》（下编），中国法制出版社 1999 年版，第 897、910 页。

方法本身是不能被质疑的。同理，在行为人主观是盗窃故意或是抢夺故意无法查清或行为人本身就不清楚时，当然也只能从客观要素加以推定。新界分说可以批判此种推定的依据或结论不合理，但是不能质疑这种推定的方法存在问题。

（5）通说认为：当行为人自认取财行为被害人未发觉，但实际上被害人已发觉，如果行为人已取得财物，则盗窃罪既遂。新界分说站在犯罪行为主观要素、客观要素之间的关系角度对此进行了批判。"对客观构成事实没有认识，不可能成立既遂的故意犯，但通说却认为成立盗窃既遂，这是不能自圆其说的。"①新界分说在此对通说的批判击中通说的弱点。盗窃罪的行为类型在主观上要求行为人认识到取财行为未被主人发现，客观上被害人的确未发觉行为人取财，当此主客观要件均齐备则盗窃罪既遂。②这符合故意犯罪既遂判断的一般原则。如果构成要件不能齐备，或缺乏主观要件或缺乏客观要件，一般不能成立既遂犯。在盗窃罪中，如果行为人取财时，被害人已发觉，则盗窃行为的客观要件缺乏，如果行为人取得财物，为什么对此仍以盗窃罪既遂处理？换句话说，为什么盗窃行为的客观要件没有完全齐备还能构成盗窃罪既遂呢？通说对此的确没有说明，甚至没有涉及。本书认为，行为人窃取财物时被害人实际上已发觉，这属于刑法中的认识错误问题。即行为人自认为被害人未发现取财，此主观对事实的认识与客观上被害人已发觉取财不符。刑法理论认为事实上的认识错误有时可能阻却犯罪故意，例如客体错误；有时则可能阻却犯罪既遂，如因果关系错误；有时可能既不影响故意，也不影响既遂，例如同一客体之内的对象错误。因此，事实认识错误的处理原则并无定论，有时可能存在较大争议，例如对于因果关系错误中的韦伯（Weber）错误如何处理就存在

---

① 高铭暄、马克昌主编：《刑法学》（下编），中国法制出版社 1999 年版，第 897、910 页。

② 齐备的要件除了行为要件以外，还有其他要件，比如结果、主体等。

争议。① 新界分说如果认为已被被害人发现的窃取财物的行为应认定盗窃罪未遂，那么本书认为这个命题是可以继续讨论的。但新界分说却没有道理认为盗窃罪的行为类型出了问题。在刑法理论中，特别是在分则理论中，涉及罪之既遂未遂的理论争议很多，不知新界分说是否一旦认为既遂认定没道理时就认为此罪的行为类型出现问题了呢？因此新界分说的此点批判仍然值得商榷。本书仍坚持此种认识错误情形应认定既遂，因为被认识错误的客观要素虽未符合，但是法益侵害已实然发生，所以认定既遂更为合理，正如对于韦伯错误，这样的因果关系错误，虽有未遂声音，但本书也认为认定既遂更加妥当。

（6）通说认为秘密窃取行为必须贯穿盗窃财物的全过程，行为先前秘密窃取，在没有既遂之前，已经被被害人发觉，行为人进而公然夺取财物，应认定抢夺罪。② 新界分说对此进行了批判：行为人的行为自始至终都表现为一种平和的方式，被害人发觉并没有引起行为人客观行为的任何变化，为什么被害人发觉了行为人的行为后行为人的盗窃行为就自动转化为抢夺？新界分说进而认为通说主张"只要不成立盗窃，就必然成立抢夺"是错误的。③ 本书认为，通说从未说过只要不成立盗窃就一定成立抢夺。某行为不成立盗窃行为，是否成立抢夺行为必须以抢夺的行为类型进行评价，如果认为不构成盗窃行为，但也不符合抢夺行为类型，当然不能因为不构成盗窃行为就直接认定抢夺行为。行为人在秘密窃取财物的过程中，如果行为人已发现被害人发觉其取财行为，从行为人意识到自己行为被发现时行为已不再是秘密窃取行为了。因为窃取行为的主观要素已不存在了。如果行为人不在乎被害人的存在继续拿走财物，其行为已完全符合

① 参见张明楷：《外国刑法纲要》，清华大学出版社 2007 年版，第 226 页。
② 参见董玉庭：《盗窃罪研究》，中国检察出版社 2002 年版，第 124、125 页。
③ 参见高铭暄、马克昌主编：《刑法学》（下编），中国法制出版社 1999 年版，第 897、910 页。

抢夺罪的行为类型，因为抢夺行为的主客观要素均已具备。新界分说认为此种情况行为人的行为从客观上考量没有任何变化，为什么从盗窃转化为抢夺了呢？本书认为，此种情况仅在客观上考量的确没有变化，但是行为人的主观要素却发生了翻天覆地的变化。相同的客观要素结合不同的主观要素当然会构成不同犯罪的行为类型，这并没有什么不可理解之处。

（7）新界分说批判通说将公开取得他人财物的行为一概评价为抢夺的观点，没有充分考虑盗窃与抢夺在对象上的差异。对于公开使用复制的电信号码，公开使用他人上网账号造成他人资费损失的认定抢夺罪是不可思议的。[①] 本书认为新界分说在此对通说的批判难以成立。因为对于公开使用复制的电信号码等行为通说仍然认为构成盗窃罪而非抢夺罪。公开使用复制的电信号码中的公开并非抢夺罪的公然夺取，其公开使用仍然属于秘密窃取的范畴。此处的公开相对于被害人而言仍属秘密的范畴。其实对于无形财产无论是认定盗窃抑或认定抢夺，其行为的判断都必然有别于有体物的盗窃和抢夺，这种区别是无形财产和有体财产的区别引起的，而非盗窃与抢夺的行为类型引起的，无论盗窃与抢夺作何区分，盗窃无形财产与盗窃有体财产都会有区别，抢夺有体财产与抢夺无形财产也会有区别。如果行为人已明确告知被害人但未经允许公开使用被害人上网账号造成被害人财产损失，认定行为人构成抢夺罪也没有什么不可以。新界分说认为抢夺罪的行为对象只能是有体动产也并非天经地义，以此为前提对通说的批判也存在问题。

三、新界分说对盗窃与抢夺的重新划分

新界分说对通说的批判是全方位的，除了上述批判之外可能还有若干。

---

① 参见高铭暄、马克昌主编：《刑法学》（下编），中国法制出版社1999年版，第897、910页。

本书认为上述七种批判意见是必须给予回应的。新界分说批判通说后提出了关于盗窃与抢夺新的界分。"盗窃，是指以非法占有为目的，违反被害人的意志，采取平和的手段，将他人占有的财物转移为自己或者第三者占有。"按此定义，秘密与否，并不影响盗窃罪的成立。"这个定义，事实上使盗窃罪成为侵犯财产罪的兜底规定，即凡是值得科处刑罚的非法取得他人财产的行为，只要不符合其他犯罪的构成要件，一定符合盗窃罪的构成要件。"在定义盗窃罪之后，新界分说界定了抢夺行为，即夺取财物有可能致人伤亡的构成抢夺行为。抢夺行为"必须同时具备两个条件：其一，行为人所夺取的财物必须是被害人紧密占有的财物。……其二，行为人必须对财物使用了非平和的手段，即可以评价为对物暴力的强夺行为"①。

通过定义或规定盗窃行为及抢夺行为的行为类型，新界分说实际上对两种行为的规范范围进行了重新划分。从逻辑上讲，新界分说的重新划分标准是能够自圆其说的。新界分说是在批判通说不合理的基础上建立的，那么新界分说是否真的无可挑剔？本书认为，新界分说虽然也能够自圆其说，但是问题恐怕不比通说少，甚至比通说还要难以克服。新界分说的最新之处在于其用夺取财物是否有致人伤亡的可能性来区别盗窃与抢夺，如有可能造成伤亡，则成立抢夺，如果无可能造成伤亡，则成立盗窃。新界分说的最大问题也恰恰在于其最新之处。夺取财物的行为在客观上并没有造成人员伤亡的实际结果时，要想判断此种夺取财物行为有没有造成人员伤亡之可能性，这在实践中几乎是不太可能操作的。用没有发生的事情在客观上发生的可能性去区别两个罪，这实际上是用客观上不存在的事实区别盗窃与抢夺。这恐怕有违新界分说一贯主张的用客观要素界定行为类型的学术立场，因为用客观要素界定行为类型的目的是使行为类型更容易辨

---

① 参见高铭暄、马克昌主编：《刑法学》（下编），中国法制出版社 1999 年版，第897、910 页。

认，用一种可能性去界定盗窃与抢夺的行为类型只会使行为类型更难以辨认。尽管新界分说对于如何判断此种致人伤亡可能性提出两个标准：其一，被夺取财物被被害人紧密占有；其二，行为人对物使用暴力。这两个标准同样不能解决问题。何谓紧密占有？对财物控制到何种程度是紧密占有呢？何谓对物使用暴力？对财物的作用力多大才算是暴力呢？这些问题几乎没有答案。即使财物未被紧密占有或财物未被使用暴力，夺取财物的行为就绝对不能致人伤亡吗？例如：按新界分说，扒窃行为平和、没有对物使用暴力，不可能致人伤亡是盗窃罪。但是扒窃行为真的没有致人伤亡的可能吗？用刀把包划开进行扒窃显然具有致人伤亡的可能性。况且在扒窃过程中一旦被害人发现，扒窃行为致人伤亡的可能性是否会发生变化呢？这些问题新界分说恐怕都不太容易回答，即使能够回答，想不引起争议也是不太可能的。因此，新界分说在对通说进行了大量批判后提出的新的划分标准，实际上将盗窃与抢夺的关系弄得更加扑朔迷离，司法实践中一旦按此标准进行操作，盗窃和抢夺几乎没有办法区分，特别是在某些特殊案件中。新界分说批判通说过分依赖主观要素区分盗窃与抢夺，仅仅因为对主观要素不容易查得清楚，两罪界限可能因此变得模糊，但却依赖一种可能性来区分盗窃与抢夺，这种可能性不仅可能使两罪界限模糊，甚至可能使两罪的界限消亡。

四、结论：通说应继续坚持

无论是通说抑或新界分说，其实都是在尊重立法的前提下，对盗窃与抢夺的界限进行了划分。在立法没有仿大陆法系取消抢夺罪的情况下，通说的划分标准有无必要进行修改甚至用新界分说取而代之取决于两个方面的因素：其一，通说是否已经穷途末路，根本无法在盗窃与抢夺之间划出一条边界。其二，新界分说是否是一种适格的理论选择。通说是否已经不能完成理论任务，前文在回应新界分说的批判时已经详加论述。应该说目前通说对盗窃与抢夺的界定及两罪的边界的划分基本上是清楚的，实践中没有出现应该入罪而不能入罪，或应该出罪而没有出罪的问题。按通说两罪之间可能存在一些争议性或疑难性领域，这不是通说的缺陷。即使是通说的缺陷，此种缺陷也是在任何学说中都可能存在的。因此，通说虽不能说是完美的，但至少不是非改不可的。即使通说已经无法坚持，根据前文的论述可知新界分说恐怕也难以担当，因为新界分说会把两罪引向边界更不清楚的境地。即使新界分说是一种完全适格的理论，只要新界分说无法说明通说的错误是无法克服的，仍然不宜用新界分说取代通说，或者说新界分说必须证明自己比通说更优越，才能具备取代通说的条件。如果新界分说能够解决的问题通说都可以解决，而且解决方案也不比新界分说差，那么通说地位就应当坚持。通说之所以是通说，是因为无论司法人员抑或普通百姓都以约定俗成的方式接受了通说意见。如果在未发现通说错误的情况下，轻易用新界分说取代通说势必造成司法成本的增大。而且，新界分说与通说的差别可能仅仅是在某些案件上两者认定的罪名不同而已。因此即使新界分说完全合理，也不能当然取代通说。

综上所述，本书认为盗窃罪与抢夺罪界限之通说对盗窃罪和抢夺罪的划分完全合理，是目前立法格局下的恰当诠释。在刑法没有取消抢夺罪的情况下，通说用秘密与公然区分盗窃罪与抢夺罪的行为类型是比较合理的选择。虽然两种行为在侵害法益的结果上没有多大区别，但是秘密和公然取财在行为类型上毕竟有所不同，用此特征区别极其相似的两种行为类型仍然是有可能的，更何况秘密与公然取财的社会影响也会有诸多不同。通说正是基于此种考虑才如此界定盗窃与抢夺的边界，此界定也基本符合人们的语言习惯。新界分说其实质已经完全淡化了盗窃与抢夺的类型差别，用致人伤亡的可能性势必无法将两罪完全分开。因为任何一种取财行为都可能被评价为有致人伤亡的可能性，也可能被评价为没有致人伤亡的可能性。新界分说导致的最终结果就是认定盗窃和抢夺均可，均无错误可言。本书认为，在立法没有取消抢夺罪的情况下，应尽可能在盗窃罪与抢夺罪行为类型的差异上界定两者边界，以便使两罪的行为类型不至于混同。

第二节　逃避侦查简论

1997 年刑法第 88 条规定了两种追诉犯罪不受追诉期限限制的事由：其一，立案侦查或法院受理案件后逃避侦查或审判的；其二，被害人告诉公检法机关应该立案而不予立案的。但是，何谓逃避侦查？何谓逃避审判？何谓应该立案而不立案？这些问题的回答有时极为模糊，特别是针对某些具体案件讨论这些问题时，得到的往往是大相径庭的答案。相比较而言，立案侦查后行为人逃避侦查情形更为复杂，在司法实践中也更为多见，所以，本书讨论的主题只有一个，即什么是逃避侦查？

一、学说考察及研究进路的选择

"逃避侦查"这个概念并非第一次出现在现行刑法之中，1979 年刑法第 77 条规定："在人民法院、人民检察院、公安机关采取强制措施以后逃避侦查或审判的，不受追诉期限的限制。"比较新旧刑法典，1979 年刑法规定的逃避侦查指的是侦查机关采取强制措施以后的逃避侦查行为，1997年刑法规定的逃避侦查指的是侦查机关立案侦查以后的逃避侦查行为。采取强制措施以后的逃避侦查行为在司法实践中的具体表现形式大多比较固定。涉及有争议性的其他逃避行为比较少，一般都表现为逃跑。1997 年刑法的修改，使逃避行为从过去针对"强制措施"改成现在针对"立案侦查"，虽然"逃避侦查"的概念并没有任何改变，但是，其规范意义可能已经发生了重大改变，至少在司法实践中针对立案侦查的逃避侦查行为经常出现争议性问题。目前，刑法理论对逃避侦查的理解或解释甚至可以用混乱来形容，概括起来大致有以下几种观点：

其一，从主观分析，存在主观认识不要说和主观认识必要说之间的冲突。主观认识不要说认为逃避侦查不以犯罪人明知侦查机关立案侦查为必要，无论犯罪行为人是否认识到被立案侦查的事实，只要逃避发生在立案侦查以后，均属于逃避侦查。主观认识必要说认为犯罪行为人必须认识到已被立案侦查的情况，有此认识的逃避才属于逃避侦查。①

其二，从客观分析，存在扩张说与限缩说之间的对立。扩张说认为，对逃避侦查行为在客观上的具体表现不应作任何限制，只要司法机关已经立案侦查，在犯罪行为人归案之前均是逃避侦查。②"在司法机关立案侦查阶段，犯罪嫌疑人在被采取强制措施前，除自首外，犯罪嫌疑人都属于逃避侦查的状态。"③限缩说认为，逃避侦查行为在客观上的具体表现应作严格的限制，不能把普通的干扰侦查的行为都包含在逃避侦查的范围内。限缩说一般只把逃跑和藏匿解释成逃避侦查。"何谓'逃避侦查或者审判的行为'？我们认为对此不能解释得过于宽泛，应将其解释为是指逃跑或者隐藏，使侦查或者审判无法进行的行为。"④

其三，客观上采限缩说，但在解释逃跑或藏匿的具体表现时，也有不同的分歧意见。"客观上，行为人有积极地逃跑或藏匿的行为，包括采取销毁证据、收买证人、伪造身份证据等积极行为，使侦查活动难以有效展

---

① 参见张武举：《"逃避侦查或者审判"含义和构成》，《铁道警官高等专科学校学报》2004 年第 1 期。

② 参见金林等：《如何理解"逃避侦查或审判"》，《检察日报》2006 年 7 月 18 日。

③ 陈大成：《论追诉时效期满效力阻却》，《江苏公安专科学校学报》2000 年第 5 期。

④ 高铭暄、马克昌主编：《刑法学》，北京大学出版社、高等教育出版社 2000 年版，第 325 页。

开。"① 对于犯罪嫌疑人在立案侦查或者案件受理后，仅仅实施了串供、毁灭犯罪证据等行为，但没有逃跑或者藏匿的，不能适用追诉时效的延长。② 在这两种观点中，至少对毁灭罪证是否为逃避侦查得出了不同的结论。

通过以上对逃避侦查的各种学说观点考察可以发现，目前刑法理论对此基本未形成通说，不同观点之间冲突较大，有些甚至完全对立。与此同时，司法解释对此也一直保持沉默。更加令本书疑惑不解的问题是，各级各类司法机关到底依据什么理解适用刑法第88条中的"逃避侦查"呢？如下案例就是此种争议的典型：犯罪嫌疑人 A 在 2002 年购买一台赃车，该买赃行为的上游犯罪是抢劫罪。因为上游犯罪中的一犯罪嫌疑人在逃，所以自 2002 年起犯罪嫌疑人 A 一直因事实不清被取保。2012 年上游犯罪的在逃犯罪嫌疑人归案，A 的行为已经查清，能否对 A 追诉。案例中存在极大争议的问题只有一个，即犯罪嫌疑人逃避侦查了吗？

面对逃避侦查混乱的刑法解释现状，欲形成解释学共识就必须选择恰当的论理解释方法，仅作进一步的语义分析不会有太大的帮助。本书提倡类型解释作为基本研究进路：首先，确定典型逃避侦查行为及典型非逃避侦查行为的具体类型。其次，确定非典型逃避侦查行为的具体类型。再次，把非典型逃避侦查行为和典型逃避侦查行为及典型非逃避行为进行类型比较，找出相同点、不同点及其法律意义。最后，对与典型逃避侦查类型同一的非典型逃避侦查行为进行归纳，确定其内涵及外延。

二、两种典型行为的确定

打击犯罪是刑法的根本性任务，但打击犯罪绝非誓死报仇。刑法的价

---

① 王高峰、潘贞：《立案侦查了是否就不受追诉期限限制》，《检察日报》2008 年 12 月 28 日。

② 参见王敏：《追诉时效延长制度实务研究》，《人民法院报》2011 年 8 月 3 日。

值追求是多元的，从被害人法益侵害的角度看应坚持有罪永远必究，从社会整体利益看对犯罪人刑事责任的追究却不能没有止境，因此，刑法对犯罪人刑事责任的追究永远是应罚与需罚之间的博弈。追诉时效制度就是应罚与需罚博弈的结果。"时效的实质的根据存在于处罚需要的消灭中，尽管行为的应受处罚性还继续存在。"① 我国刑法追诉时效制度对追究犯罪人刑事责任的需罚性从两个方面考量：

其一，刑法第87条的形式合理性考量。犯罪嫌疑人需罚的追诉期限只根据法定最高刑计算，超出期限则认为需罚性消失。其二，刑法第88条、第89条的实质合理性考量。在刑法第88条、第89条中规定了特殊情形犯罪嫌疑人需罚的追诉期限的计算方法，是对第87条的否定，因为立法本意认为存在特殊情形时犯罪人的需罚性必须持续更长的时间，仍然按刑法第87条计算追诉期限一定会带来实质的不合理。既然刑法第88条、第89条是对需罚性实质合理性的考量，那么，对条文的论理解释也必须考量需罚性的实质性根据。作为特殊情形之一的逃避侦查行为到底对犯罪嫌疑人需罚性产生什么实质性影响呢？最有效的分析应该从典型逃避侦查行为开始，无论对逃避侦查行为的范围存在多大争议，典型的逃避侦查行为是什么一定会存在共识。典型的逃避侦查是犯罪嫌疑人被采取强制措施后逃跑，例如，侦查机关立案侦查后已确定犯罪嫌疑人是A，A为躲避抓捕而逃跑，侦查机关一直通缉未果。此假想案例中A的逃跑显然是典型的逃避侦查行为。A为躲避抓捕的逃跑对A的需罚性产生什么影响进而需要延长追诉期限呢？

其一，逃跑行为使刑事诉讼程序无法继续。刑事诉讼与民事诉讼、行政诉讼差别巨大，离开行为人的参与民事诉讼、行政诉讼程序仍可能继

① ［德］汉斯·海因里希·耶赛克、托马斯·魏根特：《德国刑法教科书》，徐久生译，中国法制出版社2001年版，第1088页。

续，但刑事诉讼程序却无法进行，即使案件事实完全清楚。其二，逃跑行为导致侦查机关无法获取犯罪人的口供。其三，逃跑行为导致侦查机关查清犯罪事实的难度增大。侦查机关无法获取口供这种证据，损失的不仅仅是一种证据，还包括口供中可能带来的其他证据线索，侦查机关以供找证的机会丧失，案件事实查清的难度自然增大。

逃跑行为导致的以上三种结果只有第一种结果与犯罪嫌疑人需罚性问题直接相关，后两种结果与犯罪嫌疑人需罚性无必然联系。对具有当罚性的犯罪嫌疑人追责时，查清犯罪事实的侦查环节仅仅是第一步，逃跑行为虽然增加侦查难度但并不导致侦查不能。侦查的目的主要是寻找并固定犯罪证据，证据的种类有八类，口供不是唯一的一种甚至都不算最重要的一种，逃跑并不影响对其他七类证据的查证。过分依赖口供的侦查模式可能夸大口供对侦查的意义，现代侦查模式应逐步淡化口供的侦查价值。假如回到没有口供就不能定罪的法定证据时代，逃跑导致的无口供的后果可能就等同于追诉程序无法进行的后果，但在自由心证时代无口供并非绝对的追诉障碍。所以，逃跑导致的三种后果中只有第一种后果是对犯罪嫌疑人追责无法克服的障碍，后两种后果只对犯罪嫌疑人追责产生不利影响。仅仅对追责产生不利影响的因素完全应该由侦查机关加以克服，克服的过程本身就是侦查行为应有之义。如果侦查不能消除这些不利影响使案件事实无法查清进而导致不能对犯罪嫌疑人追责，那么无法追责的不利后果当然应由侦查机关承担。既然犯罪嫌疑人对侦查造成的不利影响可以并且应该由侦查机关克服，那么，犯罪嫌疑人制造的这些不利影响就不应该成为判断需罚性延长考量的因素。

侦查与犯罪嫌疑人的反侦查是一对矛盾，如果犯罪嫌疑人对侦查制造的所有不利干扰都被认为是需罚性的延长因素，那么，追诉时效制度将从刑法中消失，追诉时效制度必须要在这些不利干扰中选择侦查无法克服的那些障碍作为需罚性延长考量的因素。此处所说的导致追诉时效中止的起因条件必须是足以影响求刑权人无法行使求刑权的绝对条件。也就是说，单纯地妨害求刑权的正常行使，并不属于阻碍求刑权行使的原因。所以，逃跑影响犯罪嫌疑人需罚性延长完全是因为其使追诉程序无法继续，与逃跑产生的另外两个后果因素没有关系。为什么逃跑导致的追诉程序无法继续这个因素能够成为侦查无法克服的障碍呢？侦查机关也有义务抓捕逃跑的犯罪嫌疑人，为什么不能把逃跑也认为是应该由侦查机关克服的对侦查的一般性不利干扰呢？从严格意义上讲，逃跑对侦查产生无法克服的障碍是相对的，很多逃跑的犯罪嫌疑人最终都被缉拿归案，但是，逃跑对侦查产生的障碍是其他干扰因素无法比拟的。我国的人口地域状况复杂，侦查机关现实的追逃能力有限，对出逃国外的犯罪嫌疑人追逃能力就更加有限，如果无视这样的现实，把逃跑也仅仅等同于需要侦查机关加以克服的一般性干扰侦查因素，进而认为逃跑与一般性干扰一样不影响犯罪嫌疑人的需罚性，那么，就会有大量的犯罪人因逃跑过追诉期而无法追责，最终会导致刑法打击犯罪的任务无法实现，理性的立法抑或理性的司法解释都不能允许此种情况出现。刑法追诉时效制度绝对不能无视司法现实，逃跑一定会成为犯罪嫌疑人需罚性延长的考量因素，一定会成为追诉时效延长的考量因素，正因为如此逃跑才一定会成为逃避侦查的典型方式。因此，逃跑成为逃避侦查（导致时效延长）的方式而非一般的干扰侦查行为，主要是基于司法现实的立法选择，是对侦查现状的某种妥协，逃跑成为时效延长的考量因素并非因其具有更多的可谴责性。可以合理作出推测，如果有一天侦查机关追逃能力达到一定的高度时，完全可以把逃跑等同于一般的干扰侦查，到那时逃跑就不再是时效延长的考量因素，甚至会取消逃避侦查作为时效延长方式的立法规定。

确定了典型逃避侦查行为之后还需确定典型非逃避侦查行为的具体方式，典型非逃避侦查的行为是自首及坦白。相对于侦查行为而言，自首及坦白有两个共同的特点：其一，犯罪嫌疑人已归案。其二，犯罪嫌疑人如实供认罪行。这两个特点中哪一个决定了自首及坦白能成为典型非逃避侦查行为呢？显然是犯罪嫌疑人归案这个特点起了决定性作用，因为是否如实供述罪行与逃避侦查的判断无关。刑事司法不能对所有的犯罪嫌疑人都作其能如实供述罪行的期待，恰恰相反，在某种意义上对侦查行为应该以犯罪嫌疑人不如实供述罪行作为制度设计的假设前提，如果侦查行为的能力只能针对如实供认而对犯罪嫌疑人的撒谎或沉默总是束手无策，那么只能依赖犯罪嫌疑人的侦查行为有什么用？又怎么能保证刑事司法的顺利进行呢？刑事侦查必须有能力在犯罪人不如实供述时查清案件事实，做不到这一点时要承担不利后果，不能用时效延长制度为低能的侦查保驾护航，否则侦查永远低能。我们可以认为不如实供述罪行是对抗侦查但不能认为是逃避侦查。既然犯罪嫌疑人即使不如实供述罪行也不成立逃避侦查，就说明供或不供这个因素与逃避侦查的判断无关。所以，犯罪嫌疑人归案这个因素使自首及坦白有资格成为典型的非逃避侦查。

三、非典型逃避侦查行为的范围

通过前文对典型逃避侦查及典型非逃避侦查的分析可以得出结论，犯罪嫌疑人是否归案是逃避侦查行为判断的分水岭，如果犯罪嫌疑人已经归案则没有逃避侦查问题，即使其不供认犯罪（包括不供认真实身份等）也不存在逃避侦查，原因当然就是因为这些干扰侦查的因素本来就应由侦查进行克服，这些因素也不会导致追诉程序必然停止。另外，已经可以肯定被采取强制措施后的逃跑是典型的逃避侦查行为，那么犯罪嫌疑人除了被采取强制措施后的逃跑之外还有哪些行为有可能被认定为逃避侦查呢？修改后刑诉法第107条规定，公安机关或者人民检察院发现犯罪事实或者犯罪嫌疑人，应当按照管辖范围，立案侦查。因此，立案侦查有两种情况：一是对事立案侦查，二是对人立案侦查。对此，非典型的逃避侦查行为也应该分两种情况展开讨论。

（一）犯罪嫌疑人已经明确时的逃避侦查

对人立案侦查时犯罪嫌疑人是明确的，已经被确定的犯罪嫌疑人没有到案一般有三种情况：其一，侦查机关未实施抓捕。其二，侦查机关实施抓捕未果，但与犯罪嫌疑人没有因果关系。其三，侦查机关实施抓捕未果，与犯罪嫌疑人有因果关系，犯罪嫌疑人或逃跑隐藏或有其他干扰行为。对于第三种情况即与犯罪嫌疑人有因果关系的未到案，无论犯罪嫌疑人实施的具体行为是什么，也无论侦查机关的抓捕是否采取了强制措施都属于逃避侦查，因为有无强制措施的侦查行为本质无差别，只要犯罪嫌疑人未到案与犯罪嫌疑人干扰侦查有因果关系，那么，对没有强制措施的抓捕之逃避与典型逃避侦查，即犯罪嫌疑人被采取强制措施后逃跑的行为类型就是相同的。第三种情况的逃避侦查行为是否需要犯罪嫌疑人主观认识到对其侦查行为的存在呢？本书认为不需要，犯罪嫌疑人只要认识到自己犯了罪同时再认识到自己的行为有可能干扰到抓捕即可，逃避侦查行为的成立无须犯罪嫌疑人认识到已被立案侦查也无须认识到已受到现实的侦查。第一种情况由于未对犯罪嫌疑人抓捕，虽然有确定的犯罪嫌疑人，但犯罪嫌疑人没到案只与侦查机关的不作为有关而与犯罪嫌疑人没有因果关系，即使犯罪嫌疑人存在逃跑或隐匿等行为，但只要此时的逃跑未对侦查产生任何影响，则其与导致抓捕未果的逃跑在类型上完全不同。因为逃避侦查与犯罪嫌疑人未归案之间存在因果关系是逃避侦查典型方式的本质要素，未抓捕导致犯罪嫌疑人未归案正是缺乏此因果关系才不成立逃避侦查，不论犯罪嫌疑人干了什么。第二种情况侦查机关虽然实施了抓捕行为，但是，犯罪嫌疑人未到案是因为侦查机关的抓捕错误导致，与犯罪嫌疑人做什么或不做什么没有因果关系。侦查机关的抓捕错误与第一种情况中的无抓捕行为在本质上无任何区别，如果说有区别也仅仅是作为与不作为的区别。因此犯罪嫌疑人与未归案之间无因果关系这一本质特征决定了第一、第二种情况类型相同，无论侦查机关是否抓捕，也无论犯罪嫌疑人是否有行为，只要犯罪嫌疑人不直接干扰抓捕、只要犯罪嫌疑人与未归案无关，类型就不受影响。

（二）犯罪嫌疑人未明确时的逃避侦查

对事立案是指在犯罪嫌疑人未确定时直接针对案件事实进行的立案侦查。对事立案后侦查机关要针对案件展开全面侦查取证工作，其中最重要的侦查任务是查找犯罪嫌疑人。在查找犯罪嫌疑人的侦查过程中，犯罪嫌疑人可能什么也没干，也可能实施干扰侦查的行为，包括逃跑、隐匿或毁灭罪证。即使犯罪嫌疑人干扰了侦查，但只要侦查机关还未抓捕犯罪嫌疑人，或者说只要犯罪嫌疑人没有干扰抓捕，那么，无论犯罪嫌疑人对抓捕之前的侦查行为之干扰是否起了作用，都不能认定是逃避侦查。因为犯罪嫌疑人在被抓捕之前对侦查行为的干扰理应由侦查行为进行克服，侦查机关不能实现克服时，只能说明侦查能力有待提高，不能克服的后果当然应由侦查机关自己承担。任何的刑事侦查都不可能以犯罪嫌疑人完全配合为期待，绝大多数犯罪嫌疑人是不配合或不完全配合的。一旦犯罪嫌疑人不配合侦查或干扰侦查就束手无策的侦查机关有什么权利要求延长追诉期限呢？如果把此种情况认定逃避侦查进而延长追诉期限，那岂不是把侦查机关的责任转嫁给犯罪嫌疑人了，假如真的如此，就等于刑法要求所有犯罪嫌疑人必须在案发现场等待，只要犯罪嫌疑人离开现场就是逃避侦查，因为离开现场就已经干扰了侦查，这种结论有人接受吗？因此，在犯罪嫌疑人被抓捕之前，不存在逃避侦查行为，犯罪嫌疑人未确定既然在抓捕之前，就更不存在逃避侦查，犯罪嫌疑人什么行为都没实施也不能认定为逃避侦查行为。当侦查机关通过对事立案并侦查已经确定了犯罪嫌疑人后，犯罪嫌疑人逃避侦查的判断自然应该按对人立案时逃避侦查的认定原则进行，因为犯罪嫌疑人确定后对事立案侦查与对人立案侦查已无区别。

综上所述，综合前文的分析可以梳理出关于刑法第88条逃避侦查认定中的基本判断原则：（1）延长犯罪嫌疑人追诉时效的原因必须是犯罪嫌疑人需罚性延长。（2）只有犯罪嫌疑人直接导致对其追诉程序无法继续时，才有可能延长需罚性，进而才有可能认定逃避侦查行为的存在。（3）只有犯罪嫌疑人不归案才存在逃避侦查的空间，归案以后逃避侦查行为不可能存在。（4）犯罪嫌疑人被确定之前不存在逃避侦查行为。（5）当且仅当犯罪嫌疑人的干扰侦查行为与其未归案有直接因果关系时才有可能存在逃避侦查。（6）有可能被认定逃避侦查的行为必须是对侦查存在干扰作用的行为（作为或不作为），而且必须是直接针对归案（抓捕）的干扰，对归案之前一般的侦查取证的干扰不成立逃避侦查。（7）逃避侦查的认定对犯罪嫌疑人主观认识有要求，但不要求犯罪嫌疑人必须认识到已被侦查机关立案侦查，需要犯罪嫌疑人认识到的是自己实施了犯罪行为及自己的行为（作为或不作为）对抓捕有可能产生干扰作用，因为只要认识到这两点客观要素就能使得干扰行为完全符合逃避侦查制度的本质，而对侦查机关是否立案侦查的认识却与逃避侦查制度本质无关。以上七种考量因素应该成为司法实践中判断逃避侦查行为是否成立的重要依据。需要指出的是，侦查机关有义务证明犯罪嫌疑人对侦查机关的抓捕进行了干扰才导致的犯罪嫌疑人没有归案，如果侦查机关举证不能则逃避侦查不能认定。对此，在司法实践中，强制措施的采取当然是最有力的证明，而没有法定强制措施的抓捕证明起来较为困难，但再困难也要证明，否则对犯罪嫌疑人作有利解释。逃避侦查一旦认定，则逃避侦查状态结束之前经历的所有时间不计入涉及犯罪的追诉期限，但逃避侦查状态结束后追诉期限当然要继续计算。例如，前述案例中的犯罪嫌疑人A从取保候审开始一直没有逃避侦查行为，所以，案件中的犯罪嫌疑人追诉时效期限均已完成。

第三节　刑法中财物概念之解释

一、案例选择与问题抽象

本节的研究缘于对一系列案例的思考。案例 1：嫌疑人 A 在高速公路收费口为逃避 5000 元路桥费撞杆逃跑。案例 2：嫌疑人 B 身无分文在饭店消费 5000 元后拒不付费。案例 3：嫌疑人 D 与卖淫小姐约定 5000元嫖娼价格，事后拒付嫖资。案例 4：嫌疑人 F 使用欺骗手段让被害人用房产证为其贷款担保，后嫌疑人不能偿还贷款，被害人房产被强制执行。案例 5：嫌疑人 H 使用欺骗手段骗取被害人网络游戏中的一把"屠龙刀"，该游戏中的"屠龙刀"是被害人花 5000 元从另一游戏玩家手中购得的。案例 6：嫌疑人 K 使用欺骗手段骗取被害人信任，被害人为此免除嫌疑人欠被害人的 10 万元债务，并销毁了嫌疑人出具的欠条。案例 7：嫌疑人 M 使用欺骗手段让被害人在无任何债权债务的情况下给自己出具一个 10 万元的欠条。以上 7 个案例其情节虽为虚构，但每个案例所反映的行为类型均有真实案例对应，有些还是司法实践中常见的案例。这 7 个虚构案例所代表的真实案件在司法处理上争议颇大，必须予以理论上的澄清，这是本节写作的初衷。本节的研究进路并不是对 7 个案例逐一分析，而是通过 7 个案例展示出两个值得刑法关注的问题：第一，诈骗罪的对象能否包含财产性利益？前文案例 1、2、3、4、6、7 表现的就是这个问题，其中案例 1、2、4、6、7 涉及的是合法性利益，案例 3 涉及的是非法性利益。第二，网络虚拟财产能否成为现实世界中的财物，能否成为财产犯罪的对象？案例 5 涉及的就是虚拟财产问题。本节的论证将围绕对这两个问题的回答展开。

二、财产性利益：财物概念之极限扩张

我国刑法中的抢劫罪、盗窃罪、诈骗罪、抢夺罪、聚众哄抢罪、侵占罪、敲诈勒索罪、故意毁坏财物罪、职务侵占罪均属侵犯财产罪，每个罪都明确规定本罪的行为对象是财物。同样是"财物"概念，在不同的具体罪名中是否必须作相同的解释呢？如果机械地坚持形式逻辑的解释原则，在同一法典中出现的同一概念似乎应该做同一解释。但法律的生命在于经验而不在于逻辑，法律的解释也不仅仅只有形式逻辑的原则。不同语言环境下对同一概念可以做不同的理解，甚至是完全不同的理解，只要这种解释符合解释原理、解释的结论符合目的。例如我国刑法典中多处出现"行为"概念，有谁能说我国刑法典中多次出现的"行为"一词必须是一个意思呢？[①] 作为诈骗罪中的财物与其他财产犯罪中的财物相比有哪些不同或者说应该有哪些不同呢？此问题的回答之关键就是要厘定财物与财产性利益到底是什么关系。

（一）诈骗罪对象的理论梳理

由于立法对诈骗罪中的财物概念未做任何解释，因此必须到理论中寻找关于财物的解释依据。刑法理论对诈骗罪的定义虽多但基本是同义反复。通说认为，"诈骗罪，是指以非法占有为目的，用虚构事实或者隐瞒真相的方法，骗取公私财物，数额较大的行为"[②]。尽管多数学者赞成通说关于诈骗罪的定义，但骗取的公私财物是否包括财产性利益却存在两种截然相反的观点：一种观点是否定论，认为诈骗罪对象只限于动产和有形的

[①] 对刑法中行为概念的多义性考察，参见董玉庭：《论实行行为》，《环球法律评论》2004年第3期。

[②] 高铭暄、马克昌主编：《刑法学》，北京大学出版社、高等教育出版社2000年版，第517页。

财物。另一种观点是肯定论，认为诈骗罪对象除了财物以外还包括财产性利益。① 如何评价这两种对立的观点？本书认为否定论坚持的是形式主义的解释原则，从立法用语的语义出发否定财物概念包含财产性利益在内。肯定论已超越解释论进入到立法论层面，肯定论一方面承认诈骗罪对象包括财产性利益，同时又认为财产性利益存在于财物概念之外。此种肯定论其实是认为尽管当下刑法典规定诈骗罪的对象不包括财产性利益，但是骗取财产性利益的行为与骗取财物行为并无实质差别，同样具有刑事可罚性应作犯罪处理。肯定论只是一种立法论探讨，如果在司法论意义上审视肯定论，该观点显然有可能违反罪刑法定原则。

本书对诈骗罪对象的研究是司法论而非立法论。如果站在立法论意义上讨论诈骗罪对象除财物外应否包括财产性利益，答案恐怕无须多论。例如日本刑法第246条规定的诈骗犯罪既包括诈骗财物也包括诈骗财产性利益，"诈骗犯罪，是欺骗他人、取得财物，或者根据被欺骗者的处分行为而取得财产性利益的犯罪，以及其它与此类似的犯罪行为"。② 骗取财产性利益行为与骗取有形财物相比，其危害性在现代社会中是有过之无不及。现代社会值得用刑法手段保护的财产太过复杂，有形财物不仅不是唯一甚至都不能说是重点，刑法没有任何理由只打击骗取有形财物的行为而不打击骗取财产性利益的行为，除非两种行为在行为方式上存在本质差别。只要有刑事打击的充分理由，即使行为方式有差别，也至多导致不在诈骗罪中评价而已。此结论从德国、奥地利、瑞士等国及我国台湾地区立法例上可得到某种证实：财产性利益或者作为诈骗罪对象的一部分即"他人的财产"的一部分，或者作为诈欺得利罪的犯罪对象。不同的国家或地区尽管规定的方式可能有些许不同，但骗取财产性利益都已入罪是相同

---

① 参见赵秉志：《侵犯财产罪研究》，中国法制出版社1998年版，第227—228页。
② ［日］大谷实：《刑法各论》，黎宏译，法律出版社2003年版，第183页。

的。① 应该说在立法论上财产性利益应成为诈骗罪对象已是不争的事实，无须做过多社会危害性方面的考察。但是此问题一定要通过修改刑法条文来解决吗？在修改法律之前司法论应如何面对这个问题？换句话说，在当下的司法实践中财物概念的解释张力到底有多大。

（二）财物概念的类型学分析

何谓财物？对此法学、经济学或其他学科都有或简或繁的学术定义，但任何定义的价值都是非常有限的，刑法学对财物概念的分析应重在描述而非定义。货币产生之前财物观念（当时并没有"财物"这个词但应该有这个观念）的核心是使用价值，那时的财物必须能直接满足人的衣食住行等需求，无此直接满足人需求功能的物品难以成为人们珍视的财物，那时的社会财富也只能体现在对这些实物的占有。如果我们是在此语境下讨论财物的范围，那么答案就只能是实物了。货币产生以后，虽然货币不能直接满足人的各种需求，但由于货币可以买到满足人需求的实物，财物的范围扩大了，从直接满足人需求的实物扩大到间接满足人需求的货币。不但如此，有了货币这种一般等价物之后，实物作为典型的财物类型之地位就逐步让位于货币，货币当之无愧地成为又一典型的财物类型，至少货币作为财物的典型性不亚于实物。货币的典型财物性依赖社会的货币制度特别是货币信用制度，试想一下，如果今天宣布货币制度取消，钱买不来任何东西，那么钱将成为废纸，还有人会把货币当成财物吗？因此实物成为财物主要因其自然属性，而货币成为财物主要因其制度属性，货币成为财物其实是一种制度性事实。当货币作为典型财物已成为不可争议的制度性事实后，社会的财物观念发生了巨大变化，那就是只要能换钱的东西就都具

---

① 参见王作富主编：《刑法分则实务研究》，中国方正出版社 2003 年版，第 1112—1113 页。

有某种财物属性（具有财物属性的并不一定是财物），尽管这些能换钱的东西本身可能对人或对某些人来讲并无使用价值。这种与钱形成对应关系的实物以外的东西主要有两类：其一，以社会制度为依托的各种财产权利凭证（包括国库券、公司债券、股票、存折、支票、汇款单、信用卡、车船飞机票、提单、借条、房产证等各种证件等）。其二，人的行为（如劳动力成为商品）。这两种能换钱的东西都具有财产属性应无异议，但它们是或都是财物吗？本书认为分析的路径是把这两种东西分别与典型财物即货币进行类型学比较，如果这两种东西与货币在事物类型上本质相同，那么这两种东西也同样应为财物，刑法解释学作此解释并无不妥。如果这两种东西与货币在事物类型上本质不同，那么刑法解释学把这两种东西解释成财物当然涉嫌违反罪刑法定原则。

各种各样的权利凭证如果与实物类型的财物进行类型学比较，得出的结论恐怕是否定的。在实物形态上，仅仅是一张纸的存折与汽车和手表这样的实物相比，几乎不会有人认为两者是同一事物，但现代社会除了实物财物以外还有货币财物，存折与汽车相比类型不同一并不能得出存折不是财物的结论，还要把存折等权利凭证与货币这类财物进行类型学比较，如果答案还是否定，则可以得出权利凭证不是财物的结论。现代社会权利凭证的本质特征是什么？首先，权利凭证是一种物、具有物的形态。权利凭证必须有一定的物质载体，是一种客观的物化存在，尽管随社会变迁物质载体的形式会发生变化甚至是很多的变化。其次，权利凭证是一种制度性存在。权利凭证的存在及其意义必须依赖一定的社会制度，汽车是财物可能并不完全依赖社会制度，但权利凭证及其意义离开一定社会制度将不复存在。最后，权利凭证能够实现财产上的利益。权利凭证最终目标指向财产利益（或者是货币或者是实物），也就是存折对着钱、提单对着货。社会制度必须要保证权利凭证的这些利益实现，国家机器的正常运转使社会制度有了根本保障。一个人只要相信国家机器正常运转就应该相信他的权利凭证中的利益能够实现，就应该相信他手中的存折不是废纸。与权利凭证的这三个本质特征相比，货币是本质同一的事物，尽管货币与权利凭证仍然存在若干现象上的差别，但这些差别都是非本质的。从种属关系上判断，我们甚至可以认为货币也是权利凭证，只不过是一种特殊的权利凭证而已。由于货币的特殊信用地位，使货币实现其财产利益极其直接而且极其便捷，这使得人们经常忘记了货币的本质也是权利凭证。其他权利凭证与货币相比，其差别在于实现财产上的利益具有一定的间接性，要通过一定的程序才能实现凭证中的利益，也就是说要想用存折中的钱买东西就必须先到银行把钱取出来。这种直接与间接的差别并非本质意义的差别，并不能导致其他权利凭证与货币是本质不同的两种事物，只要社会制度能够保证人们随时把存折里的钱取出来，存折与货币就是本质同一的事物。当然，如果这种间接性并非只是履行程序而是根本无法预测结果，那么这样的权利凭证与货币在本质上很难说是同一的。

这种无法预测结果的权利凭证可能与此种凭证的性质有关，也可能与社会制度是否正常有关，如果拿着合法有效的借据到法院总是打不赢官司，人们就不会把借据当成财物，至少不会当成与货币具有相似性的财物。如果官司总是能打赢，那么借据成为财物就有了坚实的社会基础。因此可以得出结论：在一个财产制度、法律制度稳定且正常的社会环境中，财产的权利凭证与货币在事物类型上具有本质同一性，如果认可货币是财物，就应该认可财产的权利凭证也可以是财物。

人的行为（服务）也可以与货币进行交换，在经济学上劳动力也是商品。尽管如此，人的行为是刑法中的财物吗？本书认为答案是否定的。劳动力成为商品，人的行为可以卖钱，这些事实说明在现代社会中人的行为无疑是一种财产性利益（请家政打扫卫生是要花钱的），但是人的行为与货币相比有两个根本性的差异：其一，人的行为不能物化，不具有物的形态。人的行为虽然可以成为财产关系（如合同）中的标的，但是却没有独立的物质载体与之对应，人的行为正在进行时可以看得到摸得着，行为一旦停止就不复存在，过去的行为只能存在于观念中，过去的行为可以证明，但对于当下而言没有任何介质是过去的行为。其二，人的行为与人不可分离，具有人身专属性。从哲学角度看，人是主体而物是客体，物作为客体必须独立于主体之外，而人的行为恰恰与主体融为一体。正是因为人的行为与货币之间的这两点差异，就决定了两者之间的事物类型不同，不论人的行为（服务）多么值钱，它都不可能是像货币一样的财物，任何学科包括刑法学如果把两者在事物类型上等同解释都将是不可思议的。人的行为与货币相比较之后，已经没有必要再与实物财物进行类型比较了，因为人的行为与实物财物区别更大。

通过以上对财物进行的类型学分析，可以看出作为诈骗罪对象的财物的解释边界，不是所有的财产性利益都能解释成财物进而成为诈骗罪的对象。财产权利凭证必要时可扩大解释为财物，此种解释并非类推，不违背罪刑法定原则。当然什么样的财产权利凭证可以解释成财物，什么样的财产权利凭证不可以解释成财物还要具体分析，必须根据凭证特点结合相应社会制度作出判断，因为财产权利凭证范围过于模糊，没有精确的界限，某种凭证是不是财物的判断不是根据"凭证"这个词而是根据社会制度及现实。把某些财产权利凭证（比如借条）解释成刑法中的财物，有时还是会让人感到有些惊讶，因为很多人是在民法语境中理解财产权利凭证的。在民法语境中，财产权利凭证一般被认为仅仅是债权凭证，是与债权（而非物权）对应的东西，刑法中的财物一般被认为应该是与物权对应的东西，把债权凭证解释成刑法中的财物似乎与民法语境中的物权概念有点格格不入。本书认为民法中物权与债权之关系理论刑法有必要参考，但刑法未必要与民法保持完全的一致，因为民法、刑法各有自己的任务和理论基础，不能因为民法上把财产权利凭证命名为债权凭证就认为刑法不能把财产权利凭证解释为财物，只要刑法的这种解释符合解释规则、符合社会发展的需要、符合人们对财物概念的语义想象空间、符合刑事司法的需求。更何况民法理论中债权与物权的区分也出现了相当化的趋势。"物权与债权相互交融,二者界限日益模糊。法律赋予某些债权具有对抗第三人的效力,即'债权物权化'。另一方面'物权债权化'趋势也开始出现,如大量的有价值券成为所有权的客体,权利质押开始出现等。"① 因此,在刑法中尽管把财产权利凭证(特别是个别的财产权利凭证)按财物进行解释可能会存在一些观念上的冲突,但不会存在严格的理论障碍,解释的结论在有些人看来可能是预料之外,在刑法看来却又在情理之中。我国目前的一些相关立法条文及相关司法判例也能印证本书观点。例如,刑法第196条规定盗窃信用卡并使用的构成盗窃罪而非信用卡诈骗罪,这说明信用卡在此时是财物。刑法第210条规定盗窃增值税专用发票构成盗窃罪,骗取增值税专用发票构成诈骗罪,这说明增值税专用发票在此时也是财物。在司法上,债务人以消灭债务为目的抢劫自己出具的借条被判抢劫罪的案例屡见不鲜,此时的借条显然被认为是财物。人的行为与财产权利凭证的事物属性则完全不同,即使可以换取再大的经济利益,也不能把人的行为解释成财物,人的行为只能是一种财产性利益,仅此而已。骗取人的行为(服务)即使有再大的社会危害、给被害人造成再大的财产损失,当下恐怕也无法认定现行刑法中的诈骗罪,此问题必须留给立法解决,如果当下刑法解释学把人的行为解释成财物,那么这种解释就不再是被允许的扩张解释,有违罪刑法定原则。

(三)部分案例之结论

行文至此,似乎可以对前文案例1、2、3、4、6、7得出结论了。案例4中的房产证,案例6、7中的借条都是财产权利凭证,在刑法解释学

---

① 张明楷:《法益初论》,中国政法大学出版社2000年版,第600页。

上均可以扩大解释为财物，行为人使用欺骗手段骗取房产证、借条可以认定诈骗罪。案例3行为人骗取的是卖淫小姐的性服务，性服务的本质当然是人的行为，而人的行为在当下不能解释成诈骗罪中的财物，否则就是类推适用。因此骗取卖淫小姐的性服务不构成诈骗罪不是因为性服务的非法性，即使是骗取合法的有偿服务同样不能构成诈骗罪。骗取服务在很多国家或地区都认定诈骗罪，这对于我们当下认定骗取服务的性质没有太多的参考价值，因为立法表述不同。别的国家或地区把骗取财产性利益规定在诈骗罪中，这在一定程度上表明财物以外的财产性利益也应入诈骗罪，我国当下解决骗取服务（财产性利益）入罪问题的思路在立法而非司法。

　　案例1所代表的案件情况较为复杂，在司法实践中拒绝支付高速公路使用费的问题上涉及的行为方式一般有四种：其一，绕开收费站。其二，伪装成免费车辆。其三，在收费卡上作假。其四，收费时公然逃跑。案例1属于第四种情形。第二种伪装成免费车辆的情况已有司法解释，2002年4月10日最高人民法院司法解释规定使用假军车牌骗免养路费、通行费的构成诈骗罪。但是根据这个司法解释，我们看不出骗免通行费构成诈骗罪时犯罪对象是什么，即财物是什么，是该交的费用还是别的什么东西？该交的费用其实就是行为人欠收费单位的债务，相对于收费单位该费用就是自己的债权，因此从费用角度分析行为人与被害人的关系就是一种债权债务关系，行为人骗免费用就是用欺骗手段免除自己的债务。对于行为人而言，债务之免除肯定获得了一种财产性利益，但如果行为人仅仅骗取了财产性利益，认定诈骗罪的司法解释就有违背罪刑法定的嫌疑。如果认为此司法解释并不违背罪刑法定，那么就必须找到骗免费用案例中行为人骗得的财物到底是什么？既然在骗免债务中只能找到财产性利益找不到财物，那么本案中的财物就只能在骗免债务之前寻找。行为人在骗免债务之前到底得到了什么？答案很明确：就是已经得到了高速公路管理部门的服务，应收的费用也正是这种服务的价格。如果行为人骗得的服务可以解释成财物，那么司法解释就是正确的。非常遗憾的是，服务不能解释为财物，只能解释成财产性利益。前文已经分析，人的行为虽然可以与金钱交换，但财物的语境无论如何无法涵盖人的行为。高速公路的服务在本质上当然是人的行为，即人的服务行为，行为人骗免债务之前骗取的也仅仅是一种具有财产性利益的人的行为（服务）。所以骗免高速公路使用费行为的本质是骗取财产性利益，对此类行为评价为诈骗罪应该说是一种类推适用，最高人民法院的司法解释的合理性值得商榷。

案例 2 表面上看与案例 1 有些类似，但其实并不然。案例 2 中行为人在拒不付费之前也骗取了饭店的服务，这种服务与案例 1 具有相似性，但是案例 2 中的行为人除了骗取服务外，还骗取了各种各样的具体的食物，这些食物当然是财物，毫无疑问应包含在诈骗罪的对象范围中。所以案例 2 中的行为人使用欺骗手段在饭店消费，骗取的具体物品部分应该评价为诈骗罪，诈骗的数额就是这些物品的价格，如果 5000 元的价格中有纯粹的服务费，则纯服务费应从诈骗罪数额中扣除。之所以扣除纯服务费是因为纯服务的性质不是财物，服务的性质是人的行为、是财产性利益而已，纯服务费不扣除又等于是把人的行为这种财产性利益类推解释成财物，这是罪刑法定原则所不容许的。

三、"屠龙刀"之定性：虚拟财产的解释

本书中"屠龙刀"代表的是所有网络游戏中的虚拟财产。国家法律体系应如何对虚拟财产进行定性，特别是刑法应如何评价侵犯虚拟财产的行为，这些问题近几年来一直备受关注但又争论不休。[①] 本书以"屠龙刀"

---

① 参见于志刚主编：《网络空间中虚拟财产的刑法保护》，中国人民公安大学出版社 2009 年版；赵秉志、阴建峰：《侵犯虚拟财产的刑法规制研究》，《法律科学》2008 年第 4 期。

能否成为诈骗罪对象为切入点，目的是对虚拟财产的财产属性及刑法规制进行讨论。

当虚拟财产刑法评价问题已经讨论得如火如荼的时候，关于虚拟财产的定义仍有争议。侯国云教授对虚拟财产的定义是："游戏商在网络游戏中编制并提供给游戏玩家的能够为游戏角色个人持有和使用的名为武器装备、游戏货币、土地房屋、日用品等电子数据模块。"①王志祥教授的定义是："对虚拟财产的概念应界定为：网络游戏玩家在网络游戏中所拥有、支配的，存在于网络服务器的存储空间中的，可供游戏玩家用于运行游戏的各种数据资料或参数，具体表现为游戏货币、游戏装备等。"②王志祥教授进而认为自己对虚拟财产的定义与侯国云教授的定义不同。其实，两个定义除了文字表述外还有哪些实质的差别，两者对当下虚拟财产的特点都给予了基本相同的概括。本书认为对虚拟财产问题的研究应超越对定义的纠缠，没有必要比较哪个定义的表述更准确，研究应从对虚拟财产的描述开始。随着网络游戏的参与者越来越多，网络游戏内部的事物逐渐开始影响现实生活，虚拟财产这个概念所指称的事物也逐渐开始明晰，无论你是不是网络游戏的参与者（"玩家"），你都不可能对此一无所知，因为这些事就在你的身边，应该说虚拟财产已经是我们熟悉的事物了。越是熟悉可能越是熟视无睹，虚拟财产与其他事物相比，特别是与其他相似事物相比有哪些特点，必须要总结和描述出来。虚拟财产具有如下特点：其一，虚拟财产只存在于网络游戏中，由游戏供应商编制并提供。其二，游戏参与者（以下简称"玩家"）对虚拟财产可以控制。其三，虚拟财产在游戏中可以使用，提高游戏乐趣。其四，玩家之间对虚拟财产可以转让并转移控制。其五，虚拟财产在网络游戏中都有一个符号形象，包括虚拟的货

① 侯国云：《论网络虚拟财产刑事保护的不当性》，《中国人民公安大学学报》2008年第3期。
② 王志祥、袁宏山：《论虚拟财产刑事保护的正当性》，《北方法学》2010年第4期。

币、武器、动产或不动产等符号形象。从这些特点来看，虚拟财产与现实财产相比差别巨大，只要一关电脑虚拟财产的符号形象就消失得无影无踪，虚拟财产中的"屠龙刀"与现实中的任何一把刀永远都不是一回事，对虚拟财产中的"屠龙刀"财产性的找寻路径绝不能是财物的物理特性，因为物理特性的"屠龙刀"肯定没有。在"屠龙刀"的物理特性之外，"屠龙刀"对现实世界带来了什么影响？这些影响中是否包含了财产性的影响呢？

（一）虚拟财产是什么？

人的智慧创造了无数种游戏，几乎没有人不玩游戏，但为什么只在网络游戏中产生了虚拟财产的问题呢？这个问题的回答与我们思考虚拟财产的财产性有关。我们认为唯一的原因是参与网络游戏的玩家数量太大。我们设想一下，如果这个游戏只是三个人参与的斗地主，那么产生的社会问题充其量是赌博，无论游戏规则怎么变动，只要斗地主的人数是三个就对社会不会产生实质的影响。换句话说，参与游戏人数的多少对游戏的社会意义具有实质性的影响，当参与游戏的人数较少时，游戏的戏里戏外界位分明，戏里戏外互不影响，游戏是纯粹的游戏。当参与游戏的人数较多时，戏里戏外就可能相互影响了。当参与游戏的人数达到一定规模时，小规模游戏中不可能出现的现象就完全可能出现，在大规模或超大规模游戏中出现虚拟财产的问题也就一点都不奇怪了。在互联网时代到来之前超大规模人数参与的游戏是不可想象的，只有互联网的出现才使几百万人甚至几千万人同玩一个游戏成为可能，所以虚拟财产才只出现在网络游戏中。为什么参与游戏活动的人数规模会有如此大的影响？这个问题下文会有专门的论证，在此需要回答的是大规模网络游戏中虚拟出的财产到底是什么。当虚拟财产问题出现时，网络游戏的玩家规模已经达到了相当的程度，戏里戏外已经开始互相影响了，当下就更是如此。对于研究者来讲，当下虚拟财产的特征考察固然重要，但千万不要忘记当下虚拟财产已经是玩家数量巨大化的产物了，千万不要忘记对虚拟财产的特征考察是戏里还是戏外。目前对虚拟财产是什么的研究，主要集中在回答虚拟财产是不是现实生活中的财产（财物），回答的结论及论证针锋相对。此针锋相对的形成原因很多，有立场的问题、也有学科视角的问题，但本书认为最重要的原因是在论证方法上没有区分戏里戏外。如果仅仅站在游戏玩家数量巨大后的角度考察虚拟财产特征，那么此时的虚拟财产已经对戏外的现实社会产生了影响，同时，现实社会也就对虚拟财产这个事物产生了影响。考察已经受到现实社会影响的虚拟财产时，人们有时可能会难以分清哪些特征是虚拟财产的本来特点，哪些特征是虚拟财产对社会产生的影响。为了认清虚拟财产的本来面目，有必要回到纯粹游戏的状态、回到游戏不影响社会的状态，那就是回到游戏玩家相对较少的状态来观察虚拟财产是什么。因此，对虚拟财产是什么的回答应分两个阶段进行：第一，玩家数量较少的纯游戏状态虚拟财产是什么？第二，玩家数量巨大的游戏状态虚拟财产又是什么？当玩家数量较少时，游戏的戏里戏外界限清晰，戏外的社会对游戏里的世界并无兴趣，游戏中存在的东西对玩家有意义而对现实社会几乎没有任何意义，游戏玩家知道自己拥有的网络游戏虚拟财产只在游戏中有意义，这种游戏的意义就是：玩家拥有某种虚拟财产等于拥有某种游戏玩法的资格。在少数人参与的游戏中，无论虚拟财产在电脑屏幕上的符号形象是什么（或是屠龙刀或是枪炮武器或是房屋货币），玩家获得的仅仅是游戏商提供的一种服务而已。当玩家不拥有某种虚拟财产时，玩家只能享受游戏商提供的没有虚拟财产功能的游戏服务；当玩家拥有某种虚拟财产时，玩家就可以享受有此种虚拟财产功能的游戏服务。对于游戏商来讲，有没有某种虚拟财产只意味着提供给玩家的服务不同罢了；对于玩家来讲，有没有某种虚拟财产也只意味着能否享受某种游戏服务罢了，表面上看玩家参与的似乎是一个游戏，但功能不同的游戏提供的服务是完全不同的。无论虚拟财产在电脑屏幕上的形象是什么,其代表的都是某种服务的符号,不能因为这种形象是物就认为它是物,更不能因为这个形象是人就认为它是人,游戏商无须向玩家保证具有物的形象的虚拟财产能真的成物,更无须向玩家保证具有人的形象的虚拟财产能真的成人,游戏商只需对虚拟财产的游戏功能负责。因此,如果从符号形象上分析每一种虚拟财产都好像各不相同(刀是刀,枪是枪),但从形象背后的法律本质分析,所有虚拟财产的法律性质完全相同,即都是某种游戏服务的符号。作为网络游戏服务符号的虚拟财产与现实社会中的商业服务凭证没有区别,例如某洗浴中心出售三种服务票,第一种票上的图案是"屠龙刀",第二种票上的图案是"手枪",第三种票上的图案是"别墅",第一种票可洗淋浴,第二种票可洗桑拿,第三种票可游泳。这里的"屠龙刀""手枪""别墅"就是现实生活中的三种虚拟财产,与网络游戏中的虚拟财产一样,它们分别是洗浴中心提供的淋浴、桑拿、游泳服务的符号。综上可以得出结论:当游戏玩家数量较小时游戏对现实社会没有影响,游戏中的虚拟财产是游戏商提供给玩家的服务凭证。当游戏玩家数量规模超大时,虚拟财产会发生什么变化吗?

(二)虚拟财产怎么了?

网络游戏玩家数量的小规模是一个理论虚构,其目的是考察游戏中的虚拟财产的本来面目。一旦游戏玩家的数量达到一定规模特别是达到超大规模时,游戏中的虚拟财产会发生什么变化呢?为使两种规模游戏中虚拟财产的比较更深刻,规模大的游戏玩家我们假设有3000万人,规模小的游戏玩家我们假设只有三个人,这两种极端状态的比较会使我们发现更多的问题。当游戏只有三个人玩时,一个玩家想放弃一种虚拟财产即放弃一种服务,他只能寄希望于另外两个玩家,如果另外两个玩家不接盘,这种服务就无法转让。这种无法转让的服务就永远是一种单纯的服务,这种单纯的服务对于不再需要它的玩家而言没有任何价值。就好像你买了一张澡票后不想洗澡了，如果你既不能退票又不能卖给他人，这张澡票如果不过期就永远只是等待为你提供洗澡服务的凭证，你拥有的就永远是这种服务利益。当游戏玩家达到 3000 万人时情况肯定会发生变化，这种变化就是玩家想放弃某种虚拟财产即放弃某种服务时，他可能会随时随地找到接盘的玩家，并且这种可能性会随玩家数量的增多而增大。当玩家很容易找到虚拟财产接盘的下家成为社会现实时，虚拟财产就会成为现实社会中的财产性利益。此种道理很简单，如果一个社会已经形成了越来越多的玩家愿意花钱去购买游戏商提供的服务这种现实，那么这种服务就会变成买卖的客体，这种买卖不但会发生在玩家之间，还可能会发生在非玩家之间，因为非玩家也知道这种服务能卖钱。因此，虽然网络虚拟财产的本质只不过是游戏商提供给玩家的服务，而且虚拟财产的这种行为本质不会随着游戏规模大小变化而变化，但当玩家数量达到一定程度时，首先在玩家之间就会形成交易此种服务的市场，并且随着玩家之间市场的稳定及扩大，这种服务的交易市场就会扩大到整个社会。网络游戏商提供给玩家的服务（虚拟财产）有能力在整个社会形成交易市场，这是虚拟财产能够成为财产性利益的根本原因，无论你喜不喜欢网络游戏，也无论你是否认为虚拟财产是财产，虚拟财产都可以变现。对虚拟财产是否是财产持否定论的学者一直在努力论证虚拟财产不具有财物的特点，其不应该是财产，[①] 但否定论也一直很纠结不是财物的东西为什么能卖钱？现代社会中能卖钱的东西除了传统的实物财物以外还有很多，无论是肯定论还是否定论，如果只把虚拟财产和实物财物相比就得出肯定或否定的结论，都存在方法上的误区。无论虚拟财产与实物财物存在多大的区别，只要有人需要这种游戏服务、只要有人愿意花钱购买这种服务，这种服务就毫无疑问是一种财产上的利

---

① 　参见侯国云：《论网络虚拟财产刑事保护的不当性》，《中国人民公安大学学报》2008 年第 3 期。

益。网络游戏商有本事让如此多的人玩他的游戏又有本事让如此多的人需要他的各种服务（虚拟财产），才使得游戏中单纯的一种服务变成了社会中财产上的利益，如果游戏商只有本事让三个人玩他的游戏，这个世界上就不会有人讨论虚拟财产的问题。因此完全可以得出结论：是游戏玩家的规模让游戏服务走出了游戏，是游戏的规模让游戏中的虚拟财产成为现实社会中的财产性利益。

（三）侵犯虚拟财产如何评价？

如果把虚拟财产定性为财产性利益是准确的，那么骗取"屠龙刀"的行为该如何进行刑法评价呢？这个问题既是目前刑法学研究的热点，也是本书选题的初衷之一。前文已经详细论证过没有任何物化载体单纯的财产性利益（比如人的行为）不能扩大解释成诈骗罪中的财物，否则违反罪刑法定原则，骗取单纯财产性利益构成诈骗罪的问题只能留给立法解决。网络虚拟财产仅仅是单纯的财产性利益而不能扩大解释成诈骗罪对象中的财物吗？本书认为网络虚拟财产可以解释成诈骗罪对象。网络虚拟财产是一种服务，这种服务是有市场需求的财产性利益，如果这种财产性利益没有物化载体，即没有利益的凭证，那么无论如何都不能把单纯的财产性利益解释成财物。但是如果这种财产性利益有物化载体，则情况就大不相同，该物化载体虽然不是实体财物，但在社会的财产制度中物化载体就是财产权利的凭证，必要的时候完全可以把权利凭证解释成财物，每一种网络虚拟财产在网络中都会有自己的服务符号，这种符号就是财产性利益的凭证，尽管这种符号只能存在于网络中，但网络中的符号也是现实的存在，网络中的服务符号（虚拟财产）与洗浴中心的门票一样真实，只要这种符号在网络中能够被占有且能够被转移占有。因此虚拟财产这种有凭证的财产性利益，其服务符号与现实社会中的财产权利凭证没有本质上的差异，骗取虚拟财产与骗取现实社会中的财产权利凭证的行为类型相同，应作相同的刑法评价。

侵犯虚拟财产能否按财产犯罪进行评价，目前刑法学界对此存在肯定论和否定论，肯定论认为虚拟财产与现实社会的财产无差别，否定论认为虚拟财产并不是现实社会中的财产。① 本书赞同肯定论的结论但不赞同肯定论的论证，肯定论虽然承认虚拟财产的财产性，但并未区分虚拟财产到底是哪一种财产。本书赞同否定论的论证但不赞同否定论的结论，否定论关注虚拟财产与实物财产的差异，并对虚拟财产与实物财产之间的差异论证得十分深入。但是否定论可能忽略了一点，即这种差异即使再大，也只能说明虚拟财产不是实物财产。实物成为财产的必备理由即使虚拟财产都不具备，这仍然不是论证虚拟财产不能成为财产的充分理由，因为虚拟财产本来就不是实物财产而是凭证类财产。无论否定论多么反对虚拟财产成为财产，也无论虚拟财产成为财产会给社会带来多大的危害，更无论虚拟财产会不会带来社会财富的增长，否定论也必须承认社会上有如此多的人肯花钱购买虚拟财产代表的这种服务，哪怕这种服务无比的无聊，哪怕这种服务对人有害。只要国家法律不禁止这种服务、只要社会上有人需要这种服务，这种服务的财产性刑法就必须承认，甚至即使国家禁止游戏商向玩家提供这种服务，但只要游戏商事实上提供了这种违法的服务、只要玩家肯花钱去享受这种违法的服务，对这种违法的服务刑法同样不能否定其财产性，这就好像毒品是法律规定禁止私人占有的物品，但刑法不能否定其财产性。至于虚拟财产是否应该被禁止或虚拟财产的价格是否合理合法，这些都不是刑法关心的问题，也不直接影响刑法的评价，这些都是工商管理或价格管理的范畴。

---

① 本书以侯国云教授发表在《北方法学》2012 年第 2 期的《再论虚拟财产刑事保护的不当性》一文为否定论观点的代表，以王志祥教授发表在《北方法学》2010 年第 4 期的《论虚拟财产刑事保护的正当性》一文为肯定论观点的代表。

四、结论

我国刑法典法条表述中财物概念出现的频率比较高，在财产犯罪一章财物概念更是必不可少。本书虽然以诈骗罪为视角但结论具有普遍性。刑法中的财物之典型样态是实物财产，看得到摸得着的有体动产最为典型。现代社会中的财产性利益越来越丰富多彩，侵犯各种各样财产性利益行为的刑事可罚性也越来越明显，但这并不能成为把所有财产性利益都解释成财物的理由，刑事司法中什么样的财产性利益能扩大解释成法典中的财物必须遵守刑法解释的原理，对于财物解释极限之外的侵犯财产利益行为只能通过修改刑法解决。某种财产性利益只有当存在确定的利益凭证时，才有可能被扩大解释成财物，实物财产主要以其自然属性成为财物，财产性利益凭证以其制度性事实属性成为财物。网络虚拟财产作为物是虚拟的但作为财产是真实的，虚拟财产是与实物财产相对应的凭证类财产。把虚拟财产（网络服务符号）扩大解释成财产犯罪中的财物，其依据就是因为社会上已经形成关于此服务符号的财产制度性事实。

最后还要回答本节开始提到的一个问题：在所有的具体罪名中财物概念必须作完全相同的解释吗？本节对财物的解释虽然以诈骗罪为视角，但解释的根据与诈骗罪的行为类型特质并无必然的联系，解释的结论应该具有普适性，其他罪名中出现的财物概念原则上也应坚持相同的解释原则。当然，由于不同的具体罪名都有自己独立的行为类型，在对财物的具体解释过程中，某一罪名的行为特点可能对财物的解释结论起到决定性的作用，导致同一财物概念在不同罪名中的外延可能会有所不同，尽管刑法中财物概念的解释极限是一致的。换句话说，某种财物能否成为某一具体罪名的对象，不但与刑法上财物的解释极限范围有关，更与该罪的行为类型特点有关，例如虚拟财产可以成为诈骗罪对象但不一定能成为毁坏财物罪的对象。

第四节　避免类推解释的理论解构

1997 年刑法典实施后，对刑法条文作任何形式的类推适用均是违反罪刑法定原则的违法行为。但制度层面的废除是否真的意味着在具体刑事案件的处理中类推完全销声匿迹了？从严格意义上讲，任何刑法条文的适用都需要司法人员对法条表述进行解释，在解释的过程中难道就不会出现以解释之名行类推之实吗？因此，刑法理论依然需要高度关注类推与解释特别是与扩大解释的界限问题。如果从一般的抽象理论层面概括类推与解释的界限，答案似乎比较清楚。但是，"扩张解释和类推解释，两者虽然在理论上可以进行区别，但是实际上却是相当困难的。而且主张将扩张解释和类推解释加以区别，禁止类推解释却允许扩张解释的理解，实际上没有任何意义的见解也很有力"①。因此，扩张解释和类推解释的区别必须通过具体问题加以说明才真的具有理论意义。本书对解释与类推界限的讨论是通过"财物"这个概念来完成的。

一、财物解释的边界问题

甲系某通信公司（非国有性质）工作人员，其发现自己公司有一条千兆光纤闲置没有开通，利用职务便利将该光纤私自接到自己家中使用，两个月后被公司发现。经物价部门鉴定，该光纤被盗用的使用费合计 70 余万元。对于本案最具有理论价值的讨论是甲能否构成职务侵占罪，因为认定职务侵占罪就必须对本案的特殊犯罪对象进行是否为财物的论证。本

---

①　［日］大谷实：《刑法讲义总论》（新版第 2 版），黎宏译，中国人民大学出版社 2008 年版，第 58 页。

案甲的行为能否认定职务侵占罪争议颇大，肯定论与否定论争议的焦点其实只有一个：甲非法获取的到底是不是刑法规定的"财物"。肯定论认为，甲的盗用行为窃取的就是财物；否定论则认为，甲窃取的不是财物，如何解释财物概念将直接决定本案的定性。肯定论的理由主要有以下几点：①其一，本案对通信公司造成的损失特别巨大，有刑事处罚的必要性。其二，甲对光纤的占有虽然与占有动产存在较大区别，但是这种区别是表面的非本质的，因为光纤的占有就意味着光纤使用费的占有，对于通信公司来讲光纤使用费的损失等价于同等价值动产被侵害，同理，甲对光纤使用费的占有等价于同等价值的动产的占有。其三，本案中物价部门对甲非法所得数额作出了准确的鉴定，此鉴定的方式及结论与财物（动产）的处理方式相同，说明光纤使用费与财物的性质相同。其四，如果抛开利用职务便利不谈，本案与刑法第 265 条规定的盗接他人通信线路行为性质相同，都是对服务的窃用行为，盗接他人通信线路如果被认为是对财物的窃取，那么，本案就应该被认为是对财物的侵占。否定论的理由主要有以下几点：其一，财产性利益的范围非常广泛，在财物之外任何具有经济价值的东西都属于财产性利益的范畴。而财物与财产性利益有本质的差异，财物不但要具有经济价值，而且还要具有一定的物质形态。本案甲盗接光纤虽然造成通信公司巨大损失，自己也获取了非法经济利益（财产性利益），但这并不能说明甲获取的是财物。其二，甲盗用的光纤虽然具有物质形态，但光纤的占有及所有均未改变主体，仍然归属通信公司，甲获得的只是通信公司通过光纤提供的网络服务。这种服务虽然具有经济价值，但服务并非财物。其三，本案中光纤的盗用与刑法第 265 条规定的"盗接他人通信线路"并非同一性质的事物，两者的行为类型不同。

---

① 本案例虽为虚构，但类似的真实案例在司法实践中绝不罕见，笔者对此虚构案例曾征求一些法官、检察官的意见，也曾组织过一次理论研讨。

通过本案提出了一个理论问题，即财物概念解释的边界到底在哪里？司法实践中财物的种类多种多样，既包括有形财物，也包括无形财物。有形财物的解释一般容易达成共识，而无形财物的解释却经常存在较大争议。本案中甲通过对光纤的盗用而非法获取的其实是一种服务（网络服务）而非光纤本身，服务可以成为商品也可以销售，但服务是刑法意义上的财物或可以解释成刑法意义上的财物吗？服务的种类也是多种多样的，如果服务是财物，是否意味着所有的服务均可成为财物呢？如果不是所有的服务都能成为财物，那么，把服务解释成为财物的极限在哪里？超出极限的解释显然是类推，本书的主题就是讨论服务与财物的关系并进而从这个侧面展示何种解释其实是类推。

二、服务何时才能成为财物？

"诈骗犯罪，是欺骗他人、取得财物，或者根据被欺骗者的处分行为而取得财产性利益的犯罪。"① 从这种诈骗犯罪的定义表述中可见，财物与财产性利益是两种性质不同的事物，两者系并列关系。虽然我国刑法规定的财产犯罪对象仅限于财物，并不包括财产性利益，但是，由于财产性利益也是与金钱对应的事物，在这一点上与财物似乎并无太大区别，所以，很多人总是有意无意地喜欢站在立法论角度上看问题，认为无论从被告人角度还是从被害人角度看，非法获取财物与非法获取财产性利益刑法应作同一评价。正是因为受这种立法论思考方式的影响，在司法实践中忽略财物与财产性利益的本质差异也就不足为怪了，特别是当被害人的财产性利益存在重大损失时，不把财产性利益解释为财物似乎就是司法不公。但是，在刑法未修改之前，无论财产性利益损失多么巨大，为了对行为人定

---

① 〔日〕大谷实：《刑法各论》，黎宏译，法律出版社 2003 年版，第 183 页。

罪处罚，为了实现实质正义而把财产性利益解释为财物其实就是刑法的类推适用。实践中涉及是财物还是财产性利益的解释争议对象很多，本书只讨论服务能否成为财物的问题。服务是财物抑或财产性利益？更准确地说，哪些服务是财物，哪些服务是财产性利益呢？

案例 1：某单位出租停车位，每个车位一年的租金为 1 万元人民币。负责出租业务的工作人员发现有一个车位未租出去，就私自把这个车位归自己的车停放使用，私自使用的时间是一年。本案中的车位管理人员非法获取的是单位为停放的车辆提供的服务，这种服务是有价值的，即为 1 万元人民币。尽管这种服务有价值但恐怕没有人认为这种服务是刑法意义上的财物，私自停放也不会被认为构成了窃取单位的财物，非法获取单位的这种服务也只能被认为是对财产性利益的占有而已。通过此案例能否得出服务不是财物的普遍性结论，答案是否定的。

案例 2：某演艺公司组织召开演唱会，每张门票 1000 元人民币。乙盗窃一张门票后检票进入会场观看了演出，丙从非检票处偷偷溜进会场观看了演出。本案中演艺公司提供的产品就是演出服务，乙、丙两个人通过非法手段最终所获得的也正是这个演出服务，但刑法对乙、丙两个人的评价却大不相同。对于丙来讲，其采取的手段是直接获得演出服务，被这种手段非法获取的服务与前文案例 1 中的服务性质同一，仅为单纯的财产性利益。对于乙来讲，其获得演出服务分为两步：第一步获取代表演出服务的门票，第二步持门票获得演出服务。

从乙获取服务的两个阶段看，第二步显然没有刑法评价的意义，需要刑法评价的是第一步。在刑法解释学中演出服务的门票作为权利凭证几乎被公认是财物的一种，"在一个财产制度、法律制度稳定且正常的社会环境中，财产的权利凭证与货币在事物类型上具有本质同一性，如果认可货币是财物，就应该认可财产的权利凭证也可以是财物"①。现在的问题是为什么服务本身仅为财产性利益而代表服务的门票却成了财物呢？门票是权利（享受演出服务）的凭证，门票之所以成为财物显然不是因为这张纸，而是因为门票代表了演出服务，门票是演出服务的物化载体。但是，门票所代表的演出服务并不是张三跳舞、李四唱歌这种具体的演出，而是指流通领域商品意义上的演出服务。作为一种流通领域的演出服务其本质特征是交换价值而非使用价值，换句话说，法律评价作为流通领域一种商品的演出服务，评价的核心是此服务值多少钱而不是这种服务包含哪些具体的演出内容。如果从服务的具体内容看，即从使用价值看，服务与一般的财物的确有重大差异，但如果从服务作为商品的交换价值看，服务与一般的财物在事物类型上又确属同一。所以，当演出服务仅仅作为观众体验层面的具体演员的表演（张三跳舞、李四唱歌）时，演出服务就只能作为财产性利益而存在，用非法手段直接获得艺术享受的（偷偷混入剧院），只能评价为获得了财产性利益而非获得了财物。但是，当演出服务一旦成为商品进入流通领域就会成为财物，并且这种流通领域的演出服务的物化载体，即门票也会成为财物，因为门票与演出服务一一对应，拥有门票就等于拥有了演出服务。通过对文艺演出这种服务的财产属性分析可以得出一般的结论，自然意义上的服务之本质是人的行为，人的行为无论如何都与财物概念的内涵相去甚远。"不论人的行为（服务）多么值钱，它都不可能是像货币一样的财物，任何学科包括刑法学如果把两者在事物类型上等同解释都将是不可思议的。"② 必须注意的是，人们的财物观念会随社会经济发展模式变化而变化，在市场交换并不活跃的经济环境中，人们关注财物的使用价值，有体财物当然是财物的最普遍的形态。在市场交换异常活

---

① 董玉庭：《论刑法中财物概念之解释》，《当代法学》2012 年第 6 期。

② 董玉庭：《论刑法中财物概念之解释》，《当代法学》2012 年第 6 期。

跃的市场经济社会，人们对财物的交换价值会更加关注，甚至会视交换价值为财物的本质特征，财物的种类也就自然从有形扩张到无形。人的服务行为在市场经济中完全可能变成流通领域用来交换的商品，服务行为在自然状态下（非交换状态）充其量不过是对人有价值的利益，无法与财物相提并论。但是，当服务行为进入交换环境时，服务行为的种种具体表现就变得不再重要，交换环境下的服务行为成了一种抽象的观念性存在，这种观念性存在完全可以成为交换的客体进行买卖。当服务像有体物一样进行交换、买卖时，服务与有体物就不再有本质区别，尽管此时作为观念性存在的服务是无形的。所以，服务不是不可以成为财物，只是需要进入流通环境。什么时候服务进入了流通环境也是需要讨论的问题。本书认为，服务进入流通环境应该具备三个特征：其一，服务存在物质载体并通过物质载体对服务进行计量。其二，服务与物质载体之间形成一一对应的稳定关系。其三，服务的取得或失去等变化必须通过物质载体间接进行。由此可见，前文案例 1 中行为人对车位的窃用并不是对财物的窃取，案例 2 中乙窃取门票是窃取财物，而丙溜进剧场享受服务并非窃取财物行为。

三、窃用光纤行为的解释边界

回到本书第一部分的虚拟案例，甲窃用单位未开通的光纤是不是对单位财物的窃取呢？刑法第 265 条规定："以牟利为目的，盗接他人通信线路、复制他人电信码号或者明知是盗接、复制的电信设备、设施而使用的，依照本法第二百六十四条的规定定罪处罚。"很多人就是参考刑法第 265 条规定的"盗接他人通信线路"才对本书虚拟案例被告人的行为作出窃取财物解释的。因此，如何解释刑法第 265 条直接影响本书虚拟案例的解释结果。需要明确刑法第 265 条是拟制性规定抑或注意性规定，这取决于刑法第 265 条规定的行为是不是对财物的窃取，如果盗接他人通信线路或复制他人电信码号根本无法解释成是对财物的窃取，那么，本条规定构成盗窃罪就是法律拟制性规定。如果盗接他人通信线路或复制他人电信码号可以解释成为对财物的窃取，那么本条规定构成盗窃罪就是法律注意性规定。本书认为，刑法第 265 条是关于盗窃罪的注意性规定，因为"他人通信线路"和"他人电信码号"本身就是一种财物，更准确地说是一种无形的财物。无论是通信线路还是电信码号其实都是电信机构提供通信服务的标志或符号，通信服务本身只是服务而已，与其他服务不会有实质性区别，未进入流通领域的通信服务只是一种财产性利益。当通信服务作为一种商品进入流通领域时，该服务当然可以成为财物。通信服务进入流通领域的标志是电信机构与客户之间建立了买卖交易合同关系，该合同关系建立后，所涉及的通信线路或电信码号就成为通信服务的物质载体，通信服务通过物质载体进行的流转都是财物的流转。但是，如果通信线路或电信码号尚未开通，或者说电信机构与客户的交易关系尚未建立，那么，使通信服务成为财物的物质载体就不存在，这种状态下通信服务只是单纯的财产性利益，私自开通线路获取通信服务就不再是对财物的窃取，而是对财产性利益的非法取得。刑法第 265 条在通信线路和电信码号前边都用"他人"加以限定，其目的就是为了把本条规定的范围限制在对财物的窃取而非扩大到财物之外的财产性利益。这里的"他人"主要包括两类：其一，是指与电信机构建立交易关系的客户。如果行为人窃用其他客户的通信线路或电信码号造成客户的资费损失当然属于窃取财物的行为类型。其二，电信机构自行开通计费的公用通信服务，这种通信服务也进入了流通领域，此时的"他人"特指电信机构自己。"他人"这样的立法限制性规定就把刑法第 265 条对窃用通信服务的范围限定在流通领域，或者说把刑法第 265 条的窃取对象仍然限定在财物的范围之内。既然刑法第 265 条规范的仍然是对财物的窃取行为，那么，本条当然就是刑法第 264 条规定的一般盗窃罪的注意性规定，而非刑法第265条把盗窃罪对象扩展到财产性利益。行为人盗接电信机构尚未开通的通信线路窃取通信服务，并不能构成盗窃罪，如果把没有进入流通领域的尚未开通的通信线路与进入流通领域的已经开通的通信线路作事物类型同一的解释，那么，这种所谓的解释就已经是类推解释了，也就是把财产性利益类推成财物。

对于本节虚拟案例中的窃用单位光纤行为是不是对单位财物的窃取，笔者支持否定论。因为通信公司通过光纤为客户提供网络服务，在该光纤并未与客户达成交易使用状态之前（正常开通之前），属于未进入流通领域的服务，对这种服务的直接窃用只能评价为非法取得财产性利益而不能评价为对财物的窃取，因此，即使把本案例中的光纤完全理解成刑法第265条规定的"通信线路"，也会由于此服务未进入流通领域而无法解释成财物。也许还会有人把虚拟案例中的窃用光纤与窃电进行事物类比，认为本案的窃用光纤与窃电类型同一。本书认为，此种类比并不成立。广义上讲，窃电也是窃取服务，但电能服务与通信、网络服务又有明显差异。电网中待销售的电能其实均已进入流通领域，此状态下的电能服务窃取理应解释成窃取财物，所以，最高人民法院的司法解释才把电解释成财物。但如果离开电网的流通领域窃电就未必是窃取财物，窃电仍然可能仅仅成立对服务的窃取。因此，本书虚拟案例中的光纤盗用并不是对单位财物的窃取，不能构成职务侵占罪，如果认定职务侵占罪则显然是把财产性利益类推成财物了。那么，对其行为应如何进行法律评价呢？本书认为，在现行刑法条文不作修改的情况下，尚无任何一个罪名与甲窃用未开通光纤的行为类型相符合。甲窃用此种光纤只能评价为一种民事侵权行为，通信公司可以向人民法院起诉，以挽回经济损失。虽然窃取财产性利益与窃取财物的社会危害性并没有实质性区别，但本案中窃取财产性利益的入罪问题必须留给立法来解决，如果在司法层面把财产性利益解释成财物，进而对行为人作入罪处理是刑法禁止的类推适用。

第五节　扒窃行为入罪论

修改后的刑法第 264 条规定："盗窃公私财物，数额较大的，或者多次盗窃、入户盗窃、携带凶器盗窃、扒窃的，处三年以下有期徒刑、拘役或者管制，并处或者单处罚金。"① 与修改前的刑法规定相比，盗窃罪的行为类型多了三种：入户盗窃、携带凶器盗窃、扒窃。三种新规定的行为类型中入户盗窃和携带凶器盗窃的行为类型在司法实践中并未出现太大的问题，问题最多和争议最大的是扒窃。对扒窃行为的争议主要有两类：其一，立法论上的争议。在立法论上对不考量数额的扒窃行为一律入罪存在不同看法，特别是当扒窃的数额小到一定程度时入罪处理会与人们的法律情感相冲突，这种冲突可能会引起对立法合理性的质疑。其二，司法论上的争议。如果抛开立法合理性问题不谈，在司法实践中如何界定扒窃行为的类型是目前争议最大的问题。刑法理论通说认为，"扒窃指在公共交通工具上或在车站、码头、商场等公共场所窃取他人随身携带财物的行为"②。"扒窃是指在公共场所窃取他人随身携带的财物的行为"③。对通说定义中涉及的"随身携带"如何理解似乎也有较为权威的观点："随身携带应该理解为一种实际的支配或者控制的占有状态。随身携带的财物包括被害人带在身上与其有身体接触的财物，以及虽未依附于身体，但置于被害人身边，可用身体随时直接触摸、检查的财物。"④ 对扒窃的定义尽管有

---

① 本节所引用的刑法第 264 条，为 2011 年《刑法修正案（八）》第 39 条对盗窃罪进行修正后的条文。

② 黄太云：《刑法修正案解读全编》，人民法院出版社 2011 年版，第 111 页。

③ 张明楷：《刑法学》，法律出版社 2011 年版，第 881 页。

④ 陈国庆、韩耀元、宋丹：《〈最高人民法院、最高人民检察院关于办理盗窃刑事案件适用法律若干问题的解释〉的理解与适用》，《刑事司法指南》2013 年第 3 集，第 141 页。

通说，对何谓随身携带也有权威观点，但扒窃是否必须限定在公共场所及离开被害人身体仍然在被害人身边的财物是否还算随身携带，存在与通说相冲突的观点。"将在公共场所作案视作扒窃行为的本质特征之一，从概念定义的角度来看，存在诸多疑问。"[①]"置于身体附近的财物，即使与人身没有接触，也能成为扒窃的对象。但这样一来，扒窃这个概念的内涵和外延就都变得含糊不清了。"[②] 我们暂且不谈与通说对立的观点是否成立，目前这种针锋相对的理论状态势必在一定程度上会引起司法上的混乱，事实上也的确如此，扒窃单独入罪后其行为类型判断的争议在司法层面一直没有停止。因此，面对扒窃入罪问题的各种争论，无论是来自立法抑或来自司法，首先应该解决的不是统一标准，而是找到正确的答案，只有对扒窃的相关争议问题在正确的意见上达成共识，司法的困境才有可能真正的解决。本书的研究进路就是要在刑法理论上对扒窃的相关争议问题找出正确的答案，为司法困境的克服提供参考。

一、扒窃行为入罪分析工具的选择

扒窃行为单独入罪的立法模式必须经得起合理性的质疑，这是司法上能否深入探讨扒窃问题的逻辑前提。如果认为目前刑法典对扒窃行为单独入罪的规定是错误的，那么，对扒窃的司法认定研究一定会背上沉重的十字架，因为那无疑是在沙堆上建楼房。因此，为了使立法论的探讨更加有效，恰当的分析工具选择至关重要。

（1）行为的典型样态及其意义。本节对所有相关问题的分析都离不开一个基本的工具，这个基本工具就是扒窃行为的典型样态。行为的典型样

---

① 车浩：《"扒窃"入刑：贴身禁忌与行为人刑法》，《中国法学》2013 年第 1 期。
② 车浩：《"扒窃"入刑：贴身禁忌与行为人刑法》，《中国法学》2013 年第 1 期。

态并非指某年某月某日某时张三从李四身上窃取了一个钱包这样具体的行为，而是指一种观念上的存在。行为的典型样态是一种理想状态的行为，是在无数个各种各样真实行为的基础上抽象出来的。这种行为在司法实践中并不存在，它只存在于我们的思维理念中。在决定行为性质的所有构成要素中，行为的典型样态会对每一个构成要素在司法实践中可能出现的模糊的有争议的事实有意识地加以忽略，每一个要素只选择一个清楚的无争议的最为典型的事实与之对应。如此构成的理念中的行为典型样态尽管不是真实的具体行为，但其理论意义是任何一个具体行为都无法比拟的。只有行为的典型样态才最有可能反映行为的本质，我们针对典型样态进行分析也才最有可能对行为获取一般性的认识。透过行为的典型样态获取对行为的一般性认识后，对司法实践中一个一个鲜活的具体行为的分析判断也才变得有可能。如果抛开典型样态直接针对具体行为展开分析，那么，我们的分析就很有可能会受到这个具体行为中一个或几个独特因素的影响，以至于无法准确判断我们分析的结论到底是行为本质决定的还是这几个无关紧要的独特因素决定的。也就是说，行为的典型样态相当于给我们提供了一个模型，尽管这个模型只存在于理念中，但它仍然会成为一面镜子，当面对一个一个具体的模糊的与典型样态有某种相似性的行为时，这面镜子会照出典型行为与具体的非典型行为之间到底有什么相似或不相似之处。这些相似或不相似之处恰恰是刑法理论必须要找寻的东西，找到了这些东西也就等于找到了解决那些模糊、有争议行为的最重要的刑法知识。其实，这是一种普遍有效的思维方法，在其他领域也被经常使用，简单地说就是，认识模糊事物的前提是认识典型事物，认识了典型事物就抓住了事物的本质，只有抓住事物本质才有可能澄清模糊的事物。所以，事物的典型样态就像一把物理学上的游标卡尺，我们应该用它去度量各种不精确的事物。本节对扒窃行为的研究将始终把典型样态作为最重要的分析工具。判断扒窃的立法是否具有合理性时，典型样态是必需的行为参照甚至是唯一的行为参照,只有如此,结论才是有说服力的,如果以任何奇形怪状的具体行为作为讨论立法合理性问题的参照,结论没有意义。例如,如果以扒窃一分钱作为讨论目前扒窃入罪是否具有合理性的行为参照,肯定会得出立法不合理的结论,但这种不合理结论又能说明什么呢? 完全可以作出这样的判断,在立法的过程中立法者很可能会想到一些奇形怪状的个别行为,但决定立法通过的真正参照一定是行为的典型样态。因此,只有针对典型样态的扒窃所得出立法不合理的结论才可能是真的不合理。

(2) 扒窃行为典型样态的确定。2013 年 4 月实施的《最高人民法院、最高人民检察院关于办理盗窃刑事案件适用法律若干问题的解释》第 3 条第 4 款规定:"在公共场所或者公共交通工具上盗窃他人随身携带的财物的,应当认定为扒窃",这个定义基本体现通说。对通说的质疑主要有两点:其一,扒窃是否局限于公共场所。其二,随身携带的范围是否包括离开身体但在身体附近的财物。无论解释学上争议有多大,实际上通说与非通说的争议主要存在于扒窃行为的外延到底划在何处最为恰当,而对于扒窃行为的典型样态应该不难达成共识。在《刑法修正案(八)》出台之前扒窃基本属于生活用语,虽然没有人能精确对扒窃进行定义,但人们却很少因为缺少精确定义而影响交流。"说起扒窃,可能很多人都心领神会言之何物,但往往无法精确解释其含义"。① 之所以没有定义仍可交流,最主要的原因是对扒窃行为的典型样态人们几乎可以没有障碍地达成共识。在长期的生活实践中经常会发现这类较为特殊的盗窃行为,为了与一般的盗窃相区别,人们慢慢创造并习惯了用扒窃这个概念为这类特殊的盗窃行为进行命名。在扒窃概念形成并使用的过程中,人们对某些比较边缘的盗窃行为能否命名为扒窃很可能心存疑虑,但总会有一些盗窃行为人们会毫

---

① 吴加明:《〈刑法修正案(八)〉中"扒窃"的司法实践认定》,《中国检察官》2011 年第 7 期。

不犹豫地冠名为扒窃，当然，还会有一些盗窃行为人们绝对不会用扒窃冠名，扒窃的典型样态就是在那些无数个被人们毫不犹豫地用扒窃命名的具体盗窃行为中抽象出来的。

因此，扒窃行为的典型样态应该具备三个基本特点：其一，扒窃必须符合一般盗窃行为的构成要件。扒窃是盗窃行为的下位概念，是盗窃行为内部分类的一种，一般盗窃行为的成立是扒窃行为成立的必要条件。根据刑法理论的通说，一般盗窃行为的成立必须符合三个条件：1.行为人首先要破坏财物控制者对财物的占有支配关系。2.行为人破坏了财物的原占有支配关系之后要形成自己或第三人对该财物的新占有支配关系。3.行为人取财的过程相对于财物控制者而言要处于秘密状态。① 一般盗窃行为的三个成立条件构成了扒窃典型样态的第一个基本特点。其二，扒窃行为发生在公共场所。扒窃行为一般都发生在车站、码头、机场、商场、公园、市场、广场、运动场、公共交通工具等公共场所，因为只有在这些公共场所行为人与被害人才有更多的机会近距离接触，扒窃行为才更容易成功，而在非公共场所人与人之间未经允许的近距离接触一般都会引起被害人的警觉或反感，行为人从被害人身上或身边窃取财物的成功可能性也相对较小，所以，司法实践中，扒窃行为多发生在公共场所。正因为如此把公共场所界定为典型扒窃行为的构成特点才不会有人提出异议。打算提出异议的人恐怕同样不会反对典型扒窃行为必须发生在公共场所的判断，因为持此观点的人也必须承认，发生在非公共场所的盗窃行为即使能够成立扒窃，那么，这种扒窃也只能是一种非典型的扒窃行为。其三，扒窃的行为对象是被害人贴身携带的财物。所谓贴身携带的财物一般是指与被害人（财物控制者）身体有密切的物理接触关系的财物，例如，穿在身上的衣服兜中或背在身上的包中的财

---

① 参见董玉庭：《盗窃罪研究》，中国检察出版社 2002 年版，第 52—56 页。

物。扒窃的对象到底是被害人贴身携带的财物抑或包括非贴身携带的财物，这是目前扒窃行为认定中最大的争议点，但在扒窃的典型样态判断上这种争议并不存在。即使把扒窃的对象从贴身携带财物扩大到包括非贴身携带财物的观点也一定会认为扒窃的典型样态是对被害人贴身携带财物的窃取，尽管这种观点认为超出贴身之外携带的财物仍然是扒窃的对象。

二、典型样态参照的扒窃行为立法论

以扒窃行为的典型样态为参照，"行为的地点在公共场所及行为对象是贴身财物"这两点就成为扒窃与一般盗窃的根本区别，扒窃单独立法的合理性必须在这两个根本区别点上去寻找。根据现行刑法典的规定，一般盗窃罪的成立是一般盗窃行为（A）＋数额较大（B），扒窃成立盗窃罪只需扒窃行为存在即可，而扒窃行为是一般盗窃行为（A）＋公共场所和贴身财物（C）。经过如此分解可以看出，当 A 相同时，扒窃行为抛开数额单独入罪的合理性根据只能在"公共场所和贴身财物"中寻找，如果在 C 包含的两个根本区别点中无法找到单独入罪的合理性，那么，扒窃单独入罪的立法根据显然不足。刑法规定 A＋B 入罪的同时（一般盗窃罪），又规定 A＋C 也入罪（扒窃），在不否认 A＋B 入罪（即一般盗窃罪）的合理性时，只要 C 的社会作用及意义能够与 B 相当，那么，A＋C 直接入罪也当然具有合理性。如果 C 与 B 的社会意义根本没有相当性，那么，A+C（扒窃）单独入罪的合理性就不能从与一般盗窃罪的相互比较中发现，假如此时单独入罪仍然被假设有合理性，这种合理性的寻找恐怕要另辟蹊径，所以，对于扒窃单独入罪的立法合理性分析而言，与一般盗窃罪进行比较是有可能证实的进路而非证伪的进路。

立法者到底考量了哪些因素才对扒窃单独入罪，因缺乏立法理由书等相关资料使这个问题变得不太容易准确判断。但据介绍，以下几个因素立法时曾被考量:1.扒窃是技术含量较高的犯罪。2.扒窃通常具有常习性。3.扒窃具有较高的犯罪技巧和犯罪技能，反侦查能力强。4.扒窃往往为多人共同犯罪，存在进一步伤害被害人人身的可能。5.对待扒窃行为也以数额论的话具有一定偶然性，而该类犯罪目前比较嚣张，危害性较大。① 这些因素真的能为扒窃单独入罪提供足够充分的理由吗? 因素 1、2、3、5 与公共场所和贴身财物即 C 无必然联系，一般盗窃犯罪也可能具有这 4 个特点，因素 5 甚至把扒窃的危害性大作为考量因素更难以让人理解，因为危害性大是研究立法合理性的结论而非理由，扒窃的危害性为什么大才是立法理由应该关注的。由于 1、2、3、5 因素缺少与 C 的关联，所以，从这四个因素中不可能找到扒窃单独入罪的真正的理由，立法者考量的五个因素中只有因素 4 与 C 有直接的联系，即与"存在进一步伤害被害人人身的可能"之间存在关联。扒窃的典型样态是对被害人贴身财物的窃取，正是因为被窃财物与被害人身体距离过近的原因导致扒窃对被害人身体造成损害的可能性是一般盗窃无法比拟的。当扒窃行为对被害人身体造成损害的可能性比一般盗窃行为有所升高时，就意味着扒窃行为的客观违法性比一般盗窃行为要大，至少同等数额时是如此。应该说，对于探讨扒窃单独入罪的合理性问题而言，仅仅考量"存在进一步伤害被害人人身的可能"这个违法性升高因素也许并不充分，但这种考量的方向是对的，因为至少在这一点上可以明显看到扒窃与一般盗窃之间的差别，这种差别为单独立法埋下伏笔。

　　也许是认为这个理由不成立，也许是认为这个理由不充分，有些学者对扒窃单独入罪的合理性问题进行了更加深入的探讨，仅从新意上看，"贴身禁忌"的观点最为引人注目。"这种贴身禁忌是指未经允许或缺乏法律根据不得侵入他人的贴身范围。这里强调的是人的身体的隐私和尊严。

---

① 参见郎胜:《〈刑法修正案（八）〉解读》,《国家检察官学院学报》2011 年第 2 期。

每个人的贴身范围都是一个禁忌空间。在法律秩序上，这也是人身权和人格权的一部分。恰恰在这一点上表现出与其他普通盗窃的区别之处，扒窃行为在打破他人占有取走财物这个所有盗窃行为共有的财产危害性之外，多出了一块侵入他人贴身空间、违反贴身禁忌的危害性，因此，不计数额也可以定罪。"① 此种观点显然是试图通过借鉴其他学科领域的学术成果找到扒窃行为违法性升高的基础。诚然，从生物学意义上讲任何动物都有自我保护之本能，人更不例外。人作为群居的社会性动物与其他人交往不可避免，甚至是基本的生活方式，在交往的过程中人的自我保护本能每时每刻都在起作用，社会上许许多多交往规则的产生如果追根溯源恐怕都与这种自我保护的本能有着直接的联系，陌生人之间的交往更能体现这种本能。陌生人之间由于相互缺乏基本的信任导致交往的成本增大，与熟人交往相比，陌生人交往的一个重要特点是相互设防以求自保。为了避免受到来自陌生人各种各样（有形或无形）的伤害，设防不仅仅体现在心理上，有时更体现在身体上，与其他人特别是陌生人保持适当的身体距离就是这种设防的具体体现。"现代生活拥挤的状况使每个人周围遍布陌生人，正是因为不信任陌生人，至少不完全信任陌生人，所以，不遗余力地拉开和他们的距离。"② 即使是外行也不难理解这些观点的合理性，因为这些观点其实都是对生活现象的描述，你可以不懂生物学、社会学等高深的理论，但只要你回忆一下平时在日常生活中与其他人特别是陌生人交往的过程，就不难发现贴身禁忌作为一种生活规范的存在。但问题是运用贴身禁忌解释扒窃违法性升高的理由依然是似是而非的。其一，贴身禁忌只是一种表象。该规则背后的法益保护本质是人身安全，扒窃违法性升高的理由与其在表象上倒不如直接从本质层面上去寻找。其二，贴身禁忌的形成多出于

---

① 车浩：《"扒窃"入刑：贴身禁忌与行为人刑法》，《中国法学》2013 年第 1 期。
② 车浩：《"扒窃"入刑：贴身禁忌与行为人刑法》，《中国法学》2013 年第 1 期。

动物的本能而非理性。作为本能，一个人对所有未经允许的贴身行为可能均有防备之心。但出于理性必须明白，并非所有贴身行为均有人身安全的侵害。所以，理性的法律一般不会视贴身为违法要素或违法性升高要素，除非贴身行为在客观上的确对人身安全构成侵害或侵害风险。其三，扒窃不一定贴身，贴身也不一定扒窃。扒窃的典型行为样态是窃取与被害人身体有接触的财物，行为人并不一定要进入被害人的贴身范围之内，例如，电影《天下无贼》中的黎叔用一根带钩的绳子在三米之外窃取傻根身上的财物，难道不是扒窃吗？行为人用与被害人贴身的方式挡住被害人视线，其同伙窃走远离被害人身体的财物，难道能因为行为人与被害人的贴身动作就认定扒窃吗？

本书认为，从典型样态的扒窃行为分析，扒窃单独入罪的立法理由有三：其一，贴身财物被窃取的过程中与非贴身财物被窃取相比，窃取行为造成被害人人身损害的危险升高。由于被窃取的财物与被害人身体有密切的物理接触，财物被转移过程中，其作用力很容易触及被害人身体，虽不一定造成身体损害，但与远离身体的财物窃取相比，其身体伤害的危险性明显升高，违法性也自然升高。其二，贴身财物被窃取，给被害人及公众造成的恐慌要比非贴身财物被窃取造成的恐慌大。对于一般动产的管控能力而言，贴身保管是控制力最强的一种方式，在这种管理方式之下的财物仍被窃取，势必比一般盗窃行为造成的财产安全性恐慌要大。盗窃罪的数额大小可视为第一层面的恶，造成的财产性恐慌就是第二层面的恶。[1] 另外，扒窃造成的恐慌大，因为被害人预防扒窃的难度比预防一般盗窃的难度要大得多，"一种犯罪越容易预防，它引起的惊恐就越少"。[2] 造成恐慌

---

[1]　［英］吉米·边沁：《立法理论》，中国人民公安大学出版社 2004 年版，第 293—295 页。

[2]　［英］吉米·边沁：《立法理论》，中国人民公安大学出版社 2004 年版，第 305 页。

是违法性的一种表现，例如，刑法第 234 条规定对使用特别残忍手段伤害他人身体的，要处以更为严厉的惩罚，就是因为在后果相同时，残忍手段比一般手段造成的社会恐慌大。对被害人及社会公众造成的恐慌是盗窃罪财产损失之外的社会危害性，即违法性，扒窃导致恐慌增大，违法性自然升高。其三，扒窃的对象是被害人的贴身财物，其窃取难度显然比一般盗窃行为要大得多，行为人的行为风险自然也大得多。行为人选择这种难以窃取的犯罪对象实施窃取，说明犯罪意志坚决，也说明行为人的主观恶性大，从规范违反的视角看，同样数额的扒窃比一般盗窃的违法性要高。

从扒窃行为的三个违法性升高因素来分析，与一般盗窃行为（A+B）相比，虽然扒窃行为造成的第一层面的恶小，即犯罪数额可能达不到较大，但是扒窃（A+C）中贴身财物这个因素带来的违法性大，同时扒窃（A+C）行为的 C 中包含的公共场所这个因素对贴身财物因素导致的违法性升高不会有任何影响，无论从人身安全抑或公众恐慌再或主观恶性进行考量，行为是否在公共场所发生都不会影响相应违法性升高的判断，至少公共场所这个行为发生地不会使贴身财物这个因素带来的违法性有所降低。所以，扒窃行为中虽然数额没有达到较大，但人身安全、公众恐慌及主观恶性等违法性升高因素完全可以与数额未达到较大带来的违法性降低因素相当，扒窃行为单独入罪在立法论意义上具有合理性。

三、扒窃行为定罪的司法论

在具体的司法实践中涉及扒窃认定问题争议较大的有两种情况：其一，窃取置于被害人身边、可用身体直接触摸检查的财物（贴身之外伸手可及）能否认定扒窃？其二，在非公共场所窃取贴身财物能否认定扒窃？争议较小的有一种情况，即扒窃数额非常微小能否认定犯罪？

（1）对贴身之外伸手可及财物的窃取。上文已经明确，典型扒窃是对贴身财物的窃取，贴身之外的财物窃取即使可以认定扒窃，也非典型扒窃。本书旗帜鲜明地认为贴身之外的财物即使处于伸手可及的被害人身体附近，对其窃取行为也不构成扒窃。为了分析伸手可及的财物窃取，除了明确典型扒窃之外，还需明确典型的非扒窃，典型的非扒窃是指对离被害人身体较远的伸手不可及的财物的窃取，例如，距离被害人身体超过两米远的财物的窃取，就是一种典型的非扒窃行为，只构成一般盗窃。对贴身之外伸手可及的财物的窃取，其行为类型必然处于典型扒窃与典型非扒窃行为之间的中间地带，如果贴身之外伸手可及的财物窃取与典型扒窃本质上行为类型同一，则此种窃取可以认定扒窃；如果贴身之外伸手可及的财物窃取与典型非扒窃本质上行为类型同一，则此种窃取不可以认定扒窃，只能认定一般盗窃。典型扒窃针对的对象是被害人用身体管理的财物，一旦财物离开了身体感知的贴身状态，无论远近（一米或两米）都改变了财物的控制支配状态，换句话说，贴身财物是一种事物，离开贴身状态的财物是另一种事物，两者之间事物属性上不可能同一。而离开贴身状态的财物之间，无论距离被害人的身体具体有多远，相互之间只是量上的差别而非质的区别，至少从与贴身财物本质特征相区别的角度看，只要离开贴身状态，与身体不接触的财物之间的事物属性应属同一关系。具体理由有三点：其一，典型扒窃行为的违法性升高因素有三，即人身安全、公众恐慌和主观恶性。这三种违法性升高因素只存在贴身财物窃取之中，只要财物离开了贴身状态，无论是伸手可及的距离抑或伸手不可及的距离，三种违法性升高因素都会消失，这三种违法性升高因素恰恰是扒窃单独入罪的立法合理性基础，一旦把三种违法性升高因素都消失的窃取通过解释成扒窃而入罪，显然有违立法本意。对于伸手不可及的财物窃取不认定扒窃理由是三种违法性升高因素消失，同样道理，离开贴身状态、伸手可及的财物窃取的三种违法性升高因素不也消失了吗？所以，从扒窃立法理由的角度看，具有三种违法性升高因素的典型扒窃是一种行为类型，不具有这三种违法性升高因素的离开贴身状态的财物窃取是另一种行为类型，其中包括典型的非扒窃（距离较远）和贴身之外伸手可及的财物窃取（距离较近）。其二，贴身之外、伸手可及的财物窃取与典型非扒窃之间不可能作出具有刑法意义的划分。从财物控制支配与被害人身体之间的关系来看，财物的控制有两种状态：一种是被害人用身体感知控制财物，另一种是被害人不用身体感知控制财物，两者必具其一。贴身财物是身体感知控制的财物，财物离开贴身状态就不再受身体感知所控制，无论财物离开被害人身体有多远，只要离开了贴身状态，即使伸手可及也当然不再属于身体感知控制的范围。所以，从被害人对财物进行身体感知控制角度看，这种控制只存在有无之区别，不存在程度之区别，贴身即有，离开贴身状态即无，有无的分界线只能在贴身与不贴身之间划分。如果按通说观点，认为离开贴身状态但伸手可及的财物窃取也构成扒窃，那么，显然是把典型扒窃中的身体感知控制的分界线划在了伸手可及与伸手不可及之间。通说的错误之处不仅在于有违客观事实，因为被害人对离开贴身状态但伸手可及的财物不可能有身体意义上的控制力，而且在于伸手可及与伸手不可及之间不可能划出具有操作意义的分界线。可及与不可及之间是个无限靠近的过程，例如，比伸手可及多出一厘米到底是可及还是不可及？在这两者之间划界限会给司法造成极大的困难。为什么伸手可及与伸手不可及之间不能划出准确的界限，其根本原因就在于两者之间在扒窃的判断上属性同一，这就像在区分男人与非男人时不能在胡子较多与较少之间划分界限一样。其三，从现象上分析，对离开贴身状态但伸手可及财物的窃取手段与典型扒窃缺少同一性，而与伸手不可及财物的窃取手段具有同一性。由于被害人对贴身财物具有身体感知上的控制力，如果行为人不破坏这种控制力一般是不能完成扒窃的。一旦贴身状态消失，财物虽在被害人伸手可及的范围内，但身体感知的控制力已然不存在，行为人当然无须破坏这种身体对财物的控制即可完成窃取，在这一特征上，贴身之外伸手可及与伸手不可及的财物窃取没有区别，而与贴身财物的窃取差别巨大。从此现象也可看出，伸手可及的财物窃取到底与谁的行为类型相同。

经过行为类型的比较分析可以得出结论，贴身之外伸手可及的财物窃取与伸手不可及的财物窃取行为类型同一，这两种窃取行为与典型扒窃在行为类型上本质相异，绝对不能把贴身之外伸手可及的财物窃取认定为扒窃，伸手可及与伸手不可及的财物窃取都应认定为一般盗窃。所以，对"两高"的司法解释中规定的"随身携带的财物"应理解为与被害人身体有密接关系的贴身财物。

（2）扒窃的场所不应受到限制。虽然典型的扒窃行为发生在公共场所，但是，所有的扒窃行为都必须发生在公共场所吗？通说的答案是肯定的，"两高"的司法解释规定似乎也是肯定的。但本书认为扒窃的场所不应受到限制，在非公共场所窃取他人贴身财物也应认定为扒窃。从经验上看，扒窃行为一般都发生在公共场所，因为行为人窃取他人贴身财物一般必须在身体上靠近被害人，如果在非公共场所未经被害人允许，行为人很难有机会接近被害人，或即使接近也十分容易引起被害人的警觉。所以，司法实践中扒窃基本上都发生在公共场所。但是，从"是"推不出"应该是"，从经验也推不出规范，扒窃多发生于公共场所并不代表必须发生在公共场所。从语义上分析，公共场所本身就是个边界模糊的概念，从公共场所到非公共场所也是个连续的过程，典型的公共场所是商场，任何人都可随意出入；典型的非公共场所是住宅，任何人未经允许不得随意进入。在典型公共场所与典型非公共场所之间有无数中间环境，这些中间环境到底是公共场所或不是公共场所都可能存在极大的争议，例如，办公楼、办公室、厂区、学校等是公共场所吗？本书的研究进路是略去各种中间环境，直接对典型公共场所和典型非公共场所发生的窃取他人贴身财物行为进行比较分析，如果连住宅这样的典型非公共场所都可认定扒窃，那么，所有发生在中间环境的贴身财物窃取行为认定扒窃就无须多费笔墨。

进入他人住宅盗窃可分为两种情形：其一，非法进入住宅盗窃（入户盗窃）。其二，合法进入住宅盗窃。本书只针对合法进入住宅盗窃进行分析，因为如果合法进入住宅都可认定扒窃，那么，非法进入就更可以认定。住宅中的财物可分为两类：第一类是被害人贴身保管的财物，第二类是被害人贴身控制之外的室内财物。被害人对第二类财物的管控力是由住宅提供的，行为人（非住宅控制人）合法进入住宅窃取第二类财物是破坏住宅对财物的管控力，应该构成一般盗窃行为。被害人对第一类财物即贴身财物的管控力是双重的，既包括住宅提供的管控力，也包括被害人用身体感知提供的管控力。行为人合法进入住宅后窃取第一类财物需要破坏两个管控力：既要破坏身体感知对贴身财物形成的管控力，又要破坏住宅对被害人贴身财物形成的管控力。对于典型的扒窃行为而言，其根本的行为特征是破坏被害人用身体感知形成的控制力，这也是扒窃有别于一般盗窃并导致扒窃违法性升高的根本点所在，当行为人在住宅中窃取被害人贴身财物时，在破坏身体感知形成的控制力这个根本点上与公共场所的扒窃无任何区别，行为类型应属同一，把住宅中的窃取被害人贴身财物的行为排斥在扒窃行为之外是没有道理的。不仅如此，从违法性的角度考量，在住宅中窃取被害人贴身财物的违法性要比典型扒窃的违法性高，因为典型扒窃仅仅破坏被害人身体感知形成的控制力，而在住宅中窃取贴身财物，不仅破坏身体感知形成的控制力，还要破坏住宅对财物形成的控制力。对于违法性低的行为都能认定扒窃，对于违法性更高的行为有什么理由不认定扒窃呢？所以，哪怕实践中从来没有在他人家中窃取被害人贴身财物的行为发生，但不等于逻辑上不能发生，一旦发生，不认定扒窃没有道理。

如果合法进入他人住宅窃取被害人贴身财物可以认定扒窃，那么，非法进入住宅的同样窃取行为当然可以认定扒窃，只不过非法进入的这种情况同时构成入户盗窃而已。另外，既然住宅这种典型非公共场所都可以认定存在扒窃，那么，介于典型公共场所和典型非公共场所之间的各种中间环境的相同行为均可成立扒窃，很多学者也注意到了这一点，"某写字楼里的 B 的单人办公室，显然不属于公共场所，如果某保洁工 A 在进入办公室后趁 B 不备，利用与 B 近距离接触的机会从其身上窃取财物，这同样应当被认定是一种扒窃行为"。①"两高"司法解释规定，"在公共场所或公共交通工具上盗窃他人随身携带的财物的，应当认定扒窃"，对于这一规定有两点须注意：其一，把公共场所与公共交通工具并列不恰当，因为两者并非并列关系，而是一种包含关系，公共交通工具也是一种公共场所。其二，通过前文分析，本书认为司法解释把扒窃限定在公共场所值得商榷。

（3）刑法第 13 条"但书"的适用。通过前文的分析，可以对扒窃的行为类型得出结论，即窃取他人贴身财物就是扒窃。在行为类型上扒窃当然包含微小价值的财物窃取，例如，窃取他人贴身携带的一张报纸也不能不认定扒窃，但扒窃价值微小的财物能否定罪处罚，需要通过刑法第 13 条"但书"的考量，第 13 条"但书"当然可以成为因情节显著轻微而不认为是犯罪的扒窃出罪的依据。也许，有人会认为这里面存在较大的司法裁量权，但是，这种裁量权针对的绝不仅仅是扒窃，扒窃案件处理时运用这种裁量权无可厚非。

第六节　卖淫行为边界的刑法学分析

卖淫嫖娼既是日常生活语言，同时也是法定概念。我国刑法第六章第八节用五个条文规定了组织、强迫、引诱、容留、介绍卖淫罪，这五个条文中的罪状描述均包括卖淫行为。例如，刑法第 358 条规定："组织、强迫他人卖淫的，处五年以上十年以下有期徒刑，并处罚金。"虽然卖淫行

---

① 车浩：《"扒窃"入刑：贴身禁忌与行为人刑法》，《中国法学》2013 年第 1 期。

为本身并非犯罪行为，但刑法第六章第八节规定的所有犯罪行为的认定均以卖淫行为的成立为前提。如果卖淫行为认定出现争议，则直接导致相关犯罪出现疑罪。所以，卖淫行为理应成为刑法解释学研究的对象。但是，何谓刑法意义上的卖淫行为呢？一种观点认为，"卖淫的本质是性交易，卖淫方式的变化及多样性掩盖不了其性交易的本质……以提供手淫服务为方式的卖淫，对社会管理秩序的妨害程度并不一定比其他方式的卖淫低"[1]。另一种观点认为，将手淫服务排除在刑法意义上的卖淫行为之外，更利于司法操作。从实践操作角度来说，如果将刑法中卖淫行为的外延扩展至包括利用身体其他部分提供色情服务，将会造成卖淫行为判断标准的混乱，不利于实践操作。[2] 对此，刑法理论必须也应该提供一个论证"卖淫行为"边界的进路。

一、缺乏根基判断的狭义论和广义论

本书认为，在对待卖淫方式的问题上存在狭义论和广义论的区别。为了便于理论上的讨论，笔者姑且假设狭义论仅把性交行为作为卖淫的方式，"'卖淫'的含义应当取最狭义的解释，即卖淫是指妇女以获取金钱为目的与不特定男子进行生殖器性交的行为。此处的卖淫既不包括同性间的有偿性服务行为，也不包括除生殖器性交以外的其他色情服务行为，更不应包括无身体直接接触的远程性爱"[3]。在对待卖淫具体方式都包含什么的问题上，不同观点之间的区别不在于男女性交能否成为卖淫行为，而在于

---

[1] 万建成、张云波：《提供手淫服务能否认定为卖淫》，《中国检察官》2012 年第 18 期。

[2] 参见王钰萍：《非性交色情服务行为的司法认定》，《中国检察官》2013 年第 11 期。

[3] 徐松林：《以刑释罪：一种可行的刑法实质解释方法——以对"组织卖淫罪"的解释为例》，《法商研究》2014 年第 6 期。

男女性交之外的方式能否成为卖淫行为。因为所有观点（无论狭义论抑或广义论）都不会否认男女性交是卖淫行为，而且是最为典型的卖淫行为。不同观点的分歧在于除了典型的性交行为之外的其他色情服务行为能否作为卖淫行为对待。所以，本书对狭义论观点的理论假设其实来源于对卖淫行为典型方式作出了选择，即男女性交是最为典型的卖淫方式。狭义论的观点是本书为了分析的方便而作出的假设，目的是突出典型行为，实际上这种观点在当下已经很少有人坚持了。

如果说狭义论与典型的行为相对应，那么，广义论就是以典型行为为中心把卖淫行为方式向外进行的拓展，不同程度的广义论之区别在于拓展的范围不同，在本书看来，狭义论对卖淫行为划定的边界是确定的，而广义论对卖淫行为划定的边界是不确定的，或语焉不详，或边界不一。以典型行为为中心向外拓展的广义论一般有三种方式：其一，卖淫行为的外延完全需要进一步解释，这种对卖淫行为定义的方式使用了抽象模糊的语言，不经进一步解释无法确定具体的行为类型。"这里的'卖淫'，是指以获取金钱或其他利益为目的向他人出卖肉体的行为。"[1] 在这种定义表述中，何谓出卖肉体的行为？除了性交之外，还包括哪些行为显然十分不清楚，甚至性交是不是出卖肉体恐怕都是解释后的结论。其二，卖淫行为的外延部分需要进一步解释，这种对卖淫行为的定义方式部分采用了抽象模糊语言。"'卖淫'，包括以营利为目的，与不特定的对方发生性交或其他淫乱活动的行为。"[2] 这种定义中，性交的含义是清楚的，但其他淫乱活动到底包含哪些具体的行为类型仍需进一步明确。其三，定义之后卖淫行为的外延已经明确列举。这种定义方式在对卖淫行为作一般性描述之后，还进一步列举了具体行为类型。"卖淫，是指以营利为目的，满足不特定对

---

[1]　李希慧主编：《刑法各论》，武汉大学出版社 2009 年版，第 397 页。

[2]　高铭暄、马克昌主编：《刑法学》，北京大学出版社、高等教育出版社 2011 年版，第 599 页。

方（不限于异性）的性欲的行为，包括与不特定的对方发生性交和实施类似性交行为……但是组织他人单纯为异性手淫的……不应认定为组织卖淫罪。"①通过列举具体行为类型，这种广义论明确了自己定义的卖淫行为除性交之外还包括什么，即口交、肛交是卖淫方式，手淫不是卖淫方式。也有学者通过列举的方式指出手淫是卖淫行为，"卖淫，是指以营利或满足性欲为目的，与不特定的异性发生性交或者从事其他淫乱活动的行为"②。

如果说卖淫行为的典型行为类型是男女性交，那么存在争议的手淫等边缘行为与典型行为类型即男女性交之间一定有某种联系，这种联系就是划定卖淫行为边界的最重要要素。把卖淫典型行为与边缘行为联系起来的要素是卖淫行为的事物本质，是事物本质决定了不典型卖淫行为的最远边界到底在哪里。"'事物本质'……不仅是立法也是法律发现之类推过程的基础。因此，它是事物正义与规范正义之间的中间点，而且本身是在所有法律认识中均会关系到的、客观法律意义的固有负载者。"③在语言的意义上，无论边缘行为距离典型行为多远，只要两者在事物本质上是同一的，则边缘行为与典型行为就是同一种性质的行为，法律自然应当同等对待。相反，不论边缘行为距离典型行为多近，只要两者在事物本质上是非同一的，则边缘行为与典型行为就是不同性质的行为，法律当然应当不同等对待。如果边缘行为与典型行为在事物本质上无任何联系或无任何可比性，则这种边缘行为根本不会成为讨论的问题，甚至都不会成为卖淫的边缘行为。所以，关于卖淫行为的刑法边界的理论探讨至少应该包括三个方面的内容：其一，典型行为类型反映出卖淫行为的事物本质是什么？其二，非典型行为（边缘行为）与典型行为之间的关系（共同点、区别点）是什么？

---

① 张明楷：《刑法学》，法律出版社 2011 年版，第 1021 页。

② 周光权：《刑法各论》，中国人民大学出版社 2011 年版，第 392 页。

③ ［德］考夫曼：《类推与"事物本质"——兼论类型理论》，吴从周译，学林文化事业有限公司 1999 年版，第 38 页。

其三，非典型行为与典型行为之间的共同点和区别点在卖淫行为事物本质上有什么影响？只有把这三个问题回答清楚了，才有可能对边缘行为是卖淫行为或不是卖淫行为作出准确的界定。很显然，当下无论是狭义论抑或广义论都缺乏对这些问题的探讨。

二、典型行为的理论价值：一种分析路径的选择

为了确定卖淫方式的外延，首先要做的就是在理论上搞清楚卖淫行为社会危害性的本质，换句话说，要想回答卖淫方式的外延，首先要回答的是一个社会为什么要禁止卖淫行为，因为如果能准确地回答为什么禁止卖淫（当然也就回答了社会危害性的本质问题），那么，答案中就一定能包含规定卖淫行为事物本质的基本要素，这些要素对卖淫行为是此事物而非彼事物起着决定性作用。找到了这些要素就等于找到了卖淫的事物本质，找到了事物本质也就找到了卖淫行为的边界。相反，只要没有找到这些要素，一个行为不论与卖淫行为多么类似，都只是形似而神不似而已，都必须排除在卖淫的行为边界之外。所以，对卖淫行为边界的分析，其实质就是要找寻决定卖淫行为的事物本质。

对决定事物本质的基本要素的找寻，在方法论上一般要解决两个问题：其一，是到哪里去找寻？其二，是用什么方法找寻？关于到哪里去找寻的问题，本书认为应到典型行为中去找，即将典型行为作为分析的对象，因为典型行为中一定包含决定事物本质的基本要素，不包括基本要素的行为不应该也不可能成为典型行为。如果从逻辑上划分，卖淫行为包括典型行为和非典型行为（前文也称之为边缘行为），本书的最终理论目标是要确定非典型行为的边界。但找寻决定卖淫行为事物本质的基本要素恰恰不能把非典型行为作为分析对象，因为非典型行为中未必一定包含这些要素，或者说找寻基本要素就是要确定这些非典型行为哪些是卖淫、哪些

不是卖淫，在确定基本要素的问题上，非典型行为是研究的终点而不是起点。既然不知道非典型行为是否是卖淫行为，那么，结论确定之前就必须假定非典型行为可能不包括基本要素，即假定非典型行为有可能不是卖淫。因此，在确定找寻决定事物本质要素的分析对象时，必须选择典型行为，必须排除待证的非典型行为，也就是说，为了找寻决定卖淫行为事物本质的基本要素，分析对象必须选择男女性交，即不能选择其他。

关于用什么方法去找寻的问题，本书认为应构建一个分析的参照系，在这个参照系中能够更加方便地识别出内含于典型行为中的决定事物本质的基本要素。本书构建的这个参照系也是一个具体的行为类型，这个行为与典型卖淫行为具有相似性，但又是确定无疑的非卖淫行为，这个确定无疑的非卖淫行为也可称为典型的非卖淫行为。典型卖淫行为中到底是什么要素导致了卖淫行为被法律所禁止？典型卖淫行为中到底是什么要素把这种行为区别于其他行为？这些问题在典型的非卖淫行为这个参照系中，都更有可能得到充分的审视。本书选择歌舞厅陪唱行为作为典型非卖淫行为。陪唱行为具有一定色情内容，与卖淫行为具有一定相似性，同时单纯陪唱行为并非卖淫行为基本是无争议的，把这种行为作为分析参照系是适格的。

解析歌舞厅的陪唱行为，其行为的构成要素包括以下几个方面：提供陪唱服务人员的目的是为了获取物质或经济利益；提供陪唱服务的对象是不特定的；提供陪唱服务过程中也提供限制等级的色情服务，如拥抱、亲吻等。作为分析参照系的陪唱行为，这三个要素缺一不可。特别是第三个要素中的一定程度色情服务不可或缺。如果仅仅是陪唱服务而没有任何色情内容，这样的行为就会因为与卖淫行为缺少相似性而不适格。无任何色情服务的陪唱就是完全合法的行为而与典型的卖淫行为没有任何可比性。当然，作为参照系的陪唱行为其色情等级仅限于拥抱、亲吻以下。解析典型的卖淫行为，其行为的构成要素包括：提供服务的目的是为了获取物质或经济利益；提供服务的对象是不特定的；提供服务的方式是与嫖客发生性交。如果把典型的卖淫行为即提供性交服务与典型的非卖淫行为即提供陪唱服务两者相比，特别是在两个行为的构成要素层面上相比，我们可以看到什么呢？

从抽象的法益侵害角度看，为什么禁止卖淫这个问题似乎是不值得提问的，因为答案很确定，禁止卖淫的原因是其侵害了社会的公序良俗（也可称为性风俗或性秩序）。但在抽象层面上确定卖淫的社会危害性对于卖淫行为边界的判断并无太多帮助。试想仅仅相对侵害公序良俗而言，提供性交服务（典型卖淫）与提供陪唱服务（典型非卖淫）两者之间并无太多区别，因为提供具有色情内容的陪唱服务与卖淫行为一样对公序良俗有侵害。典型卖淫与典型非卖淫在事物本质上差别巨大，是不同性质的两种行为，只不过两者之间的差别从抽象的公序良俗的视角无法看到而已。就好像细菌和病毒都能使人体发烧，仅从导致人体发烧角度看当然看不出两者有什么区别，可一旦把两者放在高倍电子显微镜下去观察，病毒与细菌则有天壤之差别。所以，对典型卖淫和典型非卖淫行为从构成要素上进行解析，为发现两者之间深层次的微观区别找到了显微镜。通过两者之间构成要素层面的比较才有可能发现，到底是什么因素导致典型卖淫行为对公序良俗造成的侵害不同于其他行为造成的侵害，也才有可能发现典型卖淫行为到底侵害社会公序良俗中的什么内容。这两个问题研究清楚了，典型卖淫与典型非卖淫在事物本质上的区别也就清楚了。

从典型卖淫与典型非卖淫的三个构成要素看，前两个要素基本相同，两者在事物本质上的差别当然只能来自第三个要素。典型卖淫行为的第三个要素是提供性交服务，典型非卖淫行为的第三个要素是提供低等级的色情陪唱服务，所以，从一定程度上讲，是性交和陪唱决定了卖淫行为和非卖淫行为之间的本质差别，换句话说，必须在性交这个因素上找寻卖淫行为的事物本质。行文至此，有一个命题必须得到全面解读，那就是提供性交服务或者性交这个行为有什么特殊的社会意义呢？

三、性秩序的法理：从神圣到神秘

从人类社会的文明或文化的发展进程看，生殖活动在其中所起的作用意义太过于重大。在初民社会，缺乏科学理念和科学常识的人类观念，首先认识到的是，没有生殖就没有一切，就没有人类社会的存在，生殖在朦朦胧胧中就被赋予了首要的社会意义，甚至是超越一切的重要意义。生殖活动在这样的人类观念中自觉或不自觉地被神圣化。生殖活动的神圣化在一定程度上自然而然地转化为性交的神圣化，直至转化为生殖器官的神圣化，即性器官的神圣化。这一点只要想想全世界众多的生殖器官崇拜的图腾文化就可见一斑。简单地说，生殖神圣化造就性器官神秘化。一个社会的性秩序或性文化的产生发展过程就是这种从生殖神圣到性器官神秘的展开过程。如果我们认为一个社会的性秩序与其他秩序相比是具有独特性的，那么，这种独特性恐怕与这种神圣到神秘的观念发展过程密不可分。我们对当下一个社会的性秩序的基本内容进行考察就会发现，性器官的神秘化或者说非公开化仍然是整个性秩序中的核心内容。当然，某一社会环境中性秩序的形成并非仅仅受生殖神圣化观念的影响，性秩序的变化也并非仅仅取决于生殖神圣化方面的影响，只是在性秩序形成的初期或早期受此观念的影响较大而已。受社会其他因素的影响，特别是受科学发展的影响（例如，对人体器官及其功能的认识），性秩序的内容始终处于不断变动的过程中。这种变动在不同社会表现不一，但总的趋势大体一致，那就是神圣化、神秘化逐渐减弱的过程。在性器官神秘化基础上的性秩序形成初期，这种神秘化表现得比较极端，一些与性器官相连但又比较远距离的行为也被赋予了神秘化，即非公开化的义务。

我国当下的性秩序对许多过去禁止的行为已经包容，但性秩序中的最核心的规范却仍然存在，即绝对坚持男女性器官的神秘化或非公开化。或者说，性秩序的具体内容在不断变化，但到目前为止，男女性器官神秘化这个性秩序赖以建立的基石性规范并未改变，凡是涉及性秩序的所有领域无不能证明。我国刑法中涉及性秩序判断的罪名除组织卖淫之外还包括：强制猥亵妇女罪、传播淫秽物品罪以及组织淫秽表演罪等。在这些罪名中需要考量性秩序才能作出判断是否属于猥亵行为、淫秽物品、淫秽表演的范围。尽管大量的边缘行为在具体的司法判断上可能仍然存在较大争议，但只要存在男女性器官的非公开化，淫秽行为、淫秽物品、淫秽表演等行为的肯定性判断就不会有争议。"有的国家（如法国、德国）刑法规定的公然猥亵罪只限于暴露性器官的行为。"①原因很简单，那就是性器官的非公开化仍然是当下社会性秩序不可突破的底线。一旦哪一天连这个底线都不再坚守，那么，一直以来的性秩序就可能已经被重构，甚至是消失。以性器官非公开化作为性秩序底线、作为性秩序的核心内容，不仅在实然层面上得到证实，而且在应然层面上应该被坚持。人的性本能如不加以约束，将会产生无法估计的社会后果，其导致的危害绝不仅限于破坏社会正常的性秩序，很可能会动摇人类社会的根本秩序。当下以性器官神秘化或非公开化为核心内容的性秩序，虽然起源于生殖神圣化的文化观念，但这种性秩序对社会的意义绝不仅仅与人类生殖神圣化相关。在性器官的非公开化基础上形成的性秩序，已然成为人类社会的内在规定性之一。离开这种性秩序的人类社会几乎是不可想象的。虽然社会的进步及科学发展让生殖不再神圣，让性器官不再神秘，或者说生殖与性器官也无须再神圣，但生殖神圣化观念造就的人类性器官非公开化的性秩序对于社会而言依然与刚刚形成时一样意义重大。医学其实早已证明对于每一个人的生命来讲，心脏、大脑等远比性器官重要，因理性缺乏而对性器官的图腾崇拜也早已是文化上的遗迹，但性器官对人类社会的意义是任何其他人体器官所无法比拟的，原因就是因为性器官的非公开化承载了社会性秩序甚至是整个社

---

① 张明楷：《外国刑法纲要》，清华大学出版社 2007 年版，第 688 页。

会秩序中太多的东西。

四、性秩序的底线划定了卖淫行为的边界

性秩序作为一种法律所保护的利益与人身、财产等利益相比，的确多有不同。性秩序具有一定的抽象性，是一种不太容易量化的法益。受民族文化、宗教信仰、经济政治等因素的影响，社会性秩序的某些规范内容也容易产生争议，也可能始终处于不断的发展变化中。但在性秩序的核心领域或者说对性秩序的底线，却很少有争议。性器官的非公开化就是我们社会需要法律保护的性秩序的底线，这个底线是整个社会性秩序的根本点，也是某些行为判断的试金石。尽管性器官的非公开化也难以完全量化，但相对的明确性足以使其担当行为的判断标准。如果从性器官非公开化这个标准审视典型卖淫行为（提供性交服务）和典型非卖淫行为（提供陪唱服务），可以发现典型卖淫行为直接侵犯性器官非公开化这个性秩序的底线，而典型非卖淫行为并不直接侵犯性器官非公开化这个规范要求。典型的卖淫行为是卖淫者向不特定人提供性交服务，提供性交服务其实就是用性器官提供服务，向不特定人提供服务其实就是将性器官的服务公开化。这两个因素加在一起就是卖淫行为的事物本质，即直接侵犯了性器官非公开化的性秩序，或者说直接侵犯了社会性秩序中性器官非公开化这个规范要求。与此相对应，典型的非卖淫行为是服务人员向不特定的人提供非性器官的服务。典型非卖淫行为虽然满足向不特定的人提供服务这个公开化的条件，但由于提供的服务不涉及性器官，而使典型非卖淫行为并不直接侵犯社会性秩序中性器官非公开化的原则。也许典型非卖淫行为也侵犯社会性秩序中的某些规范，如抽象的道德风尚，但这种行为对性秩序的侵犯与性器官非公开化原则无关。

通过典型行为找到了卖淫作为一种危害社会行为的事物本质，就相当

于找到了某一维度下的行为界限标准。但必须注意，把侵犯性器官的非公开化的规范要求作为卖淫与非卖淫的区分标准，只不过是不同行为之间在一个维度上的区分，也就是从社会危害性本质或事物本质的维度对行为作出的界分，这种界分的前提是行为的其他维度必须相同。如果行为的其他维度不相同，那么，危害性本质这个标准可能就没有区分的功能。例如，传播淫秽物品、淫秽表演等社会危害性本质可能也同样侵害性器官非公开化原则，但危害性本质相同并不意味就是一个行为类型，这些行为之间不仅不是同一行为类型，而是根本不存在行为界分的问题。这些行为的危害性本质相同，只不过意味着不同的行为类型都可能危害同一个法益，也就是用传播、表演、卖淫都能侵犯性器官非公开化这个规范要求，所以，危害性本质作为行为界分标准不是用来在传播、表演、卖淫之间作区分，而是在一系列传播与类似传播之间确定哪个是真正的传播，在一系列卖淫与类似卖淫之间确定哪个是真正的卖淫。

因此，在卖淫与类似卖淫之间确定卖淫的边界，卖淫与这些类似卖淫行为之间在牟利目的、不特定对象及用出卖服务的方式获利等方面均相同，唯一的差别是提供服务的具体内容在事物本质上可能存在不同，而区分这一点恰恰是卖淫行为社会危害性本质，即事物本质的理论功能。综上所述，一旦从刑法角度厘清了卖淫行为的概念，那么，卖淫行为的边界问题也就自然清晰了。对此，经过上文的分析论证，笔者认为，卖淫行为是以牟利为目的用自己的性器官为不特定的人提供服务，以及为不特定的人的性器官提供服务的行为。

第七节 交通肇事罪中没有程度不同的因果关系

在刑法总论中，过失行为构成犯罪除主体条件外还要具备三个基本条件：其一，存在过失行为；其二，有危害结果；其三，过失行为与危害结果之间要存在刑法上的因果关系。也即，对于刑法分则规定的具体过失行为来讲，如果三个条件不能完全齐备，则过失犯罪不成立；相反，如果三个条件完全齐备，则过失犯罪成立。以这一基本原理审视共同过失行为，在共同过失犯罪认定中是否存在例外？

关于交通肇事罪的司法解释就引发了这一方面的理论争议。根据我国刑法第25条第2款的规定："二人以上共同过失犯罪，不以共同犯罪论处；应当负刑事责任的，按照他们所犯的罪名分别处罚。"从上述规定看，即使两人以上具有共同过失行为，其每个人是否成立犯罪仍必须按单独过失犯罪的入罪标准加以衡量，即必须存在过失行为、危害结果及两者之间的因果关系。但是对于交通肇事这个典型的过失犯罪而言，其成立犯罪的标准似乎与过失行为入罪的基本原理略有不同，至少在表述上存在差异。比如，根据2000年最高人民法院《关于审理交通肇事刑事案件具体应用法律若干问题的解释》（下称《解释》）的规定，交通肇事罪的成立需首先分清事故责任，负事故全部、主要或同等责任的肇事者才有可能构成犯罪。在《解释》中，没有提及因果关系问题。假如不认为《解释》在交通肇事罪成立条件上另起炉灶，那么至少有两个问题必须给予全面的回答：其一，前置的事故责任的法律属性是什么？（由于在《解释》中，事故责任是在刑事责任确定之前明确下来的一种责任，笔者称之为前置责任）其二，前置的事故责任与过失犯罪的因果关系之间到底是一种什么样的关系？

前置责任与注意义务：规范上的等价关系

交通事故责任中的"责任"是法律责任吗？笔者认为，这种事故责任并非法律上的责任。法律责任是行为人违反法律法规后应承担的不利后果，交通事故的责任划分虽然与法律上的不利后果（民事赔偿、行政处罚、刑事处罚）密切相关，但其本身并非法律后果。关于事故责任的属性，当下比较权威的理论表述是：当事人的责任是指公安交通管理部门在查明道路交通事故原因后所确定的当事人行为以及过错程度对事故所起的作用的定性定量关系。定性是指当事人的行为以及过错是否与事故有作用有联系。定量是指当事人的行为以及过错与事故有作用有联系的前提下，确定作用的大小、联系的大小。这种观点揭示了前置责任的属性，是用过失行为对结果所起的作用来定义事故责任。要进一步追问的是，对结果所起的作用又是什么呢？不言而喻，这种作用是一种客观的事实，是过失行为对危害结果发生的贡献量。

在规范层面上，过失行为的本质是注意义务的违反，包括结果预见义务违反和结果回避义务违反。对于过失行为而言，规范层面上的注意义务的大小与事实层面行为对结果发生的作用（贡献量）之间会形成一一对应的关系，即行为对结果的作用越大，则行为的注意义务就越大。当行为对结果的作用是100%，则注意义务也是100%；当对结果的作用为零，则注意义务也为零。也就是说，是事实层面过失行为对结果贡献的作用大小决定了规范层面过失行为注意义务的大小。所以，如果在事实层面把事故责任定义成行为对结果的作用，那么在规范层面事故责任所表达的就一定是过失行为的注意义务，即在规范层面上事故责任与注意义务两者等价。从前置责任到因果关系：风险升高导致的归责《解释》规定构成交通肇事罪的事故责任最低是同等责任，也即次要责任的一方不成立犯罪。但是事故责任划分的通说理论却认为任何程度的事故责任都是以存在刑法上的因果关系为前提的，次要责任也不例外。那么如何解释完全具备过失行为、结果及因果关系的次要责任承担者不构成过失犯罪呢？

因果关系是实行行为与结果之间的客观联系，实行行为的本质是能够产生危害结果的风险，结果的出现是此风险的现实化。如果仅仅从结果已经出现的事后角度回溯行为，似乎这个结果应该是 A 行为导致或者不是 A 行为导致。但是在客观世界中，任何一个结果的出现都是许多因素共同作用的结果，一般情况下不可能仅由一个行为单独导致。所谓刑法上的因果关系只不过是在众多与结果有关因素中的选择而已。与结果有关的因素是客观的，而选择是规范的，所以因果关系是在客观事实基础上的一种规范的选择。在规范的意义上理解因果关系，因果关系的判断实际上是对行为可归责性的判断。对行为可归责性的判断应该从行为本身开始，而不应该从结果开始。当从行为看结果时，不同行为在客观上对结果出现所产生的风险是不一样的，无论结果是否真的出现，这种风险都是客观存在的。事故责任与违法行为对结果出现产生的风险恰恰是正比例关系。交通肇事中无责者的行为对结果的出现是零风险，次要责任对结果的出现是不足50%的风险，主要责任对结果的出现是高于（含等于）50%的风险。全责者对结果的出现是100%的风险。行为对结果出现的风险是自然科学意义上的概率问题，从零风险到100%风险是个连续的过程，所谓的零风险和100%风险其实是类似于数学上的极限概念，是一个可以无限靠近但永远无法完全达到的数值。所以承认负担全部责任时行为与结果之间存在因果关系，其规范本质是违法行为造成结果的风险特别大时可归责；无责时行为对结果无因果关系，其规范本质是违法行为造成结果的风险特别小时不可归责。任何社会对过失行为都有一定的容忍度，不能因为对结果有极其微小的风险就对行为归责，否则社会发展就会受到阻碍。因此，只要过失行为产生的风险超过零即可归责，即肯定因果关系并不可取。另外，也不能等到过失行为产生结果的风险已经达到100%时才归责，即承认因果关系，因为严格意义上可能没有一个过失行为对结果出现的风险能在概率上真的达到100%，只有100%风险的过失行为才能归责，可能导致无法追究任何过失行为的责任。本书认为，当过失行为产生结果的风险达到50%以上时，就应该对结果的出现归责，即承认因果关系，而过失行为产生结果的风险不足50%时就不应该对结果的出现归责，即不承认因果关系。这在规范上应该是一种合理的选择，即发生结果的风险不低于不发生结果的可能时即可归责。所以，在交通肇事的责任划分中，承担次要责任的行为与结果之间没有因果关系，不应成立过失犯罪，《解释》在原则上具有合理性。在德国学者罗克辛看来，只要过失行为对结果的风险从零向上有所升高就可以承认归责，但是本书认为，这种风险升高只有达到一定程度时，才可以承认归责。通过风险升高对因果关系的影响作出判断是刑事归责的过程，或者说是对刑法因果关系的判断，至于次要责任是否存在民法上的因果关系应另当别论。

综上所述，因果关系判断的前提事实即结果风险的概率当然是存在程度的问题，但是归责意义上因果关系判断的结论却只存在有和没有的区别，不存在程度不同的因果关系。也就是说，交通事故责任划分有程度的问题，但是因果关系判断的结论只在肇事者负主要责任或者全部责任时才能肯定。

第八节　构成要件中的相对独立行为

刑法中的此罪与彼罪之间经常存在着构成要件上的交叉或重叠关系，这在立法技术上是不可避免的。如何在这些交叉或重叠的领域厘定不同罪名之间的界限，是刑法解释学一个永恒的主题。本书研究的构成要件中的相对独立行为，就与这类问题相关。所谓相对独立行为是指在甲罪名的构成要素中包含了另一独立罪名乙的构成要件行为，乙的构成要件行为在甲的构成要素中就是相对独立的行为。如何区分甲、乙两罪之间的边界？当甲罪不能成立时，能否因为存在乙的行为而直接认定乙罪成立？本书将以贪污罪和一般财产犯罪关系为参照系展开讨论。

一、问题的缘起：可能存在的处罚不平衡引发的争论

根据我国刑法第382条规定及刑法理论，贪污罪是指国家工作人员利

用职务上的便利，侵吞、窃取、骗取或者以其他手段非法占有公共财物的行为。① 从这个定义上看，通说认为贪污罪具体包括四种行为类型：侵吞、窃取、骗取、其他手段。如果对"其他手段"这样模糊的行为类型暂且不论，那么贪污罪中的侵吞、窃取、骗取行为类型均存在与其他相近似犯罪的界限划定问题。当然，不论从犯罪构成要件角度对两个罪界限作出划分涉及内容有多少，贪污罪与侵占罪、盗窃罪、诈骗罪之间的关系其实只需要讨论一个问题即可，即贪污罪与侵占罪、盗窃罪、诈骗罪之间是否存在法条竞合关系。因为贪污罪中的侵吞、窃取、骗取很可能恰恰就是侵占罪、盗窃罪、诈骗罪的行为类型。研究此罪、彼罪之间的界限是刑法解释学的任务，因此，对贪污罪中的侵吞、窃取、骗取之行为类型的分析，应该受到理论界的关注。本书的研究就是从贪污罪具体行为类型分析开始的。虽然对贪污罪具体行为类型的分析是刑法解释学理所当然的任务，但是，实际上理论界真正关注这个问题的原因却与司法实践中可能存在着处罚不平衡相关。

由于贪污罪的入罪数额标准及法定刑幅度与侵占罪、盗窃罪、诈骗罪之间存在着差别，假如承认贪污罪与这三个罪之间具有一定可比性（均侵犯财产法益），那么，这种差异就很可能引起相似罪名之间处罚上的不平衡，可以用一个具体的例子来聚焦这种不平衡。根据刑法修正案（九）之后的司法解释，贪污罪的入罪数额是 3 万元以上，如果行为人利用职务便利采取侵吞、窃取或骗取的方式非法占有公共财物 2.9 万元时，贪污罪因数额原因不能成立。但是，对于侵占罪、盗窃罪、诈骗罪这三个财产犯罪而言，当非法占有财物的数额达到 2.9 万元时，这三个罪名均可成立。由此例可见，贪污罪与侵占罪、盗窃罪、诈骗罪之间在处罚上的确存在不平衡的可能性，

---

① 参见高铭暄、马克昌主编：《刑法学》，北京大学出版社、高等教育出版社 2011 年版，第 621 页。

即轻行为（盗窃 2.9 万元）重处罚（定罪），重行为（贪污 2.9 万元）轻处罚（不定罪）。2016 年 4 月 18 日，最高人民法院、最高人民检察院公布的《关于办理贪污贿赂刑事案件适用法律若干问题的解释》全面大幅度提高了贪污、受贿职务犯罪，职务侵占等犯罪的定罪量刑数额标准，但没有提高盗窃罪、诈骗罪、侵占罪的数额标准，导致贪污罪、职务侵占罪与盗窃罪、诈骗罪之间出现明显不平衡的现象。① 也有学者基于这种不平衡的考量，提出了分两步走的解决方案：其一，通过刑法解释学在法律适用过程中厘定贪污罪与侵占罪、盗窃罪、诈骗罪的关系，在刑法解释原理允许的情况下尽量使用不同罪名以实现处罚上的平衡。例如，当行为人利用职务便利采取骗取的方法贪污 2.9 万元时，尽管无法认定贪污罪，但此种情况下如果能够按诈骗罪对行为人定罪，那么，一定程度上就能够缓解贪污罪与诈骗罪之间的不平衡。其二，解释学不能完成的任务，只能选择立法的方式对这两个罪加以平衡。前者可称为司法论方法，后者可称为立法论方法。②

本书认为，从贪污罪与一般财产犯罪之间是否平衡的角度对贪污罪的行为类型展开研究是值得肯定的研究进路，但是，具体的研究逻辑顺序应作适当调整。由于贪污数额能从一定程度上或者某种意义上反映该犯罪行为的社会危害性③，因此，当贪污罪的入罪数额标准已经远高于一般财产犯罪的入罪数额标准时，贪污罪与盗窃罪、侵占罪、诈骗罪之间是否存在不平衡的确是个值得讨论的问题。贪污罪与这三个罪之间存在不平衡的肯定性结论，取决于两个基本的前提：其一，在同等数额的情况下，贪污罪的社会危害性高于一般性财产性犯罪。其二，国家工作人员利用职务便

---

① 参见刘宪权：《贪污贿赂犯罪最新定罪量刑标准体系化评析》，《法学》2016 年第 5 期。

② 参见张明楷：《贪污贿赂罪的司法与立法方向》，《政法论坛》2017 年第 1 期。

③ 参见赵秉志：《贪污受贿犯罪定罪量刑标准问题研究》，《中国法学》2015 年第 1 期。

利，采取侵吞、窃取、骗取的方式非法占有公共财物的行为，在刑法解释学中无法认定构成一般财产犯罪，即贪污罪与侵占罪、盗窃罪、诈骗罪之间不存在法条竞合关系。对于贪污罪与相应财产犯罪是否存在不平衡的判断而言，这两个前提均为必备项，缺一不可。只要有一项前提不存在，那么，所谓的不平衡就很有可能是想象的，或者说罪间不平衡的可能性就不会转化为现实。如果同等数额情况下贪污罪的社会危害性并不比相应财产犯罪更重，那么，因入罪数额标准所引起罪间不平衡的问题也就烟消云散了。即使同等数额情况下，贪污罪的社会危害性的确比相应财产犯罪更重，但如果贪污罪与相应财产犯罪之间属于法条竞合关系，那么，因入罪数额标准所引起的所谓罪间不平衡仍然是虚构的想象。因为达不到贪污罪入罪标准的行为，可以认定相应财产犯罪而实现刑法上的处罚。完全可以说贪污罪与相应财产犯罪之间是否存在不平衡的可能性，取决于不同罪名社会危害性大小。但这种可能性能否转化为现实，更取决于贪污罪与相应财产犯罪构成要件的刑法解释学结论。通过刑法解释学能够解决的问题，当然不属于立法上的瑕疵问题。两个罪名之间是否存在不平衡，是穷尽解释学之后才有的结论，如果穷尽解释学之后，仍然认为两个罪名之间存在不平衡，那么，克服这种不平衡带来的司法不公正，就必须由立法论来加以解决。所以，本书认为把刑法解释学当成克服贪污罪与相应财产犯罪之间不平衡的手段存在逻辑顺序问题。因为罪名之间不平衡的结论不能出现在刑法解释学之前。换句话说，结论应在论证之后。正常的顺序应该是，先有解释学后有是否不平衡的结论。当下，先有不平衡的结论后有解释学手段的研究的进路，除了逻辑顺序问题之外，还有一个潜在的弊端，那就是为实现克服不平衡的任务，解释者会有意无意地扩大解释学的能力，这就容易造成"以扩张解释之名行类推适用之实"①。刑法解释学应有自己的

---

① 参见冯军：《论刑法解释的边界和路径》，《法学家》2012 年第 2 期。

原则方法，不应该过多受到其他任务目标的左右。注意不同罪名之间的协调、平衡可能的确是法律解释学的原则要求之一，但一定要通过解释学实现已经确立的不平衡就有可能给解释学下达了过重的任务，带着这种任务的解释就有可能受解释者主观意愿的左右。当然这只是一种可能性，但只要有这种可能就不能完全忽略。

二、利用职务便利的构成要件意义：AB 与 A+B 的关系

根据刑法理论通说，贪污罪的客观行为包括两个要素：其一，必须利用职务便利（用 A 代表）；其二，必须存在侵吞（用 B1 代表）或窃取（用 B2 代表）或骗取（用 B3 代表）等转移财物的具体行为。因此，贪污罪的构成要件行为（不包括其他方法），包括利用职务便利侵吞公共财物（A+B1），利用职务便利窃取公共财物（A+B2）和利用职务便利骗取公共财物（A+B3）三个具体行为类型。既然贪污行为是由两个客观要素结合而成，那么，两个要素之间到底是如何结合在一起的以及结合到一起之后的贪污行为与结合之前的客观要素是一种什么样的关系，就是必须深入分析的问题。

（1）A+B1=A+B1。何谓利用职务便利？通说认为，是指利用职务上的主管、管理、经营、经手公共财物的权力和方便条件。主管是指负责处置、调拨及其他支配公共财物的职务行为。管理包括负责保管处理及其他使公共财物不被流失的职务活动。经营是指将公共财物作为生产、流通手段等使公共财物保持增值的职务活动。经手是指领取、支出等经办公共财物的职务活动。[1] 何谓侵吞？侵吞是指将自己因职务而占有、管理的公共财物据为己有或使第三人所有。[2]"利用职务便利"（A）和"侵吞"（B1）

---

[1]　参见张明楷：《刑法学》，法律出版社 2011 年版，第 1046 页。

[2]　参见张明楷：《刑法学》，法律出版社 2011 年版，第 1046 页。

两个要素是一种松散式的结合。这种松散式的结合是指"利用职务便利"仅仅是侵吞行为的前置条件,"利用职务便利"与侵吞行为本身并不结合。"利用职务便利"对构成要件的贡献仅仅在于侵吞行为发生之前,行为人可以合法地占有公共财物。如果没有职务上的便利,行为人在侵吞行为发生之前就不可能合法地占有公共财物。行为人利用职务便利合法占有了公共财物之后,其非法侵吞自己占有的公共财物行为就是把合法占有变为非法占有。这个侵吞的过程与利用职务便利已经没有任何关系。侵吞行为本身无须利用任何职务便利,也无法利用职务便利。当行为人利用职务便利占有了公共财物之后,即便侵吞行为开始时,行为人的职务便利已经不存在,那也对行为人的侵吞行为无任何影响。所以,"利用职务便利"仅仅是侵吞行为发生之前的构成要素,这个要素解决的是侵吞行为的对象问题。"利用职务便利"与侵吞行为本身并未融为一体。"利用职务便利"对侵吞行为的类型并没有任何影响。"利用职务之便"和"侵吞"两者虽同为构成要素,但这种松散式的结合之后,两个要素均具有独立性,A 还是 A,B1 还是 B1。换句话说,A＋B1=A＋B1。

（2）A＋B2=AB2。"利用职务便利"（A）与"窃取"（B2）公共财物是如何结合在一起的呢?"窃取"行为与"侵吞"行为存在一个根本性区别,那就是"侵吞"行为开始时,公共财物已经在行为人的占有控制之下,而"窃取"行为开始时,公共财物必须在行为人之外的其他人的占有控制之下。没有利用职务便利的一般窃取行为有两个要素:其一,财物在行为人之外的他人占有控制之下;其二,行为人破坏他人的占有控制形成自己或第三人新的占有控制。从一般窃取的两个要素分析,没有他人对财物的控制就不是窃取。从"利用职务便利"这个要素的基本含义分析,行为人必须对公共财物具有控制支配的权力,否则,就谈不上"职务便利"可资利用。由此可见,贪污罪中"利用职务便利"窃取的犯罪对象既要受到行为人的控制支配,也要受到他人的控制支配。这两个控制支配关系缺一不可，如果缺少他人的控制支配，则"窃取"行为就变成了"侵吞"。如果缺少了行为人的控制支配，则就缺少了"职务便利"。因此，"利用职务便利"和"窃取"两个构成要素结合在一起的行为类型，就仅仅是特指对行为人和他人共同占有的公共财物的"窃取"行为。"只有当行为人与他人共同占有公共财物的时候，行为人利用职务便利窃取该财物的，才属于贪污罪中的窃取。"① 但是，如果对贪污罪"窃取"行为中的共同占有再进一步细分，还可以分为两种情形：

其一，行为人和他人对公共财物的占有均为具体的现实管控力。例如，单位的金柜有两把锁，行为人拿一把钥匙，另一名会计拿一把钥匙。此种情形，金柜中的财物就有两个具体的现实的管控占有。此时行为人窃取金柜中的公共财物，需要破坏两个占有。对于行为人自己占有关系而言，当然属于"利用职务便利"的范畴，因为对自己控制下的财物不存在"窃取"。而对于另一名会计的占有关系而言，行为人的"职务便利"是力所不能及的，或者说行为人的"职务便利"只能对自己控制的财物有影响，对于另一名会计的控制而言，行为人的"职务便利"就变得无任何意义。行为人此时破坏另一名会计对财物的控制支配关系并转移占有，其窃取行为与普通意义上的一般窃取行为无任何区别。因此，此种情形下的"利用职务便利"（A）与"窃取"（B2）两个构成要素的结合也是一种松散型的结合，结合之后，利用"职务便利"对"窃取"行为要素无任何影响，也就是说此种情形 A+B2=A+B2。

其二，行为人对公共财物的占有是完整的具体管控，行为人通过"职务便利"即可破坏他人对公共财物的占有，而无须再通过一般窃取行为。行为人具有对公共财物完整管控且与他人共同占有公共财物一般分两种情况：1) 行为人与他人对公共财物均具有完整管控。例如，单位金柜一

---

① 参见张明楷：《刑法学》，法律出版社 2011 年版，第 1046 页。

把锁，有两把钥匙，行为人与他人各拿一把钥匙。行为人破坏他人对公共财物的控制进而窃取金柜中的财物，完全可以利用自己的"职务便利"即可完成。无须采取一般窃取手段。2）行为人对财物的控制是具体的管控，而他人对财物的控制是抽象的法律支配。这种对财物抽象的支配相对于行为人来讲不具有独立性，要依附于行为人对财物的具体支配。例如，单位对公共财物的控制支配是通过对单位办公区域法律支配来实现的。单位区域内的财物当然被单位所控制支配，这种控制相对于单位以外的第三人来讲是完整的独立的支配关系。但这种法律意义上抽象的财物控制支配关系相对于单位内部的工作人员来讲就可能不是独立的。如果单位的工作人员能够不受任何审查就可以把单位区域内的自己控制的财物拿回家，就属于行为人完全可以利用自己的"职务便利"破坏单位对公共财物的控制支配。虽然，同属于行为人利用"职务便利"窃取与他人共同占有的公共财物，但是，利用行为人的"职务便利"能否直接完成公共财物的转移具有完全不同的行为类型意义。如果行为人利用自己的"职务便利"就可以实现公共财物的转移，则利用"职务便利"的窃取就已经不同于一般意义上的窃取。一般意义上的窃取是没有"职务便利"可资利用的。所以，此种情况下"利用职务便利"这个要素与"窃取"这个要素的结合是一种紧密型结合。紧密结合后形成了一个与一般窃取完全不同的新的行为类型，换句话说，此种情形是 A+B2=AB2，而 AB2 已经是既不同于 A 也不同于 B2 了。

（3）A+B3=AB3。"利用职务便利"（A）和"骗取"（B3）公共财物是如何结合在一起的？骗取行为有三个要素：1）行为人虚构事实或隐瞒真相。2）财物管控人被谎言欺骗。3）财物管控人因为误信而处分财产。从骗取行为类型的三个要素及其逻辑关系分析，利用职务便利的骗取行为是"利用职务便利"和"骗取"行为紧密结合之后的新的行为类型。利用职务便利骗取公共财物既不同于利用职务便利，也不同于一般意义上的骗取行为，即 A+B3=AB3。

行为人可以不利用职务便利骗取财物，但一旦利用了职务便利，行为人"虚构事实"和"隐瞒真相"就与"职务便利"捆绑在一起，不能分开。财物管控人受到欺骗进而错误处分公共财物，都与"职务便利"不能分开，行为人虚构事实或隐瞒真相固然对财物管控人错误处分财物有影响，但行为人的职务便利在客观上加剧了这种影响。例如，行为人出公差回来后用假发票骗取单位资金，单位公共资金被骗与行为人的假发票有直接的因果关系，没有假发票当然不能骗取单位公共资金。但如果行为人不是本单位职工，如果行为人没有出公差的职务行为，单纯的假发票没有任何意义。所以，一旦行为人利用职务便利骗取公共财物，则"职务便利"对构成要件的影响就会贯穿取财行为的始终，与没有利用职务便利的骗取财物行为从本质上就不属于一个行为类型。由此可见，"利用职务便利"和"骗取"公共财物两个要素的结合是一种紧密型结合，结合之后会形成一个新的行为类型，即 A+B3=AB3。

三、相对独立行为的刑法评价：松散型结合与紧密型结合区分论

回到本书第一部分提出的问题，即国家工作人员利用职务便利侵吞、窃取或骗取公共财物 2.9 万元，由于达不到贪污罪入罪标准，能否按侵占罪、盗窃罪、诈骗罪直接进行刑法评价呢？如果可以这样直接评价，说明在贪污罪中，侵吞、窃取、骗取行为与"利用职务之便"相结合之后，"利用职务便利"这个要素并没有对侵吞、窃取、骗取行为产生任何行为类型上的影响。侵吞、窃取、骗取在贪污罪中仍然是一个完全独立的行为。但从本书前面分析来看，这个问题显然不能一概而论。如果 A（利用职务便利）+B（侵吞、窃取、骗取）之后仍然等于 A+B，则 B 就与结合之前无任何差别，当然可以抛开 A 直接进行刑法评价，此时的 B 仍然是刑法中的独立行为。如果 A+B 之后，已经不再是简单的 A+B，而是形成了 AB

这样的新的行为类型，此时就不能因为 AB 中有 B 这样的元素就把 B 看作独立行为。当 AB 行为不能入罪评价时，也不能直接把 B 入罪处罚。因为在 AB 中的 B 已经不能抛开 A 独立存在了。如果把 A 比喻成红墨水，把 B 比喻成白布，A+B 就是红墨水没有泼到白布上，A 还是 A，B 还是 B。但 AB 就是把红墨水泼到了白布上，AB 就是红布，而不再是红墨水加白布。一旦形成了红布，当然不能因为红布是白布泼红墨水而来，就把红布当成白布进行评价。多个要素结合（A+B）而形成的构成要件中是否还存在着独立的 B 行为，其标准就是 A 的结合是否对 B 的行为产生影响。如果产生影响，即为紧密型结合，则新的行为类型（AB）就形成了。例如，抢劫罪中的构成要件是由暴力、胁迫（A）因素加上夺取财物（B）结合而成，行为人以暴力为手段夺取财物的行为类型与单纯地夺取财物的行为类型已经不再是一个行为类型。在以暴力为手段的夺取财物行为中，B 已经是 AB 中的 B，而非独立的 B。抢劫罪不能成立时，也不能直接按抢夺罪进行刑法评价。如果 A 的结合对 B 的行为不产生影响，即为松散型结合，则新的行为类型也仅仅就是多要素的简单叠加，新的行为类型只是 A+B 而已，其中 B 可独立加以评价。例如，从贷款诈骗罪和骗取贷款罪之间的关系看，贷款诈骗罪的构成要件只是比骗取贷款罪多了一个"非法占有目的"这样一个主观要素。"非法占有目的"作为主观超过因素，对行为类型没有影响。换句话说，骗取贷款罪（B）加上"非法占有目的"（A）等于贷款诈骗罪（A+B）。

在多个构成要素叠加形成的行为类型中，还可能涉及两个以上相对独立行为的评价问题。在贪污罪中由于"利用职务便利"这个要素并非刑法中的独立行为，所以，贪污罪中只涉及把这个要素叠加到侵吞、窃取、骗取行为中的问题，只涉及叠加后的侵吞与一般侵占的界限问题。如果 A 和 B 均为刑法中的独立行为，那么 A+B 构成的新犯罪就既涉及能否直接评价 A，也涉及能否直接评价 B。此种情况下，要注意 A+B 和

B+A 的区别。在评价 A 时，B 是结合的因素，A+B 或者等于 A+B 或者等于 AB。在评价 B 时，A 是结合因素，B+A 或者等于 B+A 或者等于 BA。这就导致 A 结合 B 时，结果是 A+B。而 B 结合 A 时，结果却可能是 BA。换句话说，当涉及两个相对独立行为需要评价时，可能会出现对 A 可以单独评价，对 B 不能单独评价。还以抢劫罪为例，暴力（A）+夺取财物（B）是抢劫罪的构成要件，对夺取财物（B）不能单独评价为抢夺罪，不等于对暴力（A）也不能单独评价为伤害罪。原因其实很简单，把暴力叠加到夺取财物时，新行为类型与单纯夺取财物行为类型已完全不同，"暴力"对财物有贡献有影响，相当于红墨水已经泼到了白布上。但是，把夺取财物叠加到事先的"暴力"行为时，"取财行为"对暴力行为无影响无贡献，相当于红墨水和白布只是放在了一起，而没有泼到白布上。在讨论夺取财物（B）能否单独评价时，答案是否定的。

在讨论"暴力"（A）能否单独评价时，答案就是肯定的。所以，相对独立行为的评价前提是要判断此行为与其他构成要素之间的结合是松散型抑或紧密型，而松散与紧密的区分必须采取实质主义的态度。也就是要分析结合的因素对相对独立行为到底有无真实的贡献或影响。如果有实质影响，则 AB 存在。如果没有实质影响，则 A+B 存在。

第四章　司法程序中的犯罪认识论

第一节　刑事司法中犯罪事实确认之本质

在刑事诉讼过程中，确认（认定）犯罪事实是适用法律的前提。关于在刑事司法程序中确认的犯罪事实的性质究竟为客观真实抑或法律真实，存在着较强的对抗性的竞争意见。本书认为，犯罪事实的性质应定性为法律真实。① 对犯罪事实进行确认的本质问题的研究当然也是以法律真实说为基本的分析视角。在法律真实说的论域中，刑事诉讼程序中认定的犯罪事实即认识论犯罪事实应该是一种法律真实，② 而非客观真实，至少把认识论犯罪事实理解成法律真实比理解成客观真实更为恰当。真实观的解决对于刑事诉讼中确认犯罪事实的问题也仅仅是第一步，接下来要解决的恐怕就是真实观的选择与犯罪事实确认之间到底是一种什么样的关系。

一、犯罪事实何时为真与事实认定者的信心有关

法律真实观告诉我们这样一个不容置疑的情况，在刑事诉讼中，通过诉讼程序认定的犯罪事实仅仅是用证据证明的法律意义上的真实，绝不是

---

① 本书为什么对犯罪事实的性质持法律真实的立场，在作者的另一篇文章《论犯罪事实的性质》中已有详述，在此不再赘述。

② 把在司法程序中确认的犯罪事实称为认识论犯罪事实的目的是为了与案发时本体论意义的客观事实（本体论犯罪事实）相区别。

本体论意义上客观事实的复原，用证据证明的犯罪事实在某种意义上完全可以理解为是在刑事司法程序中被重新构建的事实，构建的材料当然是刑事证据。既然司法程序中认定的犯罪事实可以理解为重新构建的事实，而重新构建的事实就可能远离案件的本体论客观真相，那么我们凭什么认为这种法律意义上的犯罪事实是一种真实呢？或者换一句话说，我们凭什么相信法律真实是真的呢？虽然在真实观中我们知道法律真实说主张认识论犯罪事实可能与本体论犯罪事实不一致，这也正是法律真实说与客观真实说的本质区别所在。但是在法律真实说的视野下，事实认定者也必须把认识论犯罪事实推定为一种真实，把认识论犯罪事实推定为与本体论犯罪事实相同。因为事实认定者如果在心理上缺乏这种"推定"过程，那么，在此重新构建的犯罪事实基础上适用法律就变得难以想象，如果不是愚蠢或者荒唐或明知故犯，有谁能够在自己还缺乏信心的犯罪事实上适用法律呢？① 犯罪事实认定者一旦完成把认识论犯罪事实推定为本体论犯罪事实，就说明该犯罪事实认定者对于证据重构的犯罪事实有足够的信心，反过来讲，只有当犯罪事实认定者对证据重构的犯罪事实有足够的信心时，他才能完成这种推定。② 因此，完全可以这样理解犯罪事实的实际认定过程：当犯罪事实认定者对用证据重构的犯罪事实充满信心时，就会把该犯罪事实推定为真实，即推定为与本体论犯罪事实相同，接下来适用法律就会在这种犯罪事实的基础上进行。如果犯罪事实认定者对用证据重构的犯罪事实缺乏足够的信心，那么就不会也不敢把该犯罪事实推定为真实，此

---

①　我们当然应该判断该事实为真，但是当这一事实未必为真，我们也可能判断该事实为真，甚至有时当然这是一种一般性的判断。此结论并不绝对，在特殊的情况下，法律可能也要求事实认定者在缺乏信心甚至是明知错误的情况下适用法律，具体情况要视法律的要求而定。

②　在语言的使用上，"推定"与"视为"不同。把 A 视为 B 是指 A 本来不是 B，只是把 A 看成 B 而已，把 A 推定为 B 是指 A 可能是 B，也可能不是 B，但是无论 A 是不是 B，均认为 A 就是 B。

时犯罪事实是否为真的疑问就出现了。从这里可以看出，事实认定中犯罪事实何时能够被确认与事实认定者的信心有着某种直接的关系。对犯罪事实确认问题进行研究就必须先对此信心问题的产生机制和过程进行研究，这恐怕是很好的研究进路。

二、犯罪事实为真等价于合理的可接受性

对犯罪事实的信心就是对认识论犯罪事实附和本体论犯罪事实的信心。如果人类对认识论犯罪事实的认定可以达到绝对真理程度，即认识论犯罪事实与本体论犯罪事实完全一致，那么此时的信心问题就是不言而喻的，甚至是不需研究的问题。只有当对认识论犯罪事实认定只能达到相对真理的程度时，信心问题才是值得研究的。

我们认为，当某一种事实是绝对真实时，人对此事实当然可以完全相信。当某一事实并非绝对真实，而仅仅是相对的真实时，人们对仅具有相对真实的事实也并不是不能完全相信，恰恰相反，当相对的真实达到某种程度的时候，人们仍然会有正当的理由完全相信这种相对的真实，"对于我们的经验来说，有些事实是如此的确定，以至于我们没有任何理由来怀疑它"①。对于没有任何理由怀疑的事实，尽管我们仍不敢百分百地绝对保证真实，但我们相信它，而且是确定无疑地相信它。从根本意义上讲，在认识论中某一事实到底是什么，其实并不完全取决于本体论中的事实，有时可能更多地取决于这个事实是合理的，是可接受的。当某一事实在我们观念中是如此的合理，是如此的可以接受，我们还有什么理由去怀疑它的真实性呢？因此，真实性在某种意义上讲，只存在于我们信念中，而我们

---

① 樊崇义：《刑事诉讼法实施问题与对策研究》，中国人民公安大学出版社 2001 年版，第 220 页。

信念的形成与这个事实的合理的可接受性几乎具有等同的意义。

　　"合理的可接受性"是美国学者希拉里·普特南提出的一个概念，普特南认为如果一个陈述被人们认为是合理的，那么这个陈述就是有合理的可接受性。"合理的可接受性"与"真的"是两个相互在对方身上显露真相的概念。"简单地说是，在真理概念和合理性概念之间有着极其密切的联系。粗略地说来，用以判断什么是事实的唯一标准就是什么能合理地加以接受。"①在普特南的理论中，判断某种事实为真与某种事实可以被合理地加以接受是等价的，真理性问题与价值评价问题被紧紧地结合在一起。"首先，我们在这里界定，真理性问题是一个经验问题或者逻辑问题，它涉及的是认识领域，正当性问题是一个价值问题或者伦理问题，它涉及的是评价领域。其次，真理性问题和正当性问题是密切联系在一起的。在理想的条件下，如果我们获得绝对真理，那么正当性问题就不存在了，因为绝对的真理就有绝对的正当性。但是在一个具体的条件下，我们无法获知绝对的真理，那么，相对真理的接受性就表现为它可以正当地被接受，即普特南所说的'合理的可接受性'。"②

　　我们认为，普特南关于"合理的可接受性"理论对于刑事诉讼中认定的犯罪事实的真实性问题有重要的参考价值。法律真实说之所以能将刑事司法程序合法认定的犯罪事实，在不能绝对确保符合本体论犯罪事实的情况下推定为真实，其根本原因就在于经司法程序合法认定的犯罪事实具有合理的可接受性。换句话说，只要经刑事司法程序合法认定的犯罪事实具有合理的可接受性，我们就有足够的理由相信此犯罪事实为真，或推定此犯罪事实为真。法律真实说主张，经刑事司法程序认定的犯罪事实是一种

---

　　①　[美] 希拉里·普特南：《理性、真理与历史》，童世骏、李光程译，上海译文出版社1997年版，第2页。

　　②　樊崇义：《刑事诉讼法实施问题与对策研究》，中国人民公安大学出版社2001年版，第244页。

法律真实，这种法律真实其实就是一种具有合理的可接受性的事实。人类的思维总是有这样的特点，在判断某一事实是否为真时，我们还有可能判断该事实为假。例如，在地心说时代，人们普遍相信太阳围绕地球转，当时人们认为太阳围绕地球转的事实描述具有完全合理的可接受性，这一事实描述当然也就被普遍认为是真实的。如果有人认为地球围着太阳转，那么肯定被认为是胡说八道，布鲁诺为此付出了生命的代价。但是随着地心说时代的结束和日心说时代的到来，没有人再去相信太阳围着地球转的事实为真。相反，日心说时代的人们普遍认为地球围着太阳转的事实是真的。实际上，对于不懂天文学的普通人来说，太阳和地球到底谁围着谁转根本无法在个体经验层面上得到证明或证伪，但是为什么现在任何一个稍具科学常识的人都相信地球围着太阳转这个事实为真呢？绝不是这些人都亲眼看到了事实的本体论真相，而是随着日心说的普及、传播进而成为常识，人们逐步接受了日心说的观点、理论。在此背景下，太阳围着地球转的事实判断根本就不再具有合理性，而地球围着太阳转具有合理性。对于普通人来说，地球围着太阳转的事实描述之所以为真，其实是因为日心说的普及导致这种事实描述具有合理性而被接受为真。而在布鲁诺时代，人们认为太阳围着地球转的事实描述为真，当然也是因为那时地心说的普及导致这种事实描述具有合理性而被接受为真。因此，完全可以这么说，人类对真实性问题的判断永远都是信以为真，人们之所以信，其根本的原因在于具有合理性，合理性是信的前提，在信以为真的时候也便成了真的前提。当某一事实描述在本体论意义上为真时，人们是基于合理性才相信它是真实的，如果这一描述即使在本体论意义上是真的，但是只要没有合理性，人们一般也不会相信它是真的。布鲁诺的死就是一个例证。一旦人们因为合理性而相信某一事实描述为真时，人们就根本无法区别哪种相信是因为本体论意义真实，哪种相信仅仅是因为具有合理性。最后的结果只能像普特南所主张的事实（或真理）和合理性是互相依赖的概念。因此，法律真实说尽管明知刑事司法程序中认定的犯罪事实只是一种推定的真实，仍然在这种推定的真实基础上定罪量刑，是完全符合人类认识的规律的，因为任何的真实在某种意义上都具有这种推定真实的特点，只要这种推定具有合理性，就可以被接受为真实。

刑事司法程序中认定的犯罪事实作为定罪量刑的根据有无正当性，跟此种真实是一种推定的真实毫无关系，正当性的基础在于刑事司法程序认定的犯罪事实是否具有合理性。如果司法认定的犯罪事实具有合理性，司法当然应该也必须接受这种犯罪事实为真实，而且不但司法上接受此种犯罪事实为真实，社会上的其他人也能够将具有合理性的犯罪事实接受为真实。由此可以看出，只要合理性与真实之间存在这种转化关系，那么法律真实观视野下通过刑事司法程序认定的犯罪事实作为定罪量刑基础，其正当性完全可以转化为所认定的犯罪事实具有合理的可接受性。当此种合理性存在的时候，即使认识论犯罪事实与本体论犯罪事实有差异，此时的认识论犯罪事实仍然是真实的。因为人们完全接受该犯罪事实为真实。"许多命题不都有纯形式的特点，我们却还是像对待一些核心科学命题一样认为它们不可动摇，尽管它们不是科学命题。"① 当刑事司法中认定的犯罪事实一旦具有这种合理性，法律真实观无论怎样坚持法律真实的理念也无法阻挡人们相信此时的犯罪事实是真实的。古今中外任何时期的刑事司法无一例外地都在合理性意义上判断司法中认定的犯罪事实的真实性，只不过不同历史时期不同文化阶段，此合理性的标准有很大的不同而已。其实也正是因为人类在对待何谓真实的问题上是与合理性联系在一起，而不完全是与本体论联系在一起的，所以才使刑事司法活动成为可能。即便有时合理性并不能导致发现本体论真实，因为有了此时对合理性意义上的真实的相信，才使刑事司法活动得以顺利进行下

---

① ［美］理查德·波斯纳：《超越法律》，苏力译，中国政法大学出版社 2001 年版，第 42—43 页。

去。这是人类的功利，人类不能没有刑事司法。"人们之所以更可能信其所信，是因为对于他们来说，相信这些事情是有用的，而不是因为他们之所信是真的。"① 所以，从刑事司法的功利角度看，只要具有合理的可接受性，那么相信刑事司法中认定的法律意义犯罪事实为真，是人类必然的选择，同时也是必需的选择，因为如果对具有合理的可接受性的犯罪事实，我们仍不相信为真，那么刑事司法制度将面临全面崩溃，这对人类是一种灾难。所幸的是，人类思维的特点在此挽救了刑事司法，也造就了法律真实说。法律真实说主张的法律真实是刑事司法定罪量刑的事实基础之理念，在人类"合理的可接受性"的实现中找到了正当性基础。

三、合理的可接受性为确认犯罪事实设定实体界限

从以上的分析可以得出一个基本的结论：在法律真实说的视野下讨论犯罪事实问题，其本质是讨论刑事司法程序中认定的犯罪事实是否具有合理的可接受性。当犯罪事实的认定者普遍认为某一犯罪事实不具有合理的可接受性，或对某一犯罪事实是否具有合理的可接受性存在争议时，事实领域中的疑罪就出现了。从抽象意义上讲，刑事司法程序中认定的犯罪事实究竟怎样才能具有合理的可接受性呢？"在刑事诉讼领域中，一件事实可以被合理地接受，必须满足这样两个条件：第一，它是根据充足的证据合理地推理出来的，具有高度的真实性。第二，它是通过合法的程序得出来的，具有正当性或者合法性。具体来说，事实的正当性包括这样几个方面：证据的来源和形式合法，证据的采纳和事实的认定程序合法（比如要经过诉讼双方质证、辩论等），以及符合证明标准的要求"，"由于这样事

---

① ［美］理查德·波斯纳：《超越法律》，苏力译，中国政法大学出版社 2001 年版，第 67 页。

实一方面具有相对的真理性，一方面又具有正当性（诉讼各方实际上都参与了事实的发现或者创造），因此具有合理的可接受性"。① 这样的表述总体上表达出了人们对犯罪事实是否具有合理的可接受性（即是否为真实）基本的要求。此要求可分为两个方面：其一，实体方面的要求，用证据证明的事实具有高度的概然性，使用证据证明事实的推理过程合情合理。其二，程序方面的要求，认定犯罪事实的整个程序必须符合法律的规定，具有合法性，包括证据形式合法、证据来源合法、证据采纳质证合法等。程序和实体共同构建了刑事司法认定的犯罪事实合理的可接受性的基础，程序和实体缺一不可。其中程序对实体具有重要的支撑作用，人们往往是基于对犯罪事实认定程序的信任而更容易信任程序产生的结果。人们怎样才能更信任程序呢？程序具有合法性显然具有特殊重要的意义。也许并不是每个人都能信任法律，但是在一个正常的法治社会中，通过合法的民主程序制定出来的法律应该是更值得信任的，完全可以说，在法治社会的刑事司法程序中，程序的合法性与合理的可接受性之间存在某种必然的联系。在刑事司法程序认定犯罪事实的过程中，如果认定的程序失去合法性，那么人们就会因为对程序的质疑进而质疑此程序中产生的结果，人们就会因为认定犯罪事实的程序缺乏合理的可接受性，进而影响到结果的合理的可接受性的判断。因此，在刑事司法程序中，为了使程序中最后认定的犯罪事实具有合理的可接受性，为了使最后认定的犯罪事实能够达到真实，确保程序的合法性显然是一个不可或缺的环节，但是有一点必须清楚，程序的合法性对于刑事程序中认定的犯罪事实合理的可接受性来说，只是一个必要的条件而非充分条件，缺乏程序合法性认定的犯罪事实的确很难具有合理的可接受性，但是即使有了程序的合法性，刑事司法程序中认定的犯

---

① 樊崇义：《刑事诉讼法实施问题与对策研究》，中国人民公安大学出版社 2001 年版，第 224 页。

罪事实也不一定具有合理的可接受性，换句话说，除了认定犯罪事实的程序必须合法以外，对犯罪事实合理的可接受性即真实性的判断在实体上还必须有一个实体的独立于程序之外的标准。认定犯罪事实的程序合法性绝不可能是犯罪事实真实性的充分条件，有时候虽然认定犯罪事实的程序可能完全合法，但认定的犯罪事实仍可能是非真实的，仍可能不具有合理的可接受性。所以把认定犯罪事实的程序看得至关重要，绝不意味着刑事司法程序中认定的犯罪事实，只是一种程序真实。

程序真实和法律真实虽然有一定的共同之处，比如都十分重视程序对认定犯罪事实的重要性，但两者却存在根本性的不同。程序真实认为只要认定犯罪事实的程序合法，该犯罪事实就应该作为真实来对待。程序的合法性已然成为保证犯罪事实真实性的充分条件。而法律真实虽强调认定犯罪事实的程序必须合法，但同时强调程序的合法对于犯罪事实的真实而言只是必要条件而非充分条件。所以，在研究犯罪事实合理的可接受性问题时，无论怎么强调程序合法性的重要性，都不能陷入程序真实论的泥潭。"正是在这个意义上，'程序真实论'是一种应予批判的理论。'程序真实论'认为，程序内的真实是人们唯一能寻求的真实，因为，对案件真实难以寻求，更难以判断何为真实，故必须退而求其次，人们应当放弃对案件真实的寻求，而只能寻求和判断法律中的求证活动是否遵守了程序。在他们看来，若违反了程序，则可以确定地说未找到真实；若遵守了程序，则可以确定地说找到了真实。这样认识程序真实当然是有问题的。显然，采用违反法律程序的方式或采用在法律程序之外的其他方式寻求真实，应当予以否定；然而，在法律程序之内寻求的真实，并不是我们可以信任这种真实的充分理由，而只是一个必要条件。"①

---

① 王敏远：《再论法律中的真实——对相关问题的补充说明》，《法学研究》2004年第6期。

　　在判断司法中认定的犯罪事实是否具有合理的可接受性的过程中，如果我们知道程序方面的要求虽然至关重要，但也只是一个必要保证的时候，理论研究的焦点就会转移到实体方面的要求上来。从实体方面看，在刑事司法程序中用证据证明犯罪事实，当证据或者证据体系呈现出一种什么样的状态时，事实的裁判者才能作出某一犯罪事实已具备合理的可接受性，并因此认为该犯罪事实是真实的结论。这个事实裁判过程可能有两个问题值得注意：其一是证据本身的问题；其二是裁判者对证据的反应。前者是个客观的问题，后者是个主观的问题。对客观的证据问题当然值得深入分析，但是归根结底所有的证据都必须经过事实裁判者主观的审查和判断。离开了裁判者主观的活动就不可能存在犯罪事实的真与假的问题，甚至连犯罪事实本身都难以产生。从某种意义上讲，刑事司法中认定的犯罪事实具有较浓厚的主观特点。当然这种主观的特点不能过分夸大，过分夸大犯罪事实的主观特点就会走向主观真实的误区。"主观真实说认为，在诉讼中证明的案件事实，实际上是一种主观事实。所谓主观事实是指法官或事实认定者发现的事实，并不是诉讼之前在特定时间、地点发生的'客观事实'。这是因为，首先，事实认定者是从对事实预先得出的模糊结论出发，然后才寻找有关的证据支持的，如果有关的证据不支持原来的结论，他会放弃这一结论而寻找其他的结论。其次，事实认定者在运用证据对案件事实进行推理时，直觉和预感占有非常重要的位置。再次，每个法官由于学识、经验、信仰等不同，也就是存在个体差异，他们的思维方式也就会不同，因此对于同一案件事实，即使有相同的证据，不同的法官也会得出不同的结论。"[①]主观真实观的错误是明显的，因为在主观真实观中根本没有考虑本体论犯罪事实的问题，给人一种犯罪事实是仅凭主观就可

----

　　①　樊崇义：《刑事证据法原理与适用》，中国人民公安大学出版社 2001 年版，第 285—286 页。

以凭空创造出来的感觉。此种唯心主义倾向应予批判。

在法律真实观的视野下，尽管我们认为刑事司法中认定的认识论犯罪事实有时可能与本体论犯罪事实有出入或存在差别，但是我们绝不能认为刑事司法中认定的犯罪事实可以与本体论犯罪事实毫无关系。主观真实观很可能使刑事司法活动失去最基本的正当性。试想一下，有谁会去信任完全由法官脑海中创造的犯罪事实作为定罪量刑的依据呢？但是，主观真实观是否一点价值都没有呢？答案同样是否定的。主观真实观作为一种理念显然不恰当，但是主观真实观对刑事司法中事实裁判者认定犯罪事实过程的描述，却是极大地接近现实，虽然在司法现实中事实裁判者不可能任凭主观对犯罪事实为所欲为（因为有时法律会限制事实裁判者的过分任性的主观判断），但是司法程序中最后认定的犯罪事实也的确在很大程度上是事实裁判者主观世界的产物。也许事实裁判者会拿出许许多多冠冕堂皇的理由为自己的判断作解释，但所有的解释都无法掩盖这样一个基本的现实：事实裁判者之所以认定某一犯罪事实，其根本的原因就是透过所有的证据他看到了这个犯罪事实，或者说透过所有的证据他理解了这个犯罪事实。理解的过程必然是仁者见仁，智者见智，因此，主观真实观固然是不恰当的，但是刑事司法认定犯罪事实是具有主观性的活动，甚至有时主观性还可能起决定性作用的判断却是正确的。正是因为有这种主观性的存在，犯罪事实的裁判者的几乎所有的个体因素（教育背景、生活经历、工作经验、种族、宗教信仰等）都将会对犯罪事实的认定结果产生影响，甚至从极端意义上讲，事实裁判者（比如法官）早饭吃得不舒服或前一天与老婆吵架了这样的因素恐怕都会影响到犯罪事实的认定结果。这样的描述听起来有点可怕，如此认定出来的犯罪事实岂不是太随意了吗？法治理念中所弘扬的法律活动确定性、客观性的精神岂不毁于一旦？人们还会信任司法活动吗？司法活动还能有正当性的根据吗？"仅仅30年前，法律职业界都很安全地相信自己有一套强有力的研究工具，主要是演绎、类推、先例、解释、规则适用、辨识和平衡相互竞争的社会政策，系统表述和适用中性原则以及司法自我约束，把这一切相加，就构成了它的方法论，有了它后，哪怕是最棘手的法律问题，也可以得出客观上正确的答案。那些最大牌的法学权威说，联邦最高法院'注定……要成为理性的符音'，因为'理性是法律的生命'，相比之下，今天，尽管某些地方还有人顽固反对，但迅速成为常识的是：'法律客观性'的观点以及客观性所意味的一切都已戳穿。"① 这些质疑如果是针对犯罪事实认定过程的，那么基本上都与认定犯罪事实的主观性有关。一个法治社会的刑事司法绝不允许犯罪事实的裁判者的主观活动是完全任性的。针对主观性可能作恶的质疑在逻辑上是合理的，在现实中却并没有那么悲观。虽然主观性没有办法避免，但是在主观性中发现某种可称得上客观的东西还是有可能的。如果没有这种在主观中发现客观的可能性存在，现代意义上的刑事司法将不再可能。

在刑事司法活动中，对于事实裁判者的主观性评价活动加以适当而必要的限制是非常重要的，客观的因素就可能体现在这种限制当中。此时的主观性也许就是可以接受的主观性，因为它是包含了客观的主观性。我们完全可以说，关于犯罪事实认定问题的研究，几乎所有重要的问题都直接或间接地与这种主观性联系在一起。特别是出现事实认定中的疑罪问题就更不能例外，因为事实认定中疑罪问题说到底是一个对证据证明的犯罪事实的理解问题，这毫无疑问是事实裁判者主观性问题，甚至可以说事实疑罪问题是主观性中的核心问题，只有在事实疑罪出现的情况下，犯罪事实裁判者裁判事实的主观性才表现得淋漓尽致。我们完全可以作出这样的判断，事实裁判者在确认犯罪事实的过程中，其主观性将对最后确认的犯罪事实起决定性的作用。但是主观性并非任性，合理

---

① ［美］理查德·波斯纳：《超越法律》，苏力译，中国政法大学出版社 2001 年版，第 40 页。

的可接受性为事实裁判者的主观活动设定了一个客观的界限，事实裁判者必须在实体上受合理的可接受性的约束。虽然合理的可接受性并非自然科学意义上的严格确定性的客观标准，而仅仅是一种具有模糊性的标准，但模糊性的标准同样也是标准，同样能为事实裁判者设定一个实体意义上的界限，尽管这个界限不那么清晰。在这个标准的约束下，事实裁判者必须尽一切可能说明为什么如此确认犯罪事实，在完成说明任务的过程中，一种多数人公认的合理的可接受性显然能成为事实裁判的主观性活动中的客观因素，主观性也因此不至于走向纯粹的任性。至于在司法实践中事实裁判者是怎样或应该怎样确认一个具体的犯罪事实，这显然超出了本节的论题。

第二节　犯罪事实的性质

对犯罪事实问题进行探讨，一个首先必须面对而且不容回避的问题就是关于客观真实与法律真实的论争。此论争是一种认识论领域中的观念之争。本节对犯罪事实的探讨将从两种事实观的争论开始。当一个刑事案件发生后，司法机关一个首要的任务就是要查清本案的有关犯罪事实。需要司法机关查清的或司法机关最终确认的事实，到底是一种什么性质的事实呢？理论界对此存在着激烈的争论，其中主要是客观真实说与法律真实说的竞争和对抗。

一、客观真实说

持客观真实说的学者认为，在刑事诉讼中被司法机关最终确认的事实就是案件发生时的客观事实。客观真实是我国刑事诉讼领域在证明问题上长期坚持的一种较为传统的观点，拥护者较多。虽然对此说的表述各不相同，但基本意思是一致的。例如，"我国诉讼中的证明任务是查明案件的客观真实，或案件的真实情况，查明案件的客观真实，归根结底，就是要求司法人员的主观认识必须符合客观实际"①；"司法机关在刑事诉讼中所认定的有关犯罪嫌疑人，被告人刑事责任的事实……必须与客观上实际存在过的事实一致"②；"法院判决中所认定的案件事实与实际已发生的事实完全一致"③；"刑事诉讼证明所要追求的是客观真实，只有当人们运用证据对案件事实的认识达到了与客观的实际情况相符合时，证据才是真实的，否则是虚假的，这就是刑事诉讼证明的任务与要求；而判定其是否真实的标准是看证据是否与案件的客观实际相符合"④。在这些理论表述中都表达了客观真实论的一个最基本的思想，也就是司法机关最后对刑事案件犯罪事实的认定必须是案件发生时的真实情况。一个案件发生了，在本体论意义上确实存在这个案件的客观事实，在普通人思维或者百姓的语言中，一般用"真事"这个词指称这种意义上的客观事实。客观真实说坚持的正是这种"真事"作为司法机关对犯罪事实的认定。尽管客观真实说也明知司法机关最后认定的犯罪事实有时与真正的客观事实并不完全一致，但是仍坚持用客观事实作为判断司法认定的事实正确与否的标准。"虽然人们对案件事实的认识要受到主客观条件的限制，人们的认识难以达到与客观事实的绝对一致，但不能因此而否定客观真实对人们认识的判定作用。因为不是客观事实不能与人的认识完全符合，而是人的认识不能与客观事实完全符合，难道因为人的认识不能与客观事实完全符合，而另外有

---

①　陈一云主编：《证据学》，中国人民大学出版社1991年版，第114页。
②　陈一云主编：《证据学》，中国人民大学出版社1991年版，第124页。
③　巫宇甦主编：《证据学》，群众出版社1983年版，第80页。
④　张继成：《对"法律真实"和"排他性证明"的逻辑反思》，载何家弘主编：《证据学论坛》第二卷，中国检察出版社2001年版，第417页。

人重新制定一个标准就使人的认识与案件事实相符合吗？……证据事实对案件事实的反映虽然只是相对的符合，但是这种相对的符合只能是相对地符合于客观的案件事实本身，而不是符合于法律规定或其他的人制定的任何东西。"① 当然客观真实说的内部也并非意见绝对一致。有些持客观真实说的学者的观点已经有了一些变化，对一些简单案件和自诉案件如果存在有罪供述，已不再坚持严格的客观真实，并主张适当地放宽证明标准。但这些也只是一种倾向性的变化，客观真实说所坚持的基本立场并没有太多的改变。"放弃了传统理论对法律所规定的案件事实（证明对象）都应当达到客观真实的要求，主张根据事实和情节的重要性不同实行宽严不等的证明标准。尽管如此，就其基本观点而言，坚持客观真实观的学者仍然要求，在诉讼证明中，作为一项原则性要求，司法人员在认定被告人有罪时，对案件事实的认识必须达到与客观存在的社会经验事实相一致的程度；对犯罪事实的证明达到客观真实的程度是司法人员认定被告人有罪的唯一标准。"②

二、法律真实说

"所谓法律真实，是指在发现和认定案件事实过程中，必须尊重体现一定价值的刑事程序的要求，在对案件事实的认识达到法律要求的标准时，即可定罪量刑，否则，应当宣布被追诉人无罪。"③ 对于法律真实说来讲，刑事诉讼所要证明的犯罪事实是在司法程序中被合法确定下来的事

---

① 张继成：《对"法律真实"和"排他性证明"的逻辑反思》，载何家弘主编：《证据学论坛》第二卷，中国检察出版社 2001 年版，第 418—419 页。

② 卞建林：《刑事证明理论》，中国人民公安大学出版社 2004 年版，第 245 页。

③ 樊崇义主编：《刑事诉讼法实施问题与对策研究》，中国人民公安大学出版社 2001 年版，第 231 页。

实，这种事实显然与客观的事实远非同一概念。"法律真实观强调法律规范在诉讼认识中的地位和作用。主张法律真实观的学者一般认为，在法律视野中，作为裁断依据的事实不是社会经验层面上的客观事实，而是经过法律程序重塑的事实，该事实因符合法定的标准，而作为定罪科刑的依据。"①法律真实说并不否认本体论意义上客观事实的存在，只不过认为本体论意义上的客观事实不可能作为裁判的依据而已。在刑事诉讼中，作为定罪量刑依据的案件事实必须也只能是用证据证明的事实，用证据证明的事实与案件的客观事实就不可能完全是同一性质，尽管两者并非毫无联系。"案件的客观真实与法律真实之间有着密切的关系。实际上，在诉讼过程中，存在着三种事实样态，即客观事实、主观事实和法律上的事实……这三种事实之间存在着密切的内在联系。主观事实、法律上的事实，都从客观事实衍生而来。"②"'客观真实'只能成为刑事案件证明的一个客观要求，它告诫办案人员要奋力地接近它，它决不能成为个案的一个具体的证明标准。"③因此，法律真实说虽然不否认本体论意义上的客观事实的存在，但是在认识论的诉讼视野中，客观事实是不存在的，至少是没有什么意义的。"在主张法律真实观的学者看来，在诉讼视野中，并不存在纯粹客观的案件事实，所有案件事实都是经过法规范整理后的对该事实的认识。司法人员在作出裁判时，作为其裁判基础的事实只能是在法规范约束下形成的法律事实；要求此种法律事实必须达到符合客观真实的程度方得出裁判是不现实的。"④

---

① 卞建林：《刑事证明理论》，中国人民公安大学出版社 2004 年版，第 247 页。

② 樊崇义、锁正杰、吴宏耀、陈永生：《刑事证据前沿问题研究》，载何家弘主编：《证据学论坛》第十卷，中国检察出版社 2000 年版，第 208—209 页。

③ 樊崇义：《客观真实管见——兼论刑事诉讼证明标准》，《中国法学》2000 年第 1 期。

④ 卞建林：《刑事证明理论》，中国人民公安大学出版社 2004 年版，第 248 页。

三、学说之间的相互批判

客观真实说和法律真实说均受到不同程度的批判。客观真实说受到的批判和反思较多。"现行刑事证据理论的研究几乎只从客体方面去理解，甚至片面地把'客观真实'作为证明标准，而主观方面的研究则很少涉及。刑事诉讼既然是主体、客体两方面的矛盾运动，认识的主体、客体就是对立统一的辩证关系，只有对两者都加以重视，才能把刑事证明标准建立在科学的基础之上。"[1]"理论研究和实践证明，我们再也不能用一个深不可测的所谓'客观真实'的抽象口号，作为衡量刑事诉讼证明的标准了，而是要寻找一个既符合实际又易于操作的标准来指导证明活动。"[2]客观真实说的理论不足还表现在其他方面：首先，以客观性为认识支点，强调证据的客观性，强调案件事实的客观方面，要求司法人员在使用证据认定事实时，不应反求于内心，而应当始终盯住客观事实状况。其次，以乐观主义的可知论为基础，认为每一个案件的定案根据都应达到确实充分的标准，而由这种证据所证明的案件真实应当是一种完全排除概然性因素的绝对确立的客观事实。再次，技术性不足。"证据确实充分"的标准既大且空，难以掌握而且不便操作。[3]法律真实说不但在价值判断上不主张客观真实的证明标准，而且认为在实证上客观真实也不可能成为证明标准。"有人主张以客观真实作为证明标准。可是这是不现实的，在诉讼过程中，裁判者认定的事实已不再是本原意义上的事实。构成案件的事实可能包罗万象，但法律并不是对任何一个细节都感兴趣。法律只是将某些被认为具有

---

[1] 樊崇义：《客观真实管见——兼论刑事诉讼证明标准》，《中国法学》2000 年第 1 期。

[2] 樊崇义：《客观真实管见——兼论刑事诉讼证明标准》，《中国法学》2000 年第 1 期。

[3] 参见卞建林：《刑事证明理论》，中国人民公安大学出版社 2004 年版，第 246 页。

决定性的情节规定为必须证明的对象，只要这些得到证明，就可以作出相应的事实认定。况且，事实的发现不能'不择手段，不问是非，不计代价'，现代诉讼包含着越来越多的价值选择的过程。可见，认定的案件事实，是法律规范涵摄下的事实，是控辩审交涉的结果，是程序塑造的产物。客观事实，存在于法外空间，是彼岸的自在之物，在诉讼的视野中，没有谁能借给裁判者一双'天眼'，将它看个清清楚楚明明白白，再来进行比照，当然，如果那样的话，诉讼程序的存在也没有意义了。"①

在法律真实说对客观真实说展开全面批判的同时，客观真实说也没有退出历史舞台，而是对法律真实说进行了尖锐的反批判。"法律真实的主张从它娩出之日起，其含义就是暧昧的。有人说，法律真实就是达到法律所规定的那种真实的程度。早有论者提出，若按此种观点，则神士证据制度、法定证据制度所要求的那种真实就无一不是'法律真实'了。"②与客观真实说相比，法律真实说的缺陷主要表现在以下几个方面：首先，法律真实论者是悲观主义者，往往倾向于认为案件的客观真实不能发现或者难以发现，裁判中所能保证的只是法律上的真实。实际情况是，并不是所有的案件都能够发现案件的真相，但也不是所有的案件都不能发现案件的真相。其次，法律真实论者强调裁判者对于非亲历的案件事实即使作出正确的判断也无从知道自己裁判的正确性，这就造成了一种自相矛盾的观点。既然我们不知道一桩案件的一个裁判是正确的，也就无从知道该案件的另一个裁判是错误的。那么，如何作出某一案件是错案的判断呢？再次，法律真实论者主张以主观标准"排除合理怀疑"取代客观标准，理由是：客观标准太高，不具有可操作性。事实上，"排除合理怀疑"是一个含义更为模糊的标准。③从一般意义上讲，客观真实说以哲学本体论为依据，而

---

① 陈卫东：《诉讼中的"真实"与证明标准》，《法学研究》2004 年第 6 期。
② 张建伟：《法律真实的暧昧性及其认识论取向》，《法学研究》2004 年第 6 期。
③ 参见张建伟：《法律真实的暧昧性及其认识论取向》，《法学研究》2004 年第 6 期。

法律真实说则以哲学认识论为依据。因此，客观真实说对法律真实说的批判还表现在哲学立场上。"我们不能因为哲学研究实现了认识论和语言论转向，就抛弃本体论。离开本体论，认识论将成为无源之水、无本之木；没有本体论的语言论将是空洞无物的，是一种噪音。本体论是认识论和语言论的根基。熟悉现代西方哲学的人一定知道，许多西方学者就是从语言学的角度来研究本体论、认识论和逻辑问题的。在诉讼实践中，我们仍然要关注本体论，虽然这种本体论只是认识论和语言论视野中的本体论，但毕竟没有抛弃本体论。在诉讼实践中，没有本体论的认识论和语言论是没有任何意义的：不了解本体论，我们就无法理解证据何以具有客观性、关联性、充分性？轻视本体论研究，将是证据法学理论研究的倒退。"①

在法律真实说和客观真实说两种方法论竞争和对抗的同时，一些独树一帜的证明理论也应运而生，而且影响颇为广泛，甚至对法律真实说和客观真实说的两极对抗格局形成了某种冲击。其中最典型的是王敏远教授在《一个谬误、两句废话、三种学说》一文中主张的科学的刑事证明理论，其理论主张建立在对客观真实说及法律真实说的批判和超越之上。"司法部门和一些人很赞赏'客观真实论'，因为这种理论可以为武断提供根据：不管实际所凭借的理由是什么，司法所认定的就是客观真实，无需争辩且无可争辩。而现在，司法部门的某些人很赞赏'法律真实论'及'程序真实论'，因为这不仅可以为其降低刑事诉讼中的证明要求提供根据，而且，由于'法律真实论'、'程序真实论'倡导了一种与众不同的'真实'，甚至于可以为完全不讲理的司法裁断提供根据。因此，我们的理论研究不仅应当避免华而不实，而且，应当力求不为司法任意妄断提供根据，问题

① 张继成：《对"科学的刑事证明理论"的哲学、逻辑学批判》，《法学研究》2004年第6期。

意识的意义正在于此。"①科学的刑事证明理论以哲学基本观念的转化为背景，不但对客观真实说和法律真实说进行旗帜鲜明的批判，而且形成了自己独特的结论，其主要观点包括三个方面：首先，在认识论层面上，事实是可谬的。这里所说的事实既包括历史的事实也包括现实的事实；既包括复杂的事实也包括简单的事实；既包括凭感官可以知觉的事实也包括凭借科学原理和手段推断的事实。只有认识到这一点，我们才能摆脱对本体论意义上的事实所持的信念，和对认识论意义上的事实可能产生的迷信；不仅如此，我们由此才能够避免因为认识论意义上的事实之可谬，而导致无可救药的不可知论。其次，"客观真实论"与"法律真实论"作为应予批判的对象，是因为其作为刑事证明标准的理论是错误的。这种错误不仅是由于它们未以合适的哲学理论作为其基础，而且也由于它们面对刑事证明标准这样一个通过法律的概括规定根本不可解的问题，试图以"客观真实"或"法律真实"作为证明标准予以简单化处理。再次，刑事证明标准的问题虽然是一个关于事实的信念及其判断的根据、方法的问题，但也是一个法律问题；而作为一个法律问题，其并不能通过法律规则解决，而是个需要依靠科学与常识作为凭据才能确定的问题。就此而言，由于科学与常识的非确定性，刑事证明标准就显得不再是一个可予以绝对确定的界限，而是一个可谬的界限。这是一个无奈的事实，但却是个应当承认的事实。②

四、真实观的检讨

上文对客观真实说、法律真实说及科学的刑事证明理论等几种真实观

---

① 王敏远：《再论法律中的"真实"——对相关问题的补充说明》，《法学研究》2004 年第 6 期。

② 参见王敏远：《再论法律中的"真实"——对相关问题的补充说明》，《法学研究》2004 年第 6 期。

进行了简单的描述。除了对各种真实观进行描述外，还对批判性的意见作了描述，为了忠实于各种学说的原貌，文中引用了大量的引文。描述显然不是目的，描述的目的是为了评价和选择。本书对真实观检讨可分为两个层面进行。

其一，用实证分析的方法描述刑事司法认定的犯罪事实；其二，用价值分析的方法阐述本部分关于真实观的立场。一个刑事案件发生后，在本体论意义上必然存在一个案件事实，这个案件事实就是整个刑事司法活动中需要查清和确认的认识对象。从哲学意义上讲，对于犯罪事实的认定，整体刑事司法程序其实就是一个认识本体论意义上的犯罪事实的认识论过程。在刑事司法程序刚刚开始之时（如侦查机关开始调查），本体论意义上的犯罪事实显然已经存在，但是对于认识论而言，本体论意义上的犯罪事实仿佛被装在了一个"黑匣子"中。虽然试图打开"黑匣子"的认识活动已经开始，但装在"黑匣子"中的本体论意义上的犯罪事实对于认识活动而言可以被视为不存在，尽管"黑匣子"中的确有一个要被认识的犯罪事实存在。因为在装有本体论意义犯罪事实的"黑匣子"没有被打开之前，对于"黑匣子"的外部世界而言，"黑匣子"中装的是什么样的犯罪事实以及"黑匣子"中有没有这样的犯罪事实又有什么区别呢？因此，在"黑匣子"被打开之前，装在"黑匣子"中的本体论犯罪事实对于认识论来说是不存在的，如果说存在，也仅仅是一种纯观念中的存在，没有任何现实的认识论的实际意义，"黑匣子"中的犯罪事实不可能自动从"黑匣子"中跳出来指导或影响刑事司法程序的认识活动过程，在刑事司法程序中至少在认识程序开始之时，把"黑匣子"中的本体论犯罪事实视为不存在是完全可以的，甚至在某种意义上是应该或必需的。刑事司法程序开始后，随着认识活动的不断推进，认识论意义上的犯罪事实逐渐形成，并在刑事司法程序结束时最后确认认识论意义上的犯罪事实。刑事司法判决是根据这种认识论意义上的犯罪事实作出的，或者说这种认识论意义上的犯罪事实才是刑事司法判决的事实依据。认识论意义上的犯罪事实并不是凭空出现的，而是认识主体在刑事程序中根据证据构建出来的。本体论意义上的犯罪事实发生后，必然会在外界留下各种各样的痕迹，这些痕迹经过法定程序会转化为证据。这些证据是认识本体论意义上的犯罪事实的依据，并且是唯一的依据。除了证据以外，人类不可能有其他的方式或手段去认识发生在过去的本体论意义上的犯罪事实。对于这一点，人类社会的刑事司法实践早已不证自明。无论是客观真实说还是法律真实说对此均无疑义，尽管证据在两种真实观中意义可能有所不同。"法律真实论与客观真实论均主张证据裁判主义。客观真实论认为证据既要与案件事实相关，也要如实反映案件事实情况。法律真实论者虽然注重证据，却往往回避证据的确实性问题。"① 因此，刑事司法程序认定事实的目标当然是认识本体论意义上的犯罪事实，但是本体论犯罪事实的认识只能通过刑事证据去完成，这是到目前为止人类认识过去事实的唯一可靠的、可被信赖的方法。人不是上帝，如果是上帝从事司法审判活动，上帝根本可以不用证据就能够认识发生在过去的犯罪事实，因为上帝是全知全能的，上帝是无所不知的，即便是发生在过去的犯罪事实，上帝也全都清楚明白，根本无须证据。但可惜人不是上帝，人不可能直接了解发生在过去的犯罪事实，人只有通过证据来认识发生在过去的犯罪事实。我们还可以作一假设或作一幻想，假如将来有那么一天，人类发明了时间旅行车，人们可以乘坐时间旅行车随意地回到过去或奔向未来，那么这台时间旅行车的发明将标志着人类认识发生在过去的犯罪事实必须依赖于证据这个命题实现终结。到那个时候，如果发生了刑事案件，在审判的时候，让陪审团或法官等事实认定者都乘上时间旅行车，将该车开回到案发的当时，让事实的认定者直接到案发现场去认定事实，装有本体论意义上的犯罪事实的"黑匣子"立刻就可以大白于天下。到那时，犯

---

① 张建伟：《法律真实的暧昧性及其认识论取向》，《法学研究》2004 年第 6 期。

罪事实的认定当然就可以不依赖于证据，甚至可以完全抛开证据。如果真的有那么一天，刑事证据理论将发生革命。美国科幻电影《回到未来》就幻想了时间旅行车的故事。我们不去设想什么时候这台时间旅行车才能被发明出来，我们也不去设想科学技术有无可能发明这种时间旅行车，即使将来真的有一天人类可以发明这种机器，但在此之前，人类的刑事诉讼活动中的证据裁判主义不可能有根本性的改变。人类经验告诉我们：认识发生在过去的事实，无论是犯罪事实或是更遥远的历史事实，通过证据加以认定是唯一合理的、唯一可接受的方式，这种方式也就是唯一正确的方式。

在刑事司法程序中，证据都是本体论犯罪事实遗留下来的，证据也是为了证明本体论犯罪事实而存在的。通过分析使用证据，刑事司法的事实认定者最终会形成一个关于本体论犯罪事实的判断，这个判断虽然是关于本体论犯罪事实的判断，但此判断绝不能等同于本体论犯罪事实本身。这种判断只是一种认识论意义上的犯罪事实。现在的问题是，本体论犯罪事实和用证据证明出来的认识论犯罪事实之间到底是一种什么样的关系呢？打一个不恰当的比方，本体论犯罪事实相当于天上的月亮，认识论犯罪事实相当于水中的月亮，水中的月亮是天上的月亮的影子，这正像认识论犯罪事实也同样是本体论犯罪事实的影子。水中的月亮基本上可以反映天上的月亮的情况，或者在大多数情况下，天上的月亮与水中的月亮是一致的，看到水中的月亮，即使不去看天上的月亮，也可以知道天上的月亮是什么样子。同样道理，认识论犯罪事实基本上也可以反映本体论犯罪事实的情况，或者在大多数情况下，认识论犯罪事实与本体论犯罪事实是一致的。我们虽然看不到"黑匣子"中的本体论犯罪事实，但是看到了认识论犯罪事实，也就基本上可以知道或确信本体论犯罪事实的情况。如果在一个正常社会的刑事司法中，通过司法程序所确认的犯罪事实即认识论犯罪事实无法做到与本体论犯罪事实在绝大多数情况下是一致的，或无法让人们普遍相信认识论犯罪事实与本体论犯罪事实在正常情况下都是一致的，换句话说，假如认识论犯罪事实与本体论犯罪事实的关系，无法做到像水中的月亮与天上的月亮的关系一样，则整个刑事司法活动的正当性基础将会丧失。如果是那样，那么人们就会反思甚至会推翻这样的刑事司法制度。"在司法裁判过程中，'法律真实'如果不能在统计意义上做到与'客观真实'在多数情况下一致，或者使人们普遍相信有可能达到并追求这种一致，那么，裁判所依赖的这种'法律真实'，就会在制度和意识形态上失去其正当性，司法过程就会变质。"① 但是必须清醒地看到，无论认识论犯罪事实与本体论犯罪事实是多么的一致，也不论人们是多么相信两者之间的一致，认识论犯罪事实与本体论犯罪事实毕竟并非同一事实。正如天上的月亮永远也不能是水中的月亮，尽管水中的月亮在绝大多数时候能正确反映天上的月亮的状况。刑事司法活动用证据去证明本体论犯罪事实，但证明并不是复原，证明不可能把装有本体论犯罪事实的"黑匣子"打开，证明更不可能把本体论犯罪事实拿到认识论中来。因此，刑事司法用证据来证明本体论犯罪事实，但结果只能形成认识论犯罪事实，这是一个不争的事实。对此，无论坚持何种事实观的学说恐怕都不得不承认这个事实，客观真实论、法律真实论、科学的刑事证明论等无一例外。

认识论犯罪事实与本体论犯罪事实存在着不一致的可能性，而且这种可能性与人们持何种真实观并没有直接的联系。对于客观真实说而言，虽然持客观真实论的学者把司法最后认定的犯罪事实（即认识论犯罪事实）看成是本体论意义的犯罪事实，把司法认定的犯罪事实等同于本体论犯罪事实，但这也仅是客观真实说的一种信念而已，认识论犯罪事实与本体论犯罪事实的关系不会受客观真实论信念的影响。就连坚持客观真实说的学者也不得不承认，即使坚持客观真实说也必须承认认识论犯罪事实有时可

---

① 张志铭：《裁判中的事实认知》，载王敏远编：《公法》第四卷，法律出版社2003年版，第2—3页。这里的"法律真实"就是指认识论犯罪事实，"客观真实"就是指本体论犯罪事实。

能与本体论犯罪事实不相一致。"法律真实论者抨击客观真实论者不承认所谓'可错性'（又称'可谬性'，其含义是'发生错误的可能性'），乃出于一种谬见，若客观真实论者不承认存在裁判错误的可能性，何以当初赋予人民检察院在认为'确有错误'的情况下提起抗诉的权力，何以建立审级制度和审判监督程序以实现'有错必纠'的司法理想？"① 也许客观真实说的理念确有拒绝承认可错性的基因，因为这种学说倾向于把认识论犯罪事实与本体论犯罪事实等同起来。但是任何一个聪明的客观真实论者都不会坚持这种"非可错性"，原因非常简单，任何真理性的认识在具有绝对性的同时，都必然具有相对性，此观念已然成为人们的一种常识性判断。"实际上，从认识的主观性的一面，从认识经历的感性认识、理性认识、实践过程来说，人们的认识也仅具有相对性。在这里我们必须将其纳入到诉讼的过程中看待认识的绝对性与相对性关系原理。显而易见，诉讼中的认识必须'在一系列非常不至上地思维着的人们中实现'，它是认识的'个别实现和每次的实现'，所以这里的认识，只能具有相对的真理性。当然，这种相对的真理性，蕴含着绝对的真理，但并非等于绝对的真理。"②"因此，我们可以明确地得出结论，在诉讼过程中，我们对案件事实的认识，只是一种相对的真实，而非绝对的真实。"③

尽管客观真实说将认识论犯罪事实与本体论犯罪事实等同，也不得不

---

① 张建伟：《法律真实的暧昧性及其认识论取向》，《法学研究》2004 年第 6 期。本书引用此段话的目的在于说明客观真实论者确实也承认认识论犯罪事实与本体论犯罪事实存在不一致的可能性。但是这段引文中说明客观真实论者也承认"可错性"这一事实的论证本书并不赞同，因为抗诉等制度的规定也许反映的是法律真实说的立场而并非客观真实说的立场。

② 樊崇义主编：《刑事诉讼法实施问题与对策研究》，中国人民公安大学出版社 2001 年版，第 219 页。

③ 樊崇义主编：《刑事诉讼法实施问题与对策研究》，中国人民公安大学出版社 2001 年版，第 220 页。

自相矛盾地承认有时认识论犯罪事实与本体论犯罪事实之间可能存在不一致。另外，承认认识论犯罪事实与本体论犯罪事实可能存在不一致，这在法律真实说的语言环境中显然是题中应有之义。法律真实说的立论基础就在于旗帜鲜明地承认刑事司法最后确认或认定的犯罪事实仅仅是一种法律意义上的真实，而非本体论意义上的犯罪事实。尽管法律真实说也不认为认识论犯罪事实可以离开本体论犯罪事实而独存，但是却清醒地看到了两种犯罪事实的差别。行文至此，恐怕应该得出一个基本的结论：从实证的角度看，刑事司法确认的犯罪事实即认识论犯罪事实具有的基本特征以及认识论犯罪事实与本体论犯罪事实之间的关系如何是由刑事司法活动这种事物的本质决定的，绝非客观真实说或法律真实说这样的观点决定的。无论是客观真实说抑或法律真实说无非都是对认识论犯罪事实的一种定性而已，此种定性不应该也不可能改变认识论犯罪事实的本质。或者说得更直接一些，客观真实说或法律真实说都不过是给认识论犯罪事实起个名字而已。客观真实说给认识论犯罪事实起了个客观真实的名字，法律真实说给认识论犯罪事实起了个法律真实的名字，起什么名字当然不可能改变被起名者的性质。虽然对于起名字的行为也可以作出好坏的评价，也可以对起的名字作出恰当与否的评论，但是绝不能把名字和名字所指称的事物相混同。例如，对于刑事侦查和起诉环节中的犯罪嫌疑人，在刑诉法修改之前一般都被称之为"人犯"或"罪犯"，刑诉法修改后，用犯罪嫌疑人取代了"人犯"的称呼。称呼改了绝不意味着不同称呼背后的事物也改了，无论是叫犯罪嫌疑人还是叫"人犯"，其所指都是那个被起诉或被侦查的对象，尽管不同的称谓可能包含不同的司法理念，称谓的改变也可能意味着某种司法理念的改变，但称谓的改变绝不可能导致称谓背后的事物也跟着改变，事物就是事物，事物不会跟着称呼的改变而改变性质。

从上面的分析可以看出，无论是客观真实还是法律真实，其实不过是给认识论犯罪事实起的一个名字而已，并且每种学说通过这种命名进一步完成了对认识论犯罪事实的定性。客观真实说用客观真实对认识论犯罪事实进行命名，体现了对认识论犯罪事实的一种性质认定。法律真实说用法律真实对认识论犯罪事实进行命名，当然也体现了对认识论犯罪事实性质的另一种认定。但是在理论界，在很多情况下，人们总是离开定性的意义使用客观真实和法律真实之概念，客观真实和法律真实往往被当成证明标准来对待，认为这是两种不同的刑事犯罪事实的证明标准。"持'法律真实说'的学者，不论是认为在诉讼中人们的认识难以达到客观真实的标准，还是认为在诉讼中人们的认识只能限于法律真实，均主张诉讼中的证明标准，应是法律真实，而不是客观真实。""然而，持'客观真实说'的学者则认为不然。即使是并不绝对否定'法律真实'的特温和的'客观真实说'的学者（即认为在推定等极少数情况下，'法律真实'是个可以理解并能予以认可的概念），也认为在诉讼中的绝大多数情况下，'法律真实'也不能取代'客观真实'，成为诉讼证明的标准。至于对'法律真实说'持极端反对态度的学者，则认为'法律真实'完全是个伪概念，根本不能以此取代'客观真实'。他们认为，法律真实标准无法代替客观真实标准。"①本书认为，将客观真实或法律真实作为刑事诉讼的证明标准是不恰当的，因为对事物的定性与事物的成立标准显然不是同一层面的问题，两者的关系是先有对事物的定性，然后根据该定性再去设定成立标准，或者先设定某一事物的成立标准，再去给该事物定性。例如要设计一种产品，我们首先要给自己的产品定性，如要设计汽车，那么汽车就是给这个产品的定性，然后根据汽车的属性，去设立本产品的标准。再例如对于从小生活在狼群中的狼人，究竟是狼或是人的定性，应首先根据人或狼的标准去衡量所谓的狼人，有了衡量后的结果，才能给狼人进行到底是狼或是人的最终定性。无论是哪种情况，无论是先有定性还是先有成立标准，有一点是可

---

① 王敏远：《一个谬误、两句废话、三种学说》，《公法》（第四卷），第218页。

以肯定的，那就是定性和成立标准并非同一层面的问题，这正如汽车与汽车的成立标准，人和人的成立标准显然不是一回事一样。客观真实说或法律真实说把客观真实或法律真实看成是认识论犯罪事实的证明标准有点类似于把人和人的成立标准混同。有的学者已经注意到了这个问题，"所谓司法证明的标准，是指司法证明必须达到的程度和水平。它是衡量司法证明结果正确与否的依据和准则。司法证明的标准也可以有不同的层次：（1）客观真实与法律真实所强调的是证明标准的性质，可以视为第一层次或最抽象的标准。（2）证据确实充分，排除合理怀疑，高度盖然性优势证据等是关于证明标准的不同表述，属于第二层次的证明标准"。"第一层次的证明标准是定性问题，建构的任务并不复杂，主要是解决客观真实标准与法律真实标准之争。近年来，我国的学术界越来越倾向于法律真实的标准，而且这种观点已经在一定程度上得到了司法界的认同"。[①] 这种观点虽然仍然认为客观真实和法律真实是证明标准，但已经承认客观真实和法律真实是个定性问题，即使是证明标准，也是第一层次的证明标准，这种证明标准与排除合理怀疑这样的第二层次的证明标准存在区别。

从实证上看，尽管理论界存在客观真实说与法律真实说的对抗，但必须清楚的是，客观真实与法律真实的对抗并非两种刑事诉讼证明标准之间的对抗，而仅仅是对刑事司法程序中确认的犯罪事实（认识论犯罪事实）的两种不同的定性而已。实际上客观真实说与法律真实说各自所主张的证明标准之间可能未必有那么大的对抗。认识论犯罪事实及其与本体论犯罪事实之间的关系也不会因为客观真实说和法律真实说的定性不同而有所变化。现在可能要面对这样一个问题：既然客观真实和法律真实不过是对认识论犯罪事实的定性，不过是给认识论犯罪事实起一个名字，那么这个名字是否叫什么都无所谓呢？答案当然是否定的。定性虽然不是标准，

[①]　何家弘：《司法证明标准与乌托邦》，《法学研究》2004 年第 6 期。

但定性却与标准有联系，真实观是定性不是证明标准，但真实观同样与证明标准有某种联系。从价值角度分析，本书更倾向于法律真实说。在客观真实说与法律真实说互相竞争的过程中，每一种观点都从自己的立场出发对竞争的观点进行了批判，同时也对自己的主张尽可能地搜集正当性的论据。① 本书之所以倾向于法律真实说主要是基于如下几个方面的考量：

第一，法律真实是一种尊重现实的定性。前文已经多有论及，刑事司法过程对事实的认定，其实质就是用证据去证实或发现发生在案发当时的本体论犯罪事实，但最后证明的结果却只能是认识论犯罪事实。无论证据多么充分，只要是用证据证明事实，任何人就不敢保证每一次的事实认定都与本体论犯罪事实一模一样。对此现实状况，无论持何种真实观都不能否定，即使持客观真实说，对此现实状况也不得不肯定。在一个正常的刑事司法环境中，认识论犯罪事实在绝大多数情况下都能做到与本体论犯罪事实一致，这是刑事司法活动正当性的基础，如果认识论犯罪事实经常与本体论犯罪事实存在不一致，那么整个刑事司法就可能失去正当性、合法性根基，就会被社会的公共选择所抛弃。但是哪怕是认识论犯罪事实的出错率极低，甚至几乎找不到出错的情况，但只要在逻辑层面上存在着这种出错的可能性，那么这种可能性就将是我们理论研究和制度构建所必须重视的，绝不能因为可能性出现率较低就忽视这种可能性。更何况，从社会学角度分析，现在世界上任何一个国家的刑事司法活动都无法保证认识论犯罪事实不出现错误，哪怕是认识水平相对比较发达的国家也同样难逃这

---

① 关于这种争论请参见陈光中、陈海光、魏晓娜：《刑事证据制度与认识论——兼与误区论、法律真实论、相对真实论商榷》，《中国法学》2001 年第 1 期；张继成、杨宗辉：《对"法律真实"证明标准的质疑》，《法学研究》2002 年第 4 期；何家弘：《论司法证明的目的和标准——兼论司法证明的基本概念和范畴》，《法学研究》2001 年第 6 期；樊崇义：《客观真实管见——兼论刑事诉讼证明标准》，《中国法学》2000 年第 1 期；锁正杰、陈永生：《论法律真实》，《诉讼法研究》第一卷，中国检察出版社 2002 年版。

种错误。从实证上看还没有哪个国家敢声称自己的刑事司法活动中认识论犯罪事实的错误率可以忽略不计。如果对认识论犯罪事实与本体论犯罪事实进行比较，在逻辑上可能存在三种情况：其一，认识论犯罪事实与本体论犯罪事实完全一致，认识论犯罪事实在此种情况下几乎等同于还原了本体论犯罪事实，打一个不恰当的比方，此时装有本体论犯罪事实的"黑匣子"被刑事证明完全打开。其二，认识论犯罪事实与本体论犯罪事实完全不一致，此时认识论犯罪事实与本体论犯罪事实相比是南辕北辙、大相径庭。震惊国人的佘祥林杀妻案就属于此种情况，当佘祥林杀妻的判决书中认定的被害人即佘祥林的妻子大摇大摆地走回家中时，国人才开始惊呼，佘祥林案件中的认识论犯罪事实纯属虚构，认识论犯罪事实不但错了，而且错得淋漓尽致。其三，认识论犯罪事实与本体论犯罪事实之间具有一定程度的相似性，此种相似性是指既不是完全一致，也不是完全不一致，而是处于完全一致和完全不一致之间的某一点上，有时这个点可能靠完全一致这边更近些，有时也可能靠完全不一致这边更近些。客观真实说认为认识论犯罪事实是一种客观真实，其实是坚信认识论犯罪事实与本体论犯罪事实完全一致，即认识论犯罪事实与本体论犯罪事实相比较的三种情形中的第一种情形。这种坚信在愿望上是好的，在道德上也是无瑕疵的，因为对于事实认定者来说，如果不是出于枉法或愚蠢，一般情况下都会相信自己认定的犯罪事实是真的，也就是相信认识论犯罪事实与本体论犯罪事实完全一致，很少有人明知自己认定的认识论犯罪事实与本体论犯罪事实根本就不一致还去认定。① 但是这种坚信实在是缺乏现实性，现实中的错案一次又一次地冲击这种盲目的坚信，残酷的现实迫使客观真实说作出了一

---

① 正常情况下事实认定者都会坚信自己认定的事实是与本体论犯罪事实相一致的，但是在极其特殊的情况下事实认定者也有可能违背自己的判断进行事实认定。此种特殊情形可能发生在客观性与合法性发生矛盾时，事实认定者必须遵守合法性优先的原则。

个矛盾的理论选择，即在认识论犯罪事实没有被正式证伪之前仍坚信认识论犯罪事实是一种客观真实，与本体论犯罪事实完全一致，同时又自相矛盾地认为认识论犯罪事实是有可能错的，并且忙着对可能出错的认识论犯罪事实寻找救济的途径。为什么客观真实说会作出这样的选择呢？为什么一边坚信自己没错，一边却在为错误寻找救济？唯一可能的原因就是在客观真实说看来，认识论犯罪事实出现错误的可能性极小，甚至可以忽略不计，只有如此假设，那么盲目坚信认识论犯罪事实是客观真实才有可能变得不那么盲目了。但是客观真实说的这种假设能否成立呢？假如这种假设可能成立，那么客观真实说所指的认识论犯罪事实的错误也仅仅是认识论犯罪事实与本体论犯罪事实相比较中的第二种情形，即认识论犯罪事实与本体论犯罪事实完全不一致。应该说认识论犯罪事实与本体论犯罪事实完全不一致的情形的确不是很多。但是对于客观真实说而言，其致命的问题在于忽略了认识论犯罪事实与本体论犯罪事实相比较的第三种情形，即认识论犯罪事实与本体论犯罪事实处于一种完全一致和完全不一致的中间状态。对于这种中间状态，不知客观真实论还能否坚信认识论犯罪事实是一种客观真实呢？其实在现实刑事司法活动中，认识论犯罪事实与本体论犯罪事实相比，完全一致或完全不一致都是极为罕见的，处于完全一致和完全不一致的中间状态才是一种常态。在犯罪事实的认定过程中，认识论犯罪事实与本体论犯罪事实完全一致类似于数学中的极限，现实中的犯罪事实认定永远是个靠近完全一致这个认识极限的过程，但不太可能等于这个极限，甚至即便真的偶然达到了这个极限，我们仍然没法证实已经达到了完全一致。如果把认识论犯罪事实与本体论犯罪事实完全一致比作司法完美，那么现实的司法只能是一种接近完美或近似完美。这是一种不能否定的司法现实，对于这样的司法现实，我们应如何选择真实观呢？当面对绝大多数认识论犯罪事实都只是一种近似于本体论犯罪事实这样的司法现实，客观真实说显然有自欺欺人的嫌疑，即客观真实说明知认识论犯罪事实与本体论犯罪事实并非同一，却非视为同一，非坚信同一。法律真实说可能是一种更为尊重现实的观点，即法律真实说明知认识论犯罪事实与本体论犯罪事实并非同一，并在尊重这种非同一现实的前提下，只承认认识论犯罪事实是一种法律真实。

第二，法律真实说为认识论犯罪事实的可谬性找到了逻辑上的根据。由于人类认识能力的有限性，在刑事司法中运用证据证明犯罪事实时，永远有犯错误的可能性。虽然客观真实说也不得不承认犯罪事实认定的这种可谬性，但是这种承认在逻辑上是很难说清楚的，或者说在逻辑上是存在矛盾的。客观真实说自认为认识论犯罪事实就是本体论犯罪事实，这种自信在逻辑上自然否定可谬性，因为如果存在可谬性，自信也就缺乏根据和底气了。如果对认识论犯罪事实持法律真实说显然具有更大的理论优势。在法律真实说看来，认识论犯罪事实必须是真实的，无论持何种学说都要承认认识论犯罪事实是真实的，否则不会根据认识论犯罪事实进行刑事裁判。但是，虽然法律真实说也认为认识论犯罪事实是真实的，但是这种真实仅仅是一种法律意义上的真实，而非与本体论犯罪事实完全一致的真实。法律意义上的真实其实就是指当事实证明达到一定程度的时候，法律制度就认为是真的，事实认定者也就会认为是真的。换句话说，法律真实说所主张的法律意义上的真实也仅仅指我们相信认识论犯罪事实与本体论犯罪事实一致，其主观性色彩相当浓厚。仅仅在相信"意义"上理解认识论犯罪事实的真实性，其可谬性显然是题中应有之义。在生活语境中"相信"什么也是可谬的，因为极有可能后来发现我们的"相信"是错的，这与刑事司法中的事实认定非常相似。因此，虽然客观真实说和法律真实说都承认犯罪事实认定的可谬性，但相比而言，法律真实说与可谬性具有内在的关联性，在逻辑上更容易解释得通，正所谓名正则言顺，名不正则言不顺，假如要给犯罪事实可谬性找到一个理论之家园，恐怕法律真实说比客观真实说更恰当。

第三，法律真实说有利于程序优先司法理念的确定。在现代刑事司法理念中，程序优先于实体恐怕是其中主要内容之一。对于程序正义优先的司法公正，又可称为程序本位主义。这种结构的司法公正强调程序正义的不可或缺性，它不能仅仅为了结果的实体正义而被牺牲，相反，应当以程序正义优先为原则，以实体正义优先为例外。此种司法公正在制度上的典型表现，是由美国宪法第 5 和第 14 修正案所规定，在美国司法过程中发挥重大作用的"法律正当程序"原则。①"在这种类型的制度正义中，作为一条原则，程序正义成为实施正义的前提，而不是单纯的工具性手段，因此，当实体正义与程序正义可以两全的时候，对于实体正义来说，程序正义是一个温驯的仆人，实体正义与程序正义之间呈现出目的和手段的关系；可是一旦两者相互排斥的时候，关系就发生了颠倒，实体正义会惊愕地发现，现在它必须服从程序正义的约束，驯服地为程序正义让路了。"② 程序优先已经被越来越多的人所接受，并作为一项法律人思维中的基本原则。应该说法律真实说与程序优先有着天然的亲缘关系。在法律真实说看来，认识论犯罪事实虽然可以被看作真实，但是这种真实并非与本体论犯罪事实完全一致。当明知认识论犯罪事实并不一定就是本体论犯罪事实，我们为什么还能相信认识论犯罪事实的真实性，或者说我们的这种相信到底有什么可供信赖的基础呢？当对认识论犯罪事实这种结果无法直接把握的时候，相信认识论犯罪事实为真的重要依据当然就是认定认识论犯罪事实的程序，也就是说，认识论犯罪事实到底是通过什么样的程序被认定出来的？如果我们能够充分地相信认定犯罪事实的过程或程序，那么我们就相对容易地对结果给予信任，即对认识论犯罪事实为真的信任。如果我们连认定犯罪事实的程

---

① 参见［美］卡尔威因、帕尔德森：《美国宪法释义》，徐卫东、吴新平译，华夏出版社 1989 年版，第 218—219 页。

② 郑成良：《法律之内的正义》，法律出版社 2002 年版，第 186 页。

序都不能相信是对的，那么让我们去相信一个错误程序中产生的结果一定会难上加难。因此，法律真实说的理论主张一般会更关注认定犯罪事实的程序，这种关注程序优于关注结果的理论主张显然与程序优先的司法理念形成暗合。而客观真实说认为认识论犯罪事实与本体论犯罪事实同一，认为认识论犯罪事实是一种本体论意义上的真实，正是因为在客观真实说的世界里，通过司法程序认定的犯罪事实被看成是发生在过去的真正事实，那么这种真正事实本身作为定罪依据当然具有天然合理性。至于通过什么程序发现了真正的事实，可能并不被客观真实主义者关注。也许有客观真实者会说，在现实中客观真实说同样注意程序，这当然也是事实。但是，虽然客观真实说也不得不注重程序，但这并不意味着此种注重程序是客观真实说的逻辑结论。只有在法律真实的世界里，司法认定的犯罪事实才失去了真正事实的光环，其合理性显然不能从事实本身寻找，法律事实重构的程序合理性也就具有了至高无上的意义。因此，假如我们承认程序优先的司法理念，那么对认识论犯罪事实作法律真实的定性比作客观真实的定性可能更为恰当。

第四，法律真实说符合司法特质，为某些司法制度奠定了存在的基础。司法活动是人类实践活动的特殊领域，此特殊领域必然有其自己的特质。在其他实践活动中至高无上的认识论原则，在司法领域中可能就未必适用，有时甚至会在一定程度上加以否定。例如，在科学实验中，实事求是、忠实于发现真相、尊重客观事实是至高无上的认识论原则，但是这些原则在司法活动中有时就不得不退居次要的位置，因为司法活动的另外一些原则可能会更受到优先的考量。"司法是一个人类实践活动的特殊领域，有着它自己的一些特殊规律和特殊原则，其中，合法性原则被奉为至高无上的原则，并使客观真实性原则臣服于它，就是这种特殊规律和特殊原则的重要体现之一。当客观真实与合法性发生不可兼顾的矛盾时，奉行合法性优先于客观真实性的词典式排序方式，就意味着允许在一定条件下作出不尊重客观事实和违背客观真相的判断和结论。"① 在司法活动中，有时虽然已经查明了客观的事实，但也必须作出与之相反的结论。"然而，在司法过程中，由于对案件事实的调查是受法律调节的，合法性原则在事实的认识上也同样具有普遍的和最高的效力——'合法才有效'。这意味着证据的价值必须经由合法性的检验，不能通过合法检验的证据，尽管在客观上是不容置疑的，但是，在法律意义上却等于不存在。所以，即使一个客观存在的案件事实已经被确定无疑地发现，也并不必然意味着该项客观事实会得到法律的尊重和承认，如果它是由那些不具有合法性的证据所证实的，不管它多么确定无疑，也不管它对某一方当事人多么重要，都可能会被视为虚无，此时，一个故意与客观事实相背离的司法结论就会出现在人们面前。"② 有时，虚构的事实优越于客观事实在司法活动中也并非天方夜谭。"在适用法律的标准进行合法性评价和追求法律之善的司法过程中，事情发生了实质的变化。其具体表现就是，在全部的法律推定和法律拟制中，有些假设是不允许证伪的。它们被法律授予了可以对抗客观事实的优先权，即使它们在客观上被证明是不真实的，但却比客观真实本身还有效，而那个与之相矛盾的客观事实则会受到毫不掩饰的蔑视。"③ 从上面的论述可以看出，人类的一般实践活动必须遵守的方法论原则，在司法活动中可能并不适用，这就反映出了司法活动有着不同于一般认识论活动的特殊性，司法活动有其自己的特质。客观真实说就其思想理念而言，与司法活动的特质不太和谐。客观真实说所主张的实事求是、认识论犯罪事实必须与本体论犯罪事实相一致的各种理念，如果作为一般的实践活动的认识论原则可能是符合的，但是如果作为司法活动的认识论原则显然与司法活动的特质有些格格不入。而法律真实说，就其本质而言与司法活动的特

---

① 郑成良：《法律之内的正义》，法律出版社 2002 年版，第 114 页。

② 郑成良：《法律之内的正义》，法律出版社 2002 年版，第 120 页。

③ 郑成良：《法律之内的正义》，法律出版社 2002 年版，第 120 页。

质具有异曲同工之妙。法律真实说中对合法性的依赖与司法活动中的特质即合法性优先可谓一脉相承。同时，法律真实说也为一些具体的司法制度奠定了理论基础。例如刑事辩护制度的重要性是不证自明、不言而喻的，甚至可以说没有完善的刑事辩护制度就没有现代刑事司法制度，没有完善的刑事辩护制度就等于刑事司法制度中缺乏人权保障机制，就是对这样一个重要的制度来说，客观真实说的理论内核中仍然会有否定的可能性。因为客观真实说坚持司法认定的认识论犯罪事实就是本体论客观真实，那么，在这种理念下一切阻碍发现客观真实的制度都有可能被否定。刑事辩护制度在实现实体正义中存在积极作用之外，也会对发现实体真实有一定的消极影响。"被告辩护律师，特别是在为确实有罪的被告辩护时，他的工作就是用一切合法手段来隐瞒'全部事实'。对被告辩护律师来说，如果证据是用非法手段取得的，或该证据带有偏见，损害委托人的利益，那么他不仅应当反对而且必须反对法庭认可该证据，尽管该证据是完全真实的。"[①]"刑事诉讼的理想结果是在发现事实真相的基础上做到不枉不纵，使有罪者受到定罪和适当的处罚，使无辜者免受追究并尽快洗清嫌疑。刑事辩护制度从有利于被指控人的角度出发，它在发现有利于被指控人的事实真相，特别是确保有罪判决的可靠性，防止罪及无辜方面，有着积极的作用。然而，对于揭露不利于被指控人的事实真相，打击犯罪而言，有时可能起到妨碍作用。"[②]所以辩护制度的存在显然可以导致这样一种可能性，即辩护制度可能会刺激认识论犯罪事实远离本体论犯罪事实，这种情况在客观真实说的逻辑中显然不能接受，因为如果明知辩护制度可能导致认识论犯罪事实不再与本体论犯罪事实同一，客观真实说又怎么能理直气壮地坚信客观真实观呢？但是辩护制度对发现客观真实的某种阻碍作用对

[①]　［美］艾伦·德肖薇茨：《最好的辩护》，唐交东译，法律出版社 1994 年版，第 8 页。

[②]　熊秋红：《刑事辩护论》，法律出版社 1998 年版，第 132 页。

法律真实说而言就显得有点天经地义了。因为在法律真实说看来，为了实现人权保护这样的崇高的价值追求，在合法性的范围内牺牲些许客观真相完全是可以理解的。因此，法律真实说有利于为辩护制度寻找合理性根据。除辩护制度外，还有一些制度也存在类似的情况，例如辩诉交易制度。"辩诉交易（plea bargaining）是产生于美国并以美国最为发达的一项刑事诉讼制度，其含义是指法官对控辩双方达成的定罪量刑协议予以正式审查并予以确认的简易审判程序。"① 辩诉交易制度是一项重要的刑事司法制度，尽管对辩诉交易的价值仍有若干争议，尽管并不是所有的人都赞同辩诉交易，甚至可以说辩诉交易从诞生的那一天起就一直伴随着各种各样的批评、责难。但是辩诉交易对刑事司法效率的提高意义重大，同时辩诉交易对公开优先的司法理念仍有适当观照。"辩诉交易虽然是提高诉讼效率的重大举措，但仍体现了公正优先的诉讼理念，这是因为辩诉交易程序结构仍然保持了控辩平等与法官中立的基本形式，只不过它较之正式审理程序其效率占有更大的比重而已。"② 所以除美国之外，大陆法系的很多国家也基本上都存在类似于辩诉交易的一些诉讼制度。如德国的诉讼协商，意大利的依当事人请求适用刑罚等。正是因为辩诉交易对提高刑事司法效率的巨大功能，我国在辩诉交易问题上也开始了有益的探索，不但在理论上越来越多的人开始接受辩诉交易制度，而且在司法实践中也出现了辩诉交易或类似于辩诉交易的司法判例。

据 2002 年 4 月 22 日《中国青年报》报道，牡丹江铁路运输法院仅仅用 25 分钟就审结了一起故意伤害案。被告人孟广虎因车辆争道与被害人王玉杰等人发生争执，打电话叫来五六个人与王玉杰一方发生争吵并厮打，混乱中致被害人王玉杰小腿骨折、脾破裂，经法医鉴定为重伤。公安机关将孟广虎

---

① 马贵翔：《刑事司法程序正义论》，中国检察出版社 2002 年版，第 241 页。
② 马贵翔：《刑事司法程序正义论》，中国检察出版社 2002 年版，第 245 页。

抓获，其他犯罪嫌疑人在逃。公诉机关以被告人孟广虎犯故意伤害罪向法院提起公诉。孟广虎的辩护人认为，由于本案其他犯罪嫌疑人在逃，无法确定被害人的重伤后果是何人所为，此案事实不清、证据不足。而公诉机关则认为，本案其他犯罪嫌疑人在逃，如继续追逃则需要大量时间及人力和物力，而且由于本案多人混斗的特殊背景，证据收集也将困难重重。但此案主要原因是被告人孟广虎找人行凶而导致被害人重伤的后果，对此后果，被告人孟广虎理应承担全部责任。双方意见发生严重分歧。公诉机关便与辩护人协商此案是否进行辩诉交易。辩护人在征得被告人的同意后，向公诉机关提出了辩诉交易申请。控辩双方随后进行了协商，双方同意，即被告人承认自己的行为构成故意伤害罪，自愿赔偿被害人因重伤而遭受的经济损失，要求法院对其从轻处罚。辩护人放弃本案事实不清、证据不足的辩护观点，同意公诉机关指控的事实、证据及罪名，要求对被告人从轻处罚并适用缓刑。公诉机关同意被告及其辩护人的请求，建议法院对被告人从轻处罚并可适用缓刑。控辩双方达成协议后，由公诉机关在开庭前向法院提交了辩诉交易申请。牡丹江铁路运输法院接到申请后，由合议庭对双方达成的辩诉交易进行了程序性审查，认为该辩诉交易协议及申请文本内容齐全，签字、印鉴清晰，格式规范，决定予以受理。孟广虎以故意伤害罪被判处有期徒刑3年、缓刑3年，赔偿被害人经济损失人民币4万元。①

　　本判例被称为中国辩诉交易第一案。假如我们还能够认可辩诉交易的正面价值，那么就有必要探讨真实观与辩诉交易的关系。辩诉交易从本质上看其实就是辩方和诉方作交易，既然是作交易，就必然存在讨价还价，必然存在妥协和让步。在讨价还价的过程中，犯罪事实也当然在讨价还价的范围内。为了司法效率也为了更有利于解决纠纷，这种对犯罪事实讨价还价的做法不但是允许的，更是辩诉交易的题中应有之义。但是这种对犯

---

　　① 　参见马贵翔：《刑事司法程序正义论》，中国检察出版社2002年版，第242页。

罪事实的讨价还价必然会导致刑事司法程序最后认定的认识论犯罪事实远离本体论犯罪事实。甚至完全可以说在辩诉交易中，在对犯罪事实的讨价还价中，没有人会太关心本体论犯罪事实究竟是什么，更谈不上让认识论犯罪事实一定要符合本体论犯罪事实。因此，在辩诉交易过程中，认识论犯罪事实即刑事司法最后认定的犯罪事实并不取决于本体论犯罪事实，而取决于辩方与诉方的博弈过程。在辩诉交易制度中，认识论犯罪事实更多的时候与本体论犯罪事实并不一致，甚至完全不一致。对于这种结果，在辩诉交易中是完全可以而且也是必须接受的。但这种结果显然与客观真实说的理论主张形成了严重的冲突，辩诉交易要想在客观真实说中找到生存空间是非常困难的。但是在法律真实说看来，辩诉交易中对犯罪事实的讨价还价只要是合法的，就没有任何理论的障碍。因为法律真实说对认识论犯罪事实的合法性更为关心，这种关心在必要时可能会超过对本体论犯罪事实的关心。在法律真实说的视野中，经辩诉交易讨价还价后的犯罪事实，虽然有可能远离本体论犯罪事实，但完全可以称之为法律真实。因此，法律真实说不但与辩诉交易不存在矛盾，甚至在某种意义上还为辩诉交易找寻了一处理论上的安身之地。由此可以看出，假如辩诉交易是刑事司法中有价值的制度，至少从此制度的理论支撑角度分析，对认识论犯罪事实定性为法律真实可能更为恰当。

第三节　疑罪从无与冤假错案关系论

随着呼格吉勒图案等一批冤错案相继曝光①，刑事错案（特别是涉及

①　据2015年1月13日《法制日报》报道，2014年共有12件刑事错案得到纠正并被媒体公开报道。

死刑的错案）这样一个沉重的话题不断强烈地刺激着国人的心灵。很多人在感佩司法机关实事求是纠错勇气的同时，更要拷问一个根本性的问题，即刑事司法中为什么会出现这些冤假错案。可能是因为急于回答，也可能是为了高度概括，目前随处可见的答案一般都将"疑罪从无"原则与冤假错案联系起来。甚至在媒体上很多人干脆把未坚持疑罪从无原则看成出现冤假错案的根本原因。如果从最宏观的大众化视角看，这种判断也未尝不可，但如果从专业化视角看，仅此判断并未提供过多信息。试想一下，认为未坚持疑罪从无原则导致出现冤假错案与认为未坚持"以事实为根据，以法律为准绳"导致冤假错案两者之间又有什么实质的区别呢？如果有人回答说没有坚持以事实为根据，以法律为准绳才产生了冤假错案，这种回答是否过于宣传化、口号化了呢？冤假错案产生的原因极其复杂，即使有共性原因存在，恐怕一句抽象的原则口号也难免以偏概全。为了避免这种口号式的回答，就必须对这种口号进行专业的解析。本书的研究路径就是通过厘定疑罪从无原则与冤假错案之间关系为切入点，对疑罪从无原则进行司法上的解读。当然，冤假错案产生的原因并非本书要回答的问题。

一、关系论的起点：概念辨析

在探讨疑罪从无原则与冤假错案之间的关系之前，应该明晰两个概念的准确含义：

其一，何谓疑罪从无？可能无须下定义，至少从事司法工作的人都应该知道这个词的基本含义。简单地从语义上分析，疑罪从无包括疑罪和从无两部分。疑罪就是指有疑问的犯罪，从无就是不能认定犯罪。在刑事司法活动中，由于定罪的过程涉及两个方面：一是事实判断问题，二是法律适用问题。所以，广义上讲，疑罪（有疑问的犯罪）可能发生在事实判断和法律适用两个领域。"疑罪是指在刑事司法活动中因证据不足而对犯罪嫌疑人、被告人是否构成犯罪以及罪行轻重、此罪与彼罪、一罪与数罪等方面难以作出正确的判断的情况。"①如果涉案事实已经证据确实充分，但选择什么样的罪名对其进行评价存在较大疑问时，对此情形一般也可概括为疑罪，即法律上的疑罪。法律上的疑罪在理论上被认为是非真正的疑罪，"因为法律疑罪在司法作出判断之前是有疑问的，但一旦司法作出终审裁判，在此裁判没有被更高一级裁判更改之前，此案在形式上显然就不是疑罪了"②。狭义的疑罪仅发生在事实判断领域。"疑罪主要是指事实不能查清或者不能完全查清的犯罪。"③与法律疑罪相反，事实判断领域的疑罪是一种真正的疑罪，无论司法最后对事实疑罪确定什么样的法律后果，或从无或从轻，但事实认定都不可能因此变得清楚。由于一般情况下法律疑罪不存在从无的问题，仅仅是法律解释问题，所以，讨论疑罪从无原则时，疑罪就特指狭义的事实判断领域的疑罪。如果必须对疑罪从无下个定义，简单地说就是当刑事案件的事实认定尚存疑问时，不能定罪。

其二，何谓冤假错案？冤假错案是约定俗成的常用语，是对冤案、假案、错案的概括。虽然很难对冤案、假案、错案下准确定义，但对这三个概念的语义进行描述仍然存在可能性。首先，人们一般对什么样的刑事案件用冤案加以称谓呢？用冤案概括的刑事案件有两个基本特点：(1) 案件办错了，成了刑事错案，即冤案必须是错案（至于什么是错案，下文会有具体描述）。(2) 办错案件的法律后果不利于被告人或犯罪嫌疑人。例如，对被告人正确的判决应该是五年徒刑，但实际上错误地判了十年，那么，无论是定罪错了（无罪定有罪或轻罪定重罪）抑或量刑错了，对被告人来讲不但是错案也是冤案。如果对被告人正确的判决应该是十年徒刑，但实际上错误地判了五年徒刑，那么，对被告人来讲就仅仅是错案而

① 胡云腾、段启俊：《疑罪问题研究》，《中国法学》2006 年第 3 期。
② 董玉庭：《疑罪论》，法律出版社 2010 年版，第 132 页。
③ 王勇：《定罪导论》，中国人民大学出版社 1990 年版，第 50 页。

非冤案。其次，人们一般把什么样的情形称之为假案呢？在司法实践中最狭义、最典型的假案是指根本不存在犯罪事实，办案人故意凭空虚构案件事实并进行刑事责任追究。这种情形在司法实践中非常罕见，但也确有发生。办这种意义上的假案，其目的或是为了冤枉某人或是为了虚假工作业绩。对在这种假案中被错误追究刑事责任的人来说，这种案件是彻头彻尾的冤假错案，即又冤、又假、又错。但从语言习惯上看，广义的假案又不局限于这种最典型的假案类型，对于办案人故意虚构案发事实的一切案件均可以假案表述之。因此，广义的假案应该具有两个基本特点：（1）假案也是一种错案，而且是一种本源上的根本性的错误；（2）办案人必须有故意虚构案发事实即待证的犯罪事实之行为。在司法实践中，办案人故意虚构案发事实的假案类型一般包括：把无虚构成有（最狭义、最典型的假案），把有虚构成无，把 A 虚构成 B，把 B 虚构成 A，把大虚构成小（大小指法益侵害大小），把小虚构成大等。从这些广义的错案类型看，假案未必一定是冤案，把无虚构成有、把小虚构成大对犯罪嫌疑人不利，这样的假案同时是冤案。但把有虚构成无，把大虚构成小的假案对真正的罪犯是有利的，这样的假案就不是冤案。最后，对于刑事错案这个概念，人们都比较熟悉，理论界对此也多有研究。① 由于司法过程是由事实认定和法律适用两部分构成，所以，刑事错案也就自然包括事实认定的错案和法律适用的错案两种类型。对于事实认定的刑事错案，其错误的标准是什么？或者说要知道事实认定是否错了，就必须知道对的是什么。如果有机会知道刑事案件事实的客观真实，那么，司法认定的案件事实之错的判断标准就必须也当然是客观真实。例如，当所谓的被害人突然出现时，对佘祥林杀人的事实认定之错就是铁定的，因为我们知道该案的客观真实了。对于

---

① 参见李建明：《刑事司法错误：以刑事错案为中心的研究》，人民出版社 2013 年版；张保生：《刑事错案及其纠错制度的证据分析》，《中国法学》2013 年第 1 期；陈学权：《刑事错案的三重标准》，《法学杂志》2007 年第 4 期。

类似佘祥林案件的事实认定之错，其判断标准当然无须劳神费力地考量刑事证明标准了。但像佘祥林案这类客观真相还原型的刑事错案毕竟非常少见。尽管案件发生时在本体论意义上一定有客观真相，对于客观真相无法还原的刑事案件，由于没有客观真相作为判断司法认定的犯罪事实是否错误的标准，那么，这种对错的判断标准又能依赖什么呢？在刑事司法活动中，被司法机关认定或确认的犯罪事实仅仅是一种法律真实，是用证据支撑的案件事实。司法确认的案件事实的真假判断标准只能依赖于排除合理怀疑这个证明标准（佘祥林案件类型除外），如果达到证明标准则案件事实不但被确认，而且推定为真，如果达不到证明标准则案件事实不能被确认。换句话说，在法律真实的意义上，如果达到证明标准，不真也是真，如果达不到证明标准，真也不真。证明标准不但是正常认定犯罪事实的判断标准，也是客观真相无法显露时刑事错案的判断标准。对于先前司法确认的犯罪事实，确认时显然已认为该犯罪事实达到排除合理怀疑的程度，如果事后认定该案为错案，也必须拿证明标准衡量，必须认为该案犯罪事实并未达到排除合理怀疑的程度。对于先前司法因为未达排除合理怀疑标准而未加以确认的案件事实，如果事后认定该案事实已完全达到排除合理怀疑的程度，则先前的无罪认定也是错案。所以，刑事司法中事实认定的错案，是指司法确认的案件事实或者与客观真相不符，或者在是否已经排除合理怀疑的判断上后者否定了前者。法律适用的错案也是司法实践中的常见类型，如果案件事实清楚，在事实认定上没有错误，但在是否构成犯罪，构成什么罪，应该如何量刑等问题上后面的决定否定了前面的决定，一般也将前边被否定的案件称为错案。但需要注意，虽然错案在语义上包括事实认定和法律适用两种类型，最重要的错案指的是事实认定这种类型，因为法律适用更多涉及法律解释及刑事自由裁量权，即便前边的判决被后边的否定，此种否定也与事实认定前后否定有一定差别，就是因为法律适用错案中涉及自由裁量权成分更大。所以，对错案语境的理解更多的时候让人想到的是事实认定问题。

从以上的分析可以看出，冤案、假案、错案关系比较复杂，三种类型案件之间或有交叉关系，或有包含关系。从一般意义上看，三种案件类型中错案是上位概念，冤案和假案都是错案，错案与冤案和假案之间是包含关系。冤案可能同时是假案，也可能不是假案，假案可能同时是冤案，也可能不是冤案，所以，冤案与假案之间是一种交叉关系。在司法实践中，既有又冤又假又错的刑事案件，即完整的名副其实的冤假错案存在，又有只冤不假或只假不冤的刑事案件存在，也有不冤不假的刑事错案（放纵罪犯）存在。虽然冤假错案经常作为一个概念使用，但由于其外延包括冤案、假案、错案，冤假错案有时指又冤、又假、又错的刑事案件，但更多时候可能仅指冤案。

二、应然与实然：疑罪从无对防范冤假错案的价值及其现实困境

疑罪从无作为一项刑事司法的基本证据原则，其合理性、正确性已无须再过多讨论。由于疑罪从无原则最大的价值在于人权保障，坚持疑罪从无原则就似乎与控制冤假错案有了某种天然的联系。由于冤假错案中包含冤案、假案和错案，如果从分别防范冤案、假案和错案这三种案件的角度看，疑罪从无的价值又会有什么区别呢？首先，防范刑事冤案是疑罪从无原则的根本价值所在。当出现疑罪时，为了确保人权，确保不出冤案，疑罪从无原则的本质就是允许司法机关冒放纵罪犯的危险，通过可能错放的代价，实现不冤判的目的。如果不坚持疑罪从无，就不可能防范冤案的出现。冤案并不仅仅包括对非真凶定罪，对未达到排除合理怀疑的被告人定罪本身也是冤案。所以，严格地讲，疑罪不从无，无论被定罪的人客观上是不是真正的罪犯，其本身就是在制造冤案，而非不能防止冤案这么简单。必须注意，不坚持疑罪从无产生冤案并不等于坚持了疑罪从无就一定

不产生冤案，因为有时候办案人可能无法准确判断是否存在疑罪。一旦把疑罪错误认定为事实清楚，即使在理念上坚持疑罪从无，也还是会出现把疑罪定罪的冤案。其次，疑罪从无与防范假案没有直接的关系。由于假案是办案人故意为之，其目的性很强，对假案的防范远远超出疑罪从无原则所能调整的范畴。即使假冤结合的案件，即为了冤枉人而办假案，对其防范也非疑罪从无原则的价值所在。既不能希望疑罪从无能对假案有所控制，也不要担心假案出现会破坏疑罪从无原则。最后，疑罪从无与错案关系复杂。错案是冤案、假案的上位概念，除去冤案和假案之外，错案还包括在事实认定领域有利于被告人的错案和法律适用领域的错案，例如，把事实清楚的杀人案件误认为疑罪而错放罪犯就属于有利于被告人的错案，把抢劫罪错误评价为抢夺罪属于法律适用的错案。疑罪从无对于有利于被告人的错案和法律适用的错案的防范而言没有直接的作用，但却可能有间接作用，一旦在是否存在疑罪的判断上出现错误，把本来是事实清楚的案件认定为疑罪，坚持从无处理恰恰制造了错案。目前，疑罪从无被限定在事实认定领域，其与法律适用领域中的错案防范当然没有什么关系。另外，疑罪从无的价值在于防范不利于被告人的错案（即冤案），至于有利于被告人的错案防范显然与从无原则没有直接关系，甚至可能会出现以疑罪从无为借口故意制造有利于被告人的错案，进而达到徇私枉法的目的。

综上所述，疑罪从无的价值主要集中在防冤案而不是防假案或错案，甚至更多的时候疑罪从无与假案和错案（非冤案）没有直接的关系。目前，在理性层面上，无论理论界还是实务界对疑罪从无这个原则均表示出足够的认同，但实务界必须时时都要面对两方面的压力：

一是法益侵害方面的压力。因为一旦对某一存疑的案件作从无处理，被害方可能会使用各种方法对司法机关施加压力，特别是当被害方内心确认犯罪事实时，其对司法机关施加压力会更大。同时，对于可能作存疑处理的案件，并不等于客观上犯罪嫌疑人不是真正的罪犯，也不等于办案人内心真的不认为犯罪嫌疑人是罪犯。面对这种司法现实，作为办案人无论在理念上多么赞同疑罪从无原则，也难保在具体操作层面会有所犹豫。

二是案件事实决疑能力的压力。当抽象讨论疑罪从无时，由于没有参考也没有涉及某个疑难且争议较大的案件，仅在宏观层面上讨论问题很容易对疑罪从无原则达成共识性认识，但一旦办案人在司法实践中面对某个有争议的案件事实时，可能因为这个办案人根本没有意识到此案应为疑罪，也可能因为办案人虽然意识到此案可能是疑罪，但又错误地说服了自己。在此种情况下，无论这个办案人在抽象理论层面多么赞同疑罪从无，对此案的处理也变成了定罪处罚。如果你对这个办案人作出不坚持疑罪从无的批评时，恐怕他内心是不服气的，原因就是在这个案件中他不认为存在疑罪。

即使实务界不认为或没有感受到这两个方面的压力（特别是决疑能力方面），但这两方面因素都是客观存在的，其对疑罪从无原则在司法实践中的贯彻落实，或者说在操作层面上的理解适用都将会产生真实的影响。相反，对于理论界来讲，由于很少面对这两种具体的压力，使理论界对疑罪从无原则的坚持显得更加纯粹、更加坚决。完全可以作出这样的判断，实务界的确更有可能比理论界犯疑罪从轻的折中错误，犯这种违背疑罪从无原则的错误，一个个错案相继曝光并被纠正已经证明了这种判断。尽管在司法现实中存在一定量的未坚持疑罪从无的情况，但绝不意味着办案人对疑罪从无原则的价值判断一定出了问题，完全有可能是因为两种客观的压力导致疑罪从无原则不能在司法实践中被坚持到底或被正确地坚持。应该说当理论界更多关注疑罪从无的应然层面时，实务界则不得不从实然层面考虑问题。所以，当下对于贯彻疑罪从无原则来讲，最重要最根本的不是在理性上进一步倡导其正确性、合理性，而应该是尽可能排除这两种客观的压力。当办案人明知面对的是未排除合理怀疑的疑罪时，坚持疑罪从无原则的关键就转化成排除法益侵害方面的压力，因为，此时疑罪判断已有定论，全部的问题将集中在是否敢于从无。当办案人对自己面对的案件是否属于疑罪没有能力作出确定性判断，那么，对于此种情形坚持疑罪从无的关键绝不是敢于从无，而是提高准确判断疑罪的能力问题。如果因为此种情形出现冤案，与其说是办案人不知道坚持疑罪从无，倒不如说是办案人根本不知道什么是疑罪。

综上所述，从应然层面看坚持疑罪从无原则无疑是控制冤案发生的关键，但在实然层面关注疑罪从无在司法实践中的困境才是确保这个原则真正发挥作用的关键中的关键，办案人克服困境的重点是排除压力、提高能力，排除法益侵害方面的压力，主要是为了解决敢于从无的问题；提高判断疑罪的决疑能力，主要是为了解决疑罪有无的问题，前者重点在理念，后者重点在技术。

三、困境之克服：防冤案与防错案的辩证

通过前文的分析，对疑罪从无可以进行逻辑解析，这个原则可以分解为两部分：第一是准确判断疑罪，第二是一旦判断疑罪，坚决从无。为什么作这样看似无意义的解析？因为如不作这样的解析就可能会忽略对如何准确判断疑罪的关注。防冤案是刑事司法理念中的第一价值追求，但却不是唯一的价值追求，如果刑事司法把防冤案作为唯一价值目标，为了追求防冤案可以不管不顾，那么，问题就变得非常简单了，只要把所有的犯罪嫌疑人都无罪开释即可实现目标。恰恰相反，刑事司法不仅要保障人权，也要保护法益；不仅要防止冤案，也要打击犯罪。只不过当防冤案和打击犯罪两者因出现疑罪而不可兼得时，防冤案的价值被现代刑事司法理念优先选择了而已，因此才有了疑罪从无的原则。所以，倡导疑罪从无原则仅仅是确立有冲突时打击犯罪不能对抗防止冤案，但绝不意味着刑事司法可以忽略打击犯罪。从疑罪从无的逻辑结构分析，第二个内容（即一旦判断

疑罪坚决从无）的价值是防止冤案发生，但如果司法人员仅仅关注从无的理念，一旦在是否为疑罪问题上判断错误，把犯罪事实清楚的案件认定为疑罪，对其从无处理虽然不出冤案，却导致打击犯罪及保护法益失败，被害人成了最冤枉的人。另外，如果一旦在疑罪判断上出现反方向错误，即把本来应存疑的犯罪事实认定为事实清楚，那么，从无理念的防冤案功能也将失去根基，此时的疑罪从无原则对于防冤案来讲就是一句不折不扣的空话。因此，从疑罪从无原则的逻辑结构看，无论是为了防冤案抑或为了防错案，重要的关注点不仅在于从无理念的扎根，更在于准确判断疑罪能力的获得。值得注意的是，虽然防冤案是刑事司法的价值追求之一，却是最低目标，即刑事司法至少要保证不出冤案。完全保证不出冤案并非刑事司法的最高追求，防止一切错案才是刑事司法的最高目标所在。所以，任何一个国家的刑事司法都不会以能够不出冤案就心满意足。为了实现防错案这个目标，在疑罪从无原则的落实过程中，就不仅要防止把疑罪案件错误认定为事实清楚，也要防止把事实清楚的案件错误认定为疑罪，前者的理念是防冤案，后者的理念是防错案。一旦把防冤案作为司法的最高目标，那么，在落实疑罪从无原则过程中就有可能出现只关注防止把疑罪错误认定为事实清楚，而忽略把事实清楚错误认定为疑罪的这种思维倾向。这种思维倾向对防冤案的负面影响可能不大，甚至更有利于防冤案，但这种思维倾向对防错案的影响却可能是灾难性的。司法的使命绝不仅仅是防冤案，如果办案人不注意提高案件事实的决疑能力，遇到疑难案件不注重通过讨论除疑，而是简单地以疑罪为由对事实清楚的被告人出罪，导致这种放纵罪犯错案的办案人很可能会以坚持疑罪从无的急先锋形象掩盖了错误。在疑罪从无原则落地生根的过程中，特别是当疑罪从无原则被当成防冤案的制胜法宝时，对该原则可能产生的只关注防止把疑罪错误认定为事实清楚的思维倾向要给予充分的估计。假如能确定必须把防错案而不仅仅防冤案作为刑事司法的最高目标，那么，能否准确判断疑罪就将成为落实疑罪从无原则最重要的问题，甚至是全部的问题。一旦疑罪认定出了问题，疑罪从无就是一句废话，甚至成为故意犯错的借口。因此，为了确保疑罪从无价值目标的实现，为了确保疑罪从无原则不被滥用，在理念层面上必须坚持从无处理永远是第二位的，如何准确认定疑罪才是第一位的。理念问题明确之后，在司法的微观操作层面如何实现准确判断疑罪和从无处理呢？

其一，准确判断疑罪的关键是解决好主观疑罪的问题。在刑事案件的事实认定中一般有两种情况可用"客观"加以描述：一是参与讨论的各方共识性认为事实认定已达到排除合理怀疑的程度，案件事实清楚具有一定"客观性"。二是参与讨论的各方共识性地认为事实认定没有达到排除合理怀疑的程度，案件事实存疑，即疑罪确定具有一定"客观性"。这里的客观性并非自然科学意义上的客观性，而仅指判断主体共识性的形成。"'客观'并不意味着符合事物的本来面目；因为没有人知道事物真的是怎么回事。客观只意味着有能力让信奉某些共同原则之群体的所有成员一致同意。"① 当对案件事实认定为事实清楚的判断具有客观性，或者对案件事实认定为存疑的判断具有客观性（客观疑罪），② 司法结论的得出都很简单，即前者定罪后者从无。假设对事实清楚的判断达到客观性相当于白，存疑的判断达到客观性相当于黑，在黑白领域进行司法活动一般不存在疑难问题。在客观疑罪领域，坚持疑罪从无既无障碍，也无压力。但一旦事实认定处于黑白之间的灰色中间地带时，共识意义上的客观性不存在了，参与讨论的意见即使不是五花八门，也是难以统一，这样的案件即使最后认定存疑，也属于主观疑罪的范畴。③ 主观疑罪是指参与事实判断的各方对案

---

① ［美］理查德·波斯纳：《超越法律》，苏力译，中国政法大学出版社2001年版，第21页。

② 参见董玉庭：《疑罪论》，法律出版社2010年版，第16页。

③ 参见董玉庭：《疑罪论》，法律出版社2010年版，第18—19页。

件事实是否已排除合理怀疑存在争议的犯罪类型。对主观疑罪的确认及从无处理显然与客观疑罪大不相同，在疑罪从无原则落实中真正需要解决的，也是最难以解决的就是主观疑罪及其从无，如果解决不好这类疑罪的判断问题，疑罪从无原则的崇高地位就会受损。为了准确判断主观疑罪，除了提高办案人通过证据论证案件事实的能力之外，完善主观疑罪的决策判断程序意义更为重大。因为当不同意见不能形成共识时，为了确保最后决策意见的正确性，什么人在什么时间通过什么办法进行排除不同意见的决策程序，就是确保正确的唯一抓手。由于主观疑罪并非本书研究的主题，对此问题不再过多涉及。

其二，从无处理的重点是解决好理念和环境。打击犯罪和保障人权何者价值优先的判断是检验办案人有无从无理念的试金石。如果仍然坚持打击犯罪比保障人权还要重要的理念，那么，当明知面对的是疑罪时可能也不敢从无，或不愿意从无。因此，解决从无处理的问题首先就是要办案人确立保障人权优先的司法理念。必须注意，当疑罪还未出现时打击犯罪与保障人权是不矛盾的，办案人必须坚持保障人权与打击犯罪并重。但当疑罪已经被确认时，保障人权和打击犯罪的冲突就已经客观存在了，这时办案人必须坚持保障人权优先，进而才能坚持从无处理。保障人权的价值排序优先于打击犯罪的理念在审判思维和侦查思维中会有些许不同表现。在法庭上，一旦事实存疑得到确认，从无处理对于法庭来讲就是绝不能定罪处罚。在侦查或审查起诉过程中，一旦事实仍存疑问，从无处理对于侦查来讲就是不能移送起诉，对于审查起诉来讲就是不能向法院提起公诉。在侦查思维中，案件处于存疑状态一般并不一定导致无罪处理，因为还有补充侦查的过程。所以，如果说在审判思维中保障人权优先是绝对的，从无处理也是绝对的，在侦查思维中保障人权优先就是相对的，从无处理也是相对的。解决了办案人司法理念之后，社会环境也应重视。如果全社会不接受，甚至不了解疑罪从无为何物，从无处理的结果就会让被害方接受不了，就会被社会质疑。单纯地希望办案人忽视这种社会环境，不顾一切地坚持从无似乎过于乐观了。为了让办案人能够自由地进行职业判断，更顺利地落实疑罪从无，仅仅对办案人进行从无理念教育是不够的，让全社会特别是被害人方知道什么是疑罪从无、为什么疑罪从无也是不可或缺的。

第五章　司法体制创新是实现刑事正义的基石

第一节　以审判为中心的实质解释论

党的十八届四中全会通过的《中共中央关于全面推进依法治国若干重大问题的决定》（以下简称《决定》）明确提出要"推进以审判为中心的诉讼制度改革"，对于以审判为中心这个话题，本书以刑事司法为背景主要讨论"是什么"、"为什么"、以审判为中心的理想型、中国的现实、检察机关的应对及延伸思考六个问题。"是什么"主要讨论以审判为中心这个命题的构成要素；"为什么"主要讨论以审判为中心到底能够实现什么样的价值追求；对以审判为中心的理想型进行描述是为了建立参照系，进而与现实进行比较；中国的现实部分讨论了哪些因素导致我国没有形成以审判为中心的司法格局；检察机关的应对及延伸思考部分是从检察机关的视角出发对相关问题的预判。

一、以审判为中心的构成要素：以审判为中心是什么？

（1）法庭独自拥有入罪权。以审判为中心强调法庭独立享有入罪权，我国和世界通例都如此规定。法庭虽然也有出罪的权力，但出罪权不仅仅出现在法庭环节，在侦查阶段和起诉阶段相关部门都有出罪的权力，出罪权不是以审判为中心的特有内涵，无法体现以审判为中心。突出法庭独享入罪权暗含审判的亲历性，过去长期将法院定位为审判的单位，并且由于强调法院审判造成法院领导、审判委员会对具体案件有相当大的影响力。《决定》推动以审判为中心的诉讼制度改革，在某种程度上就是突出以法庭审判活动为中心，突出强调亲历审判的法官将是案件的决定者，或者至少是对案件判决起主要作用的人，未来法院领导将更多地承担对案件的监督权。

（2）法庭内法官独立享有指挥权。以审判为中心突出强调法官是法庭的指挥者，拥有法庭活动的指挥权，法庭上一切争议的问题由法官决定。"采取有力手段，并通过人事、财务制度的改革逐步实现法院的真正独立审判。并且在条件具备时，尽快由法院独立审判向法官个人独立审判转变。"① 当然，包括法官活动在内的一切法庭活动都不能任性，都要接受监督。在以审判为中心的语境下要改革完善检察院特别是公诉检察官对审判法官的监督，这种监督是在维护法官权威前提下的监督，只有维护法官的权威才能更好地保障法庭审判的顺利完成。假如法官真的在法庭审判中有违反法律规定和职业操守的行为，检察官对审判的监督究竟是事后采取弹劾还是其他措施对其进行制裁，将是今后值得研究的问题。

（3）进入法庭的东西都要接受法庭的审查。"刑事诉讼以审判为中心，是以建立与现代民主政治相适应的独立、公正的法院制度为前提的。它追求法庭审判的实质化而力戒形式化。"② 所有进入法庭的东西都要接受法庭审查，包括对法庭审判前侦查、起诉阶段的一切侦查取证活动进行审查，以及对在法庭审判过程中出现的一切情况进行审查。如对证据的审查主要体现在非法证据的排除方面，违法取得的证据都要被排除，决不允许违法的证据干扰法庭的判断。虽然在法庭审判前已经存在诸如检察机关对非法

---

① 孙长永：《审判中心主义及其对刑事程序的影响》，《现代法学》1999 年第 4 期。
② 樊崇义、张中：《论以审判为中心的诉讼制度改革》，《中州学刊》2015 年第 1 期。

证据的排除，但法庭审判是对证据合法性的最后一道审查，这种审查更体现以审判为中心。

（4）犯罪事实是在法庭审判中"竞争"出来的法律真实。以审判为中心意味着法庭所认定的犯罪事实是在法庭审判过程中控辩双方"竞争"出来的法律真实。以审判为中心天然与法律真实观相契合，以审判为中心的司法理念倾向于认为作为定罪依据的犯罪事实是一种法庭确认，与社会公众所熟悉的客观真实并不完全一致。法律真实观强调定罪证据的合法性，当一件刑事案件发生后在本体论意义上一定存在一个客观真相，但刑事司法认定的事实是在认识论意义上的判断，是用证据重新组合、编排的事实，是法律事实。认识论意义上的事实在正常的司法环境下与本体论意义上的事实基本一致，但两者不能等同。"通过分析使用证据，刑事司法的事实认定者最终会形成一个关于本体论犯罪事实的判断，这个判断虽然是关于本体论犯罪事实的判断，但此判断绝不能等同于本体论犯罪事实本身。"[①] 作个并不完全恰当的类比，刑事案件的原发事实也就是本体论意义上的事实，是天上的月亮，而认识论意义上的事实是水中的月亮，我们需要通过水中的月亮去看天上的月亮，但两者无论有多么近似也不会完全相同。所以法庭认定的犯罪事实是对相关证据审查后的确认，而非本体论意义上的客观真实。

我们过去不以审判为中心或者不强调以审判为中心的司法理念总是突出查明案件事实而不是确认案件事实，这种不以审判为中心的理念更多的是与客观真实观相呼应。一旦认为司法认定的事实是客观事实，那么无论在诉讼的哪个阶段找到这种客观事实都将会是弥足珍贵的，所以就可能不会强调法庭是确认犯罪事实的唯一领域。如果侦查阶段、审查起诉阶段能够发现客观事实，就完全没有必要或者至少不会突出以审判为中心的理

---

① 董玉庭、于逸生：《论犯罪事实的性质》，《北方法学》2010 年第 1 期。

念。强调以审判为中心就必须对应地强调犯罪事实是法庭审判过程中控辩双方"竞争"出来的法律事实，"竞争"获胜方主张的犯罪事实将是最终的法律事实，这时法庭的作用将比侦查阶段和审查起诉阶段更为重要，所以法律真实观必须与以审判为中心相契合，必须有以审判为中心作为保障。对于简单案件来说，案件事实是否是以审判为中心的法庭作出的确认，区别可能不是特别大，但就复杂案件而言，在某种程度上可以说有什么样的法庭就会有什么的犯罪事实，法庭决定着案件事实的确认结果。如果法庭决定案件事实，司法当然应以审判为中心。

（5）法律的真义要在法庭审判过程中寻找。刑事案件的处理过程包括案件事实的认定和适用法律的选择，前文已经说明以审判为中心强调案件事实的认定要在法庭的"竞争"中完成，而应该适用的法律同样也要在法庭的"竞争"中产生。法律的适用绝对不会像在自动售货机上购买商品一样自动完成，比较典型的案件在认定案件事实之后可以通过简单的逻辑推理即可完成案件的法律适用，而非典型的复杂案件在认定案件事实后，根据认定的案件事实选择法律就会比较艰难。找到法律的真义是正确适用法律的前提，控辩双方对法律的解释不尽相同，与犯罪事实的确认相似，控辩双方都会用自身的论证说服法官对法律真义进行确认（在英美法系国家对事实的论证可能要说服陪审团）。说服法官不可能也不应该通过私下沟通的方式完成，必须在法庭审判的过程中就法律真义说服法官的制度设计才能彰显审判才是司法活动的中心。

这五种要素是以审判为中心的必备项，缺少任何一项的法庭审判都很难说是以审判为中心的司法活动。

二、刑事司法为什么要以审判为中心？

（1）没有人权保护优先就没有以审判为中心。刑事司法活动必须完成两大使命，即打击犯罪和保护人权。维护社会正常的生产生活秩序需要打击犯罪，而打击犯罪的同时又要保护人权，如果对打击犯罪没有必要的限制就可能出现打击错误，连带好人一同打击，也可能会放纵坏人。从历史上看，除极端特殊情况外（如二战时期的纳粹德国），大多数时期的侦查、审查起诉、审判等刑事司法活动都在努力追求打击犯罪和保护人权的至高境界，既不放过一个坏人也不冤枉一个好人，但是打击犯罪与保护人权两种价值追求在某种程度上存在一定的内在冲突。可以这么说，到目前为止刑事司法所追求的至高境界从未完全达到，将来也不可能完全达到。在司法现实层面不同历史时期对两者的选择一定会各有侧重，而且必须各有侧重，即或打击犯罪优先，或保护人权优先。假如不顾现实把保护人权和打击犯罪两者兼顾（指没有优先，平等追求）作为整个刑事司法的价值追求，结果可能适得其反。

无论大陆法系抑或英美法系，在早期都曾强调打击犯罪是刑事司法的首要任务，这种理念的优点在于提高效率、规范秩序和法益保护。如果以打击犯罪作为首要价值追求，那么即使重视审判的作用也是以打击犯罪为追求前提下的重视，而远非今天所强调的以审判为中心。对于刑事司法的打击犯罪职能而言，根本无须强调以审判为中心，相反，以侦查或起诉为中心可能更有利于打击犯罪。所以强调以审判为中心一定是为了让审判实现刑事司法活动中与打击犯罪相对应的人权保护职能，如果不是为了凸显人权保护，相对于打击犯罪的优先地位，根本无须以审判为中心，甚至最好不以审判为中心。所以，以审判为中心的确立就意味着在刑事司法活动中人权保护优先原则的确立。随着人权意识的觉醒，人权保护已然取得了相对于打击犯罪的优先地位，如果不强调以审判为中心，人权保护的使命就很难完成。今天突出以审判为中心是对以打击犯罪为优先理念的校正，是对人权保护优先理念的强调和确认。"审判中心主义乃是公正、彻底地解决政府与个人利益冲突的需要，也是民主宪政体制下政府剥夺个人基本权利所必须遵守的基本原则。"①打击犯罪优先理念最大的弊端在于有时会忽略人权保护，甚至是排斥人权保护。当然，人权保护优先作为现代社会刑事司法活动的基本理念，主要是指法庭审判活动必须坚持人权保护优先，而非指刑事司法活动中的所有环节都绝对要求人权保护优先。侦查、公诉环节因其承担的双重使命，在打击犯罪与人权保护未形成冲突时仍有必要强调两者的兼顾，而到了法庭审判环节则绝对要求人权保护优先，不允许再有兼顾理念，即使在法庭审判环节打击犯罪和人权保护没有出现冲突也不允许兼顾。换句话说，人权保护优先在审判环节应该是绝对的，而在侦查、起诉环节应该是相对的。所以，以审判为中心就意味着把人权保护的最后一道防线放在了法庭、放在了审判。

（2）有了以审判为中心才有可能实现人权保护。人权保护任务的最后一道防线之所以交给以审判为中心的法庭，原因在于：第一，法庭中立的地位；第二，法庭审判作为刑事司法活动的最后一个环节，可以审查之前的诉讼环节，对于不遵守规则的侦查和审查起诉活动能够给予全面的审查监督；第三，理论上讲，侦查机关、起诉机关与被告方存在天然的对抗关系，打击犯罪的任务主要由侦查机关和公诉机关完成，无论人权保护重要到什么程度，侦查机关、公诉机关永远都要兼顾打击犯罪和保护人权，除非两者已经发生了冲突。

对于法庭而言，以审判为中心意味着未来的法庭审判环节不再追求打击犯罪，法庭审判更多的是要承担起保护人权的职责。以审判为中心不是简单地重视法庭或者重视审判，更深层面的意义在于将保护人权优先的理念作为其价值追求。一切背离以人权保护优先理念的法庭活动都不是真正的以审判为中心，甚至要求法庭兼顾打击犯罪的理念也不是以审判为中心。未来以审判为中心的法庭将不再追求打击犯罪，只有不再将打击犯罪

---

① 孙长永：《审判中心主义及其对刑事程序的影响》，《现代法学》1999年第4期。

作为自己的使命，才能使法庭审判与侦查、审查起诉不站在同一战线，保持法庭真正的中立。如果法庭承担兼顾打击犯罪的职责，甚至承担打击犯罪优先的职责，那么法庭仍然会与侦查机关、公诉机关站在同一战线。如果让公检法三机关共同承担打击犯罪的职责，就不可能形成以哪个为中心，更不可能形成以审判为中心。现代刑事司法理念之所以选择以审判为中心，就是因为法庭对人权保护的独特作用这样一种地位所决定，离开人权保护优先，无论法庭多么重要都将是打击犯罪的工具，都没有资格成为以审判为中心的法庭，也将会辜负司法的"中心"这个神圣的位置。

三、以审判为中心的理想状态与现实存在

以审判为中心的本质在于追求人权保护，只有在人权保护优先于打击犯罪理念下的审判活动才是真正意义上的以审判为中心。所以，以审判为中心不是单纯地重视审判、重视法庭，其强调法庭必须关注人权保护优先的本质特点。如果上述观点能够被认同，理想型的以审判为中心的法庭必须具备三个特点：其一，必须排除以侵犯人权方式取得的证据。以侵犯人权的方式取得的所有证据必须被排除，即使取得的证据有利于查明真相也要坚决排除。其二，审判规则应有利于法庭确认事实，不允许不利于确认事实的证据规则存在。其三，审判规则要有利于控辩双方正确解释法律。

大陆法系和英美法系都在努力实现这种理想状态，但两者实现的程度不同。理想状态的以审判为中心由一系列审判规则所确立，这些规则我们并不陌生，如无罪推定原则、疑罪从无原则、非法证据排除规则、直接言词主义、传闻证据的禁止、反询问制度的确立、辩护制度的实质化以及心证公开，等等。这些围绕以审判为中心的原则与人权保护正向关联，而与打击犯罪目的实现有可能反向相连，即越是严格贯彻这些原则就越有利于人权保护，但有可能不利于打击犯罪。"从基本的经验事实来看，法院通

过宣告无效的方式来制裁警察、检察官的非法侦查、非法公诉行为，会带来一系列的消极后果，如放纵事实上有罪的人，无法维护被害人的权利，导致犯罪率居高不下，等等。"① 如果这些有利于人权保障的原则能够彻底落实，那么典型的、理想的以审判为中心才能出现，人权保护优先的理念也只有在理想型的以审判为中心的法庭上才能最大化实现。例如，理想型的以审判为中心绝对禁止指控犯罪的传闻证据出现在法庭上，因为传闻证据出现在法庭上对人权保护不利，尽管可能有利于打击犯罪，但是以审判为中心的理想型必须彻底禁止传闻证据进入法庭。

世界上任何国家的司法都有实践层面上的真实状态，对各种确保人权的审判原则的理想状态只是无限接近，一般而言不可能完全达至理想状态。其原因有以下几个方面：第一，早期的刑事司法是在打击犯罪优先的理念中形成的，审判过程中体现打击犯罪的历史痕迹完全在情理之中。第二，人权保障优先理念是发展的结果，是在打击犯罪过程中对价值偏离的修正，而不是早期刑事法庭直接地自发确立，两大法系刑事司法的历史就是在打击犯罪过程中不断修正增补人权保护的历史。第三，人权保护的理念仅仅是刑事司法活动中相对于打击犯罪的优先考虑而已，而非唯一的价值追求，准确打击犯罪仍然是必要的，尽管理想型的以审判为中心的法庭要求在审判中必须坚持人权保护优先，不能有兼顾理念，但两者在现实的法庭上的博弈不是简单地有了人权保护优先理念就能够完全做到置打击犯罪于不顾的。英美法系国家由于历史等原因，在现实的以审判为中心的法庭审判过程中，相对弱化打击犯罪，强调人权保护。但是在大陆法系国家中，仍有不同程度的打击犯罪压力，所以在打击犯罪的问题上大陆法系国家的效率要高于英美法系国家，在保障人权问题上大陆法系国家没有英美法系国家贯彻得那么彻底。虽然理想型的法庭应该是毫不迟疑地坚持人权保护优先，

---

① 陈瑞华：《程序性制裁制度的法理学分析》，《中国法学》2005 年第 6 期。

但现实的法庭上或多或少地存在兼顾打击犯罪的理念，这种兼顾理念会使法庭的发展有较大多样性空间。现实的压力一定会影响到理想的人权保护优先理念的实现程度，即使以人权保护优先著称的英美法庭也不可能完全忽略打击犯罪，虽然在英美法庭上人权保护优先是一种绝对的要求。受历史传统（如陪审团）、犯罪现实状况、法治理念水平等影响，以审判为中心的司法不大可能出现统一的模式，以审判为中心的诉讼制度改革是一个发展的过程、一个程度不断深化的过程。我们追求理想型的以审判为中心，因为理想型的以审判为中心在法庭审判中就是优先考虑人权保障，但是现阶段似乎不大可能完全达到理想型，在法庭审判过程中将人权保障坚持到绝对的理想化，有可能会使现实的刑事司法打击犯罪的能力有所下降。现实中非理想型的以审判为中心存在不同模式，这些不同模式之间在简单案件的处理上区别不大，但在复杂模糊案件中法庭贯彻人权保护优先的程度，将会在案件的处理上起决定性作用，辛普森案如果发生在法国，那审判的结果可能会与美国完全不同，尽管法国和美国都会声称自己是以审判为中心，甚至都会声称自己的法庭审判对人权的保护绝对优先。

四、中国问题：为什么没有形成以审判为中心？

当下我们突出以审判为中心进行诉讼制度改革，过去我们的刑事司法以什么为中心？大部分学者认为我国过去是以侦查为中心，"中国的刑事诉讼具有流水作业式的整体构造，这与那种以裁判为中心的诉讼构造形成了鲜明的对比。作为其中第一道工序，侦查程序并不与审查起诉、裁判程序居于同等的地位，而经常成为整个诉讼过程的中心"①。本书不能完全认同这样的观点，只能说我国过去并不以审判为中心，至少不存在具有人

---

① 陈瑞华：《刑事侦查构造之比较研究》，《政法论坛》1999 年第 5 期。

权保护优先这样实质特点的以审判为中心。大陆法系国家与英美法系国家都不是理想型的以审判为中心，我国更接近大陆法系，并且是典型的不以审判为中心。什么因素决定了我国不以审判为中心或者说什么因素决定了我国在法庭审判过程中无法优先保障人权？第一，我国刑事司法打击犯罪的价值追求较重，在法庭上仍然可能强调打击犯罪、保护法益。第二，我国侦查权的配置较大、范围比较广。"由于缺乏有效的司法审查机制，我国侦查机关享有超强的自决权。"①第三，被告方或者辩护方的取证权又过小，根本无法对强大的侦查权形成有效的制约，控辩存在实质上过于悬殊的不均衡。作个不是很准确的类比，辩护权就像三岁的小孩，而侦查权像是拳王泰森，辩护权根本无法对抗侦查权。第四，对侦查权的限制较少。最典型的表现就是对非法证据排除的力度不够，或者是没有能力排除或者是没有依据规定排除，对侦查权的监督虚化"我国公安机关的侦查权过大，缺乏有力的外部司法控制，法院根本没有以司法手段控制侦查的职权。检察机关是侦查监督机关，但法律并没有赋予其指挥侦查调动警力的权力，也没有赋予其有力措施实现对公安机关侦查活动的控制"②。第五，审判权承担过多的社会职能，导致侦查机关很容易将压力最后传导给法庭，审判权的独立行使能力较差，没有形成由法院主导的反向压力。理想的模式是法院主导刑事司法活动，法院可以将办案压力施向侦查机关，但现实中法院的独立办案空间被压缩，侦查机关又很强大，所以侦查机关很容易将打击犯罪的压力传导给法院、传导给法庭。第六，被害人压力。由于普通人的法律意识较淡，普通人的思维与法律思维存在一定差别，法庭审判往往被普通百姓的非法律思维所绑架。如无论是认定事实还是适用法律，普通人都会运用自己的思维衡量案件，进而可能采取各种手段（例如信访）给

---

① 蒋石平：《论审判中心主义对侦查程序的影响》，《广东社会科学》2004 年第 3 期。

② 张建伟：《审判中心主义的实质与表象》，《人民法院报》2014 年 6 月 20 日。

法院施加压力，此种压力过大就会导致以审判为中心的专业化的司法环境无法形成。第七，司法理念存在误区。主要表现是关于犯罪事实的客观真实理念仍普遍存在，甚至法官也缺少在法庭上发现犯罪事实的理念。一旦客观真实理念盛行，就极容易形成公检法三家相互配合共同发现客观真实的意识。既然是公检法三家相互配合寻找客观真实，那么在哪找到自然就不重要，重要的是找到客观真实。在这种理念的影响下势必会形成哪里发现客观真实哪里就是中心。犯罪事实的第一次成型一般是在侦查环节，这当然会严重影响以审判为中心的形成。第八，无罪推定的意识较差。哪怕是一定程度的有罪推定理念也决定了人权保护意识处于较低水平，很容易将犯罪嫌疑人一开始就当坏人，法官一旦把这种理念带到法庭审判，无疑会影响以审判为中心的确立。如从前段时间开始允许被告人穿正常的衣服参加法庭审判，某种意义上这个变化意义重大，因为这是以审判为中心的开始。如果法官看到被告人穿着罪犯的衣服出现在法庭，很可能形成先入为主的成见，其必须在法庭上发现犯罪事实这个任务的完成势必受到影响。在侦查阶段的侦查思维可能需要先入为主的思维，根据已掌握的证据或信息推断谁可能是犯罪嫌疑人进而进行求证，而以审判为中心的法庭审判思维必须绝对禁止有罪推定、绝对禁止先入为主。

这些因素导致我们的刑事司法与理想型的以审判为中心背道而驰，不利于以审判为中心的形成，导致我国的刑事司法与以审判为中心差距较大。以审判为中心的改革不是一句口号，如果改革不触及不改变这八个因素，势必会影响到以审判为中心的改革的彻底性。向理想型迈进走到哪一步取决于这些因素是否得到缓解、是否得到改变，某一两个因素的改善也可能使审判得到一定的改善，但解决不了根本的问题。多少因素改变及改变到什么程度才意味着以审判为中心的形成并没有一个确切的答案，因为我们是在向理想型过渡、是在无限接近理想型，这八个因素解决得越多，取得的效果可能就会越好。

五、检察院的应对之策 ①

以审判为中心意味着法庭是刑事司法活动最主要的场所，但刑事司法活动更多的工作不在法庭。以审判为中心的法庭一定会将压力向前传导，向侦查机关、审查起诉机关传导。法庭能否将压力向前传导取决于两个方面：第一，法院面对的各种压力是否依然存在。如果压力依然存在，法庭就不可能有效向前传导压力，反而还会继续接受侦查机关、审查起诉机关向后传导压力。第二，法官是否有独立办案的能力。各种压力虽然消失，但如果法官缺乏独立办案的能力，一旦当法庭要独立承担办错案的风险时，无能力的法官很难把压力向前传导。所以，面对以审判为中心的司法体制改革第一个需要过关的一定是法院。如果法院解决了自己的问题，既解决了压力问题也解决了法官能力问题。如果以审判为中心的司法环境已经形成，检察院就一定会感受到压力。所以，在以审判为中心的改革过程中，检察院需要做好充足的准备。本书仅就检察院的三个主要业务略加讨论。

（1）侦查监督工作。批准逮捕是相对明确的司法属性的活动，是居中裁量，很多国家将批捕权放在法院。我国的特色在于将批捕权主要放在检察院，法院也有些许的批捕权。既然批捕具有司法裁判属性，检察院就要改变其与公安机关配合的理念，因为配合理念是打击犯罪的理念，而打击犯罪的理念不应留给司法属性的裁判，司法裁判是中立的活动，司法裁判虽在客观上也有打击犯罪的功能，但司法裁判天然应该是保障人权的

---

① 本节内容写作时间为 2015 年，在 2018 年党政机构改革后，检察院的反贪反渎职能整体划到纪委监委，部分原来从事该项工作的检察院工作人员随职能划转分流到纪委监委工作。因此，本节中所提及的检察院反贪及相关情况与现今实际情况有所出入，但鉴于内容的整体性与连贯性，相关内容并未删除。当下检查机关自侦工作仅限于几个罪名，主要集中在监管场所的职务犯罪，与转隶之前大不相同。

活动。批捕要站在侦查与被侦查双方的利益考量，没有必要的绝对不批捕。批捕工作只有持中立的立场，不再追求打击犯罪的使命才能将压力传导到侦查机关。所以，侦查监督要有司法权的意识，不能再坚持成立犯罪就捕，要把审查逮捕的必要性作为工作重点，同时更不能为了配合侦查方便对没有达到逮捕标准的批准逮捕，否则就会使批捕丧失司法裁判的中立性。除批捕之外，立案监督与侦查活动监督将成为重中之重的工作，这两项工作放在检察院，表现出我国检察制度的特色。加强这两项工作不但是保障人权，更是在改革中将压力向前传导的重要领域。这两个方面是理论制度设计最好，目前却又是实践中做得最差的地方，侦查机关很少能真正感受到这种监督的压力，所以在这两方面必须有方法的创新。一言以蔽之，创新就是要解决检察院正确履行监督职责但侦查机关拒绝接受或以消极方式拒绝接受该怎么办这样一个现实问题。我们认为立案监督、侦查活动监督要与反渎职机构形成联动，立案监督、侦查活动监督案件一律交由反渎职部门审查，同时加强侦监部门能力建设，要有能力找准该监督的问题，否则检察院将会在侦查机关和法院双向传导过来的压力的夹缝中生存。

（2）公诉工作。以审判为中心的司法改革对检察机关影响最大的将是公诉工作，公诉工作是在矛盾中寻找平衡。公诉承担打击犯罪与保障人权的双重责任，既要胜诉又要忠于客观，公诉人既要听从法官的指挥，又要对法庭的审判进行监督，这都要在矛盾中寻找平衡。公诉人如果对有罪的人没有公诉成功，是职业耻辱；公诉人如果对无罪的人公诉成功，也是职业耻辱。对公诉工作提出以下几点建议：

第一，将工作重点前移。虽然以审判为中心意味着法庭是司法活动主要场所，但决不能把所有工作都留在法庭审判时解决，相反，非法证据等问题要在法庭审判前尽可能地做好审查排除工作，将庭前工作作为重点是最有效的应对之策。假如法庭是公诉人的舞台，那么最大的功夫应该在台下。第二，要与侦查机关密切配合，这是由公诉工作的本质决定。目前有一种说法认为以审判为中心后，为了确保人权，侦查机关与检察机关只有监督关系，没有配合关系，我们认为不能一概而论，检察院的侦查监督工作不能与侦查机关配合，而公诉工作一定要与侦查机关配合。"在警检关系的改革上，要从我国实际情况出发，立足于人民检察院的宪法地位及其与公安机关的现有关系，变互相牵制的侦诉模式为侦方与诉方互相协作。"① 因为侦查工作与检察院公诉工作在打击犯罪和保障人权方面的职责相同，也就是说侦查工作和公诉工作都要兼顾打击犯罪和保障人权两项职责，如果侦查与公诉不讲配合就很难完成打击犯罪的使命。第三，在与侦查机关的配合过程中，要坚守职业信仰，对侦查机关提供的证据要有怀疑意识，不放过对任何一个证据的审查，即使绝对信任侦查机关也要对侦查机关做人性恶的假设，哪怕是最好的朋友、哪怕有良好的工作关系也不例外。第四，认真听取犯罪嫌疑人或被告人的意见。即使已在内心确信犯罪事实也要对犯罪嫌疑人和被告人做人性善的假设，推定他们为好人。这一过程显然很难，因为多数时候公诉人已经从内心认定了嫌疑人就是罪犯。但由于兼具打击犯罪和保障人权的职责，所以必须进行这样的假设。将犯罪嫌疑人或被告人的意见放在整个证据体系中考察，将其意见作为公诉意见的相反侧面，检验公诉意见的合理性和完整性。公诉人能否尊重被告人意见是检验其是否合格的一个试金石。第五，认真对待律师。律师是公诉人的对手，但不是公诉人的敌人，公诉人必须从内心尊重律师，要将听取、反驳律师意见的过程理解成是将公诉意见充实、完善的过程。"刑事辩护是以审判为中心诉讼制度改革的一个重要方面，辩护职能是近现代刑事诉讼三大职能之一，而且是不可缺少、更不可忽视的一种诉讼职能，更是防范刑事冤假错案的一支重要力量。刑事辩护制度贯彻情况，是一个

---

① 樊崇义、张中：《论以审判为中心的诉讼制度改革》，《中州学刊》2015年第1期。

国家、一个民族尊重和保障人权、民主与法治进步与否的重要标志。"① 如果把公诉人的起诉比喻成建构大楼，律师的作用就是从反面促使公诉人把大楼建得更加牢固。如果没有律师对大楼的不断晃动，我们可能真的无法准确判断大楼的质量，也无法确定已建构的大楼能否经得起历史的风吹雨打。第六，对法庭既要尊重又要监督。公诉人要承担在事实认定和法律适用两个领域说服法官的责任，不断提高论证法律和事实的能力。同时要尊重法官，为确保法庭秩序，行使监督权必须留在事后。

（3）自侦工作。严格意义上讲，侦查权非司法权而是行政权，在我国属于检察权的一部分。未来公安机关所承担的压力检察院的自侦部门都要承担，公安机关所要作出的改变检察院的自侦部门也同样要改变。由于反贪反渎职属于检察院的内部机构，一定意义上讲，公安机关所没有的压力和改变，自侦部门也可能要有。对自侦工作提出以下几点建议：

第一，改变理念。以审判为中心在法庭得到落实后，侦查监督将不再配合自侦部门的工作，自侦部门要加强自我约束特别是强化侦查工作的合法性。如果自侦部门不能加强自我约束，仍然依靠侦查监督部门的配合，将会引起更大的问题，甚至有可能引起对检察院是否应该拥有自侦权的质疑。因此，越是敏感的权力越应该谨慎行事，自侦部门要比公安机关更加严格约束自己的侦查行为。自侦工作不改变理念、不改变具体方式很可能成为激化矛盾的导火索。"今后检察机关应当加强对侦查人员的思想教育和业务培训，切实转变执法观念，不断优化侦查队伍的专业结构。"② 如果自侦工作迅速实现自我改变将能够更好地印证坚持现有检察体系具有的优越性。第二，改变习惯。作为检察院的内部机构，反贪反渎职部门多年来在

---

①　樊崇义：《"以审判为中心"的概念、目标和实现路径》，《人民法院报》2015 年 1 月 4 日。

②　王守安：《以审判为中心的诉讼制度改革带来的深刻影响》，《检察日报》2014 年 11 月 14 日。

一定程度上形成了一些习惯性的做法。批捕权向上提高一级在一定程度上改变了这一局面，但是仍没有从根本上改变。原因在于检察院上下级的领导关系导致自侦权上下级监督本质上仍是内部监督，仍然有别于检察院对公安机关这样不同单位的监督，同时批捕权向上提高一级但公诉权并没有随之向上提高一级，所以对自侦监督的内部性没有从根本上改变。习惯容易产生权利意识，从实然容易推导应然，自侦工作长期的习惯做法会固化成为想当然的做法。因此改革之际，检察院的自侦工作的改变必须从改变长期养成的习惯开始。侦查监督部门和公诉部门要将对自侦部门的监督与对公安机关的监督一视同仁，甚至要更加严格。自侦部门的改变如能起到表率作用，那么将有利于检察院整体工作尽快适应改革的要求。第三，自侦工作从立案到侦查的整个过程要以庭审标准进行审视，也就是说自侦从一开始就要向法庭审判看齐，这样才能保证检察院的整体办案水平，有效防止办案压力在检察院内部从前向后传导。第四，自侦工作要兼顾打击犯罪与人权保障。打击犯罪是侦查权应有之义，人权保障也是侦查权的法定职责。如果侦查工作忽略保障人权，检察院就会面临法院反向传导的压力。

六、两点延伸思考

（1）考核工作。过去司法机关长期受困于不恰当的或者说是违背司法规律的考核，中央政法委也在强调减少不必要的考核，杜绝违背司法规律的考核。我们认为符合司法规律的考核仍然是必要的。如果把检察院主要工作从宏观理念层面划分为打击犯罪和保护人权两大类，那么关于考核工作有两方面需要注意：

第一，对承担打击犯罪职责的工作应采取加分的方式考核。刑事司法活动每个环节的执法理念和价值追求不尽相同，如法庭的职责在于保障人权优先，检察院的公诉部门和自侦部门的职责在于打击犯罪和人权保护的兼顾，除非在个案中打击犯罪与人权保护已出现冲突。不能因为以审判为中心的诉讼体制改革就忽视检察院的打击犯罪职责。对于承担打击犯罪职责的活动要对工作成效好、工作量大的作出正面评价，否则没有谁去积极承担此项职责，所以此项工作应采取加分的方式考核。第二，对承担人权保障职责的工作要采取减分的方式考核。人权保护中如果不出问题就是正常的工作，对于办案质量差、侵犯人权的现象要做减分考核。另外，对于打击犯罪职责工作对错的评价必须设计科学合理的认定程序和标准，不能简单以下一环节的判断为标准进行反向推理，如公诉的案件最终被法院作无罪处理时，应依据检察院自身的评价体系而非单纯依据法院的无罪判决对公诉工作进行考核，如果那样做不仅不符合司法规律，还会阻碍打击犯罪职责的完成。换句话说，对司法上的对错检察机关要有自己的判断，即使以审判为中心也不例外，绝不能把以法律为准绳这个司法原则在以审判为中心的改革过程中变成以法院为准绳。如果把以审判为中心理解成检察机关无须有自己的判断，那就大错特错了，特别是在中国，检察机关是法律监督机关，不能忽略自己的判断。

（2）出罪问题。以审判为中心的本质就是以人权保障为核心，就是让法庭成为人权保障最重要的场所。以审判为中心着重解决入罪的问题，其主要目的是对冤案的遏制。由于出罪除了在法庭上解决之外，还有相当一部分在公安机关和检察机关完成，因此如果不能对以审判为中心作全面深入的理解，即使解决了入罪的冤案问题，但有可能无法很好地解决出罪的错案遏制问题，甚至还可能出现借人权保障之名将本应入罪的人作出罪处理的乱象。因此，必须防止以审判为中心走向以审判为全部。出罪工作或可能出现在检察机关内部或可能出现在检察机关监督的范围内，检察机关对此责任重大、任务艰巨。以审判为中心对入罪问题解决得越好，就越有可能在反方向忽略公安机关和检察机关的出罪问题，从某种意义上讲，阶段性的入罪权只是公安机关、检察机关的工作，而出罪权才是真正的权

力。不出冤案是刑事司法活动的最低要求而非最高要求，刑事司法的最高
要求是不出错案。要做到不出错案就必须在重视入罪的同时不忽略出罪问
题，如果片面地理解以审判为中心，把冤案控制或人权保护当成刑事司法
的全部，把冤案控制当成刑事司法的最高要求，那么很可能导致司法机关
滥用出罪权。所以，检察机关既要重视入罪，解决人权保护问题，也要重
视出罪，解决权力滥用问题。

第二节　检察机关去行政化审批模式改革探析

党的十八届四中全会通过的《中共中央关于全面推进依法治国若干重
大问题的决定》（以下简称《决定》）明确提出："完善主审法官、合议庭、
主任检察官、主办侦查员办案责任制，落实谁办案谁负责。"这项关于司
法责任制的改革是整个司法体制改革的核心问题。2015 年 3 月 27 日，上
海市人民检察院党组审议通过了《关于上海检察改革试点工作若干问题的
意见》（以下简称《上海检察改革意见》），第 5 条规定："在法律框架内合
理下放职责权限，使检察官依法独立办理案件并承担责任。"第 57 条规定：
"实行'谁办案、谁决定、谁负责'。"这可视为对司法责任制改革的落实，
具有当然的合理性。但是，从办案责任制的抽象原则到一系列具体可操作
的制度机制设计之间，仍有更艰巨的任务需要完成。检察机关的办案流程
一般包括三个环节：其一，办案人提出办案意见；其二，部门负责人对办
案意见审核；其三，检察长或其委托的分管院领导对办案意见进行审批。
该办案流程被理论界总结为检察机关行政化审批式的办案模式。"最终决
策者长期脱离办案一线，后道审批程序效力高于前道程序，而审批层级越
高，决策者对案件全面性审查越弱，科长审批或许还会翻阅案卷，到检委
会讨论的案件，通常仅由承办检察官口头汇报案情，委员们即需作出判

断。"① 这种行政化审批办案模式近年来一直备受诟病，被认为导致了"办案不定案、定案不办案"的有违司法规律的后果。因此，在宏观层面去行政化审批就成了检察机关办案模式改革的首要目标。

一、行政化审批办案模式的流弊

（一）行政化审批办案模式的深层弊端

行政化审批是检察机关内部必须改革的弊端，其最大问题就是审批案件的领导并未亲自办理案件却对案件处理起决定性作用。行政化审批办案模式可能产生两种不良后果：

其一，有违司法活动的亲历性。"司法不同于军事行动，可以'运筹帷幄，决胜于千里之外'，也不同于行政工作在一定情况下可以听取汇报，商议决策于办公室。"② 司法行为说到底是一种主观判断行为，或是对事实的判断，或是对法律的判断；即事实要追求客观真相，法律要追求法律真义。司法人员只有亲历办案的过程，才能获取尽可能丰富精确的信息，而信息与司法判断的准确性之间是正比例关系。"司法认定的事实实际是一种客观见于主观的法律事实，因此办案人员获取和接触的证据越直接、越全面，越有利于接近事实原貌。"③ 办案人的每一次汇报就意味着信息递减，汇报的层级越多，信息量和精确度递减越严重。这种亲历性的要求在事实判断方面尤其突出，证人或被告人作证明的表情只有亲历者才可能看到，而这些东西对事实认定可能有帮助。因此，司法活动对办案人一般都有亲历性

---

① 最高人民检察院 2013 年重点课题组：《主任检察官制度研究》，《中国法学》2015 年第 1 期。

② 陈光中、龙宗智：《关于深化司法改革若干问题的思考》，《中国法学》2013 年第 4 期。

③ 贾宇、马谨斌：《论检察环节刑事错案防纠机制之完善》，《河北法学》2015 年第 5 期。

的要求，目的就是要更准确地对案件做出判断。在行政化审批模式下，审核人和审批人显然缺乏亲历性，如果审核人和审批人不但具有形式审查的权力，而且具有实质决定的权力，那么，司法判断的准确性就可能大打折扣。

其二，可能导致办案责任制无法落实。司法活动的本质是一种主观判断行为，存在对错之分，即关于事实的判断可能远离真相，关于法律的判断可能远离法律真义。司法活动必须要有严防出错的机制，其中督促办案人主观认真负责最为关键。只有在办案过程中明确办案责任主体，才是督促办案人认真对待每一起案件的机制设计中的最基本部分。行政化审批式的办案模式很可能破坏了这种办案人与办案责任之间的捆绑。因为在案件处理结论形成的过程中，除办案人之外，还存在作为部门负责人的审核人和作为院领导的审批人。既然行政化审批式办案包括初办、审核和审批三个环节，那么当错案出现时，责任就不再仅仅与办案人的利益捆绑在一起，而是与三个环节紧密相关。一旦错案责任与多个办案主体利益相连，那么责任对办案主体的督促效果一定会减弱，减弱的原因并非各个办案主体分担了责任，而是因为不同办案环节之间可能会形成错误的相互信赖甚至相互推诿。一旦相互推诿在机制上存在可能，将在客观上导致办理案件的人对可能产生错案的后果持放任态度。多个环节办案"容易让承办人产生对后置审批程序的依赖、推责心理，使责任心不强的办案人员不在案件排除疑点、解决矛盾上下功夫，而是寄希望于后面的人员或是环节去把关，或是将矛盾上交，以集体决策的方式转移风险。这不仅不利于提高办案人员业务水平，而且一旦出现问题责任也往往说不清、道不明"。[①] 因此，在行政化审批模式下，不同环节之间的过于信赖甚至相互

[①] 贾宇、马谨斌：《论检察环节刑事错案防纠机制之完善》，《河北法学》2015 年第 5 期。

推诿的现实使责任捆绑的督促作用几乎归零。也许审核和审批对初办可能造成的干扰或干预比较容易在制度上解决，但是这种行政化审批模式下的多环节办案可能导致办案责任制无法发挥作用才是最大也是最难以克服的制度弊端。

（二）行政化审批办案模式的隐性危害

由于行政化审批的办案模式可能导致亲历性的违反和办案责任制失效这样的不良后果，所以必须对初办、审核、审批这种行政化办案流程进行改革。从亲历性违反和办案责任制失效两个视角诠释"行政化审批"存在的问题时，"行政化审批"的含义就变得丰富具体得多。"行政化审批"式的办案模式包含很多因素，并不是所有因素都对司法有害，而致害因素才是必须要解决的真正问题，必须在司法活动中彻底排除，否则将会导致改革失败。为了找出"行政化审批"的隐性危害，就有必要对具体的办案流程做更进一步的考察。在司法实践中，检察机关初办、审核、审批的办案流程一般有以下几种情况：1）初办意见 A，审核意见 A，审批意见 A；2）初办意见 A，审核意见 A，审批意见 B；3）初办意见 A，审核意见 B，审批意见 A；4）初办意见 A，审核意见 B，审批意见 B；5）初办意见 A，审核意见 B，审批意见 C。在这几种情况中，1）、3）问题较小，2）、4）、5）问题较大。对于 1）、3）而言，由于最后结论与初办意见一致，所以这种审批流程并未真正违反亲历性，同时审核意见和审批意见明确，责任主体清晰。对于 2）、4）、5）而言，最大的问题是亲历性违反，因为案件最后的结论与初办意见不一致，而初办意见才是亲历性的结果，就责任主体的清晰程度而言，2）、4）、5）与 1）、3）是一样的，不存在责任不清的问题。但是在司法实践中，真正形成 2）、4）、5）这样的审批意见极为罕见，最常见的审批就是 1）这种情况。既然 1）不违反亲历性，只要进一步厘清各个环节的责任属性，行政化审批办案还会存在那么大的弊端吗？但是真实的审批过程远非如此。审批人在审批环节对待初办意见有两个可能，即同意或者不同意。如果同意，那么结果就是 1）或 3）；如果不同意，实际上的结果并不是 2）、4）、5），而是另有两种可能。第一种是提交检委会讨论决定，第二种是利用职务影响力明示或暗示前两个环节改变意见（特别是初办意见）。这都有可能改变初办意见。对初办意见设置监督程序无论如何都是必要的，当下行政化审核和审批环节主要就是体现其监督属性。但是由于初办意见具有典型的亲历性，监督环节从亲历性上考量当然不及初办环节，对初办意见的改变就更要坚持慎重原则，确立探求客观真实的制度可能性。从两种真实的监督走向上看，通过提交检委会讨论实现监督甚至纠正初办意见问题不大，而利用职务影响力改变前两个环节特别是改变初办意见的情形则应该彻底禁绝。在审批环节利用影响力改变初办意见表面上会形成 1）这样的审批情形，但是在本质上这种情况甚至比审批人直接改变初办意见的 2）、5）情形危害性更大。在 2）、5）情形下，虽然也有违亲历性，但至少责任主体明确，而利用影响力改变初办意见时，不但有违亲历性，而且责任主体不清。这样的审批不但不能提高办案的正确性，反而可能会损害初办的正确性。所以，在 2）、5）这样强行审批基本不存在的司法实践中，所谓行政化审批办案模式的真正问题，就在于这种模式容易产生利用职务影响力改变初办意见的隐性办案，这种隐性办案主要体现在后环节影响前环节，重点在于对第一环节即初办意见的影响。

在对行政化审批办案模式的改革过程中，我们必须要对造成隐性办案的机制进行改革。如果这个因素没有解决，即使在形式上我们改变了行政化审批流程，这个因素还会在别的办案流程中出现，产生的负面作用就仍然存在。去行政化审批的司法改革真正要去除的是利用职务影响力的隐性办案。如果不能去除隐性办案，那么去行政化审批的改革就不可能真正成功。

二、去行政化审批的边界：矫枉不能过正

（一）办案权独立是去行政化审批的本质要求

对于行政化审批模式办案有违司法活动规律这个问题理论界早有认识，为什么这种办案模式能够一直延续至今？原因之一在于检察权制度设计及其理念起到了不可忽视的作用。"长期以来，我国强调的检察权独立是指检察机关对于外部而言的整体独立，忽视了检察权运行规律对检察官个体独立的要求。"①"司法独立仅指司法机关（法院和检察院）的整体独立，不包括司法人员的个人独立。"② 我国《宪法》第 131 条、《检察院组织法》第 9 条、《检察官法》第 1 条均规定，"人民检察院依照法律规定独立行使检察权"。而在这些法律中均没有"检察官依法独立行使检察权"这样的规定，才形成了依法独立行使检察权的是检察院而非检察官这样的理念，至少检察官独立行使检察权的理念被忽视了。事实上，实务部门在探索主任检察官制度时也意识到了这个问题，"主任检察官制度的改革同样面临法律支撑不足的问题……虽然立法并未禁止检察官办案责任制改革的探索，但缺乏明确的法律支撑。尤其是新实施的《刑事诉讼规则》，与主任检察官制度的'放权'存在明显的冲突，如果在执法办案过程中受到当事人或者外界的质疑，恐难以自圆其说"③。在强调检察院而非检察官独立行使检察权的司法理念下，检察院领导审批案件就变成了情理之中的逻辑结论。

从前文分析中可知，领导审批模式存在的问题是缺乏亲历性的领导通过隐性办案方式决定案件，办案人或审核人与院领导之间的行政隶属关系

---

① 余双彪：《论主诉检察官办案责任制》，《人民检察》2013 年第 17 期。

② 邓思清：《论我国检察委员会制度改革》，《法学》2010 年第 1 期。

③ 最高人民检察院 2013 年重点课题组：《主任检察官制度研究》，《中国法学》2015 年第 1 期。

给隐性办案埋下了隐患。当院领导身处审批案件的办案环节时，如果能自觉且有效地禁绝行政权影响力，那么审批案件并不必然滋生隐性办案。但是院领导审批案件行为本身导致司法权与行政权发生竞合，行政权力客观上会赋予领导对下属形成职务影响力。虽然法律赋予下属办案中对抗这种影响力的权利，但是这种对抗会使下属面临巨大的风险成本，这导致虽然法律并未给予领导隐性办案的权力，但是行政权力的影响力却客观存在。因此，行政化审批式的办案模式会使办案人及审核人在办案过程中有可能形成既要听法律的、又要听领导的两难局面，隐性办案的弊端很难彻底克服。对行政化审批式的办案模式进行改革显然已成为检察改革的重中之重，改革行政化审批式的办案模式的核心是完善司法办案责任制。符合司法规律的办案责任制至少应具备两个要素：其一，办案人（具有亲历性）对案件处理具有决定权，不受任何不正当因素干扰；其二，决定案件处理的人对案件质量承担责任。从《上海检察改革意见》看，多个条文充分体现了这两个要素，即体现去行政化审批的改革意图。首先《上海检察改革意见》中不再刻意强调检察院依法独立行使检察权，同时在第 4 条中明确规定："确保检察官依法独立公正行使检察权"，把检察官明确为行使检察权的主体，为去行政化审批奠定了思想基础。其次，《上海检察改革意见》第 5 条规定："使检察官依法独立办理案件并承担责任。"第 57 条规定："实行'谁办案、谁决定、谁负责'。"这几条规定直接体现了司法办案责任制必须具备的两个要素，即亲历者定案，定案者负责，为去行政化审批提供了改革依据，也为去行政化审批后新的办案流程的设计提供了制度依据。

（二）独立办案权的界限

如何使办案检察官获得独立办案的权力，是去行政化审批改革的首要问题。如果检察官独立办案权不能被真正保证，那么符合司法规律的办案责任制就失去了基础，去行政化审批必将成为空话。本书认为，让办案人对案件处理具有决定权，同时让决定案件的办案人对案件质量负责，这两个要素只是办案责任制的必要条件，而非充分条件。如果把这两个要素当成充分条件，必然会使去行政化审批的改革目标走向个人独断。"检察权具有行政和司法的双重属性。"① 去行政化审批改革必须摒弃个人独断。个人办案（无论是检察官抑或法官）可以不受任何干扰（监督）在逻辑上有两个前提：其一，在客观层面上，办案人完全有能力解决所面对的任何疑难复杂案件；其二，在道德层面上，办案人要有极高的思想境界。而在现实中这两个条件并不可能完全满足。首先，从能力上看，无论一个办案人的办案水平有多么高明，也难免会碰到复杂案件让办案人左右为难。办案人的办案水平主要由两方面因素决定：一是理论基础，二是实践经验，这两方面积累都是有限的。正因如此，一直强调司法职业化的英美法系仍然保留大量的非专业化的陪审团对事实问题进行审理。其次，当这两个前提条件不具备或不完全具备时，让办案人个人独断是很可怕的，新的制度设计必须要从这两个前提条件的实际状况出发，着重解决两个问题：第一，当办案人能力不足时，在制度内应有解决的机制。当制度内解决机制不能满足，一旦办案人碰到自己无力解决的疑难案件，或者不求甚解，或者寻求制度外支持。这两种选择都可能对司法有害。不求甚解的危害自不必多说，制度外求教的弊端，那就是在没有责任压力的情况下，或只注重理论，或非深思熟虑，这就导致制度外支持的结果未必一定有利于疑难问题的解决，甚至容易使办案标准主观化。所以，即使制度外有足够的资源可资办案人利用，也不能替代制度内资源的价值，体制内必须有当办案人能力不足时解决难题的机制。第二，制度内要有监督制约机制存在。当下行政化审批模式中的审核抑或审批都是监督制约机制，只不过这种机制从司

---

① 孙谦：《检察：理念、制度、改革》，法律出版社 2004 年版；龙宗智：《检察机关办案方式的适度司法化改革》，《法学研究》2013 年第 1 期。

法活动的特质来看弊大于利。体制内必须要有这样的监督制约机制存在，即每一个不恰当的执法办案行为均有机会被发现，或者能在事中发现，或者能在事后发现，当然关键还是在事中（法律效力产生之前）被发现。如果对一个执法办案行为在逻辑上都无法实现事中监督，那么这种制度设计就存在重大缺陷。因此，去行政化审批改革绝非否定监督，而是要设计更为科学的监督制约机制。

三、去行政化审批的目标：对立中的统一

（一）监督制约与独立办案对立统一的基本条件

去行政化审批之后必然要构建新的办案流程，形成新的办案责任制。在新的办案责任制中，一方面基于亲历性要加强办案人的定案权重，强调办案人不受干扰的独立办案权；另一方面基于对办案人能力和品格的不信任推定，又要加强对办案人定案权的监督制约（特别是内部的事中监督）。行政领导审核或审批案件不但使办案人独立办案权无法得到保证，而且领导的隐性办案也可能使监督制约在审批中演变成干扰办案。为了实现独立办案权与监督制约制度的辩证统一，就需要既让办案人拥有独立办案权，又不能让这种办案权力走向绝对化，去行政化审批之后的办案责任制必须包括如下几个保障要素：1）办案权的独立保障；2）独立办案权不被滥用的保障；3）独立办案的能力保障；4）监督制约的保障；5）监督制约不被滥用的保障；6）办案权抗干扰能力的保障。从这6个保障要素来考量，过去行政化审批应该说欠缺最多，恐怕只有4）这个保障要素存在。试想一下，欠缺其余保障要素的行政化审批怎么能不走向领导隐性办案？为了实现辩证统一的办案责任制，《上海检察改革意见》作了相关规定："确保检察官独立行使检察权"，"强化监督制约"，"检察官依法独立办案并承担责任"，"主任检察官进行审核，但不得改变检察官的审查决定"，"主任

检察官通过行使审核权对组内检察官办案进行监督"。与行政化审批相比，《上海检察改革意见》中的这些规定一定程度上体现了办案责任制中 1）、2）、4）、5）保障要素：其一，取消审批环节，体现了办案人独立办案权的保障；其二，办案人独立办案的同时承担责任，体现了办案权不被滥用的保障；其三，取消了部门负责人审核，但规定了主任检察官的审核，体现了监督制约的保障；其四，主任检察官不得改变检察官的办案意见，体现了监督制约不被滥用的保障，也进一步体现了办案人的独立办案权。

（二）保障要素的制度完善

从独立办案权与监督制约辩证统一的视角审视，《上海检察改革意见》构建的办案责任制尽管取得重大突破，但仍有两点即 3）和 6）保障要素需要完善。

第一，当办案人独立行使办案权的能力缺失时的制度内解决机制需要完善（保障要素 3））。这种能力缺失时的制度内解决机制也是办案人独立办案权的保障要素，如果缺少这种保障要素，一旦出现办案人难以克服的困难时，独立办案权就有可能失去应有的意义，办案责任制也将失去保障案件质量的应有作用。所以，独立办案权的制度设计中不能忽略这种保障要素。《上海检察改革意见》中只规定了主任检察官审核时如果与办案人的意见不一致可以提交检察长或检委会决定，但没有规定办案检察官无法作出审查决定时按什么程序解决问题。

第二，如何防止监督制约因素演变成对办案人的干扰因素需要完善（保障要素 6））。尽管《上海检察改革意见》中有多个条款规定要确保办案人的独立办案权，同时也强调主任检察官审核时不得改变办案人的审查结论，审核时有不同意见只能向上提交。这些规定对于独立办案权在接受监督制约过程中能确保不被干扰是远远不够的。无论在抽象层面如何明确办案人拥有独立办案权，但是在司法实务中办案人是否会真正拥有自由判断的意志，是否真的不被干扰并非完全取决于法律或制度是否赋予了这种独立办案权，而是取决于确保办案人行使这种权力的工作环境。在行政化审批的办案模式下，办案人也拥有不受干扰的办案权，但没有确保办案人不受干扰的现实环境。既然独立办案权对办案责任制如此重要，那么空泛地规定这种权力是远远不够的，不允许主任检察官改变办案人的审查意见也是不够的，确保办案人能够抵抗干扰、自由判断的现实环境才至关重要。例如，当检察长违反程序向办案人发出一个明示或暗示的错误指示时，我们的制度对办案人抵抗检察长错误指示提供了什么保障呢？《上海检察改革意见》第58—61条均规定了对办案活动内部、外部监督问题，这些监督都是必要的。但是在此过程中监督过界后演变成干扰也不是不可能的，所以办案人接受监督的同时必须拥有抵抗干扰的能力。本书认为应进一步完善的办案人抗干扰能力的保障要素，主要有两方面内容：

首先，办案人的职业保障。虽然《上海检察改革意见》第62—66条规定了检察人员职业保障，但这只是工资、薪酬、养老等一般意义上的职业保障，而非抗干扰的职业保障。真正意义上的抗干扰的职业保障是能使办案人为了忠于法律而敢于得罪任何权贵的制度环境。"如在美国，要弹劾一名联邦法官，除因叛国罪、贿赂罪或者其他重罪和轻罪，或者法官未忠于职守（如职务上的故意妄为，故意并且坚持不尽职责，习惯性的品行不端，以及其他破坏司法行政，使司法机关声名狼藉等）的事由外，还须经严格的弹劾程序并经参、众两院通过，才能剥夺其法官资格。"①《决定》已经明确了这种意义上的职业保障，"建立健全司法人员履行法定职责保护机制，非因法定事由，非经法定程序，不得将法官、检察官调离、辞退

_____

① 陈光中：《比较法视野下的中国特色司法独立原则》，《比较法研究》2013年第2期。

或者作出免职、降级等处分"。对办案人的办案活动进行监督制约是为了更好地保证办案质量，而监督与干扰之间界限容易模糊。如果不能给办案人构建出坚持自己正确意见的制度保障，任何单纯希望靠办案人的职业良知和勇气去挑战权贵干扰都显得过于理想化，特别是在法治传统缺失、法治秩序尚未完全建立的社会环境中就更是如此。因此，将《决定》中明确的职业保障细化落实到改革方案中，是防止监督制约因素演变成对办案的干扰的最重要因素。

其次，主任检察官与办案人之间的关系要进一步明确。主任检察官是改革中的新生事物，北京市人民检察院第一分院的"主任检察官办案责任制"也有类似规定，主任检察官为办案组组长，"主诉检察官可以独立承办案件，对案件事实与证据的认定负责，并就案件提出处理意见报主任检察官审批。主任检察官的意见与主诉检察官意见不一致时，或是主诉检察官认为需要由主管检察长决定提交检委会讨论决定的案件或事项，经主任检察官报主管检察长决定"。① 有学者指出："主任检察官应具体指导、安排部署职务犯罪侦查、证据调查、审查起诉、诉讼监督、文书制作等具体工作，对普通检察官承办的案件提出审核意见。发挥办案组织内部的民主决策作用，召集办案组织成员对案件进行讨论、合议，发挥集体智慧。"② 《上海检察改革意见》第 50 条规定：主任检察官是办案组负责人；第 51 条规定：主任检察官对办案检察官意见有审核权而无改变权。然而，上述制度或者观点并未明确主任检察官与检察官之间到底是什么样的领导与被领导的关系，特别是主任检察官与检察官之间上下级的行政领导关系。"在主任检察官办案模式下，主任检察官并不是亲力亲为办案组内的每一起案

---

① 高保京：《北京市检一分院主任检察官办案责任制及其运行》，《国家检察官学院学报》2014 年第 2 期。

② 邱高启、徐化成、杨勇：《检察业务运行机制的构建》，《人民检察》2014 年第 17 期。

件，但是他对组内的每一起案件最终都负有责任，他要行使必要的领导指挥权力，所以如何处理主任检察官与承办检察官之间的关系，是检察机关内部运行和管理中的很重要的问题。"① 如果主任检察官仅仅是行政领导的别称，与过去的部门负责人在行政领导权上没有实质差别，那么由主任检察官审核案件就仍然是行政领导在审核中办案。现实中的主任检察官也同样有可能利用自己手中的行政权力影响隐性办案，进而对办案人形成事实上的干预能力，而这种事实干预恰恰是去行政化改革中真正要去除的弊端。在防止监督制约演变成干扰办案的制度设计中，不仅要强化检察官抗干扰的职业保障，而且要尽可能减少检察官的行政领导参与监督权的行使，因为检察官的行政领导参与行使监督权会使干扰办案更容易发生，一旦行政领导干预办案会使检察官左右为难，顾虑重重。理论界一直试图对这个新生事物的责权进行界定以区别过去的部门负责人。在《上海检察改革意见》中把案件审核权交给主任检察官，主任检察官通过审核行使案件监督制约权，如果主任检察官与检察官之间的关系不能厘定清晰，就很可能使主任检察官拥有事实上过大的行政权力，也因此有可能使行政化审批的弊端再现。在改革过程中，一旦主任检察官与检察官之间的领导关系模糊，就容易使主任检察官行政权力膨胀。因此，进一步明确和细化主任检察官与检察官之间的关系有助于减少对办案的干扰。

四、去行政化审批后集体讨论制度的存在价值

由于去行政化审批改革突出强调检察官独立行使检察权，突出强调"谁办案、谁决定、谁负责"，那么集体讨论制对于检察权运行意义何在呢？再加上集体讨论是否有违司法亲历性一直存在争议，于是就出现了弱

---

① 潘祖全：《主任检察官制度的实践探索》，《人民检察》2013 年第 10 期。

化集体讨论的倾向，甚至出现取消检委会的个别理论观点。① 从《上海检察改革意见》规定的内容来看，虽然突出强调检察官独立行使检察权，但是并未削弱检委会（最重要的集体讨论形式）对执法办案的领导作用，也未削弱检委会的决策作用。从表面上看，独立行使检察权与集体讨论制之间似乎确有一定矛盾之处，前者强调个人意志，后者则强调集体意志。在突出强调检察院而非检察官独立行使检察权的语境下，这种矛盾显得并不突出。但是在强调检察官独立行使检察权的办案责任制中，就有必要对集体讨论在检察权运行过程中的意义、作用及可能存在的问题等作出诠释。

（一）集体讨论的缺陷并非无法克服

集体讨论一般是指检察机关在办理重大、疑难、复杂案件时采取的一种多人讨论决定的办案方式，检委会议案是最典型的集体讨论形式，除此之外还包括科、处务会，主诉检察官联席会等形式。长期以来检委会（集体讨论）议案被诟病的无非有三点：1）检委会集体决策可能导致委员责任不清，一旦出现决策失误，集体负责意味着没人负责，因为此时"只能在形式上追究集体的责任，而无法追究具体检察委员会委员的责任，这不符合责权统一的原则"②；2）议案委员未亲自办理案件，未亲历案件而决策案件无法保证议案的准确性；3）"在刑案高发的现状下，影响办案效率"③。尽管存在诟病，但是检委会集体议案仍然在检察工作中发挥重要作用，究其原因可能是因为检委会集体议案有两点优势是个人决策无法取代的：1）众人之智优于一人之智。经过众人集思广益的决策在正确性上一般优于一人决策，"案件讨论对防止个人认识遗漏和偏差的积极意义不可

---

① 参见姜菁菁：《检察委员会机制改革初探》，《检察日报》2004 年 3 月 13 日。

② 邓思清：《论我国检察委员会制度改革》，《法学》2010 年第 1 期。

③ 董学华、倪慧芳、侯彦伟：《论案件管理对检察机关适度司法化改革的路径意义》，《中国检察官》2014 年第 8 期。

否定"①;2)有一些特殊的权力并不适合单人行使，交给检委会集体行使更为妥当，也更可信赖，以避免滋生过大的司法自由裁量权。关于检委会作出错误决策时委员承担的责任不清的问题，只要规定作出错误表决的委员直接承担法律责任即可解决。值得深入讨论的是检委会议案时的亲历性缺失问题能否得到解决。鉴于司法判断的特质，亲历性解决的是办案所需的信息量问题，只有亲历办案过程，才可能获取案件信息最大化。由于检委会委员一般并未参加案件办理，获取案件信息特别是直接获取信息当然无法与办案人相比，但是直接获取信息的要求并非绝对，相对于作出决策的需求而言，如果检委会间接获取的信息量已经足够，即使表面上有违亲历性的形式，但从信息量角度看与亲历性的本质并不矛盾。从获取信息角度看，办案人最具有优势，但是每个办案人分析处理案件信息的能力并不相同，检委会议案的过程无论如何都是对案件研究深入的过程，即使检委会最后改变了办案人正确的意见，那么至少正确的意见也在检委会出现过并被讨论，只不过检委会错过了正确意见。只要能够保证检委会决策时的问题与所需的信息量相适应，经过检委会讨论的结论不会比未经讨论的更差，除非信息量不足或有意为之。对于办案人来讲，一旦需要检委会认同他的结论，他就不但需要说服自己，还需要说服检委会委员，这种说服的过程一定是被监督的过程，也是寻求正确结论的过程。所以检委会只要保证两点就可以扬长避短：1)必须确保决策内容与信息量相适应。2)强化检委会的监督理念。检委会议案的主要目的是对办案活动的监督，不能试图让检委会议案代替办案活动。在检委会议案时面对同样的案件信息量，如果检委会是在代替办案人办案，那么信息量可能不足；如果检委会是在监督办案人办案，那么这些信息量也许已经足够了。

---

① 贾宇、马谨斌：《论检察环节刑事错案防纠机制之完善》，《河北法学》2015 年第 5 期。

（二）改革后集体讨论的司法价值评估

办案责任制主要由办案人独立办案权和对办案活动的监督制约两大领域构成，在这两个领域中集体讨论均有不可或缺性。第一，集体讨论是独立办案权行使过程中办案人能力不足时的保障机制。集体讨论是咨询意义上的集体讨论，为办案人提供参考，集体讨论后的办案人的办案结论仍由办案人负责。为了防止参会人不负责任，对每位发言人的意见的正确率要做考核，并将这种考核与其职业利益直接相连，进而确保集体讨论的质量。同时也要防止办案人疏于独立思考，对办案人提交讨论的频次和质量也要做考核并做出评价。第二，在监督制约领域发挥作用。首先，通过集体讨论实现对自由裁量权较大的办案活动的监督制约。从目前的司法环境及司法人员职业素养看，自由裁量权过大的领域即使办案人和审核人意见一致，也必须要加大监督制约。办案人具有自由裁量性质的办案意见在集体讨论（可以是检委会，也可以不是检委会）中能够接受最大限度的监督，即使牺牲一部分效率也是有必要的。其次，通过集体讨论实现对分歧意见的监督。一旦办案人意见与主任检察官审核意见发生分歧，都由检察长作出决策是不现实的，检委会的集体讨论一定会发挥更多作用，特别是当分歧意见涉及是与非、对与错，而非简单的自由裁量权时，检委会集体讨论可能就更具有优势。

本书反对认为检察机关在办案责任制改革中弱化集体讨论制的观点。在新的办案责任制中，虽然办案人的办案权能扩大，但对案件质量的要求也随之提高。如果办案人的办案能力不能立刻适应新的要求，终身追责会促使办案人更加慎重对待手中的办案权力，同时，当每个办案人都拥有独立办案权时，司法权被滥用的风险是可以想象的，仅仅通过终身追责并不能解决所有的问题，必须对自由裁量权较大的领域加强监督，而集体讨论就是监督的重要形式之一。所以，在司法改革初期，我们有理由推断集体讨论不但不会弱化反而会加强。如果要对集体讨论的未来趋势做一个预判，那么首先要对办案人的素质即能力和道德水平做出预判。办案人素质越高，集体讨论的需求就越低。可以说，是办案人自身素质决定集体讨论制的去留，是客观需求决定集体讨论制的去留，任何忽略这一点的人为规定都是不可取的。

第三节　司法体制改革不能忽视的四种关系

党的十八大之后，特别是党的十八届三中、四中全会之后，我国的司法体制改革已然高调走到国人面前，甚至可以说走到世界面前。在某种意义上，我国的司法体制一直处于改革的过程中，① 为什么这一轮改革会如此令人瞩目？因为这轮改革触及到了全局性、根本性的问题，力度之大前所未有。正因为如此，不论是法学界还是司法实务界都对改革的话题表现出极大的热情。讨论交流的话题范围大到宏观层面的国家机构设置，小到微观层面基层法官的工资待遇、检察官出庭公诉时准备的材料等问题无一不包。② 这些讨论和交流对于已经到来的司法体制改革的伟大实践来讲，既是可喜可贺的，同时也是令人担忧的。之所以可贺是因为这些讨论交流提出了无数种可供选择的理念和制度设计，提高了改革过程中的智识水

---

① 参见公丕祥：《中国特色社会主义司法改革道路概览》，《法律科学》2008 年第 5 期；左为民：《十字路口的中国司法改革：反思与前瞻》，《现代法学》2008 年第 6 期；徐鹤喃：《制度内生视角下的中国检察改革》，《中国法学》2014 年第 2 期；张文显：《人民法院司法改革的基本理论与实践进程》，《法制与社会发展》2009 年第 3 期。

② 参见陈光中、龙宗智：《关于深化司法改革若干问题的思考》，《中国法学》2013 年第 4 期；陈卫东：《合法性、民主性与受制性：司法改革应当关注的三个"关键词"》，《法学杂志》2014 年第 10 期；王利明：《深化司法改革，推进法院人员分类管理》，《人民法院报》2014 年 8 月 1 日；王树义：《论生态文明建设与环境司法改革》，《中国法学》2013 年第 3 期。

平。之所以又令人担忧是因为可供选择的方案越多，其中错误的方案干扰正确选择的概率也就相应提高，那么做出正确选择的难度也就越大，一旦错误的方案被选中后果当然堪忧。因此，在所有人都要为中国司法应向何处去发出声音的情况下，明确如何设计，或如何审视具体方案的立场，比立即着手制订一个具体方案要重要得多。因为缺乏看问题的准确立场，我们就不能准确看问题，解决立场问题是当务之急。本书试图通过梳理四种辩证关系来反思司法体制改革中的问题，进而表明自己的立场。

一、尊重与批判的关系

改革的前提是批判，这是不言而喻的，没有对原有体制深刻而精准的批判，当然就不可能找到改革的正确方向。对于这一点，当下法学理论界把握得很准，因为这是法学家的强项。从当下如潮的批评声音看，批判意识似乎已不用过多强调，相反，随着批判意识的不断增强，现在需要高度重视的可能是另一个问题，即批判者有可能欠缺尊重意识的问题。改革的前提是批判，那么批判的前提又是什么呢？如果批判不是单纯的情绪表达，而是理性的意见表达，批判的前提是尊重，只有尊重才能使批判更加深刻，也只有尊重才能使批判更加客观。真正有意义的"批评与批判必须是理性的，而不是情绪的或者非理性的"[1]，尊重与批判不是、也不应该是非此即彼的反对关系。法学者都擅长学术批判，"学术创新也好、学术繁荣也好，都是学者们在相互批评对方的观点中实现的"[2]。无论是专门的商榷性文章，抑或对所反对的学术观点的引用，批判的过程其实都透着批判者对被批判文本的尊重。因为批判首先传递的一个信息是重视，其次传递

---

[1] 邓子滨：《中国实质刑法观批判》，法律出版社 2009 年版，第 2 页。

[2] 张明楷：《学术之盛需要学派之争》，《环球法律评论》2005 年第 1 期。

的信息才是反对。除非使用了不当措辞，一般情况下被批判者不会因为自己受到学术批判而感到不舒服，原因就在于批判意味着对文本的尊重。如果批判者缺乏对批判的文本足够的尊重，那么势必会影响批判的质量，甚至干脆就不可能引起或产生真正意义上的批判。试想一下，有谁会对自己认为毫无意义的意见进行劳神费力的批判呢？

有效或有意义的批判必须对所批文本做正确性推定。这种正确性推定的理念会赋予批判者更大的责任，批判者不但要找到文本的错误之处，而且还要找到文本一切有可能存在的正确之处并加以否定。这正像刑事司法追诉过程中要对犯罪嫌疑人做无罪推定一样，论证有罪的控方，不但要用有罪证据证明犯罪，而且还要对一切合理的怀疑进行排除。此种预设文本正确的推定理念，只有当批判者对文本足够尊重时才是可以想象的。因此，无论批判者对所批判文本的作者持何种态度，为了使批判有效，他都应该也必须对所批判的文本给予足够的尊重。

对制度批判的复杂程度是一般学术批判所不能比拟的，更需要批判者常怀敬畏之心，不忘尊重之意。一般来讲，任何制度都不可能十全十美，发现当下制度中的一些弊端或不完善之处并非难事，有时甚至很容易。但是必须注意，找到弊端加以批判可能仅仅是现象层面的批判。现象层面的批判与改革之需相差甚远，或者说找到现象上的弊端与着手改革之间还有太多的工作要做。批判者如何才能找到现象背后本质层面的弊端？首要的思想准备就是把所批判的（已经发现一些弊端）制度仍预设成正确的。其次用足够充分的证据逐步排除这种预设的正确性。缺乏正确性预设的批判就是缺乏全方位视角的批判，这种层面的批判极有可能把从某一视角发现的现象层面的弊端无限放大，同时还可能忽视从另外一些视角才能观察到的制度的生命力。为改革做准备的批判如果忽略制度仍然存在的生命力是致命的，即使忽略可能存在的生命力都是不能允许的。改革是为了扬长避短，是为了更好。改革之前不仅要知道什么是制度的"短"，更要有能力知道什么是制度的"长",而且关键是知道什么是"长",因为在批判语境下知道"短"容易,知道"长"难,或者说,当人们都找短的时候,原有制度中的长处可能有意无意地被找短的人忽略了。只有找短的人在理念上尊重、敬畏欲批判的制度,在方法上对原有制度做有利推定(正确性推定),他才有可能发现原有制度中的生命力,发现原有制度中的"长",即使最后任何长处、任何生命力也没有发现,这种饱含尊重的批判理念和过程仍然是使改革避免"丢了西瓜捡芝麻"的最重要保证。

二、发现问题与解决问题的关系

首先,司法改革最终的目标是解决问题,或者说是把现存司法制度中不好的或负面的东西予以纠正或改善。解决问题的目标当然是建构起好的或正面的新制度,取代原有的不好的负面制度。也许是建构一个新世界具有更大的理论吸引力,也许是建构一个新制度被认为具有更大的理论贡献,目前,越来越多的相关问题讨论、交流集中在设计新的具体制度上。[①] 有时甚至具体到难以区分它到底是学者的理论探讨,还是要执行的操作层面的改革方案。虽然不能忽视更不能否定这种一步到位的对司法改革问题的研究进路,因为这种具体制度设计研究丰富了人们的视野,但是,过度关注结论或结果的研究,有可能会忽略对研究过程或路径的关注,或者换句话说过分关注解决问题的研究,可能会忽略对发现问题的关注。而发现问题是解决问题的逻辑前提,不能很好地解决如何发现问题就不可能真正解决问题。因此,所有具体的新制度被设计出来之前,必须经

---

① 参见魏胜强:《法律方法视域下的人民法院改革》,《中国法学》2014 年第 5 期;王利明:《深化司法改革,推进法院人员分类管理》,《人民法院报》2014 年 8 月 1 日;张明楷:《刑事司法改革的断片思考》,《中国检察官》2014 年第 10 期;马长山:《司法改革中可能的"异化"风险》,《法制与社会发展》2014 年第 6 期。

受住一个基本的理论拷问，即被改革或纠正的弊端是真的吗？通过什么样的研究进路可以保证找到的这些弊端不仅仅是表象呢？如果不能通过这些拷问，如何敢肯定已经发现了当下制度中的真问题呢？如果连发现问题都不能或不敢确信，在此基础上的解决问题即制度设计，岂不有可能是空中楼阁？更有甚者，一旦发现的问题是个虚假的弊端，其本质恰恰是原制度的生命力所在，对这样问题的改革岂不是南辕北辙。所以，在司法改革问题的研究过程中，发现问题和解决问题如果不能做到并重，那么与其把关注点过多放在解决问题上，倒不如放在发现问题上。面对众多具体制度设计，必须要问在发现问题上我们已做好充分的准备了吗？中国具体的司法制度中必须加以改革的弊端和问题到底是什么？是公正缺失的问题，抑或效率缺失的问题，抑或两者都有？在直觉上可能很多人感到司法的公正性有待加强，效率低下问题有待改善，特别是当赵作海案、张氏叔侄案等错案被媒体曝光后，这方面的感受尤其明显。这些个案上的发现对于批评司法现状也许已经够了，因为只要有一个这样的案件，对司法来讲也是耻辱，据此对司法做多么严厉的批评都不为过。但是，这些情况的获悉对于着手具体的新的制度设计而言是否属于已经发现了真正的问题呢？对于批评司法已经足够的"发现问题"，对于改革未必也是足够的"发现问题"。例如，一段时间以来关于公务员待遇过高的问题已经被炒作得沸沸扬扬。持工资过高观点的人多拿出具体事例说明目前公务员工资待遇的确太高了，但是据此提出降低公务员工资待遇的改革方案可以吗？答案当然是否定的。否定不是因为过高的工资待遇不能降下来，而是仅此并没有发现必须改革的真正问题。调整公务员工资待遇的具体制度设计之前，必须回答这样一些问题：各级、各地区公务员工资的标准到底是多少？工资是由哪些部分组成？各地区之间的差异是什么？各职级之间的差异是什么？公务员工资之外的收入有哪些？工资之外的收入，明的是多少，暗的是多少？哪些公务员有暗的收入，哪些公务员没有暗的收入？公务员工资高或低的判断是相比较哪一些群体而言的？公务员工资水平与国家经济发展水平是否相适应？只有把这些问题都回答清楚，而且必须用权威的方式回答清楚，我们才有可能判断关于公务员工资真正的问题到底是什么，之后的改革设计才是有可能的。如果不能清楚回答这些问题，或者虽然能回答清楚，但却不能用有效或权威的方式回答清楚，在此基础上的改革都可能是盲目的。司法的改革与公务员工资的改革相比，不知道要复杂多少倍，当下所有的司法改革真的已经完全超越了发现真正问题的阶段了吗？首先，现阶段司法中具体制度机制的弊端仍然多以个案的形态存在，而且这些表象上的问题一般首先由新闻媒体曝光才进入公众视野。经过媒体表现出来的问题虽然强烈刺激公众情绪，但是缺乏理性的梳理。

其次，问题必须与原因同时找到，才是发现了真正的问题，没有找到原因的问题，对于设计改革方案而言是远远不够的，甚至是有害的。司法活动是一项极为复杂的社会过程，对其评价的视角和标准也多有不同，同时司法活动又是解决社会矛盾和纠纷的定分止争过程，各方力量在是非判断中多有碰撞，再加上法治社会建设进程的不断深入，又使司法越来越处于社会公众的聚焦之下。因此，评价视角的差异导致司法必然是一个容易出现不尽如人意的领域，定分止争的职能导致司法必然是始终受到利益损失方拷问合理性的领域，社会高度关注导致司法是任何弊端都容易被发现也容易被放大的领域。这些司法样态是所有法治国家都始终存在而且必须每天面对的现实，即使标榜法治状态最为良好的国家，司法过程也绝对不是歌舞升平的，只要翻开任何一本美国的法学著作，你就会发现批评的声音永远比歌颂的声音大。从严格意义上讲，司法本身就是一个永远充满各种各样批评声音的领域，对于各种批评的反思、解释、改正，恰恰是法治进步的过程。从某一立场发现的问题或弊端，如果不能找到问题背后的原因，我们就无法准确地评估这些所谓的弊端到底是不是真正意义的弊端。只有把弊端放到原因中去，才有可能在法治的大背景中审视弊端，也才有可能审视最初发现所谓弊端的那个单一视角是否过于单一。原因使问题或弊端表象褪去本质显现。原因不明的问题就不是真正的问题，或至少不一定是真正的问题。从目前讨论司法改革涉及的问题看，原因探讨至少没有被放在应有的高度加以重视。

最后，发现问题必须以权威的方式表现。作为制度改革之前提的发现问题，绝非一般意义上的理论研究，一般意义的理论研究目的主要是知识的增长及认识的深刻，有时为了追求深刻，可能不惜牺牲全面而走向片面。理论研究可以有权威也可以没有权威，但最好是没有权威，平等的学术讨论可能更有利于认识的深入。理论研究也不怕错误，因为错误不但可以衬托出正确，使正确变得更加正确，而且对错误的批判本身就是理论深入的重要形式。为制度改革实践做准备的发现问题，显然与单纯的理论研究不可同日而语。从单纯的理论研究到确定发现问题之间还有一大步需要跨越，这一大步就是必须形成对所发现问题的权威判断，这种权威判断必须能够与正确画等号。虽然在学术意义上权威不等于正确，权威也不等于真理，但是在改革实践领域只有权威才有资格更接近正确，也只有权威才能让我们放心去动手改变。发现问题的权威声音主要应包括两个方面：其一，发现问题的主体具有权威性和公信力。权威的主体发出的声音也必须首先经过一个过程，特别是要经过理论研究及争鸣的过程，但是，最后确定进入改革领域的问题必须是能够代表国家的主体对外阐释。其二，发现问题的方法要具有权威性和公信力。为了确保发现的问题精准，确保发现了必须改革的真责任问题，问题发现者务必要把精力聚焦在发现问题的方法上来。只有方法选对了，才有可能找准问题。我不敢说什么方法是权威的、是有公信力的，但我知道什么样的方法是不权威的、没有说服力的，从个案暴露出的问题通过逻辑推理等手段发现的问题未必就是真正的问题。例如，某法院院长对一起或多起个案的法官审判活动进行了干预，结果出现了错案。如果据此进行逻辑推理，再加上与外国法院审判活动的比较分析，就认为法院院长干预案件审理活动是一个必须改革的问题，恐怕在方法上就缺乏说服力。在确认法院院长干预案件主审法官的审理活动是不是必须改革的问题之前，问题发现者应该有能力回答：1）法院院长干预个案这种现象是个别的还是普遍的？如果普遍，那么普遍到什么程度？2）干预的具体方式都是什么？是直接决定，还是打招呼暗示？3）主审法官有无制度或其他资源抵制院长的干预？4）法院院长干预个案，结果是干预对的多，还是干预错的多？问题发现者如果回答不出这些相关问题，怎么知道干预案件是利大于弊，还是弊大于利？怎么知道一旦不允许院长过问个案，用什么力量来保证那些被过问才正确的案件仍然正确呢？"改革措施针对的往往是一些从未有过审判经验的学者提出的虚假的真实问题，实际会为法院系统创造更多真实的复杂的问题。"[1]问题发现者眼中绝不能只看到干预错的案件，也应该看到那些被干预对的案件。简单根据个案的逻辑分析、简单地与外国情况比较是远远不够的，如果不能回答这些问题，即使改革法院院长干预个案的问题找对了，恐怕也是蒙对的。要想回答这些问题，当然不简单，需要方法上做出正确选择。权威的有说服力的发现问题的方法很多，其中深层次的社会实证调查是最必不可少的，换句话说，多一点实证，少一点逻辑。

三、目标与路径的关系

司法改革的目标或理想是什么？对这个问题的回答并不困难，但是这个答案却十分重要。司法体制改革的终极目标归根到底一句话，就是让老百姓在每一个案件的处理中感受到公平正义。如果对这个终极目标内涵进

---

① 　[美]理查德·波斯纳：《波斯纳法官司法反思录》，苏力译，北京大学出版社2014年版，第13页。

行解析，司法体制改革追求的目标应包括以下几个方面：

其一，有利于确保司法廉洁。追求廉洁已成为所有公务人员首要的职业伦理，司法工作人员更不例外。无论案件办理得多么正确，一旦出现司法腐败问题，司法的公正性将大打折扣，甚至损失殆尽。确保司法人员廉洁当然应该成为司法体制改革中的价值追求，尽管追求廉洁的职业要求并非仅仅针对司法工作人员，而是适用于所有公务人员，但其依然无争议地成为司法体制改革的目标追求之一。如果改革后的司法体制无法保证这种价值追求，甚至是只要没有比改革前更好，恐怕就不敢谈改革已成功。

其二，有利于确保司法结论正确。司法活动的本质是解决纠纷（定分止争），现代意义上的司法主要就是用事先的规则来解决纠纷。作为纠纷的解决机制来说，公正的司法当然有利于解决纠纷，不公正的司法不但不利于解决纠纷，反而可能制造更大的纠纷。所以到任何时候，公正都将是司法不变的追求，"是法律和司法制度的核心价值目标"[①]。所谓司法公正就是指能够不偏不倚地按事先既定的法律规则裁判具体的个案，如果对个案的裁判结论不正确，司法公正也就无从谈起。所以，在司法的操作层面上，司法公正的问题往往就会转化为裁判案件的正确性问题。什么样的裁判结论才是正确的呢？司法对个案的裁判过程，简单地说就是对法律规则（A）与具体案件事实（B）之间关系的判断过程。为了司法结论（C）的正确，首要的问题是 A 和 B 必须正确。司法机关首先要有能力确保 B 的正确性。如果对 B 的判断或认定是错误的，那么接下来的司法活动就会南辕北辙。只有 B 得到正确确认以后，才能根据 B 再去寻找能够评价 B 的法律资源 A。如何确保 A 的正确？如果说查明或认定 B 不容易，那

[①] 夏锦文：《当代中国的司法改革：成就、问题与出路——以人民法院为中心的分析》，《中国法学》2010 年第 1 期。

么寻找 A 的过程就更加艰难。司法人员不仅需要精通法律的文字，更需要精通文字背后的法意；不仅需要知道法律的部分，更需要知道法律的整体；不仅需要了解法律的具体规则，更需要了解法律的精神和原则。司法人员必须能够透过法律认识社会，也要能够透过社会理解法律。只有如此才有可能找到正确的 A。如果司法人员不具备这样的能力或素质，只能从形式上、文字上理解法律，只追求机械执法意义上的法律正确，不能把法律与社会有机结合，不能把司法结论放在法律效果和社会效果中去检验，那么就不可能找到真正正确的 A。如果 A 不正确，那么结论 C 就不可能正确，司法公正也就无从谈起。换句话说，每一个司法人员可能每天都在追求司法公正，但其执法办案行为是否实现司法公正取决于他能否做对一道题，即 A+B=C。这道题不是一道数学题，不可能存在数学意义上的精确结论。但是这道题必须是可计算的，或者说必须要能达到可计算的确定性程度。为了实现这种可计算的确定性，无论是 A 的确定抑或 B 的确定，司法人员的思维及论证必须在理性的层面上进行。判断 A、B 的这两个过程均可能有一定程度的自由裁量权存在，这种存在有其必然性。这种自由裁量权可能使司法的可计算性有损失，但是允许自由裁量权的存在并不意味着这种权力的行使可以神秘化，司法人员必须有义务、有能力对每一个决定在理性层面说清楚理由和依据，即便涉及自由裁量权的行使也不能例外。否则，A+B=C 这道题就不是计算出来的，即使 C 偶然正确也是蒙对的。所以，假如承认司法结论的正确才意味着司法的公正，那么司法改革的目标必须是有利于司法人员把 A+B=C 这道题计算对。其中，既包括有利于给司法人员设定这种计算义务，也包括有利于提高司法人员的计算能力。

其三，有利于提高司法效率。司法活动不是军事行动，并不追求兵贵神速。但是在确保正确的前提下提高效率，仍然是司法改革的一个目标。首先，迟来的正义不是正义。司法既要满足当事人对正义的要求，也要满足社会公众对正义的追求，不论对当事人抑或对社会公众，司法的正义当然是来得越快越好，能够一天到来最好不要拖到两天。如果由于司法效率低下导致该来的正义到期不来，当事人或者社会公众就会产生失落或失望的情绪，甚至会对司法能否实现正义丧失信心。司法正义该来不来，对于当事人和社会公众造成的负效应会像瘟疫一样在社会上蔓延，侵蚀着社会的肌体，影响着人们的生活。这种消极的负面影响会随着司法效率低下的程度加重而不断加重。当人们看到姗姗来迟的司法正义时，麻木或无动于衷可能成为人们更经常的反应。假如司法正义是社会的一服良药，那么迟来的正义一定会使这服良药变了味道，一定会影响到这服良药的疗效。更有甚者，当司法正义迟到得太久时，可能那些最需要看到和感受到正义的人已经不在，这时的司法正义很可能就不是正义了。其次，司法效率可能影响司法正义的实现。司法正义的实现要求正确适用法律，而正确适用法律的前提是准确认定案件事实，案件事实的认定与司法效率之间有着某种必然的联系。无论是查找证据或是固定证据，都对效率有一定的要求，如果司法的效率低下，时过境迁之后，很多证据可能已经灭失，证人也可能不在。即便证据还在，但查找证据的难度会随时间延长而增大；即便证人还在，但证人记忆的准确性也会随时间的推移而变得模糊。时间是治疗爱情创伤的良药，但时间却是准确认定案件事实的毒药。提高司法的办案效率，有利于解决案件的事实问题，进而有利于司法正义的实现。所以，司法效率不容忽视。最后，司法效率问题仍然是当下的主要矛盾之一。司法效率没有最好只有更好，没有哪一个国家敢说自己的司法效率已达到完美的顶点。但是在司法效率都有上升空间的情况下，提高司法效率的影响力权重在不同国家会有所不同。从我国目前的司法现状来看，案件多、办案人少的矛盾相对仍然突出，通过减少案件量或增加办案人来解决这个突出矛盾，短期内不具有现实性。相反，如何提高每个办案人或办案单位的工作效率就成为解决此类矛盾重中之重的问题。假如我们能够承认，我们当下司法效率仍然处于较低水平，那么在司法体制改革的过程中就不得不对这个因素给予重点考量。

司法体制改革的目标应该说是明确的，也是容易确定的，那就是实现廉洁、公正、高效。廉洁、公正、高效的司法不仅是我们追求的价值目标，恐怕所有法治国家都离不开这个目标，对此目标的追求永远在路上。相对于目标而言，实现目标的路径选择却比较艰难，仁者见仁、智者见智的状况出现实在是在所难免。每一个对改革路径发表意见的人恐怕心中都有一个理想型的路径选择，支撑这个理想型路径形成的因素当然是多方面的，但是对其他国家或地区成熟经验的借鉴是最不容忽视的。应该说，对于法律知识的增长而言，与其他国家特别是法治较为成熟的国家之间的比较借鉴已经成为一条重要的或者不可或缺的途径。也正因为如此，无论是法学研究抑或司法实务，有时总会有意无意地提高外国法律知识的地位，甚至"外来的和尚"已然成为批判本土法律知识的"圣经"。对这种状况在学术研究中的价值如何评价暂且不论，至少在体制改革的路径设计中，外国经验的价值肯定是一把"双刃剑"，它既丰富了我们的视野，让我们看到各种不同的体制模型，也可能局限我们的思维，容易把某种经验当成不可超越的唯一选择。我们应该清楚，法律是社会的反映，是在社会中生长出来的，司法当然也是社会的产物，一个社会的历史、文化、传统、民族、语言、宗教、经济、政治等因素构成了法律及其司法的成长环境。离开了一个国家的社会环境，就不可能真正理解这个国家的法律及其司法体制。"中国法学要想作出自己的独特贡献，就不能只是重复西方学者研究过的问题，重走西方学者走过的老路，而必须从本国正在发生的重大社会转型和法制改革中寻找问题。"① 司法体制改革过程中如何看待外国经

---

① 陈瑞华：《问题与主义之间——刑事诉讼基本问题研究》，中国人民大学出版社2008年版，第5页。

验？①有益的外国经验、知识必须包括三个环节：其一，社会环境；其二，司法制度；其三，社会环境与司法制度之间的关系。离开这三个环节中任何一个的外国经验，对司法体制改革的路径选择都可能是有害的借鉴。最常见的有害借鉴就是未充分考量社会环境，简单地拿其他国家的某个具体制度作为理想模型加以打造。被顶礼膜拜的具体制度在它生长的社会环境中可能是一个值得追求的东西，但是一旦离开了其生存的环境，这种优越性可能就荡然无存。"司法与社会有着密不可分的联系，一个国家的社会结构，制约着这个国家司法活动的价值取向；一个国家的社会治理模式，在很大程度上决定着这个国家的司法运作模式；并且，一个国家的社会秩序状况，也直接影响着这个国家的司法功能效果。"②当然，对于路径选择来讲，知道照猫画虎的路径不能选择这个结论是远远不够的，因为知道什么不能选择并不等于知道了该怎么选择。我们认为我国的司法体制改革的路径选择必须坚持三个基本原则：

第一，坚持实事求是的原则。这个原则是放之四海而皆准的哲学原则，但恰恰如此，在很多具体工作中最容易被忽略的也是这个原则。在司法改革中贯彻这个原则，就是要始终立足于我国司法的历史与现实，或换一句通俗的话说，就是立足于自己的"人马刀枪"。不但要准确知道我们有什么——我们有坚强的党的领导，也要准确知道我们没有什么——我们缺少规则意识，也缺少法治的传统文化，更缺少像马歇尔这样的法官。实事求是地判断改革的起点是成功改革的第一步，也是关键的一步。打一个

---

① 参见季卫东：《世纪之交的日本司法改革的述评》，《环球法律评论》2002 年春季号；彭何利：《法院设置体制改革的方向与路径——比较法视野下的司法改革研究进路》，《法学杂志》2014 年第 3 期；苏永钦：《飘移在两种司法理念间的司法改革——台湾司法改革的社经背景与法制基础》，《环球法律评论》2002 年春季号。

② 公丕祥：《当代中国的自主型司法改革道路——基于中国司法国情的初步分析》，《法律科学》2010 年第 3 期。

不太恰当的比方，如果改革的目标是去北京，当我们这个城市只有汽车和火车这样的交通工具时，给所有人发一张机票的改革就是画饼充饥的改革，对于目标的达成没有帮助。正确的改革当然是给每个人发汽车票或火车票，同时改善汽车或火车的运输能力。假如改革的目标是必须坐飞机去北京，那么改革的第一步也要先修机场而不是先发机票。

第二，坚持目的考量的原则。司法改革的目的是实现廉洁司法、公正司法和高效司法，每一个具体改革措施的设计必须要通过这三个目标的考量，即是否有利于提高廉洁、有利于提高公正、有利于提高效率。如果一个改革措施不能同时做到这三个有利于，那么至少要做到一个有利于。因为如果连一个有利于都做不到，那么为什么还要改革？同时，这个改革措施不能对任何一个目标有害，因为如果改革使廉洁、公正、效率中的任何一个还不如改革之前，那么即使这项改革同时有利于另外两个价值目标的实现，也很难说这种改革是值得做的。所以，在设计一项具体改革措施时，目标考量的程序，首先是应该考量这种措施是否有害于这三个目标，而不是先考量是否有利于哪个目标。这种考量程序的优点在于，如果一旦发现改革措施有害于三个目标当中的任何一个目标，这种措施就应该直接被排除。如果首先考量一项改革措施是否有利于哪个目标，一旦答案肯定，就有可能忽略这项措施对其他目标所带来的负面效果，就有可能一叶障目而不见泰山。打一个不恰当的比喻，这就像经商做买卖，一单生意是否值得做，应首先考虑赔钱的可能性，而不是先考量赚钱的可能性。如果你对一单生意只专注在赚多少钱上，而忽略了可能赔钱这件事，那么你就可能亏大了。

第三，坚持办法与结果之间的可能性法则。虽然在宏观层面上，司法改革的目标一般可概括为廉洁、公正、高效，但是在追求最终目标的过程中，路径选择会涉及无数个具体的措施或办法。每一个具体的措施或办法都会对应一定的结果，这个结果或是对正价值的追求，或者是对负价值的防止。需要注意的问题是，千万不要理想化地把想象的东西当事实，办法与预期结果之间永远都是一种可能性的关系，在人文社会系统中尤其如此。凡是有人参与的活动，因果关系极为复杂，为了一个预期的结果设计一个办法，这个办法有可能顺利达到预期目的，但也有可能达不到预期目的，或虽然达到了预期目的，却产生了更多无法接受的其他弊端。这种办法与结果之间的非一一对应关系，就是"可能性"法则。在司法体制改革过程中，所有新措施或办法的设计，都不能超越"可能性"法则的拷问，特别是要追问达不到预期目的怎么办？虽达预期目的，但产生太多弊端怎么办？例如，目前司法体制改革讨论的重点之一是去行政化问题，很多具体制度设计都与此有关。毫无疑问，司法活动去行政化是完全正确的改革方向，这是司法活动的特质决定的。"保证公正司法，提升司法公信力，关键是要尊重司法活动的专业性和规律性。"[1] 为了去行政化，强化主审法官和主任检察官 [2] 的办案主体地位，"未来的改革应当确立以法官为独立办案的责任主体，直接赋予每一位法官依法独立办案的权限"[3]，削减检察院、法院领导及检委会、审委会的案件决策权是必然的也是必需的。随着主审法官和主任检察官案件决策权重的加大，其滥用司法权的可能性也就加大，司法廉洁的目标实现就可能受到影响，这当然是一种合乎理性的担心。

为了防止在去行政化的过程中出现司法腐败或权力滥用的现象，可见的制度设计中一般都提到"让审理者裁判，由裁判者负责"这样的责权明晰、权责统一的运行机制。"改革此前案件办理中由庭长、处（科）长到

---

[1]　付子堂：《司法改革的关键在于尊重司法规律》，《光明日报》2014 年 11 月 6 日。

[2]　当然，也有学者反对"主任检察官"这一称谓，认为称为"主办检察官"更合适，可以与法院探索实行的主审法官相对应。参见陈卫东：《司法改革背景下的检察改革》，《检察日报》2013 年 7 月 23 日。

[3]　陈卫东：《司法机关依法独立行使职权研究》，《中国法学》2014 年第 2 期。

院长、检察长，再到审判委员会、检察委员会的行政化的逐级审批的办案模式。实行谁办案谁负责，让审理者裁判，让裁判者负责，实行权责的有机统一。这是我国未来司法权运作改革的必然发展趋势，也符合世界法治发展的历史潮流。"① 然而，需要考量的是"让审理者裁判"起到了去行政化作用的同时，"由裁判者负责"甚至是"由裁判者终身负责"真的能够有效控制司法权力滥用和司法腐败吗？如果真的这样假设，就是把想象的东西当成真实了。从行为控制的心理强制角度分析，对惩罚的恐惧的确在一定程度上能够起到抑制行为的效果，但是对这种效果不能过高估计，因为非理性也能影响人的行为，同时侥幸心理有时会超越对结果的恐惧，希望通过"让裁判者负责"来控制司法的权力滥用和司法腐败是否可能有一点过于理想化了。事实上我国的司法制度什么时候也没有说过案件办理者可以对自己裁判过的案件不负责任，只不过这种责任被多重行政化审批程序给分散摊薄了而已。既然一直以来责任追究都没有起到令人满意的作用，现在终身追究办案人员的责任就真的能够成为灵丹妙药吗？从危害行为预防的方法上看，事后的责任追究永远都不能成为最有效的控制手段，更不会成为唯一的有效手段。此中道理只要想象一下尽管刑法规定杀人要处死刑，为什么仍然有那么多人去杀人就一目了然了。所以，在司法体制改革的过程中，仅有"让裁判者负责"这样的措施显然无法通过可能性法则的拷问，因为这种办法很有可能无法抑制出现大量的司法不廉或司法权力滥用的问题。为了通过这种可能性法则的拷问，除了让司法者负责这样的改革措施之外，更重要的是对拥有司法权力的办案主体实现实时监督。"让裁判者负责"也许只能解决司法者不敢滥用权力的问题，能够对办案主体实现实时监督，才能解决司法者不能滥用权力的问题。后者可能比前

---

① 陈卫东：《合法性、民主性与受制性：司法改革应当关注的三个"关键词"》，《法学杂志》2014 年第 10 期。

者更为重要，两者加在一起的制度设计才可能通过可能性法则的拷问。正如季卫东教授谈到的："在去行政化改革之际，为了确保司法独立与司法公正相辅相成，防止司法腐败乘机作祟，还需要推出若干配套举措……通过审判和检察工作的透明化、判决理由和案例的公开、执行情况的公开以及制度化司法参与等方式杜绝渎职枉法现象。"①

四、体制内视角与体制外视角的关系

如果观察的视角不同，对于同一事物很可能会得出不同的结论。目前我国的司法体制改革举世瞩目，对司法体制改革问题观察研究的视角一定会多种多样，其中体制内和体制外这两种视角最值得重视。何谓体制内视角？何谓体制外视角？因为司法体制改革尽管范围广泛，但其核心领域是司法机关即检察院和法院，所以简单地说，本书所指的体制内视角就是特指检察院、法院内部看问题的视角，体制外视角就是特指检察院、法院之外看问题的视角。体制内视角和体制外视角在观察事物时，一般会有一定的倾向性立场，尽管并不绝对，但是这种倾向很多时候会影响对事物的判断。两种视角在观察司法现象时立场一般会有什么倾向性的不同呢？

第一，体制外视角看司法倾向于整体，体制内视角看司法倾向于部分，这种整体与部分的倾向差别在研究机构、人员、工作性质等方面均有表现。例如，体制外视角对司法机构更愿意用"司法机关"这样的概念加以概括，而在体制内视角看来，"司法机关"这个概念用处不大，检察院、法院虽同属司法机关但差别巨大。当"司法机关"这个词被频繁使用时，一定程度上其内部的差别被忽略了。实际上不仅检察院、法院之间差别巨大，而且在检察院或法院内部不同层级之间也有重大差别，同样是检察机

---

① 季卫东：《突出法官检察官主体地位》，《人民日版》2014 年 7 月 15 日。

关，省级院与分市院、分市院与基层院、省级院与基层院之间的差别必须被体制内的视角观察到。再例如，体制外视角看司法人员多用"法官""检察官"这样的群体概念加以描述，而形形色色、各种各样具体的某个法官或某个检察官就可能被忽略了，而体制内视角不仅要观察到"法官""检察官"，更要看到"法官张三""检察官李四"。试想一下，当上海的几名法官因嫖娼被媒体曝光时，为什么没有嫖娼的法官也会感到不太自在？其中很重要的原因就是在体制外视角的作用下，"法官张三"嫖娼被悄悄地用"法官"嫖娼这样的概念替换了。

第二，体制外视角对司法现象的观察多倾向于理性，而体制内视角对司法现象的观察则更倾向于经验。由于体制外的人一般都缺少实际的司法工作经历，从直接经验层面对司法现象的积累较少，所以体制外视角对司法现象的观察或基于法学的专业理论或基于常人的理性。而体制内的人最丰富的就是司法经验，甚至丰富到了被司法经验包围的程度，尽管体制内的人可能也不缺乏理性层面的认识，但是多从经验角度出发看问题似乎已成思维的习惯。从体制外视角对司法现象进行种种理性观察中，法学理论家的贡献尤其值得重视，法学理论家对司法现象的观察不但理性程度高、具有体系性，而且更重要的是，法学理论家的认识（关于法的知识）一定程度上奠定了普通人对司法现象观察和理解的理性基础。法学理论家的知识有相当一部分来源于演绎分析、逻辑推理等，而不来自直接的司法经验。那些生长在逻辑推理中的法学知识，即使有司法经验存在，恐怕大部分也不是直接的司法经验，而是转述的或间接的司法经验。看一看外国法学理论及外国经验在法学知识领域的崇高地位，就会对法学理论界所代表的体制外视角的间接性特点深有感触，而每天直接办案的法官和检察官代表的体制内视角所看到的司法更多受到亲历性、直接性的影响，这些直接的司法经验就成了体制内视角不可能完全超越的认识前见，这种直接性也必将成为体制内视角做出是非判断的重要参照系。这种相对于司法经验间接或直接的区别，导致体制外视角与体制内视角在观察同一司法现象时，很可能得出不同的结论，在极端的情况下，两种视角所得出的不同结论之间基本上很难沟通，某种程度上两者其实都在自说自话。只要想象一下我国目前法学理论与司法实践之间渐行渐远的现状，就会对这两种视角之间的巨大差别作出一个基本的判断，恐怕理论界的教授们也不得不承认，越是权威的法学理论期刊就越少有检察官、法官拜读这种现象存在。

第三，体制外视角看司法倾向于激进，而体制内视角看司法倾向于保守。对于体制内来讲，或是出于对既成体例的尊重，或是出于遵循先例法律思维的影响，或是出于不愿意改变的惰性，几乎每一次司法方面的改革动力都不完全是体制内自发形成的，更多是迫于社会压力或需要形成的。当原有司法运行体制越来越不能适应社会需求的时候，社会需求与司法现状之间的张力就会逐渐增大，司法机关应该也必须对这种张力做出回应，如果司法机关对这种张力视而不见，那就意味着司法机关即将面对也一定会面对更大、更深刻的变革，因为张力终究会要释放出来。在一个秩序正常的社会环境中，作为体制内的司法机关必须有能力把社会需求与司法现状之间的张力转化成体制内改革的动力或压力。从某种意义上讲，司法改革的本质其实就是司法机关或司法活动对社会需求的一种适应的过程，在司法改革的过程中，社会需求的准确把握和司法现状的精准评价将是重中之重的问题。在此过程中体制外视角往往专注于社会需求的观察，侧重于司法改革动力源的挖掘，而体制内视角往往专注于对司法活动进行专业化的合理性审查，侧重于现有制度适应社会新需求的挖潜。体制外和体制内两种视角的关注点差别明显，这些差别决定了激进或保守的思维倾向，具体表现在：

其一，体制外视角对司法活动的观察主要关注司法异常现象，而非正常现象。无数个正常的、公正的司法案件的处理一般不容易引起体制外视角的重视，即便正常司法引起了体制外视角注意，也会一带而过。但是一旦出现了司法异常现象，例如出现赵作海案件，那么体制外视角就会高度关注。试想一下，有几个体制外的人知道或关心一个地区一年内司法机关到底办了多少件案件，又有几个体制外的人不知道或不关心赵作海案呢？其实体制外视角关注司法异常现象属正常思维，也非常容易理解，就像一般不会有人关注一个人一日吃三餐，但如果一个人三日吃一餐，恐怕就会有很多人关注。而体制内的人每天的工作就是办案，虽然体制内的人更害怕出现司法异常现象，但那些正常案件的办理会消耗掉办案人最大的精力，体制内的人一般不会像体制外的人一样只专注于异常现象而对正常工作视而不见。例如，一个办案人的案件异常率是1%，在体制外的视角下99%的正常案件被有意无意地忽略了，而1%的异常案件就被100%地关注了。但是对于体制内的办案人来说，99%的正常案件也是其"一笔一画"亲历出来的，其不可能像体制外的人那样对这部分正常案件忽略不计。一旦正常案件没有被忽略，那么对异常案件的关注就会有所不同。换句话说，体制外视角倾向关注异常案件，而体制内视角则倾向关注所有案件，这种差别可能在一个侧面回答了为什么体制外视角对司法改革问题倾向于激进，而体制内视角则往往倾向于保守。

其二，体制外视角对司法活动往往关注结果，而体制内视角不仅关注结果，更关注过程。也许是体制外视角不太方便了解司法过程（有些过程不便公开），也许是体制外视角不太重视了解司法过程，体制外视角对司法活动的观察经常直奔结果，一旦结果异常，案件办理过程中所有的理由便很可能都将成为借口。关注结果、忽略过程的体制外视角对存在问题的异常案件容忍度很低，只要结果错误一般就推定司法的过程一定有问题。这一点似乎与刑法理论史中存在的客观归罪相似，即只要有客观危害结果，无论主观有无过错，对行为人都要追究刑事责任。体制外视角对司法活动的要求相对较高，不但必然的过错不能犯，而且偶然的过错也不能犯，因为关注结果、忽略过程的视角根本不会去关心出现结果过错的案件，其犯错过程是偶然还是必然。与体制外视角相对应，体制内视角不但要关注结果，同时也要关注过程，当过程与结果同时被关注的时候，其结论往往与单纯关注结果可能会有所不同。因为关注司法的过程就可能受到过程中一些因素的影响，进而影响到对整个司法活动的评价，这种整体评价势必影响到对结果的评价。例如，面对一个具体结果过错的案件，体制外视角很可能基于这种结果就认为一定是司法机制或体制出了问题，进而提出改革甚至是彻底改革的要求。而体制内视角一般不会只根据结果就判断对错，其关注点从结果扩展到过程似乎是必然的选择，如果过程没有任何问题，结果的过错纯属偶然，任何司法机制都无法完全避免这种结果过错，那么体制内视角一般会慎谈改革。如果过程也确实有问题，那么体制内视角的结论才与体制外视角的结论趋于一致。由此可以看出，正是因为体制内视角除了像体制外视角那样关注结果之外，还多一分对过程的关注，这种关注领域的差别可能也回答了为什么体制内视角对待改革往往倾向于保守，而体制外视角对待改革往往倾向于激进。

其三，体制外视角对司法活动往往关注宏观层面，而体制内视角往往关注微观层面。体制外视角比较广泛，政治、经济、文化等视角均包含在内，体制外从不同的视角出发都可以对司法活动进行审视，但是这种审视的特点往往是针对宏观层面展开，而对于司法活动的微观技术操作层面一般鲜有涉及。其原因或者因为体制外人士对微观层面的东西不感兴趣，或者因为体制外人士缺乏评判微观领域的专业技能。即使是法学专业的理论家，一方面可能因为兴趣，另一方面可能因为法学家认为微观层面缺少理论价值，其对司法活动的关注也多数集中在宏观层面。体制外视角对司法活动进行宏观层面的观察和审视，其实质意义是把司法活动作为一种社会现象的整体放在社会环境中去考量。与此相对的体制内视角，则更愿意深入到司法活动的内部去，在微观解析、分析操作层面的司法技术。例如，从体制外视角看刑事司法制度对犯罪行为人的刑事责任追究，能看到公检法三机关相互配合、相互制约的制度存在，即能看到侦查、起诉、审判宏观层面的相互关系。而对于侦查、起诉、审判来讲，每个环节都有无数个具体细节、有无数个具体的操作规范，而这些微观层面的操作规范往往只有体制内视角才会去关注。打一个不恰当的比喻，如果把一台汽车在路上跑比喻成司法活动，那么体制外视角看到了车的外观、速度、是否省油、驾驶是否舒适、是否遵守交通规则等，但是这台车几千个零件是如何相互配合工作的原理，一般情况下体制外视角不会去关心，只有体制内视角才会把这台车的机器盖子打开。试想，社会上几乎所有的人都能对经济问题发表看法，但企业家每天具体在做什么并不是人们都感兴趣的话题，此中道理与体制外视角和体制内视角观察司法活动时的区别也非常相似。也许是宏观层面的关注更能发现强烈的社会需求，也许是宏观层面的关注更少受微观层面的技术局限，在对待改革的问题上，体制外视角比体制内视角一般都会表现出更积极的一面。

我们用较大的篇幅分析了观察司法体制改革问题的体制外与体制内两种视角，并重点分析了两种视角之间思维倾向上的差异。必须再一次强调，对两种视角差异性的分析，绝非意味着两种视角存在高低优劣之区别，两种视角均是一种客观存在的事实而已。为什么在司法体制改革的过程中必须重视两种视角，主要原因有两点：其一，这两种视角单独考量均有偏颇的可能，但两种视角如能结合起来则是比较周延的观察维度；其二，两种视角互相之间有一定的补充性，各自都可能观察到另一视角无法看到的问题，弥补了单一视角的不足或短视。司法体制改革说到底就是发现问题并解决问题，无论是发现问题抑或解决问题，都必须要通过体制外和体制内两种视角的审视和考量。单一视角（无论体制内或体制外）的考量，很可能使具体改革措施损失科学性，并付出不必要的代价。

目前，司法体制改革试点工作的重点一般可概括为三个方面：第一，机构改革，主要完成去地方化，人财物统管到省；第二，人员改革，主要完成员额制，让法律素质高的人来办案；第三，办案方式改革，主要完成独立办案并终身负责。这三个方面的改革在宏观层面目标明确、科学性强，充分体现了司法规律。下一步，关键问题是如何在微观层面实现。为了实现这三个主要目标，每一个试点方案一定都是庞杂的系统工程，具体内容也多有不同。① 但是有一点应该相同，即每一个具体制度的设计和实施必须要经过体制外和体制内两种视角的充分考量，缺一不可。具体言之，从两种视角相结合的立场分析，以上三个方面的改革方案的设计实施必须要防止出现可能的偏差：

首先，对于区县级及分市级司法机关人财物如何统管到省的问题，目前存在的意见中包括统管到省级司法机关。这种意见在体制外视角看来问题可能不大，人财物统管到省级司法机关也能完成去地方化的任务。但是如果从体制内的视角分析，人财物统管到省级司法机关在完成去地方化的同时，有可能加重司法的行政化。司法权的运行不但要去地方化，更要去行政化，每一个司法层级都要独立对法律负责，不是对上级司法机关负责。"现在的改革思路是通过强调对司法行政的统一管理，祛除地方党政干预司法途径。但是问题在于，掌控人事、财政大权的上级司法机关如何避免自身不会不当干涉下级司法机关办案呢？或者说我们在司法去地方化的同时是否也在走向一个不断强化司法行政化的极端呢？而且，这种担忧也是客观存在的。"② 如果把过去分散在地方党委和政府的人财物权力高度集中于省一级司法机关，这种改革后的省一级司法机关不但是法律层级意义上的上级院，而且也是行政意义上的绝对领导机关。一旦这种"庞然大物"一样的省级司法机关的行政权运行干扰了下级司法机关的司法权运行，就没有力量能够实现平衡（过去地方党委可能与

---

① 参见向泽选：《新时期检察改革的进路》，《中国法学》2013 年第 5 期；王树义：《论生态文明建设与环境司法改革》，《中国法学》2014 年第 3 期。

② 陈卫东：《司法机关依法独立行使职权研究》，《中国法学》2014 年第 2 期。

上级院的行政权实现平衡）。所以，从体制内视角审查人财物统管到省级
司法机关可能弊大于利。

其次，人员改革的核心是完成好员额制，对此在体制外视角看来这可
能应该不难，但是在体制内视角看来这很难。检察院、法院现有人员的构
成情况对于体制外视角来说，可能并不十分清楚。按一般常理分析，提高
员额制内的人员薪金等待遇就会保证更高素质的人来办理案件，这是体制
外视角的通常思维。但是在体制内视角看来，情况未必像想象中的那样乐
观。员额制内的人员待遇越高，对合格人员和不合格人员同样都具有巨大
的吸引力，甚至对不合格人员的吸引力更大。因为高素质人员即使进不了
员额制内，可能还有更好的去处，而素质相对较差的人员进入员额制内很
可能成为其不二的追求。用什么办法和机制保证进入员额制内的一定是当
下最佳的人选，才是体制内视角真正要关心的问题。各地、各层级司法机
关的人员情况非常复杂，经验丰富的理论水平可能低，理论水平高的经验
可能不足，职级高的人可能长期不办案，办案水平高的人可能不在业务岗
位等矛盾情况比比皆是。再加上传统的等级观念，使每一种遴选方案其实
都是在矛盾中平衡，更是在改革思维与传统思维中博弈。我们不知道最佳
的方案是什么，但是我们知道最差的方案是什么，那就是进入员额制内的
人员并非最佳人选，最佳人选未进入员额制内，甚至退出司法体制。从某
种意义上讲，有能力离开司法队伍的人恰恰是司法机关最应该留住的人。
员额制的意义是选出最适合办案的人去办案，如果遴选方案哪怕导致一个
最佳人选流失，这种方案都是应该反思的。所以，从体制内视角看，至少
在应否提高员额制内人员待遇的问题上可能与体制外视角不同。对于员额
制改革来讲，改革初期最好不要把员额制内的人员待遇提得过高，使员额
制改革的第一步仅仅是工作性质上的分工而已，没有过大的利益引诱，每
一个在职的检察官或法官才可能尽量根据自己的实际能力来参与员额制的
竞岗。否则，如果提高的利益过大，就会刺激那些本不胜任员额制内工作

的人员采取一切正常甚至非正常的办法挤进员额制中，徒增员额制首次遴选的难度。即使我们的遴选方案有足够能力保证一个不胜任的人员都不会进入员额制内，恐怕遴选的过程也会因涉及重大的利益得失而难上加难。更何况我们对遴选方案真的有这方面的自信吗？经过多方博弈的方案最大的可能是有相当一部分非最佳人员率先进入员额制中。改革初期不过分提高员额制内人员待遇，不但可以降低这种逆向淘汰的可能性，还可以更顺利获得社会其他群体的信任。改革开放40多年来，"中国的法官作为一个整体……相对于中国快速的社会变革和科技进步，司法的实际应对解决纠纷的能力却未必增加了……缺乏足够的社会经历，也缺乏丰富的职业经历"[1]。试想，当员额制内人员的工作表现还未被社会普遍看到或接受的时候，加之近年来"大量涉及各类法律人的腐败'窝案'和丑闻"[2]频发，凭什么过分提高他们的利益呢？经过员额制改革之后，随着司法工作的职业化、专业化程度越来越高，提高相应利益便成为顺理成章的事情。到那时候再提高员额制内人员的待遇阻力就会更小。

最后，无论从体制外视角抑或体制内视角看，司法人员独立办案、独立思考、独立负责无疑都是绝对正确的办案方式上的改革目标。"每个对中国目前司法改革曾深思远虑过的人都会懂得，改革的一个根本因素是必须加强司法独立，这是理所当然的。"[3]区别在于体制外视角可能太过于乐观，体制内视角可能会感到任重道远。这种新办案方式在形式上实现并不难，但是要在实质上发挥出真正的优势，即提高办案质量和水平，恐怕很大程度上不取决于办案流程的改变而取决于司法人员的素质能力。从体制

---

① ［美］理查德·波斯纳：《波斯纳法官司法反思录》，苏力译，北京大学出版社2014年版，第8页。

② 季卫东：《通往法治的道路——社会的多元化与权威体系》，法律出版社2014年版，第116页。

③ 葛维宝：《法院的独立与责任》，葛明珍译，梅江中校，《环球法律评论》2002年春季号。

内视角看，至少有两个方面应引起足够重视，在改革过程中要做更多的配套制度设计：其一，干警能力不足可能使独立办案的结论经不起推敲，进而导致干警不敢独立负责或不愿意独立负责；其二，干警廉洁自律受到更大程度的挑战，因为独立办案使办案干警对案件的决策权增大了，办案廉洁方面的风险自然增大。"取消了庭长、处（科）长、院长、检察长以及审判委员会、检察委员会的审批把关权限之后，缺乏制约和监督的法官、检察官一旦出现腐败问题，就可能如脱缰野马难以控制。"① 在体制内视角看来，解决好这两方面的问题，恐怕比改变办案方式更重要。所以，当独立办案独立负责的办案模式被确定为改革目标时，体制外视角很自然就开始讨论法院的审委会、检察院的检委会这样的机构是否应该取消或至少不再讨论个案这样的问题。但是，也正是因为这样的改革目标，体制内视角很可能得出另一个相反结论，即至少在改革初期，如何完善个案集体讨论以及审委会及检委会的议案程序才应该是改革的重点。

第四节　司法制度创新性的判断

如果从制度创新的视角来审视司法体制改革，司法体制改革与社会其他改革一样，应该永远在路上。唯其如此，司法才能跟上时代的步伐，并不断地走向更加公正、更加有效率的道路。判断司法改革的任务是否完成，其标准当然是改革后的体制、机制比改革前更好，这是不言而喻的。然而，如何判断某一司法制度更优于另外一个司法制度？本书拟以司法主业为切入点，从改革与司法规律契合性、创新制度之间的协调性等多个角

---

① 陈卫东：《合法性、民主性与受制性：司法改革应当关注的三个"关键词"》，《法学杂志》2014 年第 10 期。

度，对此进行分析。

一、司法制度创新性的判断标准

（一）司法功能的实现

对于司法改革主题问题的分析，必须从厘清司法活动的主业开始，因为主业是司法活动的主要矛盾。人类社会从一开始就必须面对如何解决纠纷的问题，如果不能有效解决纠纷，人类的生存发展就不可想象。纠纷的解决方式是多种多样的，其中用司法方式解决纠纷是所有纠纷解决机制中最重要的一种，至少法治社会应如此选择。为了实现纠纷解决的目的或功能，司法活动有两项主业：其一，准确认定案件事实，这是适用法律定分止争的基本前提。其二，正确理解法律。当争议事实查清之后，在抽象的法律条文中，找寻评价具体案件事实的标准（法律真义）就是司法的另一主业。如果评价标准找错了，就不仅仅是无法解决纠纷的问题，而且还会动摇法治的基础，因为评价标准找错了意味着没有依法办事。除了解决纠纷之外，现在社会的司法也会承担其他社会功能，例如权利保障功能或公权力的制约功能等。本书认为这些功能对司法来讲是间接实现的功能，没有案件的正确办理就没有纠纷的正确解决，没有案件的正确办理，同样也不可能有权利的保障和对公权力的有效制约。因此，司法活动可能有无穷多的细微工作要做，但是司法活动内所有工作或直接或间接都可以归属于事实认定或法律解释的范畴之内。如果把"司法"这个大词从行为内容上做一个解析，可简单总结为一个公式：司法活动 = 事实认定 + 法律解释。总之，司法的社会功能决定了司法活动的主业范围，主业决定了司法改革的主攻方向，只有主业得到了改善，司法功能才能得到改善。司法主业中的事实认定和法律解释有两个基本的特点：

其一，两种活动均有客观意义上的正确答案。从事实认定看，所有案件在案发时一定存在一个客观意义上的真实。无论司法认定的事实与客观真实是否完全一致，在逻辑层面都必须承认客观真实是事实认定的正确答案。从法律解释看，评价特定案件事实的成文法文字在逻辑上一定有一个法律真义，这个法律真义就是解释法律中的正确答案。

其二，两种活动的司法结论均无法与正确答案直接印证。"精确的法律认识，法律的可计算性，根本不曾有而且将来也不会有，它永远只是一种乌托邦"①，在现实意义上，无论是对事实认定抑或对法律解释，均没有自然科学手段来印证司法结论与正确答案是否一致。打一个形象的比喻，事实认定和法律解释在逻辑上的正确答案就像被关进了"黑匣子"。只要"黑匣子"打不开，里面的正确答案就只能是数学上的极限，司法结论只能无限地靠近而不能达到这个极限。

这两个基本特点不仅是对司法主业运行规律的认识，也是改善司法主业的逻辑起点。有一个极限意义上的正确答案使司法主业既有别于单纯的价值判断活动，又有别于单纯的自然科学活动。与此相对应，司法主业的改善既不等同于单纯价值观的优化，也不等同于实验室方法的改进。在司法主业中，现实情况永远是：既有一个正确的答案，又不能直接看到这个正确答案。虽然不能看到这个正确答案，但又必须把内心确信的司法结论当成正确答案，进而定分止争。因此，针对司法主业的改革，必须围绕着这两个基本特点：

其一，所有的改变必须有利于司法结论更加逼近客观的正确答案。正确答案既然是司法主业追求的极限，那就意味着越靠近极限就越好。因此，凡是违背有利于逼近正确答案的改变都是不成功的。其二，所有的改变必须要有利于形成内心的确信。当司法结论符合特定的法律要求时，在

_____

① ［德］亚图·考夫曼：《类推与"事物本质"——兼论类型理论》，吴从周译，颜厥安校，学林文化事业出版社 1999 年版，第 135 页。

认识论上就必须把司法结论与正确答案做出等价性的判断。司法结论可以无限地逼近客观的正确答案，但是司法结论并不是这个极限本身。在司法结论未被纠正之前，并非极限的司法结论必须被推定为正确答案。否则司法解决纠纷的功能就无法实现，司法也会沦为不可知的领域。在这一过程中，内心确信架起了认识论上的司法结论与正确答案这个极限之间的桥梁。

对于司法人员来讲，内心确信司法结论等价于正确答案是不证自明的道理。对于同样的司法结论，诉讼参与人和社会大众越是内心确信司法决定正确（司法公信力越高），就越有利于司法功能及纠纷解决的实现。相反，诉讼参与人和社会大众越是不确信司法结论正确，即使客观上司法结论达到了正确答案的极限，司法功能也会事倍功半。"司法的本质就是一种满足人民正义感的仪式，专业的正确性反而不是最重要的。因此一旦失掉信赖，司法也就失掉了存在的基本价值。"① 所以，司法主业中影响内心确信的改变必须慎重。如果改变不能有利于内心确信的形成，一般就不要改变，即使这种改变客观上有利于司法结论逼近正确答案，那也要经过利弊权衡，为小利而损失司法公信力得不偿失。当然，凡是更加有利于逼近正确答案的司法创新，一般就会更加有利于提高司法公信力。

（二）司法规律的契合

在人类社会的发展进程中，社会规则、制度、机制的设计或制定必须符合社会发展规律，否则就会阻碍社会的正常发展。司法作为社会活动的组成部分，当然也有其产生发展运行的规律，与司法有关的制度设计也应

① 苏永钦：《司法改革的再改革——从人民的角度看问题，用社会科学的方法解决问题》，台湾月旦出版社股份有限公司1998年版，第11页。

该符合司法规律。党的十八届三中、四中全会都强调司法改革要坚持问题导向，要遵循司法权运行规律。习近平总书记也强调完善司法制度，深化司法体制改革，要遵循司法活动的客观规律。司法权的运行规律和司法活动的客观规律两者均属于司法规律的表达方式。

当下法学界对司法规律的具体内容，远没有形成统一的认识。张文显教授认为司法权独立行使是最根本最普遍的司法规律。[①] 陈光中教授认为司法规律包括四点内容：司法规律里司法追求的核心价值是公正；司法特点是要严格适用法律；司法的特点是它的运行具有亲历性和判断性；司法要有终局性和权威性。[②] 江国华教授认为司法规律应包括六个方面的内容：司法法治、中立、谦抑、公开、衡平、终局。[③] 胡铭教授认为司法规律包括司法的参与性、公开性、平等性、文明性。[④] 胡云腾教授认为审判规律包括：审判的直接性、不受干扰性、民主性、责任制、诚实性、和解性、庭审的决定性、法官的有限性、法官待遇的优厚性、司法的公开性。[⑤] 陈国芳教授认为司法基本规律包括：司法公正、司法真实、司法公开、司法民主。[⑥] 学界就司法规律未能形成共识的原因主要有四点：

其一，规律的层面和范围没有明确。宏观事物有宏观层面的规律，微观事物有微观层面的规律，两者的内容当然存在重大的不同。司法概念存在不同的意义，如果狭义理解司法，可仅把裁判理解成司法，但如果广义地理解司法（以刑事司法为例），则犯罪侦查、刑罚执行等均属于司法活

---

① 参见张文显：《论司法责任制》，《中州学刊》2017 年第 1 期。

② 参见蒋安杰：《探寻推进司法改革的新路径——司法规律大家谈》，《法制日报》2015 年 4 月 1 日。

③ 参见江国华：《司法规律的六个方面》，《法制日报》2015 年 4 月 15 日。

④ 参见胡铭：《遵循司法规律的三个路径》，《法制日报》2015 年 4 月 8 日。

⑤ 参见胡云腾：《审判规律与中国特色》，《法制资讯》2014 年第 9 期。

⑥ 参见民主法制网，http://hn.mzyfz.com/detail.asp? dfid=3&cid=39&id=363442，2017 年 8 月 4 日访问。

动的范围。如果在讨论司法规律之前不明确要找什么范围的活动规律，显然存在内容不一致的可能性。

其二，发现规律的路径没有明确。规律是客观的，但是发现规律的活动是主观的，是人在找寻规律、总结规律。广义司法规律的范围又十分的复杂，如果不明确到底要通过什么路径寻找规律，即使最后找到的确属司法规律，也可能因为每个人的关注点不同，而使众多司法规律之间没有交集。结果就是，有的人发现的司法规律仅属于律师活动的规律，因为他关注律师功能；有的人发现的司法规律仅属于法官活动的规律，因为他关注审判工作。

其三，"是"与"应该是"的区别并没有被明确。规律是客观的，其不以人的意志为转移，所以规律属于"是"描述的范畴。不仅自然规律（例如万有引力定律）揭示的是"是什么的问题"，而且社会规律（例如生产力决定生产关系）揭示的也是"是什么的问题"。"应该是"的领域与应然相对应，描述的是价值判断或理想追求而非客观的规律。凡是属于内含价值判断的规则、原则、制度等均不是规律。例如，司法公正并非司法的规律。因为规律是不以人的意志为转移的，而司法公正恰恰是以人的意志为转移的，只要按司法规律办事，司法公正就一定能够实现。再如，司法中立不是司法规律。因为司法中立并非司法天生的属性，而是一种制度选择，是尊重司法规律后的制度安排。把司法公正和司法中立等同于司法规律是把应然当成了实然。

其四，现象与规律的区别未加以明确。规律来自现象，是对现象的提炼和总结。但是，"规律是事物发展过程中的本质联系，而非现象联系"[1]。现象的背后是本质，不能把司法活动中一些现象层面的特点等同于本质层面的司法规律。总之，法律规则本身或法律规则作用下的有一定特

---

[1] 《马克思恩格斯文集》第7卷，人民出版社2009年版，第925页。

点的社会现象都不是本质层面上的规律。如果不明确区分现象与规律，就会把亲历性、终局性、权威性等都归类于司法规律的范畴。司法应该有亲历性、终局性、权威性，这首先是指一种规范要求，体现为一系列司法规则，规则层面上的亲历性、终局性、权威性显然不是规律。如果这三种特性是指当下司法事实层面上的存在，那么也是一种现象层面上的判断，其背后的规律还要到更深的层面去挖掘。

如果在探讨司法规律的具体内容之前未能明确上述四个方面并达成共识，那么结果很可能就是参与讨论者把自己认为司法活动中最重要的要素当成司法规律。但是这些要素是否为司法规律并非由其重要性决定。无论什么层次（宏观和微观）的司法规律，首先必须是客观事实，其次必须存在于现象的背后。从服务于司法制度创新的视角看，对司法规律的总结梳理应该从司法主业开始，因为司法主业对应的是司法改革的核心领域。司法主业包括事实认定和法律解释，事实认定和法律解释的运行从宏观上可被归纳为三大要素：其一，法律的规则要素。没有法律规则当然不会有司法的裁判，对于当下中国的法律规则而言，规则要素主要是指成文法。其二，事实要素。司法裁判的前提是事实认定，事实是司法裁判的基础，司法事实主要是指法庭认定的案件事实。其三，人的要素。所有司法活动均需人来参与，司法就是为了人并依赖人的活动，司法的参与人主要包括法官、检察官、警察、律师、当事人、证人、鉴定人等。探寻司法主业领域的规律当然要从以下三大要素入手：

第一，成文法背后的规律是语言的规律。其主要有三点：其一，成文法的语言表达和法律的真义并不完全等同，法律真义不仅存在于语言中，也存在于法律的原则、精神及体系之中。其二，法律语言的确定性是相对的、短暂的，而抽象性却是绝对的、永恒的。所以，从严格意义上讲，未经解释的法律是无法进行司法操作的。其三，解释法律的过程不仅能把属于法律规则要素的意思展示出来，也能把解释主体的主观意思以规则的名义展示出来。"法律家的思维方式以三段论推理为基础，力图通过缜密的思维，把规范与事实、特殊与普通、过去与未来织补得天衣无缝。它要求对决定进行诸如判决理由那样的正当化处理，以保证言之有理，持之有据，富于说服力。"①

第二，司法事实的规律是用证据证明事实活动的规律。主要有三点：其一，司法认定的事实是用证据堆积起来的，司法事实是区别于本体论客观真实的一种法律意义上的认识论真实。其二，司法认定事实是主客观相统一的过程，从证据到事实是认定主体的主观判断，但是其判断的依据是客观的经验法则。其三，认识论意义上的法律真实与本体论的客观真实之间在逻辑上存在不一致的可能性。

第三，司法参与人的活动规律与司法场域的功能和目的直接相关。司法参与人的活动规律主要有三点：其一，追求司法角色利益最大化。司法的功能和目的决定了司法是个类似于舞台的活动场域，每一个司法参与人都在这个舞台上扮演一个角色，无论扮演法官、律师、检察官、原告、被告的自然人状态如何，是聪明或者愚蠢，是激进或者保守，追求角色利益最大化都将是其不可避免的行为倾向。其二，缺少监督制约的司法权更容易被滥用。自由裁量是司法权的重要特质，在自由裁量领域，司法权比其他公权更容易被滥用。因为"司法权被滥用往往体现在'显失公平'，这种行为形式合法"② 导致确认司法自由裁量权被滥用比确认其他公权力被滥用更加艰难。另外，"司法人员相对专业化程度较高，对司法人员的监督成本较高，而司法权是平衡社会利益的重要参与方，面对利益的分配，缺少监督的司法人员容易面临更大的权力滥用可能性"③。其三，司法参与人之间存在着强竞争关系。司法场域是一个特殊的舞台，在这个舞台中将

---

① 季卫东：《法治秩序的建构》，中国政法大学出版社 1999 年版，第 200—201 页。

② 蒋勇：《典型行政案例评析》，法律出版社 1999 年版，第 9 页。

③ 杨春福：《检察权内部监督机制研究》，《国家检察官学院学报》2016 年第 5 期。

产生司法产品。司法产品的产出不是司法程序走完的自然结果，而是参与人之间竞争后的结果。司法事实在竞争中产生，法律真义在竞争中产生，司法的公正也在竞争中产生。无论是事实认定或是法律解释，其结果都与参与人竞争实力密切相关。

规律是客观的，但是对哪些规律进行关注、总结、梳理却具有一定的主观性，是选择的结果。本书也难以避免选择视角的局限，很可能遗漏了更加重要的司法规律。另外，除了宏观司法规律之外，还有更多的微观领域的司法规律需要发现和总结，微观领域的司法规律同样是司法制度创新不可忽略的制约因素。尽管本书对司法规律的梳理是不周延的，但是司法主业中九个宏观司法规律与司法制度创新之间关系的分析，仍然具有以点带面的方法论意义。

二、当前司法制度改革创新性的考察

党的十八届四中全会以后，从宏观角度分类主要有四项司法体制改革的任务。这四项改革任务已经取得了巨大的成就，现正处在从宏观到微观、从体系到细节的全面深化的过程中。四项重点司法体制改革的任务包括：1）完善司法人员分类管理；2）完善司法责任制；3）完善司法人员职业保障；4）推动省级以下地方法院、检察院人财物统一管理。司法制度创新必须要符合司法规律，这是司法体制改革的总要求和总原则。如果这个原则得到了贯彻，那么逻辑上这四项改革后的司法制度就一定比改革之前的司法制度更加符合司法规律。为了确保更符合司法规律的这个要求从逻辑变成现实，有必要从司法规律的维度逐一考量改革任务。

（一）司法人员分类管理更符合司法规律

"法官职业化是现代司法制度的构造性因素，以法官职业化为指向的法院人事制度改革是我国司法改革的前置性因素。"① 司法人员分类管理的核心是法官、检察官的员额制改革。这种改革的目的是提高司法从业人员的专业水平，最后达成让最懂法的人来从事司法工作这个制度目标。② 让最懂法的人来从事司法工作的改革首先高度符合司法主业中成文法解释活动的规律。前文概括的解释法律的三个规律可以总结为三句话：第一句话是，法律的真义藏在法律精神、原则、体系中。第二句话是，解释法律过程中无法排除解释者的主观意识。第三句话是，解释法律是司法人员最经常的工作。这三个解释法律的规律共同支持一个制度选择，即让最懂法的人从事司法工作。

成文法由文字组成绝不意味着认字的人就能解释好法律，司法人员要有能力发现隐藏于文字背后的法律真义。丰富的司法实践经验和高水平的法学理论素养是司法人员跨越法条文字表述和法律真义之间的"卡夫丁峡谷"③ 的必备能力要素。缺乏这种能力的人只能看到法律条文的文字表述，看不到文字背后的法律内容。一个没有能力看到文字背后法理的人，自然无能力感受解释模糊文字时的客观约束，而缺少客观约束的法律解释很可能已经不再是对法律的解释，而是以解释之名行主观任性之实。"没有专业知识和不经过专业培训就可以从事法律职业，就不能保证法律的严谨性，法律的权威就无从体现"④，以法律专业化为考量的员额制改革不仅完全符合解释法律时的规律，而且是尊重司法规律的必然要求，只有如此司法的功能才能真正地发挥，司法的使命才能达成。

除此之外，以法律专业化为考量的员额制改革还与司法角色之间的

---

① 强梅梅：《法院人员分类管理改革的历程难点及其破解》，《政治与法律》2017年第 1 期。

② 参见董玉庭：《司法体制改革不能忽视的四种关系》，《求是学科》2017 年第 1 期。

③ 参见百度百科，http://baike.baidu.com/item/ 卡夫丁峡谷 /207281。

④ 孙谦：《检察：理念、制度与改革》，法律出版社 2004 年版，第 172—173 页。

竞争规律相符合。每一个司法角色都会把自己的利益最大化，而且不同司法角色之间存在竞争关系。司法产品往往是这些竞争的产物，司法产品质量的高低，也往往与这种竞争的合理性相关。司法竞争不同于一般的竞争（比如体育比赛），其他竞争无论谁赢都是公正的，而司法是具有客观对错的活动，司法竞争的最终结果应该是正确意见赢（法律解释要找到真义，事实认定要符合客观真相），否则就会导致司法不公。司法角色之间存在竞争关系是客观的规律，竞争越激烈就越有机会找到正确答案。司法者是确保竞争有序合理的守护者①，如果司法者的专业素养不足，当然就无法主导司法活动的过程，竞争就有可能陷入无序，这种情形就像"外行无法领导内行"一样。司法者代表国家参与竞争的能力与其专业素养成正比例关系，司法者代表国家守护司法秩序的能力与其专业素质也成正比例关系。试想如果司法者专业素质很差，甚至远不如其他司法参与者，那么找到司法正确答案的重任还敢依赖这样的司法者？一旦司法者因专业素养差而失去对司法竞争秩序的主导，那么错误的司法答案就可能在竞争中赢，司法公正就可能沦丧。因此，司法角色的竞争规律也呼吁以提高专业素养为目标的员额制改革。

（二）司法责任制改革更符合司法规律的根据

司法责任制改革涉及的内容很复杂，但其最核心的任务就是落实两句话：第一句话就是"谁办案谁决定"，第二句话就是"谁决定谁负责"（法官有时候用"谁审理谁裁判，谁裁判谁负责"概述此项任务）。考量司法责任制与司法规律之间的关系其实就是考量这两句话与司法规律之间的关系。

---

① 参见《人民日报人民时评：让公平正义守护者拥有职业尊荣》，http://opinion. people.com.cn/n/2014/0618/c1003-25162591.html，2017 年 10 月 21 日访问。

（1）"谁办案谁决定"中蕴含的司法规律。事实认定是司法主业之一，司法认定的事实是一种认识论的真实，是用证据证明的事实。事实认定者从证据到事实的主观推理过程依靠的是经验法则。案件事实发生时一定会留下各种各样的或直接或间接的信息，这些信息经过法定的程序收集和整理就可以转换为证明案件事实的证据，这些证据被经验法则处理后就可以认定某种案件事实存在。从表象上看经验法则处理的对象是证据，但实际上经验法则处理的是证据中包含的信息，换句话说，信息是证据中的证据。在根据经验法则进行推理的过程中，信息越丰富越有利于证明，越有利于事实的认定。因此，为了让事实认定更加准确，就必须尽可能使同一证据内涵信息最大化，这是基于证据证明规律的必然要求。至于如何最大化，无非有两种路径：1）司法者尽可能靠近案件事实源头获取和使用证据；2）司法者尽可能直接获取和使用证据。这两种路径共同指向和支持司法责任制改革中的"谁办案谁决定"。因为相对于其他的司法层级和司法环节来讲办案人最靠近办案源头，获取证据最直接。那就意味着办案人通过证据获取的信息量最大，最有机会使司法认定的事实还原客观真相。因此，司法主业中从信息到证据再到案件事实的发展规律，呼唤"谁办案谁决定"的制度设计。

（2）"谁办案谁负责"中蕴含的司法规律。根据司法活动中事实认定的规律，为了让事实认定更加精准，"谁办案谁决定"就成为一种必然的制度选择。无论是事实认定抑或法律解释，办案人都会有一定自由裁量权存在，这是永恒的规律，任何时候这种自由裁量权都不会为零。① 另外，权力都容易被滥用，这也是规律，"一切有权力的人都容易滥用权力，这是万古不易的经验"②，司法自由裁量权被滥用也不例外。司法权力的滥用

① 早在古希腊时期，柏拉图在《共和国》这本书就提到"在裁决公义的时候，国家的法官应当拥有很大的自由裁量权"。
② ［法］孟德斯鸠：《论法的精神》，商务印书馆 2009 年版，第 154 页。

既包括故意为之，也包括不尽注意义务的过失为之。心理强制规律是预防权力滥用的有效规律。心理强制规律并非司法领域所独有，是规范人之行为选择的基本规律。心理强制的基本内容是指事后惩罚对行为人的心理会形成强制作用，这种心理的强制作用会影响到行为人的行为选择，即选择那些避免受到惩罚的行为。尽管这种心理强制的作用并非绝对，尽管总会有个别人不怕或不在乎这种事后的惩罚，但是这都不能否定惩罚对避免错误行为起作用的规律。"谁办案谁决定"的制度设计增大了办案人的司法权也增加了事实认定的精准性，这种改变虽然符合司法规律，但也留下了一个需要克服的隐患，即办案人的司法权被滥用的机会也随之增加。根据心理强制规律，对故意或过失导致司法错误的办案人进行惩罚是防止司法权被滥用的必然选择，即使惩罚办错案的司法者不能百分之百地防止司法权的滥用，但是不可否认，此种制度设计对克服司法权的滥用具有重要的功能。如果错误司法结论的决定者可以不负任何责任，将会产生变相鼓励司法者犯错误的效果。让做出错误决定的办案人负责，将会增大选择错误行为的成本。随着成本的增大，办案人的理性不但会促进其认真考量故意滥用司法权的后果，而且也能有效预防办案人过失造成错误的可能性，从而让办案人打起十二分精神认真对待每一个司法决定。随着责任主体越明晰，对结果负责会有效促进预防司法权滥用的这种规律性就越明显。"司法独立可以被合理地理解为个体与制度上的自治与责任的理想均衡，在个体层面自治可以确保法官不受外界不正当影响地决定案件，而责任确保其根据法律及其司法角色决定案件。"① 在"谁办案谁决定"这种强调亲历性办案方式之前，多种办案主体、不同层级主体共同决定案件是一种常态，此种情形即使有"谁决定谁负责"这个错案成本机制，也不会真正有效发挥功能，因为很多时候很难准确判断到底谁最终决定了案件。但是如果

---

① 申玉、陈锋：《论独立审判体制改革之改进》，《河北法学》2015 年第 4 期。

把"谁办案谁决定"这种主体明确机制放在"谁决定谁负责"之前,那么错案成本能有效防止司法权滥用的功能就会更加凸显。因此"谁办案谁决定"符合司法规律,"谁决定谁负责"也符合司法规律,两者放在一起更加符合司法规律。"'谁办案谁负责'、'谁决定谁负责'是本轮司法改革中贯彻司法责任制改革的重要举措,是依据司法规律提出的,是司法改革的牛鼻子。"①

(三)完善司法人员职业保障、推动人财物统一管理更符合司法规律

完善司法人员的职业保障和司法机关人财物统管到省一级两项改革目标其实是一个,即司法行为"去干扰"。与司法行为去干扰改革相关的规律主要有两个:(1)司法行为容易受干扰;(2)受到干扰的司法行为出现错误答案的概率升高。这两个司法规律叠加到一起就指向了一个司法行为必须去干扰的制度选择。如果司法行为不容易被干扰,或者即使司法行为容易受到干扰也不会导致错案率上升,那么去干扰就未必是必然的制度选择。从司法现实看两者答案均是肯定的。

首先,司法行为确实容易受到干扰。此判断来自两个司法规律:一是司法自由裁量权的存在。在司法的事实认定和法律解释两大主业中,均有一定的自由裁量权存在。如果司法行为是科学计算,即便有再大的力量也不容易干扰计算的后果。也就是说,司法权力的弹性有利于实现司法公正,但也容易使行使司法权的人受到干扰。二是司法者追求司法者角色利益最大化。司法活动是一个特定的场域,在这个特殊场域中每个司法人员都追求权益的最大化是个规律。追求当下案件的办案质量固然是司法者的利益诉求,但把当下的案件办好与司法者的职业利益之间只有微弱的联

---

① 赵信会、林琳:《论司法责任制下的检察官惩戒》,《河北法学》2017 年第 8 期。

系，把每一个案件都办好才是真正决定司法者职业利益最大化的根本。因为，司法活动的场域虽有一定的特殊性，但并非完全独立于社会环境之外，司法越受制于环境，环境中的各种因素就越容易干扰到司法的正常运行。现实中的司法者可能面临着"一把赢，把把输"的困境。未来有可能"把把输"的办案环境会让司法者抗干扰的能力降低。如果未来的办案环境不利，司法者甚至根本没有机会追求长期的角色利益（可能被调离或者被免职）。再加上司法者抗干扰的职业保障并不完善，那么把司法角色利益最大化的客观规律一定会导致司法者容易受到干扰。

其次，受到干扰的司法行为确实更容易出错。司法主业涉及的事实问题和法律问题均是有对错的领域，而非"没有最好只有更好"的价值判断。虽然事实问题和法律问题的判断没有完全的科学手段，但是司法者却必须具有科学的精神。独立而自由的判断是追求客观正确答案所必备的条件，受到干扰的司法者的独立、自由的判断能力会减弱。即使在客观上司法者完全有可能找到正确的司法答案，也会因为其自由判断能力减弱而失去正确的方向，甚至被迫失去正确的方向。虽然不能说受到干扰的司法行为一定会出现错误答案，但是与没有受到干扰的司法行为相比，失去独立自由判断能力的司法者即使已经找到了正确答案，也可能会因为干扰而放弃正确答案。因此，如果抛开司法者故意滥用司法权的情形，在逻辑上一定会得出受到干扰的司法行为更容易出错的结论。

最后，既然司法行为容易受到干扰和受到干扰的司法行为容易出错这两个司法规律都能得到证成，那么如何更好地去干扰就是司法改革不得不面对的重大问题。去干扰无非有两个路径可以选择：一是提高司法者的职业保障水平，让司法者有足够的能力在干扰到来时靠自己的努力"去干扰"。二是尽可能减少司法者对环境的依赖程度。这两个路径相辅相成才能达到最佳的"去干扰"效果。如果试图仅通过单一路径来解决"去干扰"的问题，很可能会滋生一些负效应。试想，如果不改善司法活动的社会环境，仅仅通过提高司法者的抗干扰能力（职业保障）来解决外界对司法活动的干扰，就很可能出现杜绝了干扰的同时也造成了对司法者监督困难的局面。完善司法人员职业保障的改革目标是提高司法者自身抗干扰的能力，职业保障提高之后即使遇到外界干扰，司法者也有能力通过自己的努力抗干扰，保障水平与抗干扰能力成正比例关系。推进省级以下司法机关人财物统管到省一级的目的是优化司法活动的外部环境，通过去地方化完成"去干扰"，[①]尽可能减少外部环境对司法活动造成的干扰因素。改革"人财物"的原因在于，人财物对司法机关、对司法人员的制约化最大。对司法活动产生干扰的可能性也最大。[②]而统管是对当下地方通过"人财物"的管理权干扰司法活动的国情的准确把握。考虑到中国太大，目前将"人财物"一步到位统管到中央一级还不具备现实性，将"人财物"统一到省一级是实事求是的过渡。因此，从"去干扰"角度分析，此两项改革不但符合司法规律，而且是尊重规律的必然选择。

三、司法制度创新中潜在冲突的平衡

（一）司法制度创新中的潜在冲突

对司法规律的充分认识，使司法领域的制度创新在逻辑上就有了明确的大方向，员额制改革、司法责任制改革、司法人员职业保障以及人、财、物统管到省均在这个大方向上。但是，司法规律不止一个，以此为基础的数个制度创新之间未必都是相辅相成、相互促进。从这个视角考量，当下司法改革四个主要的制度创新存在以下几个潜在的冲突。

---

① 参见陈光中、魏晓娜：《论我国司法体制的现代化改革》，《中国法学》2015 年第 1 期。

② 参见陈卫东：《司法机关依法独立行使职权研究》，《中国法学》2014 年第 2 期。

1.司法责任制与集体讨论制之间存在潜在的冲突

督促司法主体认真对待权力，防止司法权力滥用，是司法责任制的制度优势。但是司法责任制的逻辑很可能否定司法办案中的集体讨论制。多数人讨论中的集体智慧对司法中疑难复杂案件办理的意义也很重大，集体智慧也是符合司法规律的制度要求。例如，司法责任制改革可能直接导致检委会（审委会）议案次数下降。以 H 省检察院、法院三级检委会（审委会）议案变化为例。①

H 省三级检察院（市区两级检察院各自选取一个院为代表）检委会召开次数如下表所示。

	省检察院	省会市检察院	省会市辖某区检察院
2015 年检委会召开次数	8 次	25 次	53 次
2016 年检委会召开次数	17 次	46 次	76 次
2017 年检委会召开次数	9 次	13 次	13 次
2018 年检委会召开次数	3 次	4 次	4 次

H 省三级法院（市区两级法院各自选取一个院为代表）审委会召开次数如下表所示。

	省法院	省会市法院	省会市辖某区法院
2015 年审委会召开次数	39 次	87 次	40 次
2016 年审委会召开次数	25 次	64 次	35 次
2017 年审委会召开次数	32 次	66 次	27 次
2018 年审委会召开次数	4 次	12 次	14 次

---

① 该数据由该省法院、省检察院研究室提供，其中 2018 年数据截至 2018 年 8 月 10 日。

H省于2017年1月1日正式实行司法责任制，2015年和2016年是改革前状态，2017年和2018年是改革后状态，从这些数字变化可以看出一个基本的趋势：司法责任制改革后三级法院集体议案次数均相对减少，特别是到了2018年，这种趋势更加明显。需要引起注意的是，虽然实行了司法责任制，但是法官、检察官的办案水平、职业伦理并不会一夜之间有大幅度上升，2017年和2018年检委会（审委会）集体议案大幅度减少了，那些本该需要集体决疑的案件到底是通过什么方式来解决？那些本该需要集体决策过程实现对司法自由裁量权监督的案件又是通过什么方式实现监督？司法责任制改革并不排斥集体讨论的减少，但是客观上集体讨论的减少一定需要其他更好的替代措施来完成本应由集体讨论完成的任务。

2. 司法人员职业保障和地方司法机关人财物统管的冲突

改革的制度追求是对司法活动"去干扰"。司法人员职业保障水平偏低以及司法机关人财物归地方管理的确会极大地滋生干扰办案的可能性，但是在实践中被归入干扰办案的情形极其复杂，稍有不慎就有可能把正常的监督因素错误地归类为干扰办案。另外，人财物统管到省一级又很可能出现省级机关干扰办案的可能性，这种可能性一旦变为现实，就比市县一级干扰办案的危害性更大。眼睛只盯着抗干扰的改革非常有可能划不清干扰与监督的边界，甚至干脆忽略这个边界。抗干扰改革是否真正成功并不完全取决于抗干扰的能力有多大，而更大程度上取决于这种边界在实践中的精准厘清。"去干扰"当然具有正价值，但是如果把"去干扰"推向极端就可能滋生失去监督的效应，而对司法活动进行监督是司法规律的必然要求，"去干扰"和"去监督"如影随形式的逻辑关系，显示了"去干扰"与"去监督"之间的深层矛盾。"去干扰"中一定潜伏着"去监督"的判断，提示制度创新要恰到好处，不能让"去监督"发病就是保障"去干扰"的最大边界。

3. 员额制改革的制度追求与司法人员专业化之间的冲突

通过提高专业性提高司法活动的质量，把专业化程度不足的人排除在办案员额之外，完全符合司法规律。但如果把员额制强化到极端，就有可能导致员额制内外的流动性变差。本书认为，让最好的入额、让最坏的出额，仅仅是浅层次的与司法规律相符合，忽略优秀的员额司法者出员额与更深层次的司法规律相悖。忽略优秀员额司法者出员额会在两个方向上不利于司法活动的专业化：第一，如果优秀的员额司法者出员额成本过高，那就会让打算入员额的司法者望而却步。第二，优秀的员额司法者合理的流出有利于司法专业化层次的提升。所谓层次的提升就是指司法专业化不断地与社会生活相吻合。无论是多么优秀的员额内司法者流出员额体制外，对于司法专业化的提升来讲都不是坏事。相反，加大这种人才流动的成本表面上看似乎有利于保证司法专业化，但本质上是限制了司法专业化的提升。因为，让更了解社会的法律人，如律师、法学教授、行政执法者、立法人员等不断地补充到员额中是确保员额制改成目标的重要环节。这些人没有机会进入员额，不利于对已经在员额中的司法者的知识更新、思维进步。因此，基于司法专业化考量的员额制改革隐含了限制专业化提升的风险。这就需要健全员额内法官退出员额的机制，而让优秀员额出额后的待遇不能比入额前更低是最起码的要求。笔者走访了三十几位入额前已是副处级以上的领导干部，其中已有近三分之一的人开始忧虑自己一旦有机会出额，待遇会不会比入额时更低。这种忧虑一旦变得普遍且不能得到有效的解决，势必会影响到优秀人员入额的兴趣和决心。

4. 司法责任制改革中的"谁办案谁决定"以及非员额制司法者不能办案的要求与司法亲历性的冲突

"它与医生给病人治病相类似，医生只有亲力亲为，接触病人才能查明病因进而对症下药"[1]，因此司法要求亲历性的制度创新当然与相应司

---

[1]　王利明：《法官与医生》，《法制资讯》2014 年第 9 期。

法规律符合。如果仅仅就亲历性程度而言，任何监督者的亲历性都不如直接办案的人亲历性更高，因此，极端强调亲历性的思维很可能因此否定司法监督的合理性。由此导致司法亲历性的制度要求内含"去监督"的悖论，一旦对亲历性问题的强调失去了分寸就很可能走向另一司法规律的对立面。当下，员额司法者在授权范围内独立办案已成为改革的目标。但是，这种独立办案的制度现实再加上亲历性理念的极端强调就使得独立办案有了走向一个人说了算的可能性。从笔者有限的问卷调查反映的情况来看，少部分员额司法者以亲历性为由反感对办案的监督（当然均以反感干扰为名），在这部分人眼中，案件管理部门、业务领导对案件的内部监督以及社会、媒体等对案件的外部监督均有可能被列入干扰办案的行列。

（二）司法制度创新潜在冲突的平衡

四项主要司法改革的制度创新的潜在冲突给深化改革敲响了警钟。司法改革的制度创新应该符合司法规律是必须坚持的基本原则。但是，"某一制度的运行效果除了依赖自身的合理性之外，还取决于它与整个制度环境的协调性。特别是当新的制度嵌入到旧的系统中而各种配套设施又不能跟进时，新制度可能名存实亡，甚至当它们达成妥协时原有的制度还会发生功能性异化而蜕变为一种新的制度"[①]。因此，当涉及司法规律为复杂多数时，基于司法规律制度创新的真正难点并不在于对应意义上的制度设计，而在于基于规律 A 设计的创新制度 A'，如何能够与基于规律 B 而设计的创新制度 B'实现平衡。这种平衡就是指追求 A'的实现不能有损于 B'的实现，追求 B'的实现不能有损于 A'的实现。既然单纯

[①] 李拥军：《司法体制改革中的体制性冲突及其解决路径》，《法商研究》2017 年第 2 期。

考量 A'和 B'均为正价值，那么 A'和 B'之间平衡的要旨就只能是 A'和
B'制度设计的恰如其分，只有二者之间恰如其分才是真正与司法规律相
符合。也许在司法改革的初期，针对某一司法规律设计对应的制度还可
算得上是重要问题，但是随着改革的不断深化，如何找到 A'和 B'之间
恰如其分的平衡点才是真正的、永恒的命题。此平衡点并非理论上可以
精准计算，其只能依赖于实践的理性，只能在具体司法实践中把握何时
属于矫枉过正了。在司法制度创新的过程中寻找平衡点，应该坚持三个
原则：

（1）坚持主要矛盾优先原则。既然基于 A 规律和 B 规律形成了创新
制度 A'和创新制度 B'，存在冲突的可能性。为了确保制度创新的价值收
益为正数，必须坚持主要矛盾优先的原则。也就是说，推进 A'的过程中
尽管存在有损于 B'的可能性，但是只要当下 A'是主要矛盾，那么就不能
怕有损 B'而停止推进 A'，反之亦然。例如，当下司法办案亲历性差是最
突出的问题，推进"谁办案谁决定"就成为主要矛盾。突出亲历性的改革
即使存在有损于集体智慧的潜在可能性，这种可能性也只是次要矛盾，不
能因为存在次要矛盾而阻碍主要矛盾的解决。

（2）坚持实践优先的原则。司法改革过程中的制度创新应坚持理
论与实践相结合，从实践中总结理论创新模型，在实践中检验理论设
计。但是，在具体改革的过程中总会出现不能完美结合的情况，一旦
出现理论与实践无法完美结合时，必须坚持实践优先的方法论原则。
改革初期有可能出现理论设计优先的情况，但是随着改革的深化，理
论设计必须符合实践的需求，绝不能因为理论设计的完美而无视具体
实践的变化。理论与实践出现差距，除了实践的变化多端之外，还有
可能是因为很多需要精准把握的问题是理论无法达至的领域，对这些
领域应根据实践审时度势。例如，亲历性中的办案人决定与集体智慧
中的多数人决策（检委会、审委会讨论）的边界在哪里？理论的答案只

能是：适合个人决策或因不适合个人决策应属于集体决策的范围。[①] 但什么适合个人决策？什么适合集体决策？只能交给实践来把握。因此，改革的深化不但需要实践来检验制度创新的理论，同时深化到微观领域的理论更需要实践来帮忙。坚持实践优先的原则，对于恰如其分的制度创新是完全必要的。

（3）坚持禁止忽略次要矛盾的原则。与主要矛盾相比次要矛盾更容易被制度创新所忽略，这是一种思维的惯性，一旦制度设计者眼中只有主要矛盾，次要矛盾就会被排除于权衡之外。没有次要矛盾作为参考的制度创新就像悬崖没有边界牌，虽然当下的主要任务是赶路，但是忘了边界牌的赶路就太可怕了。因此，司法制度创新中的次要矛盾虽非当下关注之重点，但其决定着主要矛盾改革是否恰到好处，任何忽略次要矛盾的制度设计都是不可取的，有必要坚持禁止忽略次要矛盾的原则，以为提示。

第五节　司法公信力的本质及其构成

社会公众对司法活动的信任程度是衡量一个国家法治水平的重要维度，如何让司法更好地取信于民是法治建设不可或缺的内容。公民何以信任司法？司法机关或司法人员何以能让公众信任自己的判断？这些都属于司法公信力的范畴。司法公信力的本质是什么？内容是什么？影响司法公信力的基本要素是什么？这些问题在法治建设进程中都是根本性的问题。

---

① 参见董玉庭：《检察机关去行政化审批模式改革探析》，《吉林大学社会科学学报》2015 年第 11 期。

一、人与人之间的信任：社会交往的稀缺资源

马克思说过："人是一切社会关系的总和"。参与社会交往是每一个人的生存方式。对于社会整体而言，人与人之间良好的社会交往模式会极大促进生产力的提高，对于个体而言，没有宽松的社会交往空间就不会有利益的最大化。良好的社会交往环境不是从天上掉下来的，也不是人类社会的自然状态，而是交往主体千辛万苦努力的结果，获得其他交往主体的信任是这种努力中的重要内容。

社会交往作为以人为对象的实践活动，其实质就是不同主体之间的利益交换过程。如果参与社会交往的主体之间缺乏信任，那么为了确保自己的利益不受损失，主体就会投入必要的成本（或是金钱成本或是时间成本）进行设防。相反，如果主体之间存在充分的信任，那么基于不信任而投入的看似必要的成本就可以大幅度降低。这些被节约的设防成本投入就是信任带来的价值。当然，信任的价值很可能远超过这些被节约的成本。无论主体的社会身份是什么，被他人信任都将是不可多得的资源，这一点对于工人、农民、教师、商人、科学家、公司、企业、政府等社会角色都不会例外。一个坑蒙拐骗、声名狼藉的商人，即使有再多的钱，路也会越走越窄，因为与他做生意需要投入的设防成本过高。一个曾经数据造假的科学家，即使写出了高质量的论文，想消除编辑和同行的质疑绝非易事。一个失去民众信任的政府，即使干了很多好事也有可能陷入"塔西佗陷阱"。如何才能获得其他人信任这种稀缺资源，这是社会科学永远关注的问题。每一个行业或领域的实践活动都会有自己的活动规律和伦理规范。某一领域的主体参与实践活动是否能认识其中的规律以及是否能一如既往地尊重其中的伦理，与这一主体能否获得其他人的信任这种稀缺资源成正比例关系。每个主体都是在实践中获得或损失这种资源，也是在拥有这种资源的多或少中参与实践。当然，信任成为资源的前提是这种信任不

能是骗来的，靠欺骗获得其他人的信任就如同偷了他人财产，早晚会付出代价。

二、信任司法的价值：纠纷解决机制的催化剂

司法是社会分工的产物，司法必须为社会提供自己的服务产品。现代社会赋予司法很多功能，其中纠纷的解决功能是司法最本原也是最重要的社会功能。没有司法为社会纠纷定分止争，人类社会的生存发展是不可想象的。司法为了实现纠纷解决的功能，就必须为社会提供正确的判决。司法如果提供的判决错误，那么这不仅无助于纠纷的解决，相反还可能为社会添乱。正确的判决一般包括两个正确：第一，认定事实正确。这是适用法律定分止争的前提。第二，正确理解法律。这是判断是非的标准。满足这两个正确的司法判决，按常理就应该能够解决纠纷，因为正确的判决一般都会得到当事人自愿服从。但"应然"不等于"实然"，即使客观上完全正确的司法判决一旦正确性被人质疑，那么想让这种不被信任的判决定分止争恐怕只能依靠国家强制力了。无论当事人质疑的是事实认定出现错误，还是理解法律出现错误，不解决信任问题想要做到案结事了都是比较困难的。客观上正确的司法判决并不能天然地解决纠纷，被相信、被信任的正确判决才是解决社会纠纷的金钥匙。从纠纷解决的社会功能看，司法不但要有能力让判决正确，而且还要有能力让当事人甚至是公众相信司法判决的正确。如果法庭是实验室，如果法官是科学家，那么对被质疑的判决就有义务也有能力证明其正确性。通过科学的证明程序消除质疑、取得信任、解决纠纷，对于具有科学家能力的法官而言就不是幻想。但是，司法活动的规律告诉我们，司法没有能力用科学手段或重复实践来证明自己判决的正确性，更多时候是靠不可更改性来体现效力。正像美国联邦最高法院的一位大法官说过："不是因为我的判决是正确的，所以它才是终局

的，恰恰相反，我的判决之所以正确，是因为它享有终局性。"显然，对于一个社会的长治久安来讲，仅有终局性是不够的。如果司法的正确性总是靠其终局性或强制力来加以证明，司法的社会性将无处安身，司法也终究会沦为赤裸裸的暴力游戏。为了避免此种局面出现，司法必须在让人信任的问题上找到办法，任何法治社会都不例外。因此，对于纠纷解决的社会功能来讲，准确认定事实、正确理解法律的司法判决固然十分重要，但这也只是万里长征的第一步，如何让当事人或社会公众信任这些判决或相信这些判决是正确的同样不可或缺。一旦客观上正确的司法判决的正确性不被人信任时，其社会功能与错误的司法判决几乎没有什么两样。司法机关在确保不出错案的同时，还要想方设法让当事人或公众信任自己的司法产品。虽然没有科学意义上的证明手段来让当事人或公众对某个特定的司法产品心悦诚服，但是如果把努力的方式从自然科学转向社会科学，把努力的时间跨度从当下办对一个案件扩展到过去和未来，赢得社会公众（包括当事人）对司法的信任并非不能实现。如此，纠纷的解决功能在公众信任的环境中就一定更容易实现。

三、司法公信力的构成要素：对人的信任加上对事的信任

司法机关作为社会交往的主体与其他主体一样需要人的信任，这种被人信任是司法社会功能（纠纷解决）实现的珍贵资源。司法公信力是对这种资源的概括。简单地说司法公信力就是指司法活动取信于民的能力。司法或者司法机关何以能取信于民？在社会交往中一个人为什么信任另外一个人？这样的问题看似是模糊的、抽象的，但是却是可以解析的。生活的经验告诉我们，被人信任的基点有两个方面：其一，做人的品格（对人的信任）。其二，做事的能力（对事的信任）。做人的品格元素主要包括思想道德情操、职业伦理水准和遵纪守法意识等，这些元素一般也就是一个人

诚信记录的内容。如果一个人在这方面出现污点，想取得别人的信任就有一定难度。另外，社会交往并非都是为了友情或者是心情，有时也要完成一定的社会交往任务，此时做事的能力就是取信于他人的必要内容。一个连 1+1 等于几都能做错的道德圣人不会被人当成数学家信任。司法机关作为社会交往的主体类型虽然与自然人有一定区别，但是在取信于民的问题上并无本质区别。公众对司法活动的信任也分为两个方面：其一，对人的信任。其二，对事的信任。司法机关的地位和性质是由宪法规定的，其合法性不容置疑。对司法机关主体的信任其实质体现在对司法机关工作人员的信任上，即对检察官和法官的信任。假如司法人员出现道德失范或违法乱纪，就会伤及公众的信任度，伤及信任度的事情经常发生，对司法人员这个群体就可能会出现信任危机。虽然客观上"卑鄙"的法官也可能作出"高尚"的判决，但是老百姓不会轻易相信。除了对人的信任以外，司法毕竟是存在对错的实践活动，即使是雷锋做法官，也必须把案件办对才能真正赢得老百姓的信任。司法过错是对公信力的伤害，低级的司法过错更是致命伤，司法人员必须有能力把事做对，通过一件又一件、一年又一年地把案件办对赢得老百姓对司法办事能力的信任。总之，对人的信任和对事的信任的总和构成司法公信力的内容。司法公信力的提升是个慢功夫，不是一件两件事做对就能获得的，需要长期做对事、做好人。但是司法公信力的减损却是快功夫，一件事错得离谱就可能使司法机关颜面扫地。这种特点是由公众的思维习惯决定的，那就是常规的事情不会在公众心里留下太深的印象，不正常的事情在公众心里印象深刻。对于司法而言，把一万件案件办对公众可能记不住，因为这是正常工作，把一件案件办错，老百姓可能会永远都无法忘怀，因为这不正常。就像我们记不住脸上没有伤痕的人，但却忘不了脸上有伤疤的人。在公众心里似乎有一本"红黑账"，通过这本账的红与黑记录司法活动中的好人好事和坏人坏事。公众这笔账对好人好事，或者是忘了记，或者是忘了看，最后老百姓心中的这本表现司法公信力的账基本上变成了记录坏人坏事的负面清单。这本负面清单的具体内容肯定是见仁见智，没有人能够替社会公众去记录这本负面清单。但是司法活动规律决定了某些要素在负面清单中是不可缺少的。司法人员的作风、形象、廉洁和法律专业水平等要素构成了对人信任的重要内容。这些要素出现负面信息，老百姓就会在账单上增加一个黑点，司法公信力就会被减分。在社会公众的司法公信力账单上，影响老百姓对司法机关做事的信任部分就比较复杂了。公众在做事这个问题上信任司法活动必然要求不能出现错案，一旦出现错案（或程序错误，或实体错误，或认定事实错误，或解释法律错误）对司法公信力的影响就是深远的，错案会让老百姓在心理账单上给司法活动画上一个大黑点。必须注意，错案是公众心中的减分项，但并不意味着案件办对了就一定是加分项。公众对人的信任是不区分专业视角和大众视角的，无论作风还是形象，对好与坏的判断，公众思维与司法的思维大体相当。公众对事的信任却要区分专业视角和大众视角。换句话说，公众和司法人员有可能对办案质量记两本不同的公信力账，有的时候社会公众对司法专业思维并不买账。司法专业人员认为没有办错的案件，公众却不一定这么认为。假如公众思维不认同或不了解司法专业思维，那么即使司法人员认为在专业上办了一个精美绝伦的案子，也难以保证通过这样的案件质量就能赢得公众对司法机关做事的信任。一旦公众思维与专业思维出现重大分歧，司法机关又没有办法用科学手段向公众证明专业司法判断的正确性，最后的结果很可能就是司法机关办对了一个案件，却让公众在司法的公信力账单上减去一分。

为了让司法在做事上赢得公众的信任，除了不出错案之外，司法机关及司法人员还应该坚持三个工作原则：第一，检验原则。司法专业思维必须要经得起公众思维的检验，无论是事实认定或是法律解释都不能忽视普通民众的视角和思维逻辑。司法的专业思维成长于社会又服务于社会，这是司法甚至是法律的社会性。通不过社会性检验的法律会导致社会张力，通不过社会公众思维检验的司法专业判断也不容易让公众信服。司法专业思维的研究者和实践者每时每刻都应该以社会的公众思维为参照系反思或修正专业标准，社会公众普遍不能接受的事实认定或法律解释，即使完全符合当下司法专业思维的判断，也要万分尊重公众的质疑。除非专业思维能说服公众接受司法判断，否则需要反思的应该是司法的专业思维。或者反思自己的判断是否真的正确，或者反思为什么说服不了公众理解司法判断。第二，转化原则。司法的专业思维从公众思维中来，又必须回到公众思维中去。司法的专业思维是对社会生活道理的提炼和升华，以便实现司法理性化和高效率。司法的专业性越强，其思维逻辑或推理方式就可能离公众思维习惯越远。为了赢得公众信任，司法机关或司法人员有义务把极其专业化的司法判断转化为普通民众能够理解的表达方式。这是提升公信力的司法办案原则，也是通过办案宣传法治的方式。这种转化其实质就是司法与公众之间的沟通，无法实现这种转化任务的办案，会让司法公信力减分。第三，助推原则。借助于对人的信任助推对做事的信任。司法公信力中对人的信任与对事的信任之间并非可以完全分开，两者之间相辅相成。从心理学上分析，社会公众基于对法官或检察官个人品行的信任一般会更愿意相信其处理的案件。这种心理倾向的规律要求司法人员要不断地锤炼自己的个人品行，进而助推公众更加信赖司法的专业判断。

参考文献

一、中文专著

郑成良:《法律之内的正义》,法律出版社 2002 年版。

刘灿璞:《当代犯罪学》,群众出版社 1986 年版。

肖扬:《中国新刑法学》,中国人民公安大学出版社 1998 年版。

康树华:《犯罪学》,群众出版社 1998 年版。

王牧:《犯罪学》,吉林大学出版社 1992 年版。

储槐植、许章润:《犯罪学》,法律出版社 1997 年版。

白建军:《犯罪学原理》,现代出版社 1992 年版。

张文显:《法理学》(第三版),高等教育出版社、北京大学出版社 2007 年版。

陈兴良、周光权:《刑法学的现代展开》,中国人民大学出版社 2006 年版。

张明楷:《刑法学》(第五版),法律出版社 2016 年版。

高铭暄、马克昌:《刑法学》(第三版),北京大学出版社、高等教育出版社 2007 年版。

陈兴良:《刑法哲学》(修订三版),中国政法大学出版社 2004 年版。

陈兴良:《本体刑法学》,商务印书馆 2001 年版。

黎宏:《刑法总论问题思考》,中国人民大学出版社 2007 年版。

张明楷:《外国刑法纲要》(第 2 版),清华大学出版社 2007 年版。

柯耀程:《刑法构成要件解析》,三民书局 2010 年版。

刘艳红:《刑法学》(上),北京大学出版社 2016 年版。

陈兴良:《刑法适用总论》,中国人民大学出版社 2000 年版。

马克昌：《犯罪通论》，武汉大学出版社 1999 年版。

陈兴良：《规范刑法学》，中国人民大学出版社 2013 年版。

高铭暄、马克昌主编：《刑法学》（下编），中国法制出版社 1999 年版。

赵秉志：《刑法新教程》，中国人民大学出版社 2001 年版。

董玉庭：《盗窃罪研究》，中国检察出版社 2002 年版。

黎宏：《日本刑法精义》，中国检察出版社 2004 年版。

赵秉志：《侵犯财产罪研究》，中国法制出版社 1998 年版。

王作富：《刑法分则实务研究》，中国方正出版社 2003 年版。

张明楷：《法益初论》，中国政法大学出版社 2000 年版。

黄太云：《刑法修正案解读全编》，人民法院出版社 2011 年版。

李希慧：《刑法各论》，武汉大学出版社 2009 年版。

周光权：《刑法各论》，中国人民大学出版社 2011 年版。

樊崇义：《刑事诉讼法实施问题与对策研究》，中国人民公安大学出版社 2001 年版。

樊崇义：《刑事证据法原理与适用》，中国人民公安大学出版社 2001 年版。

陈一云主编：《证据学》，中国人民大学出版社 1991 年版。

巫宇甦主编：《证据学》，群众出版社 1983 年版。

张继成：《对"法律真实"和"排他性证明"的逻辑反思》，载何家弘主编：《证据学论坛》（第二卷），中国检察出版社 2001 年版。

卞建林：《刑事证明理论》，中国人民公安大学出版社 2004 年版。

樊崇义、锁正杰、吴宏耀、陈永生：《刑事证据前沿问题研究》，载何家弘主编：《证据学论坛》（第十卷），中国检察出版社 2000 年版。

张志铭：《裁判中的事实认知》，载王敏远编：《公法》（第四卷），法律出版社 2003 年版。

锁正杰、陈永生：《论法律真实》，载《诉讼法研究》（第一卷），中国检察出版社 2002 年版。

熊秋红：《刑事辩护论》，法律出版社 1998 年版。

马贵翔：《刑事司法程序正义论》，中国检察出版社 2002 年版。

董玉庭：《疑罪论》，法律出版社 2010 年版。

王勇：《定罪导论》，中国人民大学出版社 1990 年版。

李建明：《刑事司法错误：以刑事错案为中心的研究》，人民出版社 2013 年版。

孙谦：《检察：理念、制度、改革》，法律出版社 2004 年版。

周光权：《刑法公开课》，北京大学出版社 2019 年版。

邓子滨：《中国实质刑法观批判》，法律出版社 2009 年版。

陈瑞华：《问题与主义之间——刑事诉讼基本问题研究》，中国人民大学出版社 2008 年版。

季卫东：《通往法治的道路——社会的多元化与权威体系》，法律出版社 2014 年版。

苏永钦：《司法改革的再改革——从人民的角度看问题，用社会科学的方法解决问题》，台湾月旦出版社股份有限公司 1998 年版。

《马克思恩格斯文集》第 7 卷，人民出版社 2009 年版。

季卫东：《法治秩序的建构》，中国政法大学出版社 1999 年版。

蒋勇：《典型行政案例评析》，法律出版社 1999 年版。

二、中文译著

[德] 汉斯·约阿丙姆·施耐德：《犯罪学》，吴鑫涛、马君玉译，中国人民公安大学出版社 1990 年版。

[法] 卡斯东·斯特法尼等：《法国刑法总论精义》，罗杰珍译，中国政法大学出版社 1998 年版。

[德] 乌尔斯·金德霍伊泽尔：《刑法总论教科书》，蔡桂生译，北京大学出版社 2015 年版。

［德］耶塞克、魏根特：《德国刑法教科书》，徐久生译，中国法制出版社 2001 年版。

［日］大谷实：《刑法讲义总论》（新版第 2 版），黎宏译，中国人民大学出版社 2008 年版。

［日］西田典之：《日本刑法总论》（第二版），王昭武、刘明祥译，法律出版社 2013 年版。

［日］西原春夫：《刑法的根基与哲学》，顾肖荣等译，中国法制出版社 2017 年版。

［英］萨达卡特·卡德里：《不公正的审判》，杨雄译，华东师范大学出版社 2017 年版。

［德］魏德士：《法理学》，丁晓春译，法律出版社 2005 年版。

［美］雷·库兹韦尔：《奇点临近》，李庆诚、董振华等译，机械工业出版社 2011 年版。

［法］休伯特·德雷福斯：《计算机不能做什么：人工智能的极限》，宁春岩译，生活·读书·新知三联书店 1986 年版。

［美］皮埃罗·斯加鲁菲：《智能的本质：人工智能与机器人领域的 64 个大问题》，任莉、张建宇译，人民邮电出版社 2017 年版。

［英］卡鲁姆·蔡斯：《人工智能革命：超级智能时代的人类命运》，张尧然译，机械工业出版社 2017 年版。

［以色列］尤瓦尔·赫拉利：《未来简史》，林俊宏译，中信出版集团 2017 年版。

［英］休谟：《人性论》（上册），商务印书馆 1983 年版。

［美］乔治·P. 弗莱彻：《刑法的基本概念》，蔡爱惠、陈巧燕、江溯译，中国政法大学出版社 2004 年版。

［德］埃里克·希尔根多夫：《德国刑法学：从传统到现代》，江溯、黄笑岩等译，北京大学出版社 2015 年版。

［德］汉斯·海因里希·耶塞克、托马斯·魏根特：《德国刑法教科书》，徐久生译，中国法制出版社 2001 年版。

［英］休谟：《人类理解研究》，商务印书馆 1982 年版。

［德］乌尔斯·金德霍伊泽尔：《刑法总论教科书》，蔡桂生译，北京大学出版社 2015 年版。

［德］克劳斯·罗克辛：《德国最高法院判例刑法总论》，何庆仁、蔡桂生译，中国人民大学出版社 2012 年版。

［德］克劳斯·罗克辛：《德国刑法学总论》（第 1 卷），王世洲译，法律出版社 2005 年版。

［日］大塚仁：《日本刑法概说》（总论第 3 版），冯军译，中国人民大学出版社 2003 年版。

［日］大塚仁：《犯罪论的基本问题》，冯军译，中国政法大学出版社 1993 年版。

［日］大谷实：《刑法讲义总论》，黎宏译，中国人民大学出版社 2008 年版。

［日］山口厚：《刑法总论》，付立庆译，中国人民大学出版社 2012 年版。

［日］大谷实：《刑法各论》，黎宏译，法律出版社 2003 年版。

［德］考夫曼：《类推与"事物本质"——兼论类型理论》，吴从周译，学林文化事业有限公司 1999 年版。

［美］希拉里·普特南：《理性、真理与历史》，童世俊、李光程译，上海译文出版社 1997 年版。

［美］理查德·波斯纳：《超越法律》，苏力译，中国政法大学出版社 2001 年版。

［美］卡尔威因、帕尔德森：《美国宪法释义》，徐卫东、吴新平译，华夏出版社 1989 年版。

［美］艾伦·德肖薇茨：《最好的辩护》，唐交东译，法律出版社 1994 年版。

［美］理查德·波斯纳：《波斯纳法官司法反思录》，苏力译，北京大学出版

社 2014 年版。

［德］亚图·考夫曼：《类推与"事物本质"——兼论类型理论》，吴从周译，颜厥安校，学林文化事业出版社 1999 年版。

［法］孟德斯鸠：《论法的精神》，商务印书馆 2009 年版。

［德］黑格尔：《法哲学原理》，范阳等译，商务印书馆 1961 年版。

［英］尼克·波斯特洛姆：《超级智能：路径、危险性与我们的战略》，张体伟、张玉青译，中信出版社 2015 年版。

［英］吉米·边沁：《立法理论》，中国人民公安大学出版社 2004 年版。

三、期刊论文

王牧：《学科建设与犯罪学的完善》，《犯罪学论丛》2005 年第 2 卷。

陈兴良：《刑事一体化视野中的犯罪学研究》，《中国法学》1999 年第 6 期。

陈兴良：《犯罪概念的形式化与实质化辩正》，《法律科学》1999 年第 6 期。

刘广三：《犯罪学上的犯罪概念》，《法学研究》1998 年第 2 期。

陈兴良：《社会危害性理论：一个反思性检讨》，《法学研究》2000 年第 1 期。

黎宏：《论交通肇事罪的若干问题——以最高人民法院有关司法解释为中心》，《法律科学》2003 年第 4 期。

王良顺：《交通事故责任与交通肇事罪的认定》，《甘肃政法学院学报》2009 年第 11 期。

刘宪权：《人工智能时代刑事责任与刑罚体系的重构》，《政治与法律》2018 年第 3 期。

郑戈：《人工智能与法律的未来》，《探索与争鸣》2017 年第 10 期。

王肃之：《人工智能犯罪的理论与立法问题初探》，《大连理工大学学报（社会科学版）》2018 年第 4 期。

高铭暄、王红：《互联网＋人工智能全新时代的刑事风险与犯罪类型化分析》，《暨南大学学报（社会科学版）》2018 年第 9 期。

甘绍平：《机器人怎么可能拥有权利》，《伦理学研究》2017 年第 3 期。

张志林：《再论休谟因果问题的重新发现及解决》，《哲学研究》1999 年第 9 期。

刘冠军：《论恩格斯因果系统转化思想》，《烟台师范学院学报》1999 年第 4 期。

熊立文：《因果观种种》，《哲学动态》1988 年第 11 期。

劳东燕：《风险分配与刑法归责：因果关系理论的反思》，《政法论坛》2010 年第 6 期。

何向东、王磊：《中西哲学因果关系研究的回顾及其启示》，《哲学研究》2010 年第 2 期。

王志祥：《论正当防卫制度司法实用的纠偏》，《法学论坛》2019 年第 6 期。

刘晓源：《疑案判决背后的经济学思考》，《法学论坛》2017 年第 5 期。

董璞玉：《防卫意图司法认定的实证分析》，《四川理工学院学报（社会科学版）》2019 年第 6 期。

贺卫：《正当防卫制度的沉睡与激活》，《国家检察官学院学报》2019 年第 4 期。

陈兴良：《互殴与防卫的界限》，《法学》2015 年第 6 期。

张明楷：《盗窃与抢夺的界限》，《法学家》2006 年第 2 期。

张武举：《"逃避侦查或者审判"含义和构成》，《铁道警官高等专科学校学报》2004 年第 1 期。

陈大成：《论追诉时效期满效力阻却》，《江苏公安专科学校学报》2000 年第 5 期。

董玉庭：《论实行行为》，《环球法律评论》2004 年第 3 期。

赵秉志、阴建峰：《侵犯虚拟财产的刑法规制研究》，《法律科学》2008 年第 4 期。

侯国云：《论网络虚拟财产刑事保护的不当性》，《中国人民公安大学学报》2008 年第 3 期。

王志祥、袁宏山：《论虚拟财产刑事保护的正当性》，《北方法学》2010 年第 4 期。

董玉庭：《论刑法中财物概念之解释》，《当代法学》2012年第6期。

车浩：《"扒窃"入刑：贴身禁忌与行为人刑法》，《中国法学》2013年第1期。

吴加明：《〈刑法修正案（八）〉中"扒窃"的司法实践认定》，《中国检察官》2011年第7期。

郎胜：《刑法修正案（八）解读》，《国家检察官学院学报》2011年第2期。

万建成、张云波：《提供手淫服务能否认定为卖淫》，《中国检察官》2012年第18期。

王钰萍：《非性交色情服务行为的司法认定》，《中国检察官》2013年第11期。

刘宪权：《贪污贿赂犯罪最新定罪量刑标准体系化评析》，《法学》2016年第5期。

张明楷：《贪污贿赂罪的司法与立法方向》，《政法论坛》2017年第1期。

赵秉志：《贪污受贿犯罪定罪量刑标准问题研究》，《中国法学》2015年第1期。

冯军：《论刑法解释的边界和路径》，《法学家》2012年第2期。

王敏远：《再论法律中的真实——对相关问题的补充说明》，《法学研究》2004年第6期。

樊崇义：《客观真实管见——兼论刑事诉讼证明标准》，《中国法学》2000年第1期。

陈卫东：《诉讼中的"真实"与证明标准》，《法学研究》2004年第6期。

张建伟：《法律真实的暧昧性及其认识论取向》，《法学研究》2004年第6期。

张继成：《对"科学的刑事证明理论"的哲学、逻辑学批判》，《法学研究》2004年第6期。

王敏远：《再论法律中的"真实"——对相关问题的补充说明》，《法学研究》2004年第6期。

王敏远：《一个谬误、两句废话、三种学说》，《公法》（第四卷）。

何家弘：《司法证明标准与乌托邦》，《法学研究》2004年第6期。

陈光中、陈海光、魏晓娜：《刑事证据制度与认识论——兼与误区论、法律真实论、相对真实论商榷》，《中国法学》2001 年第 1 期。

何家弘：《论司法证明的目的和标准——兼论司法证明的基本概念和范畴》，《法学研究》2001 年第 6 期。

胡云腾、段启俊：《疑罪问题研究》，《中国法学》2006 年第 3 期。

张保生：《刑事错案及其纠错制度的证据分析》，《中国法学》2013 年第 1 期。

陈学权：《刑事错案的三重标准》，《法学杂志》2007 年第 4 期。

孙长永：《审判中心主义及其对刑事程序的影响》，《现代法学》1999 年第 4 期。

樊崇义、张中：《论以审判为中心的诉讼制度改革》，《中州学刊》2015 年第 1 期。

董玉庭、于逸生：《论犯罪事实的性质》，《北方法学》2010 年第 1 期。

孙长永：《审判中心主义及其对刑事程序的影响》，《现代法学》1999 年第 4 期。

陈瑞华：《程序性制裁制度的法理学分析》，《中国法学》2005 年第 6 期。

陈瑞华：《刑事侦查构造之比较研究》，《政法论坛》1999 年第 5 期。

蒋石平：《论审判中心主义对侦查程序的影响》，《广东社会科学》2004 年第 3 期。

最高人民检察院 2013 年重点课题组：《主任检察官制度研究》，《中国法学》2015 年第 1 期。

陈光中、龙宗智：《关于深化司法改革若干问题的思考》，《中国法学》2013 年第 4 期。

贾宇、马谨斌：《论检察环节刑事错案防纠机制之完善》，《河北法学》2015 年第 5 期。

余双彪：《论主诉检察官办案责任制》，《人民检察》2013 年第 17 期。

邓思清：《论我国检察委员会制度改革》，《法学》2010 年第 1 期。

龙宗智：《检察机关办案方式的适度司法化改革》，《法学研究》2013 年第 1 期。

陈光中：《比较法视野下的中国特色司法独立原则》，《比较法研究》2013 年第 2 期。

高保京：《北京市检一分院主任检察官办案责任制及其运行》，《国家检察官学院学报》2014 年第 2 期。

邱高启、徐化成、杨勇：《检察业务运行机制的构建》，《人民检察》2014 年第 17 期。

潘祖权：《主任检察官制度的实践探索》，《人民检察》2013 年第 10 期。

董学华、倪慧芳、侯彦伟：《论案件管理对检察机关适度司法化改革的路径意义》，《中国检察官》2014 年第 8 期。

公丕祥：《中国特色社会主义司法改革道路概览》，《法律科学》2008 年第 5 期。

左为民：《十字路口的中国司法改革：反思与前瞻》，《现代法学》2008 年第 6 期。

鹤喃：《制度内生视角下的中国检察改革》，《中国法学》2014 年第 2 期。

张文显：《人民法院司法改革的基本理论与实践进程》，《法制与社会发展》2009 年第 3 期。

陈光中、龙宗智：《关于深化司法改革若干问题的思考》，《中国法学》2013 年第 4 期。

陈卫东：《合法性、民主性与受制性：司法改革应当关注的三个"关键词"》，《法学杂志》2014 年第 10 期。

于志刚：《中国犯罪记录制度的体系化构建——当前司法改革中裁判文书网络公开的忧思》，《现代法学》2014 年第 5 期。

王树义：《论生态文明建设与环境司法改革》，《中国法学》2013 年第 3 期。

张明楷：《学术之盛需要学派之争》，《环球法律评论》2005 年第 1 期。

魏胜强：《法律方法视域下的人民法院改革》，《中国法学》2014 年第 5 期。

张明楷：《刑事司法改革的断片思考》，《中国检察官》2014 年第 10 期。

马长山：《司法改革中可能的"异化"风险》，《法制与社会发展》2014 年第 6 期。

夏锦文：《当代中国的司法改革：成就、问题与出路——以人民法院为中心的分析》，《中国法学》2010 年第 1 期。

季卫东：《世纪之交的日本司法改革的述评》，《环球法律评论》2002年春季号。

彭何利：《法院设置体制改革的方向与路径——比较法视野下的司法改革研究进路》，《法学杂志》2014年第3期。

苏永钦：《飘移在两种司法理念间的司法改革——台湾司法改革的社经背景与法制基础》，《环球法律评论》2002年春季号。

公丕祥：《当代中国的自主型司法改革道路——基于中国司法国情的初步分析》，《法律科学》2010年第3期。

陈卫东：《司法机关依法独立行使职权研究》，《中国法学》2014年第2期。

向泽选：《新时期检察改革的进路》，《中国法学》2013年第5期。

王树义：《论生态文明建设与环境司法改革》，《中国法学》2014年第3期。

陈卫东：《司法机关依法独立行使职权研究》，《中国法学》2014年第2期。

葛维宝：《法院的独立与责任》，葛明珍译，梅江中校，《环球法律评论》2002年春季号。

张文显：《论司法责任制》，《中州学刊》2017年第1期。

杨春福：《检察权内部监督机制研究》，《国家检察官学院学报》2016年第5期。

强梅梅：《法院人员分类管理改革的历程难点及其破解》，《政治与法律》2017年第1期。

董玉庭：《司法体制改革不能忽视的四种关系》，《求是学科》2017年第1期。

申玉、陈锋：《论独立审判体制改革之改进》，《河北法学》2015年第4期。

赵信会、林琳：《论司法责任制下的检察官惩戒》，《河北法学》2017年第8期。

陈光中、魏晓娜：《论我国司法体制的现代化改革》，《中国法学》2015年第1期。

王利明：《法官与医生》，《法制资讯》2014年第9期。

李拥军：《司法体制改革中的体制性冲突及其解决路径》，《法商研究》2017年第2期。

董玉庭：《检察机关去行政化审批模式改革探析》，《吉林大学社会科学学报》

2015 年第 11 期。

徐松林:《以刑释罪:一种可行的刑法实质解释方法——以对"组织卖淫罪"的解释为例》,《法商研究》2014 年第 6 期。

[美] 约翰·齐普曼·格雷:《法律主体》,龙卫球译,《清华法学》2002 年第 1 期。

Gabriel Hallevy, "Virtual Criminal Responsibility", *Original Law Review*, 2010(6).

Ignatius Michael Ingles, "Regulating Religious Robots: Free Exercise and RFA in the Time of Superintel Ligent Artificial Intelligence", *Georgetown Law Journal*, 2017 (105).

四、报纸

王利明:《深化司法改革,推进法院人员分类管理》,《人民法院报》2014 年 8 月 1 日。

王守安:《以审判为中心的诉讼制度改革带来的深刻影响》,《检察日报》2014 年 11 月 14 日。

樊崇义:《"以审判为中心"的概念、目标和实现路径》,《人民法院报》2015 年 1 月 4 日。

张建伟:《审判中心主义的实质与表象》,《人民法院报》2014 年 6 月 20 日。

赵秉志:《于欢案防卫过当法理问题简析》,《人民法院报》2017 年 6 月 24 日。

王高峰、潘贞:《立案侦查了是否就不受追诉期限限制》,《检察日报》2008 年 12 月 28 日。

金林等:《如何理解"逃避侦查或审判"》,《检察日报》2006 年 7 月 18 日。

王敏:《追诉时效延长制度实务研究》,《人民法院报》2011 年 8 月 3 日。

姜菁菁:《检察委员会机制改革初探》,《检察日报》2004 年 3 月 13 日。

付子堂:《司法改革的关键在于尊重司法规律》,《光明日报》2014 年 11 月 6 日。

陈卫东:《司法改革背景下的检察改革》,《检察日报》2013 年 7 月 23 日。

季卫东:《突出法官检察官主体地位》,《人民日版》2014 年 7 月 15 日。

蒋安杰：《探寻推进司法改革的新路径——司法规律大家谈》，《法制日报》2015 年 4 月 1 日。

江国华：《司法规律的六个方面》，《法制日报》2015 年 4 月 15 日。

胡铭：《遵循司法规律的三个路径》，《法制日报》2015 年 4 月 8 日。

胡云腾：《审判规律与中国特色》，《法制资讯》2014 年第 9 期。

责任编辑：陆丽云

封面设计：汪　莹

图书在版编目（CIP）数据

一体化视域下刑事法理论新发展／董玉庭 著 . — 北京：人民出版社，
　2024.5

ISBN 978－7－01－026375－5

I.①一…　II.①董…　III.①刑法－研究－中国　IV.①D924.04

中国国家版本馆 CIP 数据核字（2024）第 046406 号

一体化视域下刑事法理论新发展

YITIHUA SHIYU XIA XINGSHIFA LILUN XIN FAZHAN

董玉庭　著

人民出版社 出版发行

（100706　北京市东城区隆福寺街 99 号）

北京汇林印务有限公司印刷　新华书店经销

2024 年 5 月第 1 版　2024 年 5 月北京第 1 次印刷

开本：710 毫米 ×1000 毫米 1/16　印张：22.25

字数：294 千字

ISBN 978－7－01－026375－5　定价：108.00 元

邮购地址 100706　北京市东城区隆福寺街 99 号

人民东方图书销售中心　电话（010）65250042　65289539